2023 年版

全国一级建造师执业资格考试一次通关

建设工程经济

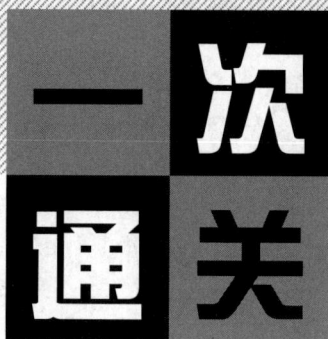

一次通关

品思文化专家委员会　组织编写

梅世强　主编

中国建筑工业出版社

图书在版编目（CIP）数据

建设工程经济一次通关/品思文化专家委员会组织
编写；梅世强主编. —北京：中国建筑工业出版社，
2023.6

2023年版全国一级建造师执业资格考试一次通关

ISBN 978-7-112-28839-7

Ⅰ.①建…　Ⅱ.①品…　②梅…　Ⅲ.①建筑经济－资
格考试－自学参考资料　Ⅳ.①F407.9

中国国家版本馆CIP数据核字（2023）第110476号

责任编辑：蔡文胜
责任校对：芦欣甜

2023年版全国一级建造师执业资格考试一次通关

建设工程经济一次通关

品思文化专家委员会　组织编写

梅世强　主编

*

中国建筑工业出版社出版、发行（北京海淀三里河路9号）

各地新华书店、建筑书店经销

北京建筑工业印刷厂制版

廊坊市海涛印刷有限公司印刷

*

开本：787毫米×1092毫米　1/16　印张：28½　字数：652千字
2023年6月第一版　　2023年6月第一次印刷
定价：**74.00**元

ISBN 978-7-112-28839-7

（41025）

品思文化专家委员会

（按姓氏笔画排序）

前　言

自 2004 年全国首次举行一级建造师考试以来，已经举行了近 20 次考试。多年来，考试题目难度逐渐加大、灵活性越来越强、与工程实践的结合越来越紧密，考试的通过率越来越低。为了更好地帮助广大考生复习应考，提高考试通过率，我们专门组织国内顶级名师，依据最新版考试大纲和考试用书的要求，对各门课程的历年考情、核心考点、考题设计等进行了全面的梳理和剖析，精心编写了一级建造师执业资格考试一次通关辅导丛书，丛书共分 6 册，分别为《建设工程经济一次通关》《建设工程项目管理一次通关》《建设工程法规及相关知识一次通关》《建筑工程管理与实务一次通关》《机电工程管理与实务一次通关》《市政公用工程管理与实务一次通关》。

其中《建设工程经济一次通关》主要包括以下四个部分：

1. "导学篇"——分析了 2020—2022 年度真题考点及分值分布、命题涉及的考点、各个考点的复习难度、命题规律及复习技巧，为考生提供清晰的复习思路，突出重点、把握规律，帮助制定系统全面的复习计划。

2. "核心考点升华篇"——① "考情分析"：归纳各章节近三年考点分布及分值分布，让考生清晰了解知识点；② "核心考点分析"：按照章节顺序，提炼每节核心内容提纲，针对各个核心考点，结合真题或模拟题，总结各种典型考法，深入剖析核心考点，使考生全面了解考试命题意图、明晰解题思路；③ "强化练习"：针对核心考点，精心编辑接近实战的习题，通过强化练习，让考生对每个核心考点做到心中有底。

3. "近年真题篇"——提供了 2021 年、2022 年考试真题，让考生全面了解考试内容，提前体验考试场景，尽快进入考试状态。

4. "模拟预测篇"——以最新考试大纲要求和最新命题信息为导向，参考历年试题核心考点分布情况，精编两套模拟预测试卷。两套试题覆盖全部核心考点，力求预测 2023 年命题新趋势，帮助广大考生准确把握考试命题规律。

本系列丛书具有以下三大特点：

1. "全"——对近年历年的一建考试真题进行了全面梳理和精选，对 2020—2022 年核心考点进行了全面归纳和剖析，点睛考点，总结考法，指明思路；每个核心考点都配套了历年典型真题和模拟题，帮助考生消化考点内容，加深对知识点的理解，拓宽解题思路，提高答题技巧；结合核心考点，精心编写模拟预测试卷并对难点进行解析，帮助考生进一步巩固知识点。

2."新"——严格依据最新版考试用书和考试大纲，充分体现 2023 年考试趋势；体例新颖，每一核心考点均总结各种考法，并对其进行精准剖析，厘清解题思路，提炼答题技巧，每节附模拟强化练习并逐一解析，使考生举一反三，尽快适应 2023 年的考试要求。

3."简"——核心知识点罗列清晰，在涵盖所有考点的前提下，简化考试用书内容，使考生一目了然，帮助考生在短时间内将考试用书由厚变薄，节省时间，掌握考点。

本系列丛书在编写过程中得到了诸多专家学者的指点，在此一并表示感谢！由于时间仓促，虽经反复推敲和校阅，书中难免有疏漏和不当之处，敬请广大考生批评指正。

愿我们的努力能够帮助大家顺利通过考试！

目　录

导　学　篇

一、近三年考点分值统计 ·· 2

二、考点分布及出题频率 ·· 2

三、命题规律及复习方法 ·· 8

核心考点升华篇

第一章　1Z101000　工程经济 ·· 12

　本章考情分析 ·· 12

　本章核心考点分析 ··· 13

　　1Z101010　资金时间价值的计算及应用 ······································ 13

　　1Z101020　技术方案经济效果评价 ·· 25

　　1Z101030　技术方案不确定性分析 ·· 44

　　1Z101040　技术方案现金流量表的编制 ·· 54

　　1Z101050　设备更新分析 ·· 59

　　1Z101060　价值工程在工程建设中的应用 ······································ 71

　　1Z101070　新技术、新工艺和新材料应用方案的技术经济分析 ············· 81

　本章模拟强化练习 ··· 88

第二章　1Z102000　工程财务 ·· 126

　本章考情分析 ·· 126

　本章核心考点分析 ··· 128

　　1Z102010　财务会计基础 ·· 128

　　1Z102020　成本与费用 ·· 136

　　1Z102030　收入 ··· 148

　　1Z102040　利润和所得税费用 ··· 156

　　1Z102050　企业财务报表 ·· 161

　　1Z102060　财务分析 ·· 170

　　1Z102070　筹资管理 ·· 179

　　1Z102080　流动资产财务管理 ··· 189

　本章模拟强化练习 ··· 194

第三章　**1Z103000**　建设工程估价 ·· 221

　本章考情分析 ··· 221

　本章核心考点分析 ··· 224

　　1Z103010　建设项目总投资 ·· 224

　　1Z103020　建设工程定额 ··· 248

　　1Z103030　建设工程项目设计概算 ··· 264

　　1Z103040　建设工程项目施工图预算 ·· 274

　　1Z103050　工程量清单编制 ·· 281

　　1Z103060　工程量清单计价 ·· 290

　　1Z103070　计量与支付 ·· 305

　　1Z103080　国际工程投标报价 ··· 342

　本章模拟强化练习 ··· 351

近年真题篇

2022年度全国一级建造师执业资格考试试卷 ·· 392

参考答案 ·· 405

2021年度全国一级建造师执业资格考试试卷 ·· 406

参考答案 ·· 418

模拟预测篇

全国一级建造师执业资格考试《建设工程经济》模拟预测试卷一 ·············· 420

参考答案 ·· 432

全国一级建造师执业资格考试《建设工程经济》模拟预测试卷二 ·············· 433

参考答案 ·· 445

导学篇

一、近三年考点分值统计

年份 内容	2020 年					2021 年					2022 年					年平均分值
	单选题		多选题		合计	单选题		多选题		合计	单选题		多选题		合计	
	题量	分值	题量	分值		题量	分值	题量	分值		题量	分值	题量	分值		
工程经济	13	13	6	12	25	15	15	5	10	25	14	14	5	10	24	24.67
工程财务	14	14	5	10	24	12	12	7	14	26	14	14	7	14	28	26.00
建设工程估价	33	33	9	18	51	33	33	8	16	49	32	32	8	16	48	49.33
小计	60	60	20	40	100	60	60	20	40	100	60	60	20	40	100	100
计算题统计	14 分					14 分					15 分					

二、考点分布及出题频率

考点分布及出题频率

核心知识		考点分布	出题频率
1Z101000 工程经济（分值预估 21-26 分）	1Z101010 资金时间价值的计算及应用	资金时间价值的概念及其影响因素	★★★★★
		利率高低的决定因素	★
		利息计算：单利与复利	★★★★★
		资金等值概念	★
		现金流量图绘制	★★
		终值和现值计算	★★★★★
		名义利率与有效利率计算	★★★★★
	1Z101020 技术方案经济效果评价	经济效果评价内容	★★
		经济效果评价指标体系	★★
		投资收益率的概念及计算	★★★★★
		静态投资回收期计算、判别准则及优劣	★★★★★
		财务净现值的概念、计算、判别准则、优劣	★★★★★
		财务内部收益率概念、判断、优劣	★★★★★
		经济效果评价指标关系的综合分析	★★★★
		基准收益率的概念及测定	★★★★
		偿债能力分析层次	★
		偿债资金来源	★★★★
		偿债能力分析指标	★★★★

核心知识		考点分布	出题频率
1Z101000 工程经济 （分值预估 21-26分）	1Z101030 技术方案不确定性分析	不确定性因素产生的原因	★
		盈亏平衡分析	★★★★★
		单因素敏感性分析	★★★★★
	1Z101040 技术方案现金流量表的编制	技术方案现金流量表编制规则及内容	★★★★
		技术方案现金流量表的构成要素	★★★★
	1Z101050 设备更新分析	设备磨损类型及补偿方式	★★★★★
		设备更新方案比选原则	★★★★★
		设备寿命的概念及估算	★★★★★
		设备租赁的概念及优劣	★★★★
		设备方案的比选（租金的构成及计算）	★★★★
	1Z101060 价值工程在工程建设中的应用	价值工程概念及其特点	★★★
		提高价值的途径	★★★
		价值工程的工作程序	★★★★
		价值工程对象的选择	★
		功能分类	★★
		价值系数结果分析	★★★★
		确定价值工程对象的改进范围	★★★★
	1Z101070 新技术、新工艺和新材料应用方案的技术经济分析	选择新技术应用方案的原则	★
		新技术应用方案技术分析	★
		增量投资收益率法计算与应用	★★
		折算费用法计算及应用	★★★★
		新技术应用方案的技术经济综合分析	★
1Z102000 工程财务 （分值预估 21-28分）	1Z102010 财务会计基础	财务会计的内涵	★
		财务会计的职能	★★
		会计要素的组成	★★★★★
		会计核算的原则	★★★★
		会计核算的基本假设	★★
		会计核算的基础	★★★
		会计等式及其应用	★
		会计监督的类型及内容	★
	1Z102020 成本与费用	企业支出的类别	★
		费用的概念及其特点	★

核心知识		考点分布	出题频率
1Z102000 工程财务 （分值预估 21-28分）	1Z102020 成本与费用	费用的分类	★★★
		间接费用分摊	★★★
		固定资产折旧	★★★★★
		工程成本及其核算的内容	★★★★★
		工程成本核算的原则	★
		工程成本核算的程序	★
		施工企业期间费用的核算	★★★★★
	1Z102030 收入	收入的概念及特点	★★★★
		收入分类	★★★★★
		建造合同的特征及类型	★
		合同的分立与合并	★
		合同收入的内容	★★
		建造合同收入的确认	★★★★★
	1Z102040 利润和所得税费用	利润的计算	★★★★
		利润分配	★★
		所得税费用的确认	★★★
	1Z102050 企业财务报表	财务报表列报的基本要求	★★
		财务报表的构成	★★
		资产负债表的内容和作用	★★★★★
		利润表的内容和结构	★
		现金流量表的编制基础	★★★★
		现金流量表的内容	★★★★
		财务报表附注的内容和作用	★
	1Z102060 财务分析	财务分析常用方法	★★
		偿债能力比率的计算和分析	★★★★
		营运能力比率的计算和分析	★★★★
		盈利能力比率的计算和分析	★★★★
		发展能力比率的计算和分析	★
		财务指标综合分析－杜邦财务分析体系	★★
	1Z102070 筹资管理	企业筹资和项目融资的相关概念	★★★★
		短期筹资的特点和方式	★★★★★
		长期筹资的特点和方式	★

核心知识		考点分布	出题频率
1Z102000 工程财务 （分值预估 21-28分）	1Z102070　筹资管理	资金成本的概念及内容	★★
		资金成本的计算及分析	★★★★★
		资本结构的概念及影响因素	★★
		资本结构决策分析方法	★
	1Z102080　流动资产财务管理	现金管理的目标和方法	★★★
		最佳现金持有量分析－成本分析模式	★★★★★
		应收账款财务管理的内容	★
		存货的财务管理	★★★★
1Z103000 建设工程估价（分值预估50-58分）	1Z103010　建设项目总投资	建设项目总投资概念及建设投资组成	★★★
		按费用构成要素划分的建安费用项目组成	★★★★★
		按造价形成划分的建安费用组成	★★★★★
		各费用构成要素计算方法	★★★★★
		建筑安装工程计价公式	★
		建筑安装工程计价程序	★
		增值税计税原理及相关规定	★★
		设备购置费组成	★★★★★
		进口设备抵岸价的构成及其计算	★★★★★
		工程建设其他费用项目组成内容	★★★★★
		基本预备费的概念及计算	★★★★★
		价差预备费的概念及计算	★
		建设期利息计算	★★★★★
	1Z103020　建设工程定额	建设工程定额的分类	★★★★
		人工定额的编制内容	★★★★★
		材料消耗定额的编制	★★★
		周转性材料消耗定额的编制	★★★★
		机械台班使用定额形式	★
		机械台班使用定额的编制	★★★★★
		施工定额的编制	★★★
		企业定额的编制	★★★
		预算定额的编制	★★
		预算定额基价的编制	★★
		概算定额与概算指标的编制	★

	核心知识	考点分布	出题频率
1Z103000 建设工程估价（分值预估50-58分）	1Z103030　建设工程项目设计概算	设计概算的内容和作用	★★
		单位工程概算编制方法	★★★★★
		单项工程综合概算的编制方法	★
		建设工程项目总概算的编制方法	★★
		设备概算审查的内容	★
		设计概算审查的方法	★★
	1Z103040　建设工程项目施工图预算	施工图预算的作用	★★★
		施工图预算的编制内容	★★
		施工图预算的编制依据	★
		施工图预算的编制方法	★★★★★
		施工图预算审查的内容和方法	★★★★★
	1Z103050　工程量清单编制	工程量清单的作用	★★
		招标工程量清单的组成及编制依据	★
		工程量清单的编制方法	★★★★★
	1Z103060　工程量清单计价	工程量清单计价的基本过程	★
		工程量清单计价的方法	★★★★★
		最高投标限价的规定及编制方法	★★★★★
		对最高投标限价的投诉与处理	★★★★★
		投标报价的编制原则及依据	★★★
		投标报价的编制与审核	★★★★★
		合同价款的约定原则及内容	★★
	1Z103070　计量与支付	工程计量的原则及其依据	★★★
		单价合同和总价合同的计量	★★★★
		合同价款调整的程序	★
		法律法规变化的价款调整	★★★★
		项目特征不符的价款调整	★★★★
		工程量清单缺项的价款调整	★★★★
		工程量偏差的价款调整	★★★★★
		计日工的计价方法	★★★
		市场价格波动引起的价款调整	★★★★

核心知识		考点分布	出题频率
1Z103000 建设工程估价（分值预估50-58分）	1Z103070　计量与支付	暂估价的计价方法	★★★
		不可抗力导致价款调整的方法	★★★★★
		提前竣工导致价款调整的相关规定	★★★★★
		暂列金额的计价方法	★★★
		工程变更范围、变更权及变更估计原则	★★★★
		承包人合理化建议对工期、价款影响	★
		措施项目费调整	★★★
		工程变更价款调整方法的应用	★★
		施工索赔	★★★★★
		现场签证	★
		《保障农民工工资支付条例》	★★★
		预付款的支付、担保、抵扣	★★★
		安全文明施工费	★★★★
		工程进度款的支付规定与计算	★★
		竣工结算的编制	★★
		竣工结算的审查	★★
		竣工结算款支付规定及计算	★
		质量保证金的处理规定	★★★★★
		合同解除的价款结算与支付	★★
		合同价款争议的解决	★★
		建设工程造价鉴定	★★
	1Z103080　国际工程投标报价	国际工程投标报价程序流程	★
		国际工程投标报价程序中投标人注意的问题	★★★
		国际工程投标报价的组成	★★★
		国际工程投标报价组成项目的相关内容	★★★
		分项工程单价分析及标价汇总	★★
		国际工程投标报价分析方法	★
		国际工程投标报价的技巧	★★★★★
		国际工程投标报价决策影响因素	★

三、命题规律及复习方法

（一）命题规律

1. 紧扣考纲

每年的全国一级建造师执业资格考试大纲是确定考试内容的唯一依据，而考试用书是对考试大纲的具体细化。试题不会超出考试大纲和考试用书的范围，更不会出现与现行法律、法规、规范相冲突的内容。

2. 挖掘陷阱

主要表现为三个方面：（1）在题干中设置隐含陷阱，考试用书中以肯定形式表达的内容，命题者以否定形式提问；考试用书中从正面角度阐述的内容，命题者从反面角度提问；（2）命题者喜欢将考试用书中某些知识点的关键字拉出来设置其他干扰项；（3）题干和选项同时设置陷阱，命题者会同时选择两个以上的知识点来迷惑考生。

3. 体现关联

某些多项选择题可能涉及两个以上知识点，回答问题时要依据考试用书所阐述的概念、方法、公式，注重不同知识点之间的关联性，多方面多角度考虑、慎重选择。

4. 注重实务

全国一级建造师执业资格考试的目的是考查考生运用基本理论知识和基本技能综合分析解决问题的能力，考试试题更趋向于涉及施工现场的质量、安全、成本、进度、环保和职业健康等实务性方面，越来越全面细致，越来越注重题干的复杂性、干扰性、迷惑性，回答问题时，要善于利用相关理论，同时结合工程实际，来分析和解答试题。

（二）题型分析

1. 概念型选择题

此类选择题主要依据基本概念来出题，对基本概念的特点、原因、分类、原则、内容、作用、结果等进行选择，经常出现的主要标志性措辞有"性质是""内容是""特点是""标志是""准确地理解是"等。在各备选项的表述上，命题者一般会采用混淆、偷梁换柱、以偏概全、以末代本、因果倒置等手法。

2. 否定型选择题

也称为逆向选择题，此题型题干部分采用否定式的提示或限制，如"无""不是""没有""不包括""无关的""不正确""错误的""不属于"等提示语。

3. 因果型选择题

此类选择题即考查原因和结果的选择题，其基本结构一般有两种形式：一种是题干列出了原因，各备选项列出结果，在试题中常出现的标志性词语有"影响""结果"等；另一种是题干列出了结果，而各备选项列出了原因，在试题中常出现的标志性词语有"原因是""目的是""是为了"等。

4. 计算型选择题

对于计算型的选择题，一般计算量不会很大，需要我们熟记一些计算公式，如果考生对解决该类问题的计算方法很明白，就可轻而易举地作答，而且备选项还可以起到验算的作用。

5. 程度型选择题

此类选择题的题干多有"最主要""最重要""主要""根本"等表示程度的副词或形容词，每个备选项都可能符合题意，但只有一项最符合题意，其余选项因不够全面或处于次要地位而不能成为最佳选项。

6. 比较型选择题

比较型选择题是把具有可比性的内容放在一起，让考生通过分析、比较，归纳出其相同点或不同点。此类题在题干中一般会出现"相同点""不同点""共同""相似"等标志性词语，有些题也有反映程度性的词语，如"最大的不同点""最根本的不同""本质上的相似之处"等，主要考查考生的分析、归纳和比较能力。

7. 组合型选择题

此类选择题是将同类选项按一定关系进行组合，并冠之以数字序号，然后分解组成各选项作为备选项。解答组合型选择题的关键是要有准确牢固的基础知识，同时由于此题型的逻辑性较强，所以考生还应具备一定的分析能力。

（三）复习方法

1. 依纲靠本

我们首先要根据考试大纲的要求，确保有充足的时间理解教材中的知识点，尤其是核心知识点；然后，我们要明白，考试时所有的试题和标准答案均来自考试指定教材，答题时必须严格按考试指定教材的内容、观点和要求去回答每个问题。

2. 提前准备

根据经验，教材至少要通读三遍。第一遍要仔细地看，不放过任何一个要点、难点、关键词；第二遍要快速地看，主要针对核心考点和第一遍中不理解的内容；第三遍要飞快地看，主要是看第二遍没有看懂或者没有彻底掌握的核心考点。复习前，要制定一个切实可行的学习计划，杜绝先松后紧、突击复习造成精神紧张甚至失眠。很多考生临考前总会抱怨"再给我一周时间，肯定能够过关"，与其考后后悔，不如笨鸟先飞，提前准备。

3. 紧抓核心

复习时，要特别注意知识点之间的内在联系，有些知识点可能跨越好几页，而这些知识点往往是多项选择题的出题点，要留意层级关系，深刻把握，举一反三，以不变应万变。复习中，必须把握重点，避免平均分配。本书提供的核心考点几乎囊括了该课程所有出题点，建议考生严格按照本书顺序和逻辑，好好复习，大幅提高效率。

4. 学会总结

我们要做到一边看书，一边做总结性标记，罗列要点、难点，将书由厚变薄。要注意准确把握文字背后的复杂含义，要注意不同章节之间的内在联系。本书是作者多年教学辅导经验的结晶，总结了该课程所有的核心考点，同时非常注意章节之间的联系，可以带领大家快速掌握教材内容。

5. 精选资料

复习资料不宜过多，多了浪费时间，难以取舍、增加压力。备考过程中，适当做一些真题和模拟题，但千万不要舍本逐末，以题代学，杜绝题海战术。本书针对每个核心考点，都详细讲解了命题思路、考试方法，配套了例题、历年真题和强化模拟题，相信此书能让大家达到事半功倍的效果。

（四）答题技巧

1. 控制情绪

考试前一定要休息好，考试过程中，要学会控制自己的情绪，不要急躁，如果心里紧张，深呼吸几口气，做到心平气和，面对不会的题，善于跳跃，千万不要被命题者一开始就来个下马威，更加要杜绝心里想的是答案 A 却涂成答案 C 的情况。

2. 稳步推进

单项选择题难度较小，答题要稍快，同时注意准确率；多项选择题可以稍慢一点，但要求稳。一定要耐着性子把题目中每个字读完，提高准确率，杜绝心急。根据考试时间的分配，单项选择题按照每题 1 分钟、多项选择题按照每题 1.5 分钟的速度稳步推进，效果良好。

3. 讲究方法

针对上述 7 类题型，可以采用不同的答题方法。概念性选择题采用逻辑推理法，解题的关键是要注意一些隐性的限制词，结合相关的理论知识来判断选项是否符合题意。否定性选择题可以采用排除法、推理法、直选法等方式进行。因果性选择题要正确理解有关概念的含义，注意相互之间的内在联系，全面分析和把握影响的各种因素，准确把握题干与各备选项之间的逻辑关系，弄清二者之间谁因谁果。计算性选择题可以采用估算法、代入法、比例法、极端法来作答。程度性选择题主要运用优选法，逐个比较、分析备选项，找出最佳答案。比较性选择题一般都是对教材内容的重新整合，要善于运用理论进行分析判断，采用排除法，从同中找异，从异中求同。组合性选择题可以采用肯定筛选法和否定筛选法，肯定筛选法是先根据试题要求分析各个选项，确定一个正确的选项，排除不包含此选项的组合，然后一一筛选，最后得出正确答案。否定筛选法即确定一个或两个不符合题意的选项，排除包含这些选项的组合，得出正确答案。

4. 回头检查

按照上述时间稳步推进，至少可以预留 15~20 分钟的回头检查时间。考试过程中，把不太肯定或不会做的题目在题号位置标记一个符号，回头主要对这些题进行检查，做到心中有数、有的放矢。

核心考点升华篇

第一章 1Z101000 工程经济

本章考情分析

近 3 年考点分布及分值分布

1Z101000	考点分布	2022年		2021年		2020年	
		单选	多选	单选	多选	单选	多选
1Z101010	资金时间价值概念及影响因素	1		1			2
	利率高低的决定因素						
	利息计算：单利与复利					1	
	资金等值的概念						
	现金流量图的绘制						
	终值和现值计算	2		1			
	名义利率与有效利率计算			1		1	
1Z101020	经济效果评价的内容	1	2				
	经济效果评价指标体系			1			
	投资收益率的概念及计算			1			
	静态投资回收期计算、判别准则及优劣						
	财务净现值概念、计算、判别准则及优劣			2		1	
	财务内部收益率概念、判别准则及优劣（评价指标关系的综合分析）		2	1			
	基准收益率的概念及测定	1				1	
	偿债能力分析的层次						
	偿债资金来源				2		
	偿债能力分析指标	1				1	
1Z101030	不确定性因素产生的原因						
	盈亏平衡分析	1			2	1	
	单因素敏感性分析	1		1		1	2
1Z101040	技术方案现金流量表编制规则及内容	1		1	2		2
	现金流量表的构成要素		2				
1Z101050	设备磨损类型及补偿方式	2		1	2		2
	设备更新策略						
	设备更新方案比选原则	1				1	

12

1Z101000	考点分布	2022年		2021年		2020年	
		单选	多选	单选	多选	单选	多选
1Z101050	设备寿命的概念及估算					1	
	设备租赁的概念及优劣			1			
	设备方案的比选（租金的计算）	1				1	
1Z101060	价值工程概念及特点	1	2				
	提高价值的途径			1	2	1	
	价值工程工作程序						2
	价值工程准备阶段 – 对象选择	1					
	功能分类						
	价值系数结果分析						
	确定价值工程对象改进范围				1		
1Z101070	选择新技术应用方案的原则	1				1	
	新技术应用方案的技术分析						
	增量投资收益率法						2
	折算费用法			1			
	技术经济综合分析						
合计		14	10	15	10	13	12
		24		25		25	

本章核心考点分析

1Z101010 资金时间价值的计算及应用

核 心 内 容 提 纲

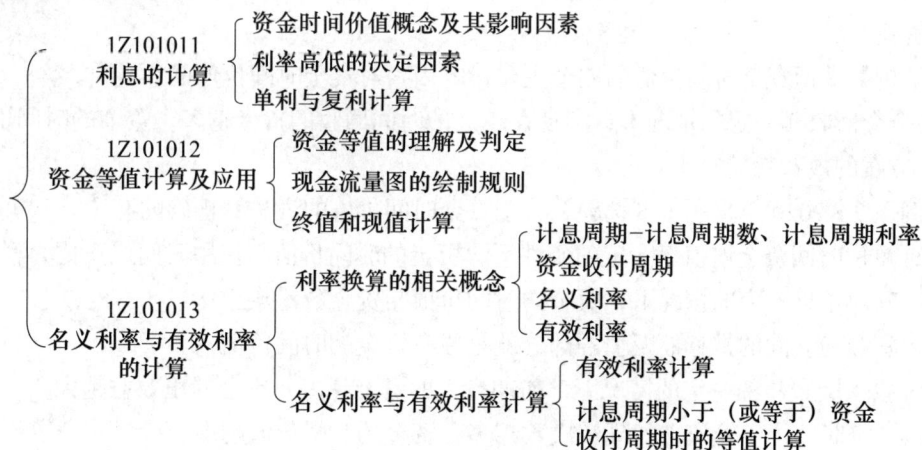

```
             ┌ 1Z101011      ┌ 资金时间价值概念及其影响因素
             │ 利息的计算  ─┤ 利率高低的决定因素
             │              └ 单利与复利计算
             │
             │ 1Z101012        ┌ 资金等值的理解及判定
          ───┤ 资金等值计算及应用 ─┤ 现金流量图的绘制规则
             │                └ 终值和现值计算
             │
             │              ┌ 利率换算的相关概念 ─┬ 计息周期-计息周期数、计息周期利率
             │ 1Z101013     │                    │ 资金收付周期
             └ 名义利率与有效利率 ─┤                    │ 名义利率
                  的计算       │                    └ 有效利率
                             │
                             │                    ┌ 有效利率计算
                             └ 名义利率与有效利率计算 ─┤ 计息周期小于（或等于）资金
                                                    └ 收付周期时的等值计算
```

1Z101011　利息的计算

核心考点一　资金时间价值的概念及其影响因素

1. 资金时间价值的概念

其实质是资金作为生产经营要素，在扩大再生产及其资金流通过程中，资金随时间周转使用的结果。在工程经济分析时，不仅要着眼于技术方案资金量的大小，而且也要考虑资金发生的时间。

产生资金时间价值的两个必不可少因素：（1）投入扩大再生产或资金流通；（2）时间的变化。

2. 影响资金时间价值的因素

（1）资金的使用时间：使用时间越长，时间价值越大；

（2）资金数量的多少：资金数量越多，时间价值越多；

（3）资金投入和回收的特点：投入越迟越好，回收越早越好；

（4）资金周转速度：资金周转越快，时间价值越大。

生产经营的一项基本原则就是充分利用资金的时间价值并最大限度地获取其时间价值，这就要加速资金周转，早期回收资金，并不断从事利润较高的投资活动；任何资金的闲置，都是损失资金的时间价值。

◆考法：影响资金时间价值的因素

【例题1·单选题】在其他条件不变的情况下，考虑资金时间价值时，下图现金流量图中效益最好的是（　　）。

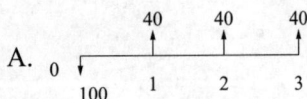

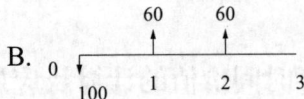

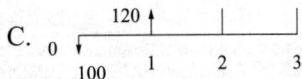

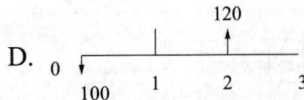

A.
```
        40    40    40
        ↑     ↑     ↑
0├─────┼─────┼─────┤
↓      1     2     3
100
```

B.
```
              60          60
              ↑           ↑
0├─────┼─────┼─────┤
↓      1     2     3
100
```

C.
```
       120
        ↑
0├─────┼─────┼─────┤
↓      1     2     3
100
```

D.
```
                    120
                    ↑
0├─────┼─────┼─────┤
↓      1     2     3
100
```

【答案】C

【解析】掌握资金时间价值的四个主要影响因素对资金时间价值的影响。

在资金回收额一定的情况下，离现在越近的时间回收的资金越多，资金的时间价值就越多，方案的效益就越好。

【例题2·2020年真题·多选题】关于资金时间价值的说法，正确的有（　　）。

A. 单位时间资金增值率一定的条件下，资金的时间价值与使用时间成正比

B. 其他条件不变的情况下，资金的时间价值与资金数量成正比

C. 资金随时间的推移而贬值的部分就是原有资金的时间价值

D. 投入资金总额一定的情况下，前期投入的资金越多，资金的正效益越大

E. 一定时间内等量资金的周转次数越多，资金的时间价值越多

【答案】A、B、E

【解析】本题的考核点是资金时间价值的概念及其影响因素。

（1）资金的价值是随时间变化而变化的，是时间的函数，随时间的推移而增值，其增值的这部分资金就是原有资金的时间价值。

（2）影响资金时间价值的主要因素有四个：① 资金使用时间。在单位时间资金增值率一定的条件下，资金使用时间越长，则资金时间价值越大。② 资金数量多少。在其他条件不变的情况下，资金数量越多，资金的时间价值就越多。③ 资金投入和回收特点。总资金一定，前期投入的资金越多，资金的负效益越大；反之后期投资的资金越多，资金的负效益越小。而在资金回收额一定的情况下，离现在越近的时间回收的资金越多，资金的时间价值就越多。④ 资金周转的速度。资金周转速度越快，资金的时间价值越多。

【例题3·2019年真题·单选题】某施工单位拟投资一项目，在投资总额和年收益不变的情况下，四个备选方案各年投资比例如下表（投资时点均相同），则对该单位较为有利的方案是（　　）。

备选方案	第一年	第二年	第三年	合计
方案一	50%	40%	10%	100%
方案二	40%	40%	20%	100%
方案三	30%	40%	30%	100%
方案四	10%	40%	50%	100%

A. 方案一 　　　　　　　　　　　B. 方案二
C. 方案三 　　　　　　　　　　　D. 方案四

【答案】D

【解析】本题的考核点是影响资金时间价值的因素中的资金投入对资金时间价值的影响。

本题中投资总额和年收益不变，方案四在前期投入的资金少，后期投入的资金多，对投资方而言，是四个方案中效益最好的方案。

【例题4·2021年真题·单选题】甲、乙、丙和丁4个公司投资相同项目，收益方案如下表。若社会平均收益率为10%，根据资金时间价值原理，其投资收益最大的是（　　）。

单位：万元

公司	第1年	第2年	第3年	合计
甲公司	200	500	300	1000
乙公司	200	400	400	1000
丙公司	300	500	200	1000
丁公司	300	400	300	1000

A. 甲公司 　　　　　　　　　　　B. 乙公司
C. 丙公司 　　　　　　　　　　　D. 丁公司

【答案】C

【解析】本题的考核点是影响资金时间价值的因素中的资金回收对资金时间价值的影响。

本题中4个公司投资相同项目，投资一样，收益总额均为1000万元，丙公司在第1年和第2年收益是最多的。

核心考点二　利率高低的决定因素

利率是各国发展国民经济的重要杠杆之一，利率的高低由以下因素决定：

1. 利率的高低首先取决于社会平均利润率的高低，并随之变动。在通常情况下，社会平均利润率是利率的最高界限。因为如果利率高于利润率，无利可图就不会去借款。

2. 在社会平均利润率不变的情况下，利率高低取决于金融市场上借贷资本的供求情况。借贷资本供过于求，利率便下降；反之，求过于供，利率便上升。

3. 借出资本要承担一定的风险，风险越大，利率也就越高。

4. 通货膨胀对利息的波动有直接影响，资金贬值往往会使利息无形中成为负值。

5. 借出资本的期限长短。贷款期限长，不可预见因素多，风险大，利率就高；反之利率就低。

6. 利率与经济周期的波动有密切的关联，在经济周期的扩张期上升，而在经济衰退期下降。

◆**考法：利率高低的决定因素**

【例题·2015年真题·多选题】关于利率高低影响因素的说法，正确的有（　　　）。

A. 利率的高低首先取决于社会平均利润率的高低，并随之变动

B. 借出资本所承担的风险越大，利率越低

C. 资本借出期间的不可预见因素越多，利率越高

D. 借出资本期限越长，利率越高

E. 社会平均利润率不变的情况下，借贷资本供过于求会导致利率上升

【答案】A、C、D

【解析】掌握利率高低的决定因素。

核心考点三　利息计算：单利、复利

1. 单利

某计息周期利息＝本金×利率

——在工程经济分析中，单利使用较少，通常只适用于短期投资或短期贷款。

2. 复利

某计息周期利息＝（本金＋以前各期应付未付的利息）×利率

同一笔借款，在利率和计息周期均相同的情况下，用复利计算出的利息金额比用单利计算出的利息金额多。本金越大，利率越高，计息周期越多时，两者差距就越大。

复利计算有间断复利和连续复利之分。在实际使用中都采用间断复利。

◆**考法1：利息计算：单利计算**

【例题1·2020年真题·单选题】某企业年初从银行借款1000万元，期限3年，年利

率为 5%，银行要求每年末支付当年利息，则第 3 年末需偿还的本息和是（　　）万元。

A. 1050.00

B. 1100.00

C. 1150.00

D. 1157.63

【答案】A

【解析】本题的考核点是利息计算的两种基本方法单利计息和复利计息的运用。

银行要求每年末支付当年利息，所以该笔借款是单利计息，则第 3 年末需偿还的本息和为：1000×（1 + 5%）= 1050 万元。

【例题 2·2017 年真题·单选题】某施工企业年初从银行借款 200 万元，按季度计息并支付利息，季度利率为 1.5%，则该企业一年支付的利息总计为（　　）万元。

A. 12.27

B. 12.00

C. 6.05

D. 6.00

【答案】B

【解析】本题的考核点的是单利计息的计算应用。

该笔借款按季度计息并支付利息，计息周期和资金收付周期均为季度，为单利计息。

一年利息总和 = 200×1.5%×4 = 12.00 万元

◆**考法 2：利息计算：方案分析**

【例题 3·2017 年真题·单选题】某施工企业欲借款 500 万元，借款期限 2 年，到期一次还本。现有甲、乙、丙、丁四家银行愿提供贷款，年名义利率均为 7%。其中，甲要求按月计息并支付利息，乙要求按季度计息并支付利息，丙要求按半年计息并支付利息，丁要求按年计息并支付利息。若其他条件相同，则该企业应选择的银行是（　　）。

A. 丁

B. 丙

C. 乙

D. 甲

【答案】A

【解析】本题的考核点的是资金时间价值的概念、单利计息的基本方法。

甲乙丙丁四家银行要求的计息周期分别是月、季度、半年、年，而各自的资金收付周期也为月、季度、半年、年，各家银行要求的计息周期与其资金收付周期相同，所以均是单利计息，计算出的本金利息总和完全相同。但考虑到借款企业分别按月、季度、半年、年支付利息，按年支付利息比其他三种情况下损失的资金时间价值相对较小，按年计息并支付利息对借款企业最有利，故应选择丁银行。

1Z101012　资金等值计算及应用

核心考点一　资金等值概念

1. 资金等值的含义

资金有时间价值，金额相同的资金在不同时间点上其价值是不相同的，不同时点上绝对不等的资金在时间价值的作用下却可能具有相等的价值。这些不同时期、不同数额但其"价值等效"的资金称为等值，又叫等效值。

2. 影响资金等值的因素

影响资金等值的因素有三个：资金数额的多少、资金发生时间的长短、利率的大小。其中利率是一个关键因素。

3. 资金等值的判断

资金等值计算公式和复利计算公式的形式相同。具体可以理解为：

（1）两笔资金金额相同，在不同时间点，在资金时间价值的作用下，两笔资金不等值。

（2）两笔金额不等的资金，在不同时间点，在资金时间价值的作用下，两笔资金是有可能等值的。

（3）两笔金额不等的资金，在不同时间点，在资金时间价值的作用下，如果在某个时间点等值，则在其他时间点上它们的价值都是等值的。

（4）两笔资金金额相同，在同一时间点上，在资金时间价值的作用下，在任何时间点上他们的价值都是等值的。

（5）两笔资金金额不同，在同一时间点上，在资金时间价值的作用下，是不可能等值的。

◆**考法：资金等值的判断**

【例题1·单选题】现在的100元和5年以后的248元两笔资金在第2年年末价值相等，若利率不变，则这两笔资金在第3年末的价值（　　　）。

A. 前者高于后者 　　　　　　B. 前者低于后者

C. 两者相等 　　　　　　　　D. 两者不能进行比较

【答案】C

【解析】掌握从不同角度判断资金是否等值的方法。资金是否等值的判断方法如下：

（1）金额相同，在不同时间点，两笔资金不等值。

（2）金额不等，在不同时间点，有可能等值的。

（3）不同时间点下金额不等的两笔资金，如果在某个时间点等值，则它们恒等值。

（4）金额相同，在同一时间点，恒等值的。

（5）金额不同，在同一时间点上，不可能等值的。

【例题2·2013年真题·单选题】考虑资金时间价值，两笔资金不可能等值的情形是（　　　）。

A. 金额相等，发生在不同时点　　B. 金额相等，发生在相同时点

C. 金额不等，发生在不同时点　　D. 金额不等，但分别发生在期初和期末

【答案】A

【解析】理解资金等值概念，能正确判断从以下三个不同角度描述的资金等值关系。

核心考点二　现金流量图绘制

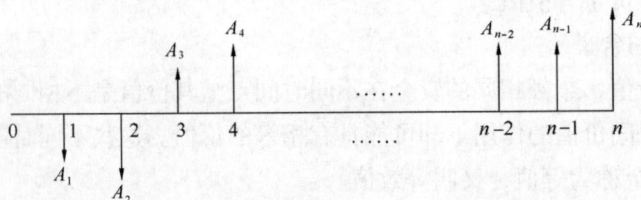

现金流量图

1. 现金流量三要素

现金流量的三要素为：

（1）现金流量的大小（数额）

（2）方向（流入和流出）

（3）作用点（发生的时点）

2. 现金流量图作图规则

（1）以横轴为时间轴，向右延伸表示时间的延续，轴上每一刻度表示一个时间单位，可取年、半年、季或月等；时间轴上的点称为时点，通常表示的是该时间单位末的时点；0 表示时间序列的起点（通常以现在为起点）；n 表示时间序列的终点，也是技术方案的计算期。

（2）横轴坐标上的垂直箭线代表现金流量。现金流量的性质（流入或流出）是对特定的人而言的。对投资人而言，在横轴上方表示现金流入，即收益；在横轴下方的表示现金流出，即费用。

（3）箭线长短只要能适当体现各时点现金流量数值的差异，并在各箭线上方（或下方）注明其现金流量的数值即可。

（4）箭线与时间轴的交点即为现金流量发生的时点。

◆考法 1：现金流量三要素

【例题 1·多选题】绘制现金流量图需要把握的现金流量的要素有（　　　）。

A. 现金流量的大小　　　　　　　　B. 绘制比例

C. 时间单位　　　　　　　　　　　D. 现金流入或流出

E. 发生的时点

【答案】A、D、E

【解析】考核现金流量的三个要素：现金流量的大小（数额）、方向（流入和流出）、作用点（发生的时点）

◆考法 2：现金流量图作图规则

【例题 2·2017 年真题·多选题】关于现金流量图绘制规则的说法，正确的有（　　　）。

A. 横轴为时间轴，向右延伸表示时间的延续

B. 垂直箭线代表不同时点的现金流量情况

C. 箭线长短应能体现各时点现金流量数值的差异

D. 对投资人而言，横轴上方的箭线表示现金流出

E. 箭线与时间轴的交点即为现金流量发生的时点

【答案】A、B、C、E

【解析】本题的考核点的是现金流量图的作图方法和规则。

核心考点三　终值和现值计算

1. 现值、终值、年金的概念

现值（P）——资金"现在"的价值，即资金在某一特定时间序列起点时的价值。

终值（F）——资金在"未来"时点上的价值，即资金在某一特定时间序列终点的价值。

年金（A）——也称为等年值，发生在某一特定时间序列各计息期末（不包括零期）的等额资金序列。

贴现或折现——把将来某一时点的资金金额在一定的利率条件下换算成现在时点的等值金额的过程。

2. 掌握等值计算的四个公式

（1）一次支付终值计算（已知 P 求 F）

$$F = P(1+i)^n \qquad F = P(F/P, i, n)$$

（2）一次支付现值计算（已知 F 求 P）

$$P = \frac{F}{(1+i)^n} = F(1+i)^{-n} \qquad P = F(P/F, i, n)$$

（3）等额支付系列终值计算（已知 A 求 F）

$$F = A\frac{(1+i)^n - 1}{i} \qquad F = A(F/A, i, n)$$

（4）等额支付系列现值计算

$$P = A\frac{(1+i)^n - 1}{i(1+i)^n} \qquad P = A(P/A, i, n)$$

——注意：两个计算：（1）已知 F, i, n, 求 A；（2）已知 P, i, n, 求 A。

◆ **考法 1：一次支付终值和现值计算**

【例题 1·2021 年真题·单选题】某公司年初借入资金 1000 万元，期限 3 年，按年复利计息，年利率 10%，到期一次还本付息。则第三年末应偿还的本利和为（　　）万元。

A. 1210　　　　　　　　　　　　B. 1300

C. 1331　　　　　　　　　　　　D. 1464

【答案】C

【解析】本题的考核点是终值和现值的计算——一次支付终值计算。

$$F = P(1+i)^n = 1000(1+10\%)^3 = 1331 \text{ 万元}$$

◆ **考法 2：等额支付系列终值计算**

【例题 2·2018 年真题·单选题】某施工企业每年年末存入银行 100 万元，用于 3 年后的技术改造。已知银行存款年利率为 5%，按年复利计息，则到第 3 年末可用于技术改造的资金总额为（　　）万元。

A. 331.01　　　　　　　　　　　B. 330.75

C. 315.25　　　　　　　　　　　D. 315.00

【答案】C

【解析】掌握等额支付系列终值的基本计算。

$$F = A\frac{(1+i)^n - 1}{i} = 100\frac{(1+5\%)^3 - 1}{5\%} = 315.25 \text{ 万元}$$

◆ **考法 3：等值计算综合应用**

【例题 3·2015 年真题·单选题】某企业第 1 年年初和第 1 年年末分别向银行借款 30

万元，年利率均为10%，复利计息，第3~5年年末等额本息偿还全部借款。则每年年末应偿还金额为（　　）万元。

A. 20.94　　　　　　　　　　　　　　B. 23.03

C. 27.87　　　　　　　　　　　　　　D. 31.57

【答案】C

【解析】本题的考核点的是终值和现值计算。

计算分两步：第一步，先将第1年初的30万元和第1年年末的30万元按复利分别计算其第2年年末（第3年初）的终值：

$$F_1 = 30(1+10\%)^2 = 36.3 \text{ 万元} \qquad F_2 = 30(1+10\%)^1 = 33 \text{ 万元}$$

第2年年末（第3年年初的现值）的终值：$F = 36.3 + 33 = 69.3$ 万元

第二步，已知现值 P（69.3万元），i（10%），n（3），求年金 A：

$$69.3 = A\frac{(1+10)^3 - 1}{10\% \times (1+10)^3}$$

$$A = 27.87 \text{ 万元}$$

1Z101013　名义利率与有效利率的计算

核心考点　名义利率和有效利率计算

1. 掌握几个名词概念

（1）计息周期：是指某笔资金计算利息的时间间隔。计息周期数 m，计息周期利率 i。

（2）资金收付周期：是指某方案发生现金流量的时间间隔，资金收付周期数 n。

（3）名义利率 r：通常是指单利计息情况下的年利率。

（4）有效利率：也称为实际利率，通常是指复利计息情况下的利率，包括计息周期有效利率 i 和资金收付周期有效利率 i_{eff}。

（5）当计息周期等于一年时，名义利率 r 与年有效利率 i_{eff} 是一致的；当计息周期小于一年时，名义利率 r 小于年有效利率 i_{eff}；每年计息周期 m 越多，i_{eff} 与 r 相差越大。

（6）在工程经济分析中，如果各技术方案的计息期不同，就不能简单地使用名义利率来评价，而必须换算成有效利率进行评价。

（7）对等额支付系列现金流量，只有计息周期与资金收付周期一致时才能按计息周期利率计算。否则，只能用收付周期实际利率来计算。

2. 名义利率和有效利率的换算

（1）已知计息周期 m，计息周期利率 i，计算确定名义利率 r。

$$r = m \cdot i$$

（2）已知名义利率 r，计息周期 m，计算确定计息周期利率 i。

$$i = r/m$$

（3）已知名义利率 r，计息周期 m，资金收付周期 n，计算确定资金收付周期有效利率 i_{eff}。

资金收付周期有效利率的计算是重要的考核点，具体要求又分为两种情况：

① 若资金收付周期与计息周期相同，则应采用单利计息方法计算。

② 若计息周期小于资金收付周期，则资金收付周期有效利率计算方法为：

$$i = r/m$$
$$i_{\text{eff}} = (1 + i)^m - 1$$

◆**考法 1：实际利率的计算**

【例题 1·2018 年真题·单选题】已知年名义利率为 8%，每季度复利计息一次，则年有效利率为（　　）。

A. 8.80%

B. 8.24%

C. 8.16%

D. 8.00%

【答案】B

【解析】本题的考核点是计息周期小于资金收付周期时名义利率与有效利率的换算。

（1）季度利率：$i = r/m = 8\%/4 = 2\%$

（2）年有效利率：$i_{\text{eff}} = (1 + i)^m - 1 = (1 + 2\%)^4 - 1 = 8.24\%$

【例题 2·2021 年真题·单选题】某公司同一笔资金有如下 4 种借款方案，均在年末支付利息。则优选的借款方案是（　　）。

A. 年名义利率 3.6%，按月计息

B. 年名义利率 4.4%，按季度计息

C. 年名义利率 5.0%，半年计息一次

D. 年名义利率 5.5%，一年计息一次

【答案】A

【解析】本题的考核点是名义利率与有效利率的计算及应用。

工程经济分析中，如果各方案的计息周期不同，就不能简单地使用名义利率来评价，而必须换算成有效利率进行评价。本题的借款方案比选的标准是借款年有效利率最低的方案。

$$i_{\text{eff}} = \left(1 + \frac{r}{m}\right)^m - 1$$

借款方案	计息周期	年名义利率	年有效利率
A	月	3.6%	3.66%
B	季度	4.4%	4.47%
C	半年	5.0%	5.06%
D	年	5.5%	5.5%

年有效利率最低的是方案 A，故对企业优选的借款条件是方案 A。

【例题 3·2019 年真题·单选题】某企业面对金融机构提出的四种存款条件，相关数据如下表，最有利的选择是（　　）。

存款条件	年计息次数	年名义利率
条件一	1	5%

存款条件	年计息次数	年名义利率
条件二	2	4%
条件三	4	3%
条件四	12	2%

A. 条件一
B. 条件二
C. 条件三
D. 条件四

【答案】A

【解析】本题的考核点是名义利率与有效利率的计算及应用。

在工程经济分析中，如果各方案的计息周期不同，就不能简单地使用名义利率来评价，而必须换算成有效利率进行评价。本题的存款方案比选的标准是存款年有效利率最高的方案。

$$i_{\text{eff}} = \left(1 + \frac{r}{m}\right)^m - 1$$

存款条件	年计息次数	年名义利率	年有效利率
条件一	1	5%	5%
条件二	2	4%	4.04%
条件三	4	3%	3.03%
条件四	12	2%	2.02%

年有效利率最高的是条件一，故条件一是对企业最有利的存款条件。

◆考法 2：有效利率和名义利率相关概念分析

【例题4·2014年真题·多选题】关于年有效利率和名义利率的说法，正确的有（　　　　）

A. 当每年计息周期大于 1 时，名义利率大于年有效利率
B. 年有效利率比名义利率更能准确反映资金的时间价值
C. 名义利率一定，计息周期越短，年有效利率与名义利率差异越小
D. 名义利率为 r，一年内计息 m 次，则计息周期利率为 $r \times m$
E. 当每年计息周期数等于 1 时，则年有效利率等于名义利率

【答案】B、E

【解析】本题考查的是名义利率、有效利率的概念及其计算。

（1）当年计息周期数大于 1 时，年有效利率大于名义利率。

（2）因为年有效利率将利息再生因素也考虑进资金计算中，所以能更准确反映资金时间价值。

（3）计息周期越短，复利次数越多，年有效利率与名义利率的差异越大。

（4）计息周期利率：$i = r/m$

（5）年计息周期数为1时，每年只计息一次，单利计息与复利计息结果相同，故年有效利率即为名义利率。

◆**考法3：计息周期小于（或等于）资金收付周期时的等值计算**

【例题5·2022年真题·单选题】企业年初借入一笔资金，年名义利率为6%，按季度复利计息，年末本利和为3184.09万元，则年初借款金额是（　　）万元。

A. 3003.86　　　　　　　　　　　　B. 3000.00

C. 3018.03　　　　　　　　　　　　D. 3185.03

【答案】B

【解析】本题的考核点是计息周期小于资金收付周期时的等值计算。

第一步，计算年（资金收付周期）有效利率：

$$i_{\text{eff}} = \left(1 + \frac{r}{m}\right)^m - 1 = \left(1 + \frac{6\%}{4}\right)^4 - 1 = 6.136\%$$

第二步，计算一次支付的现值：

$$P = F(1 + i_{\text{eff}})^{-1} = 3184.09(1 + 6.136\%)^{-1} = 3000 \text{万元}$$

【例题6·2017年真题·单选题】某施工企业年初从银行借款200万元，按季度计息并支付利息，季度利率为1.5%，则该企业一年支付的利息总计为（　　）万元。

A. 12.27　　　　　　　　　　　　　B. 12.00

C. 6.05　　　　　　　　　　　　　　D. 6.00

【答案】B

【解析】本题的考核点的计息周期等于资金收付周期时等值计算。

该笔借款按季度计息并支付利息，其计息周期和资金收付周期均为季度，故为单利计息。

一年利息总和 = 200 × 1.5% × 4 = 12.00万元

【例题7·2020年真题·单选题】某企业拟存款200万元。下列存款利率和计息方式中，在第5年末存款本息和最多的是（　　）。

A. 年利率6%，按单利计算　　　　　B. 年利率5.5%，每年复利一次

C. 年利率4%，每季度复利一次　　　D. 年利率5%，每半年复利一次

【答案】B

【解析】本题的考核点是等值计算与名义利率和实际利率计算的综合运用分析。

（1）A方案：$F = 200 + 200 \times 6\% \times 5 = 260$万元

（2）B方案：$F = P(1 + i)^n = 200(1 + 5.5\%)^5 = 261.39$万元

（3）C方案：年有效利率 $i_{\text{eff}} = \left(1 + \frac{4\%}{4}\right)^4 - 1 = 4.06\%$

$$F = P(1 + i)^n = 200(1 + 4.06\%)^5 = 244.03 \text{万元}$$

（4）D方案：年有效利率 $i_{\text{eff}} = \left(1 + \frac{5\%}{2}\right)^2 - 1 = 5.06\%$

$$F = P(1 + i)^n = 200(1 + 5.06\%)^5 = 255.99 \text{万元}$$

1Z101020 技术方案经济效果评价

核 心 内 容 提 纲

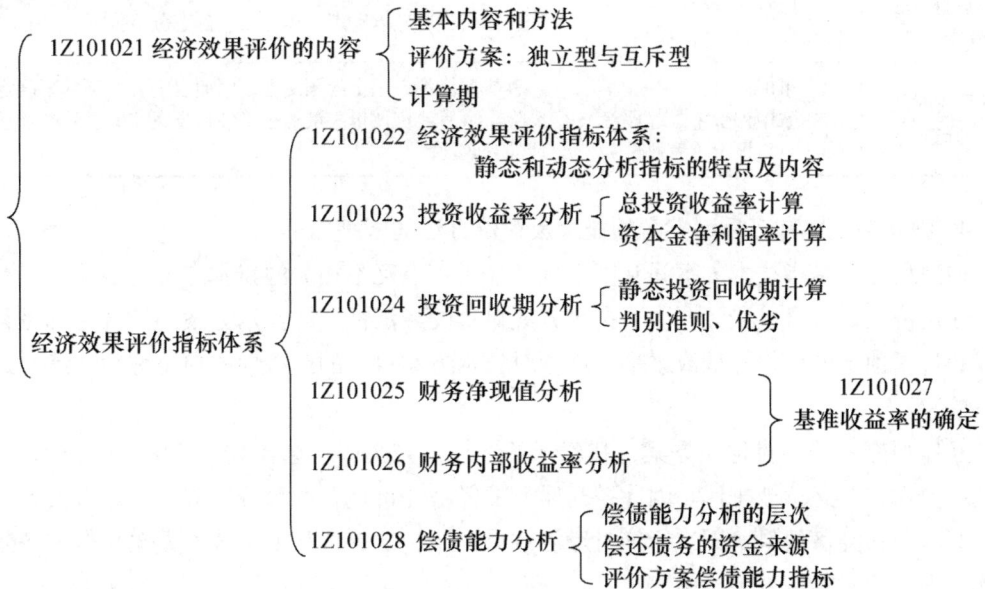

```
         ┌ 1Z101021 经济效果评价的内容 ┬ 基本内容和方法
         │                          ├ 评价方案：独立型与互斥型
         │                          └ 计算期
         │
         │              1Z101022 经济效果评价指标体系：
         │                       静态和动态分析指标的特点及内容
         │
         │              1Z101023 投资收益率分析 ┬ 总投资收益率计算
         │                                     └ 资本金净利润率计算
         │
经济效果   │              1Z101024 投资回收期分析 ┬ 静态投资回收期计算
评价指标 ─┤                                     └ 判别准则、优劣
体系      │
         │              1Z101025 财务净现值分析         ┐  1Z101027
         │                                            ├ 基准收益率的确定
         │              1Z101026 财务内部收益率分析     ┘
         │
         │                                   ┌ 偿债能力分析的层次
         └              1Z101028 偿债能力分析 ┼ 偿还债务的资金来源
                                             └ 评价方案偿债能力指标
```

核 心 考 点 剖 析

1Z101021 经济效果评价的内容

核心考点 经济效果评价的内容

所谓经济效果评价就是根据国民经济与社会发展以及行业、地区发展规划的要求，在拟定的技术方案、财务效益与费用估算的基础上，采用科学的分析方法，对技术方案的财务可行性和经济合理性进行分析论证，为选择技术方案提供科学的决策依据。

1. 在实际应用中，对于经营性方案，经济效果评价是从拟定技术方案的角度出发，根据国家现行财政、税收制度和现行市场价格，计算拟定技术方案的投资费用、成本与收入、税金等财务数据，通过编制财务分析报表，计算财务指标，分析拟定技术方案的盈利能力、偿债能力和财务生存能力。

2. 对于非经营性方案，经济效果评价应主要分析拟定技术方案的财务生存能力。

3. 经济效果评价方法

	经济效果评价方法分类	应用
基本方法	（1）确定性评价方法； （2）不确定性评价方法	对同一技术方案必须同时进行确定性评价和不确定性评价
按方法性质分类	（1）定量分析； （2）定性分析	应坚持定量分析与定性分析相结合，以定量分析为主的原则

	经济效果评价方法分类	应用
按是否考虑 时间因素分类	（1）静态分析； （2）动态分析	应坚持静态分析与动态分析相结合，以动态分析为主的原则。动态分析能较全面反映技术方案整个计算期的经济效果
按是否考虑 融资分类	（1）融资前分析； （2）融资后分析	融资前分析应以动态分析为主，静态分析为辅
按评价时间 分类	（1）事前评价； （2）事中评价（跟踪评价）； （3）事后评价（后评价）	事前评价都有一定的预测性，因而也就有一定的不确定和风险。事后评价评价决策的正确性，方案实施过程中项目管理的有效性等

4. 独立型方案和互斥型方案的概念及评价方法的区别如下：

独立型方案是指技术方案间互不干扰、在经济上互不相关的技术方案。因此，独立型方案在经济上是否可接受，取决于技术方案自身的经济性，即技术方案的经济指标是否达到或超过了预定的评价标准或水平。这种对技术方案自身的经济性的检验称为"绝对经济效果检验"。

互斥型方案又称排他型方案，在若干备选技术方案中，选择其中任何一个技术方案，则其他技术方案必然被排斥。因此，互斥方案经济评价包含两部分内容：一是考察各个技术方案自身的经济效果，即进行绝对经济效果检验；二是考察哪个技术方案相对经济效果最优，即"相对经济效果检验"。

5. 技术方案的计算期是指在经济效果评价中为进行动态分析所设定的期限，包括建设期和运营期。

建设期，是指技术方案从资金正式投入开始到技术方案建成投产为止所需要的时间。通常建设期应根据技术方案实施的内容、工程量大小、技术难易以及资金保障程度、实施条件和管理组织等多因素综合研究确定。

运营期分为投产期和达产期两个阶段。运营期一般应根据技术方案主要设施和设备的经济寿命期（或折旧年限）、产品寿命期、主要技术的寿命期等多种因素综合确定。

◆考法1：经济效果评价基本内容的概念

【例题1·2014年真题·单选题】技术方案经济效果评价的主要内容是分析论证技术方案的（　　）。

A. 技术先进性和经济合理性　　　　B. 技术可靠性和财务盈利性

C. 财务盈利性和抗风险能力　　　　D. 财务可行性和经济合理性

【答案】D

【解析】本题主要考查的是经济效果评价的定义。根据国民经济与社会发展以及行业、地区发展规划的要求，在拟定的技术方案、财务收益与费用估算的基础上，采用科学的分析方法，对技术方案的财务可行性和经济合理性进行分析论证，为选择技术方案提供科学决策依据。

【例题2·2022年真题·多选题】对于经营性项目，通过财务报表分析，计算财务指标，进行经济效果评价的内容有（　　）。

A. 经济寿命分析   B. 盈利能力分析

C. 偿债能力分析   D. 经济费用效益分析

E. 财务生存能力分析

【答案】B、C、E

【解析】本题的考核点是技术方案经济效果评价的基本内容。

◆考法2：经济效果评价内容的概念——计算期

【例题3·2016年真题·多选题】技术方案经济效果评价中的计算期包括技术方案的（   ）。

A. 投资前策划期   B. 投资建设期

C. 投产期   D. 达产期

E. 后评价期

【答案】B、C、D

【解析】本题的考核点是技术方案计算的基本概念。

◆考法3：经济效果评价方法

【例题4·2022年真题·单选题】关于技术方案经济效果评价的说法，正确的是（   ）。

A. 经济效果评价应定性分析和定量分析相结合，以定性分析为主

B. 经济效果动态分析不能全面地反映技术方案整个计算期的经济效果

C. 融资前经济效果分析通常以静态分析为主，动态分析为辅

D. 方案实施前经济效果分析通常存在一定的不确定性和风险性

【答案】D

【解析】本题的考核点是经济效果评价方法性质分类的相关概念。

1Z101022   经济效果评价指标体系

核心考点   经济效果评价指标

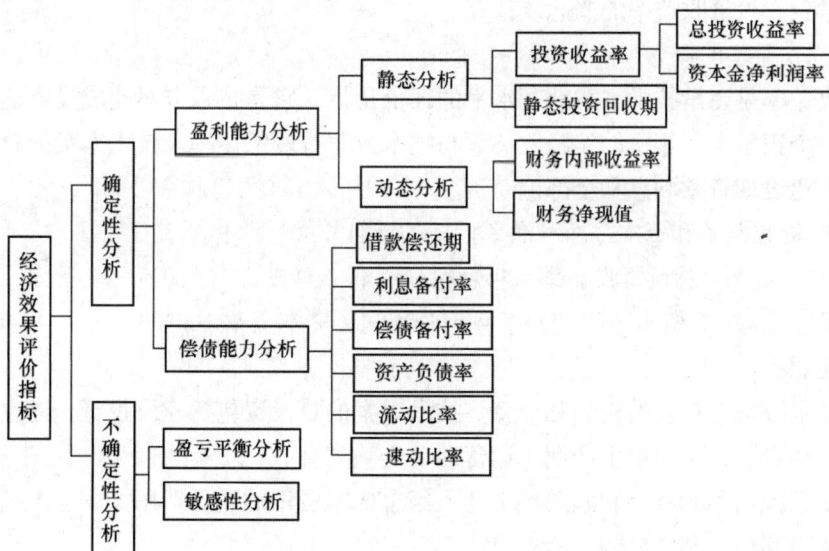

静态分析指标的最大特点是不考虑时间因素，计算简便。适用于粗略评价、短期投资评价和逐年收益大致相等的技术方案评价。

动态分析指标强调利用复利方法计算资金时间价值，从而为不同技术方案的经济比较提供了可比基础。

◆**考法1：静态与动态评价指标的特点**

【例题1·单选题】将技术方案经济效果评价分为静态分析和动态分析的依据是（　　）。

A. 评价方法是否考虑主观因素　　　B. 评价指标是否能够量化

C. 评价方法是否考虑时间因素　　　D. 经济效果评价是否考虑融资的影响

【答案】C

【解析】掌握静态评价指标和动态评价指标的区别。静态分析指标的最大特点是不考虑时间因素，动态分析指标强调利用复利方法计算资金时间价值，因此C选项正确。

◆**考法2：静态经济效果评价指标的适用范围**

【例题2·多选题】建设技术方案财务评价时，可以采用静态评价指标进行评价的情形有（　　）。

A. 评价精度要求较高　　　B. 技术方案年收益大致相等

C. 技术方案寿命期较短　　　D. 技术方案现金流量变动大

E. 可以不考虑资金的时间价值

【答案】B、C、E

【解析】掌握静态评价指标的特点。静态分析指标的最大特点是不考虑时间因素，选项E正确。适用于粗略评价与A选项矛盾；短期投资评价，C选项正确；逐年收益大致相等，B选项正确。D选项文中不涉及，稳妥起见不选。

1Z101023　投资收益率分析

核心考点　投资收益率的概念及计算

1. 投资收益率的概念

投资收益率是衡量技术方案获利水平的评价指标，它是技术方案建成投产达到设计生产能力后一个正常生产年份的年净收益额与技术方案投资的比率。技术方案的总投资包括建设投资、建设期贷款利息和全部流动资金。

2. 总投资收益率和资本金净利润率指标的计算

$$总投资收益率 = 年息税前利润 / 总投资 \times 100\%$$

$$资本金净利润率 = 年净利润 / 资本金 \times 100\%$$

——注意：

（1）技术方案总投资的概念和计算。技术方案的总投资包括建设投资、建设期贷款利息和全部流动资金，不包括生产期（运营期）贷款利息。

（2）年息税前利润 = 年利润总额 + 计入年总成本费用的利息费用

（3）年净利润 = 利润总额 − 所得税

（4）资本金＝总投资－债务资金

3. 判别准则

（1）总投资收益率是用来衡量整个技术方案的获利能力，要求技术方案的总投资收益率应大于行业的平均投资收益率；总投资收益率越高，从技术方案所获得的收益就越多。

（2）资本金净利润率则是用来衡量技术方案资本金的获利能力，资本金净利润率越高，资本金所取得的利润就越多，权益投资盈利水平也就越高；反之，则情况相反。

（3）对于技术方案而言，若总投资收益率或资本金净利润率高于同期银行利率，适度举债是有利的；反之，过高的负债比率将损害企业和投资者的利益。

4. 投资收益率指标的优劣

（1）优点：投资收益率指标经济意义明确、直观，计算简便，在一定程度上反映了投资效果的优劣，可适用于各种投资规模。

（2）不足：没有考虑投资收益的时间因素，忽视了资金具有时间价值的重要性；指标的计算主观随意性太强，正常生产年份的选择比较困难，其确定带有一定的不确定性和人为因素。

（3）适用情况：其主要用在技术方案制定的早期阶段或研究过程，且计算期较短、不具备综合分析所需详细数据的技术方案，尤其适用于工艺简单而生产情况变化不大的技术方案的选择和投资经济效果的评价。

◆**考法 1：总投资收益率和资本金净利润率的应用计算**

【例题 1·2018 年真题·单选题】某项目建设投资为 9700 万元（其中：建设期贷款利息 700 万元），全部流动资金为 900 万元，项目投产后正常年份的年息税前利润为 950 万元，则该项目的总投资收益率为（　　　）。

A. 10.56%　　　　　　　　　　　　B. 9.79%

C. 9.60%　　　　　　　　　　　　D. 8.96%

【答案】D

【解析】本题的考核点是总投资收益率指标的计算。

$$总投资收益率＝\frac{息税前利润}{总投资}×100\%$$

$$＝\frac{950}{9700＋900}×100\%＝8.96\%$$

【例题 2·2021 年真题·单选题】某技术方案建设投资 1000 万元，流动资金 100 万元，全部为自有资金（资本金）。运营期正常年份的年利润总额为 140 万元，年所得税为 35 万元，则该方案的资本金净利润率是（　　　）。

A. 10.50%　　　　　　　　　　　　B. 9.55%

C. 12.73%　　　　　　　　　　　　D. 14.00%

【答案】B

【解析】本题主要考核点是资本金净利润率的计算。

$$资本金净利润率 = \frac{净利润}{资本金} \times 100\%$$

净利润＝利润总额－所得税 ＝ 140－35 ＝ 105 万元

项目资本金＝总投资－债务资金 ＝（1000 ＋ 100）－0 ＝ 1100 万元

$$资本金净利润率 = \frac{105}{1100} \times 100\% = 9.55\%$$

◆考法 2：总投资收益率和资本金净利润率的综合计算

【例题 3·2014 年真题·单选题】某技术方案总投资 1500 万元，其中资本金 1000 万元。运营期年平均利息 18 万元，年平均所得税 40.5 万元。若项目总投资收益率为 12%，则项目资本金净利润率为（　　　）。

A. 16.20%   B. 13.95%

C. 12.15%   D. 12.00%

【答案】C

【解析】本题的考核点是投资收益率指标中的资本金净利润率的计算。

资本金净利润率＝年净利润／资本金 ×100%

（1）先计算息税前利润：

因为　总投资收益率＝息税前利润／总投资 ×100%

所以　息税前利润＝总投资收益率 × 总投资 ＝ 12%×1500 ＝ 180 万元

（2）计算净利润＝息税前利润－利息－所得税

＝ 180－40.5－18 ＝ 121.5 万元

（3）计算资本金净利润率＝ 121.5/1000×100% ＝ 12.15%

◆考法 3：投资收益率的判别、优劣等相关概念

【例题 4·2019 年真题·单选题】关于技术方案总投资收益率的说法，正确的是（　　　）。

A. 总投资收益率越高，说明技术方案获得的收益越多

B. 总投资收益率高于同期银行贷款利率时，举债不利于提高技术方案收益

C. 总投资收益率指标充分体现了资金的时间价值

D. 总投资收益率指标作为主要的决策依据比较客观，不受人为因素影响

【答案】A

【解析】本题考核点是总投资收益率指标的概念及其应用。

（1）总投资收益率表示技术方案总投资的盈利水平。技术方案的总投资收益率高于同行业的收益率参考值，表明用总投资收益率表示的技术方案盈利能力满足要求。

（2）总投资收益率越高，从技术方案所获得的收益就越多。

（3）对于技术方案而言，若总投资收益率或资本金净利润率高于同期银行贷款利率，适度举债是有利的。

（4）投资收益率指标的计算主观随意性太强，技术方案正常生产年份的选择比较困难，其确定带有一定的不确定性和人为因素。因此，以投资收益率指标作为主要决策依据不太可靠。

1Z101024　投资回收期分析

核心考点　静态投资回收期计算、判别准则及优劣

1. 静态投资回收期的计算

（1）当技术方案实施后各年的净收益（即净现金流量）均相同时，静态投资回收期依据年净收益求得。

$$静态投资回收期＝总投资／年净收益$$

（2）当技术方案实施后各年的净收益不相同时，静态投资回收期可根据累计净现金流量求得。

静态投资回收期＝（累计净现金流量第一次出现正数的年份数－1）＋累计净现金流量第一次出现正数之前一年的累计净现金流量的绝对值／累计净现金流量第一次出现正数之年的净现金流量

2. 判别准则

（1）若 $P_t \leqslant P_c$，则技术方案可接受；

（2）若 $P_t > P_c$，则技术方案不可行。

3. 静态投资回收期的优劣

（1）优点：容易理解，计算也比较简便，在一定程度上显示了资本的周转速度。显然，资本周转速度越快，静态投资回收期越短，风险越小，技术方案抗风险能力强。因此一般都要求计算静态投资回收期，以反映技术方案原始投资的补偿速度和技术方案投资风险性。

（2）适用范围：以下技术方案采用静态投资回收期评价特别有实用意义。

1）技术上更新迅速的技术方案。

2）资金相当短缺的技术方案。

3）未来的情况很难预测而投资者又特别关心资金补偿的技术方案。

（3）不足：一是静态投资回收期没有全面地考虑技术方案整个计算期内的现金流量，即只考虑回收之前的效果，不能反映投资回收之后的情况，故无法准确衡量技术方案在整个计算期内的经济效果；二是没有考虑资金时间价值，无法准确判断方案优劣。所以，静态投资回收期作为技术方案选择和技术方案排队的评价标准是不可靠的，它只能作为辅助评价指标，或与其他评价指标结合应用。

◆**考法1：静态投资回收期应用计算**

【例题1·2018年真题·单选题】某项目估计建设投资为 1000 万元，全部流动资金为 200 万元，建设当年即投产并达到设计生产能力，各年净收益均为 270 万元。则该项目的静态投资回收期为（　　　）年。

A. 2.13　　　　　　　　　　　　B. 3.70

C. 3.93　　　　　　　　　　　　D. 4.44

【答案】D

【解析】本题的考核点是静态投资回收期的计算。

当技术方案实施后各年的净收益（即净现金流量）均相同时，静态投资回收期的计算：

$$P_t = \frac{I}{A} = \frac{总投资}{年净收益} = \frac{1000+200}{270} = 4.44年$$

【例题2·2019年真题·单选题】某技术方案的现金流量如下表，设基准收益率（折现率）为8%，则静态投资回收期为（   ）年。

计算期（年）	0	1	2	3	4	5	6	7
现金流入（万元）	—	—	—	800	1200	1200	1200	1200
现金流出（万元）	—	600	900	500	700	700	700	700

A. 2.25

B. 3.58

C. 5.40

D. 6.60

【答案】C

【解析】本题的考核点是静态投资回收期的计算。

计算期（年）	0	1	2	3	4	5	6	7
现金流入（万元）	—	—	—	800	1200	1200	1200	1200
现金流出（万元）	—	600	900	500	700	700	700	700
净现金流量		−600	−900	300	500	500	500	500
累计净现金流量		−600	−1500	−1200	−700	−200	300	500

静态投资回收期=（累计净现金流量第一次出现正数的年份数−1）+累计净现金流量第一次出现正数之前一年的累计净现金流量的绝对值／累计净现金流量第一次出现正数之年的净现金流量=（6−1）+$\dfrac{|-200|}{500}$=5.40 年

◆**考法2：静态投资回收期概念、判别准则、优缺点综合分析**

【例题3·2020年真题·单选题】某技术方案的静态投资回收期为5.5年，行业基准值为6年。关于该方案经济效果评价的说法，正确的是（   ）。

A. 该方案静态投资回收期短于行业基准值，表明资本周转的速度慢

B. 从静态投资回收期可以判断该方案前5年各年均不盈利

C. 静态投资回收期短于行业基准值，不代表该方案内部收益率大于行业基准收益率

D. 静态投资回收期短，表明该方案净现值一定大于零

【答案】C

【解析】本题的考核点是静态投资回收期指标的判别准则及其优劣。

（1）静态投资回收期在一定程度上显示了资本的周转速度，资本周转速度愈快，静态投资回收期愈短。该方案静态投资回收期短于行业基准值，说明其资本周转速度快于行业平均水平。

（2）静态投资回收期反映技术方案原始投资的补偿速度和技术方案的风险性，不能反映技术方案的盈利能力。

（3）静态回收期是静态指标，财务净现值是动态指标，这两个指标不存在完全一致性的结论关系。

【例题4·2017年真题·单选题】现有甲和乙两个项目，静态投资回收期分别为4年和6年，该行业的基准投资回收期为5年。关于这两个项目的静态投资回收期的说法，正确的是（　　）。

A. 甲项目的静态投资回收期只考虑了前4年的投资效果

B. 乙项目考虑全寿命周期各年的投资效果确定静态投资回收期为6年

C. 甲项目投资回收期小于基准投资回收期，据此可以准确判断甲项目可行

D. 乙项目的资本周转速度比甲项目更快

【答案】A

【解析】本题的考核点是静态投资回收期的判别准则和优劣等相关概念。

（1）静态投资回收期只考虑回收之前的效果，不能反映投资回收的情况，故无法准确衡量技术方案在整个计算期内的经济效果。

（2）若 $P_t \leqslant P_c$，表明技术方案投资能在规定的时间内收回，则技术方案可以考虑接受。但静态投资回收期作为技术方案选择和技术方案排队的评价准则是不可靠的，它只能作为辅助评价指标，或与其他评价指标结合应用。故不能仅仅依据静态回收期小于基准投资回收期即判定方案可行。

（3）静态投资回收期指标在一定程度上显示了资本的周转速度。显然，资本周转速度愈快，静态投资回收期愈短，风险愈小，技术方案抗风险能力强。

1Z101025　财务净现值分析

核心考点　财务净现值概念、计算、判别准则及优劣

1. 财务净现值（$FNPV$）的概念

财务净现值是反映技术方案在计算期内盈利能力的动态评价指标，是用一个预定的基准收益率（或设定的折现率）i_c，分别把技术方案整个计算期间内各年所发生的净现金流量都折现到技术方案开始实施时的现值之和。

2. $FNPV$ 的计算

计算公式：财务净现值（$FNPV$）＝现金流入现值之和－现金流出现值之和

计算方法：①基本计算；②利用现值系数计算。

3. 判别准则

（1）$FNPV \geqslant 0$，技术方案经济上可行。

（2）$FNPV < 0$，技术方案经济上不可行。

4. 优劣

（1）优点：

1）考虑了资金的时间价值，并全面考虑了技术方案在整个计算期内现金流量的时间分布的状况。

2）经济意义明确直观，能够直接以货币额表示技术方案的盈利水平。

3）判断直观。

（2）不足之处：

1）必须首先确定一个符合经济现实的基准收益率，而基准收益率的确定往往是比较困难的。

2）在互斥方案评价时，财务净现值必须慎重考虑互斥方案的寿命，如果互斥方案寿命不等，必须构造一个相同的分析期限，才能进行各个方案之间的比选。

3）财务净现值也不能真正反映技术方案投资中单位投资的使用效率。

4）不能直接说明在技术方案运营期间各年的经营成果。

5）没有给出该投资过程确切的收益大小，不能反映投资的回收速度。

◆考法1：财务净现值的应用计算

【例题1·2021年真题·单选题】某技术方案现金流量如下表，若基准收益率为8%，则该方案财务净现值为（　　）万元。

现金流量	第0年	第1年	第2年	第3年	第4年
现金流入（万元）	—	1000	6000	3000	6000
现金流出（万元）	3700	4000	2000	3000	2000

A. −1300.00
B. −100.40
C. 126.91
D. −108.30

【答案】D

【解析】本题的考核点是财务净现值的计算。

$$财务净现值（FNPV）＝现金流入现值之和－现金流出现值之和$$

（1）计算每年末现金净流量

现金流量	0	1	2	3	4
现金流入	—	1000	6000	3000	6000
现金流出	3700	4000	2000	3000	2000
净现金流量	−3700	−3000	4000	0	4000

（2）计算净现值

$$FNPV = \left[\frac{4000}{(1+8\%)^2} + \frac{0}{(1+8\%)^3} + \frac{4000}{(1+8\%)^4}\right] - \left[3700 + \frac{3000}{(1+8\%)^1}\right]$$

$$= （3429.36 + 2940.12）-（3700 + 2777.78）= -108.30 万元$$

【例题2·单选题】某投资方案的初期投资额为1500万元，此后每年年末的净现金流量为400万元，若基准收益率为15%，方案的寿命期为12年，则该方案的财务净现值为（　　）万元。已知（P/A，15%，12）= 5.421

A. 668.4
B. 892.6
C. 1200.2
D. 566.4

【答案】A

【解析】掌握 $FNPV$ 利用现值系数的计算方法。计算公式：财务净现值（$FNPV$）＝现金流入现值之和－现金流出现值之和，利用等额支付现值公式计算寿命周期内的现金流入之和。则，$FNPV = 400 \times (P/A, 15\%, 12) - 1500 = 400 \times 5.421 - 1500 = 668.4$ 万元

◆ **考法 2：图文结合财务净现值的计算**

【例题 3·单选题】某投资方案各年的净现金流量如下图所示（单位：万元），试计算该方案的财务净现值，并判断方案的经济可行性（　　　）。已知：基准收益率为 10%，（P/A，10%，2）＝1.7355，（P/A，10%，6）＝4.3553，（P/F，10%，2）＝0.8264。

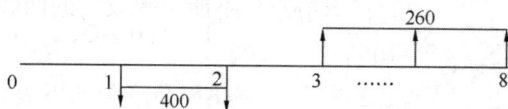

A. 335.8 万元，可行　　　　　　　B. －125.7 万元，不可行

C. 241.6 万元，可行　　　　　　　D. 760 万元，可行

【答案】C

【解析】掌握利用现值系数进行 $FNPV$ 计算的计算方法。

财务净现值（$FNPV$）＝现金流入现值之和－现金流出现值之和

$FNPV = 260 \times (P/A, 10\%, 6) \times (P/F, 10\%, 2) - 400 \times (P/A, 10\%, 2)$
$= 260 \times 4.3553 \times 0.8264 - 400 \times 1.7355 = 241.597$ 万元 > 0

◆ **考法 3：财务净现值与基准收益率（折现率）的递减函数关系分析**

【例题 4·2017 年真题·单选题】某技术方案的净现金流量见下表。若基准收益率大于 0，则方案的净现值（　　　）。

某技术方案净现金流量表

计算期（年）	0	1	2	3	4	5
净现金流量（万元）	—	－300	－200	200	600	600

A. 等于 900 万元　　　　　　　　　B. 大于 900 万元，小于 1400 万元

C. 小于 900 万元　　　　　　　　　D. 等于 1400 万元

【答案】C

【解析】掌握财务净现值计算的基本原理以及财务净现值与基准收益率指标的递减变化关系。本题考核的不是对财务净现值计算的掌握，是对财务净现值概念及其与基准收益率关系的理解。

若基准收益率 i_c 为零时，$FNPV = (200 + 600 + 600) - (300 + 200) = 900$ 万元

因为，$FNPV$ 与 i_c 之间存在递减的关系，即在技术方案现金流量一定的情况下，i_c 越大，则 $FNPV$ 会变得越小。故若 i_c 大于零，则该方案的 $FNPV$ 应小于 900 万元。

◆ **考法 4：静态投资回收期、财务净现值的综合计算**

【例题 5·2015 年真题·单选题】某项目各年净现金流量如下表。设基准收益率为

10%，则该项目的财务净现值和静态投资回收期分别为（　　）。

年份	0	1	2	3	4	5
净现金流量（万元）	−160	50	50	50	50	50

A. 32.02 万元，3.2 年   B. 32.02 万元，4.2 年

C. 29.54 万元，4.2 年   D. 29.54 万元，3.2 年

【答案】D

【解析】本题的考核点是财务净现值和静态回收期的计算。

$$FNPV = 50 \frac{(1+10\%)^5 - 1}{10\% (1+10\%)^5} - 160 = 29.54 万元$$

$$静态回收期 = \frac{160}{50} = 3.2 年$$

1Z101026　财务内部收益率分析

核心考点　财务内部收益率估算

1. 财务内部收益率（$FIRR$）的概念

对常规技术方案，财务内部收益率其实质就是使技术方案在计算期内各年净现金流量的现值累计等于零时的折现率。也称为财务内含报酬率。

下图中的折现率 i^* 使净现值（$FNPV$）＝ 0，i^* 就是财务内部收益率（$FIRR$）。

常规方案净现值函数曲线

——财务内部收益率的经济含义：某技术方案预计能够达到的年平均收益率。

2. 判别准则

（1）$FIRR \geqslant i_c$，技术方案经济上可行。

（2）$FIRR < i_c$，技术方案经济上不可行。

3. 优劣

（1）优点：财务内部收益率（$FIRR$）指标考虑了资金的时间价值以及技术方案在整个计算期内的经济状况，不仅能反映投资过程的收益程度，而且 $FIRR$ 的大小不受外部参数（即 i_c）影响，完全取决于技术方案投资过程净现金流量系列的情况。这种技术方案内部决定性，使它在应用中具有一个显著的优点，即避免了像财务净现值之类的指标那样须

事先确定基准收益率这个难题，而只需要知道基准收益率的大致范围即可。

（2）不足：① 财务内部收益率计算比较麻烦；② 对于具有非常规现金流量的技术方案来讲，其财务内部收益率在某些情况下甚至不存在或存在多个内部收益率；③ 不能直接用于互斥方案之间的比选。因此，财务内部收益率特别适用于独立的、具有常规现金流量的技术方案经济效果评价和可行性判断。

4. 经济效果评价指标（$FNPV$，$FIRR$，i_c，n，F，P）之间的变化关系

（1）i_c 与动态评价指标（$FNPV$，$FIRR$）之间的变化关系：

在技术方案计算期和各期现金流量确定的情况下，$FNPV$ 与 i_c 之间是递减的函数变化关系；$FIRR$ 的大小不受 i_c 大小的影响。

（2）对于独立型方案进行经济效果评价，用动态指标（$FNPV$，$FIRR$）评价结果具有等价关系，即：

➤ 若某个独立方案的 $FNPV \geqslant 0$，则一定有其 $FIRR \geqslant i_c$；

➤ 若某个独立方案的 $FNPV < 0$，则一定有其 $FIRR < i_c$。

（3）对于互斥型方案进行经济效果评价：$FNPV$ 与 $FIRR$ 的评价结果往往不一致。

若甲乙两个互斥方案存在 $FNPV_甲 > FNPV_乙$，则无法判定一定有 $FIRR_甲 > FIRR_乙$。

（4）i，n，F，P 之间的变化关系。

➤ 若已知 F 求 P，i 不变，n 的周期越长，则 P 越小；

➤ 若已知 P 求 F，n 不变，i 越大，则 F 越大。

（5）静态评价指标与动态评价指标不存在一致性关系。

◆ **考法 1：财务内部收益率的概念**

【例题 1·2015 年真题·单选题】某常规技术方案的净现值函数曲线如下图所示，则该方案的内部收益率为（　　）。

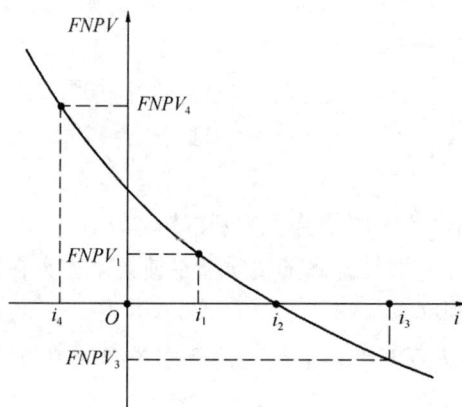

A. i_1　　　　　　　　　　　　　　B. i_2

C. i_3　　　　　　　　　　　　　　D. i_4

【答案】B

【解析】本题考查的是财务内部收益率的概念。财务内部收益率是在财务净现值为 0 时对应的折现率。

◆ **考法2：财务内部收益率的概念、判别准则及优劣**

【例题2·2021年真题·单选题】关于财务内部收益率的说法，正确的是（　　）。

A. 其大小易受基准收益率等外部参数的影响

B. 考虑了技术方案在整个计算期内的经济状况

C. 任一技术方案的财务内部收益率均存在唯一解

D. 可直接用于互斥方案之间的比选

【答案】B

【解析】本题的考核点是财务内部收益率概念、判别准则、优劣。

◆ **考法3：财务内部收益率的估算判断**

【例题3·2012年真题·单选题】某常规技术方案，$FNPV（16\%）=160$ 万元，$FNPV（18\%）=-80$ 万元，则方案的 $FIRR$ 最可能为（　　）。

A. 15.98%　　　　　　　　　　B. 16.21%

C. 17.33%　　　　　　　　　　D. 18.21%

【答案】C

【解析】掌握财务内部收益率（$FIRR$）的概念、财务净现值与折现率之间的递减变化关系。

对常规技术方案，财务内部收益率其实质就是使技术方案在计算期内各年净现金流量的现值累计等于零时的折现率。

$FNPV（16\%）=160$ 万元，$FNPV（18\%）=-80$ 万元，则 $FNPV=0$ 时的折现率应在16%和18%之间；而 -80 万元更接近0，故 $FNPV=0$ 时的折现率更靠近18%，因此，该方案的财务内部收益率最可能的是17.33%。

【例题4·2019年真题·单选题】对某常规技术方案进行现金流量分析，当折现率为10%时，财务净现值为900万元；当折现率为12%时，财务净现值为16万元。则该方案财务内部收益率可能的范围是（　　）。

A. 小于10%　　　　　　　　　　B. 大于10%，小于11%

C. 大于11%，小于12%　　　　　　D. 大于12%

【答案】D

【解析】本题考核点是财务内部收益率的基本概念。

对常规技术方案，财务内部收益率其实质就是使技术方案在计算期内各年净现金流量的现值累计等于零时的折现率。

当折现率 $i=12\%$ 时，$FNPV=16$ 万元。由于财务净现值与折现率之间存在递减关系，因此，使财务净现值等于零的折现率应当大于12%。

◆ **考法4：经济效果评价指标之间变化关系综合分析**

【例题5·2018年真题·多选题】某常规技术方案当折现率为10%时，财务净现值为 -360 万元；当折现率为8%时，财务净现值为30万元。则关于该方案经济效果评价的说法，正确的有（　　）。

A. 内部收益率在8%~9%之间

B. 当折现率为 9% 时，财务净现值一定大于 0

C. 当行业基准收益率为 8% 时，方案可行

D. 当行业基准收益率为 9% 时，方案不可行

E. 当行业基准收益率为 10% 时，内部收益率小于行业基准收益率

【答案】A、C、D、E

【解析】本题的考核点是技术方案经济效果评价的综合分析。

本题的解题思路有两种：

（1）根据财务内部收益的概念及净现值与折现率之间存在递减的函数关系，分析判断各选项。

① 当折现率等于内部收益率，财务净现值等于零，故内部收益率应在 10%～8% 之间；又因为财务净现值 30 万元比 −360 万元更接近零，进一步断定内部收益率在 9%～8% 之间。

② 根据净现值与折现率之间存在的递减函数关系，当折现率为 9%（大于了内部收益率）时，财务净现值一定小于零，方案经济上不可行。

③ 折现率为 8% 时，财务净现值为 30 万元，大于零，故方案经济上可行。

④ 粗略断定内部收益率在 9%～8% 之间，小于行业基准收益率。

（2）第二种解题方法是先用内插法大致估算内部收益率，根据估算即可判定各选项。

设内部收益率为 i，当折现率为 i 时，财务净现值等于零，用内插法求 i。

$$\frac{i-8\%}{10\%-8\%}=\frac{0-30}{-360-30} \qquad i=8.15\%$$

【例题 6·2013 年真题·单选题】对于待定的投资方案，若基准收益率增大，则投资方案评价指标的变化规律是（　　　　）。

A. 财务净现值与内部收益率均减小

B. 财务净现值与内部收益率均增大

C. 财务净现值减小，内部收益率均不变

D. 财务净现值增大，内部收益率均减小

【答案】C

【解析】本题考核点是 i_c 与动态评价指标（$FNPV$，$FIRR$）之间的变化关系：在技术方案计算期和各期现金流量确定的情况下，$FNPV$ 与 i_c 之间是递减的变化关系；$FIRR$ 的大小不受 i_c 大小的影响。

1Z101027　基准收益率的确定

核心考点　基准收益率（i_c）的概念及测定

1. 基准收益率的概念

基准收益率也称基准折现率，是企业或行业投资者以动态的观点所确定的、可接受的技术方案最低标准的收益水平。

其在本质上体现了投资决策者对技术方案资金时间价值的判断和对技术方案风险程度

的估计，是投资资金应当获得的最低盈利率水平，它是评价和判断技术方案在财务上是否可行和技术方案比选的主要依据。

2. 基准收益率的测定

（1）在政府投资项目以及按政府要求进行财务评价的建设项目中采用的行业财务基准收益率，应根据政府的政策导向进行确定。

（2）在企业各类技术方案的经济效果评价中参考选用的行业财务基准收益率，应在分析一定时期内国家和行业发展战略、发展规划、产业政策、资源供给、市场需求、资金时间价值、技术方案目标等情况的基础上，结合行业特点、行业资本构成情况等因素综合测定。

（3）在中国境外投资的技术方案财务基准收益率的测定，应首先考虑国家风险因素。

（4）投资者自行测定技术方案的最低可接受财务收益率，除了应考虑上述第 2 条中所涉及的因素外，还应根据自身的发展战略和经营策略、技术方案的特点与风险、资金成本、机会成本等因素综合测定。

确定基准收益率的基础是资金成本和机会成本，而投资风险和通货膨胀则是必须考虑的影响因素。

——基准收益率最低限度不应小于资金成本；

——机会成本是在技术方案外部形成的，它不可能反映在技术方案财务上；

——基准收益率应不低于单位资金成本和单位投资的机会成本，这样才能使资金得到最有效的利用；

——为了限制对风险大、盈利低的技术方案进行投资，可以采取提高基准收益率的办法来进行技术方案经济效果评价；

——一般说来，从客观上看，资金密集型的技术方案，其风险高于劳动密集型的；资产专用性强的风险高于资产通用性强的；以降低生产成本为目的的风险低于以扩大产量、扩大市场份额为目的的。从主观上看，资金雄厚的投资主体的风险低于资金拮据者。

◆ **考法 1：基准收益率的概念**

【例题 1·单选题】企业或行业投资者以动态的观点确定的、可接受的投资方案最低标准的收益水平称为（　　）。

A. 基准收益率　　　　　　　　　B. 社会平均收益率

C. 内部收益率　　　　　　　　　D. 社会折现率

【答案】A

【解析】掌握基准收益率的概念。

基准收益率也称基准折现率，是企业或行业投资者以动态的观点所确定的、可接受的技术方案最低标准的收益水平。

◆ **考法 2：基准收益率的测定**

【例题 2·2022 年真题·单选题】关于财务基准收益率的说法，正确的是（　　）。

A. 境外投资项目基准收益率的测定，可忽略国家风险因素

B. 财务基准收益率必须由政府投资主管部门统一确定

C. 财务基准收益率的确定应考虑资金成本、投资机会成本、通货膨胀和风险因素

D. 财务基准收益率是投资项目可能获得的最高盈利水平

【答案】C

【解析】本题的考核点是基准收益率的概念及其测定方法。

【例题3·2020年真题·单选题】关于基准收益率测定的说法，正确的是（　　）。

A. 基准收益率最低限度不应小于资金成本

B. 政府投资项目基准收益率的测定可以不考虑投资的机会成本

C. 当资金供应充足时，基准收益率的测定可不考虑投资风险因素

D. 基准收益率的测定不应考虑通货膨胀因素

【答案】A

【解析】本题的考核点是基准收益率的概念及其测定。

（1）从代价补偿的角度，确定基准收益率的基础是资金成本和机会成本，而投资风险和通货膨胀则是必须考虑的影响因素。

（2）技术方案实施后所获得的利润额必须能够补偿资金成本，然后才能有利可图，因此基准收益率最低限度不应小于资金成本。

1Z101028　偿债能力分析

核心考点一　偿债能力分析的层次

技术方案的偿债能力分析有可能出现方案和企业两个层次，同时需要考察企业财务状况才能满足金融机构信贷决策的要求。

1. 首先可以进行技术方案层次的偿债能力分析，编制项目的借款还本付息计划表，计算技术方案层次偿债能力指标。

2. 偿债能力分析，重点是分析判断技术方案的财务主体——企业的偿债能力。

——为了满足债权人的要求，需要编制企业在拟实施技术方案建设期和投产后若干年的财务计划现金流量表、资产负债表、企业借款偿还计划表等报表，分析企业偿债能力。

◆考法：偿债能力分析层次的概念

【例题1·单选题】对技术方案偿债能力进行分析，重点是分析判断（　　）。

A. 技术方案本身的偿债能力

B. 技术方案的预期盈利能力

C. 技术方案的财务主体——企业的偿债能力

D. 国家政策的变化

【答案】C

【解析】本题的考核点是对偿债能力分析的两个层次的相关概念。

【例题2·多选题】为了考察企业的整体经济实力，分析技术方案融资主体的偿债能力，需要评价整个企业的财务状况及各种借款的综合偿债能力。为了满足债权人的要求，

需要编制（　　）等报表，分析企业偿债能力。

  A. 财务计划现金流量表   B. 所有者权益变动表

  C. 成本费用表   D. 资产负债表

  E. 企业借款偿还计划表

  【答案】A、D、E

  【解析】本题的考核点是对偿债能力分析的重点——企业偿债能力分析的相关要求。

核心考点二　偿债资金来源

  根据国家现行财税制度的规定，偿还贷款的资金来源主要包括：

  （1）可用于归还贷款的利润：用于归还贷款的利润，一般应是提取了盈余公积金、公益金后的未分配利润。

  （2）固定资产折旧。

  （3）无形资产及其他资产摊销费。

  （4）其他还款资金来源：是指按现行规定可以用减免的营业中的税金来作为偿还贷款的资金来源。

  ◆**考法：偿债资金来源包括的内容**

  【例题1·2016年真题·单选题】根据国家财税规定，企业可以用来偿还投资借款的资金来源是（　　）。

  A. 利润、折旧、应交税金   B. 折旧、摊销费、应付工资

  C. 利润、折旧、摊销费   D. 未分配利润、应付工资、折旧

  【答案】C

  【解析】本题的考核点是偿债资金来源的基本概念。

  根据国家现行财税制度的规定，偿还贷款的资金来源主要包括：（1）可用于归还借款的利润；（2）固定资产折旧；（3）无形资产及其他资产摊销费；（4）其他还款资金来源。

  【例题2·2019年真题·多选题】根据国家财税制度，企业可用于偿还建设投资借款的资金来源有（　　）。

  A. 应付职工薪酬   B. 未分配利润

  C. 按政策减免的税金   D. 固定资产折旧

  E. 无形资产摊销

  【答案】B、C、D、E

  【解析】本题的考核点是方案偿债能力分析的偿债资金来源包括的内容。

核心考点三　偿债能力分析指标

  1. 评价技术方案偿债能力指标主要有：借款偿还期、利息备付率、偿债备付率、资产负债率、流动比率和速动比率。

  其中，资产负债率、流动比率、速动比率指标是技术方案偿债能力分析中考察企业财务状况的主要指标。

  2. 借款偿还期、利息备付率和偿债备付率指标的概念及判别准则

（1）借款偿还期指标适用于那些不预先给定借款偿还期限，且按最大偿还能力计算还本付息的技术方案；它不适用于那些预先给定借款偿还期的技术方案。对于预先给定借款偿还期的技术方案，应采用利息备付率和偿债备付率指标分析企业的偿债能力。

（2）利息备付率也称已获利息倍数，指在技术方案借款偿还期内各年企业可用于支付利息的息税前利润与当期应付利息的比值。利息备付率应分年计算。正常情况下利息备付率应当大于1。

（3）偿债备付率是指在技术方案借款偿还期内，各年可用于还本付息的资金与当期应还本付息金额的比值。偿债备付率应分年计算。正常情况偿债备付率应当大于1。

考法1：偿债能力指标

【例题1·2017年真题·多选题】下列技术方案经济效果评价指标中，属于偿债能力分析指标的有（　　）。

A. 资本积累率 　　　　　　　B. 财务内部收益率

C. 投资回收期 　　　　　　　D. 借款偿还期

E. 流动比率

【答案】D、E

【解析】本题的考核点是评价技术方案偿债能力指标的内容。

反映技术方案偿债能力指标主要有：借款偿还期、利息备付率、偿债备付率、资产负债率、流动比率和速动比率。

【例题2·2020年真题·单选题】下列经济效果评价指标中，属于偿债能力分析指标的是（　　）。

A. 盈亏平衡点 　　　　　　　B. 速动比率

C. 总投资收益率 　　　　　　D. 财务净现值

【答案】B

【解析】本题的考核点是经济效果评价指标中包括的偿债能力指标。

偿债能力指标主要有：借款偿还期、利息备付率、偿债备付率、资产负债率、流动比率和速动比率。

◆考法2：借款偿还期、利息备付率和偿债备付率指标的概念及判别准则

【例题3·单选题】利息备付率表示使用项目（　　）偿付利息的保证倍率。

A. 支付税金后的利润

B. 支付税金前且支付利息后的利润

C. 支付利息和税金前的利润

D. 支付税金和利息后的利润

【答案】C

【解析】掌握利息备付率指标的概念。利息备付率也称已获利息倍数，指在技术方案借款偿还期内各年企业可用于支付利息的息税前利润与当期应付利息的比值。

【例题4·2022年真题·单选题】关于偿债备付率的说法，正确的是（　　）。

A. 偿债备付率大于1，说明偿付债务本息的能力不足

B. 偿债备付率从付息资金来源的角度反映企业偿付债务利息的能力

C. 偿债备付率是还本付息的资金与当期应还本金额的比值

D. 偿债备付率应在借款偿还期内分年计算

【答案】D

【解析】本题的考核点是偿债备付率的概念及判别准则。

1Z101030　技术方案不确定性分析

核心内容提纲

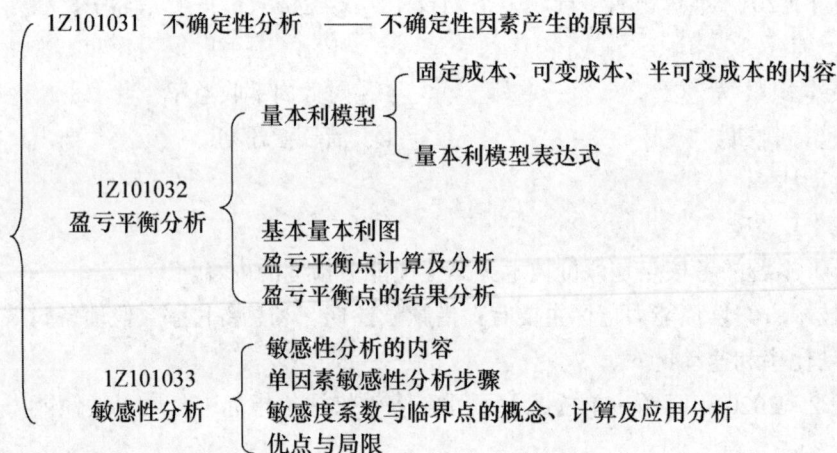

```
┌ 1Z101031　不确定性分析 ── 不确定性因素产生的原因
│
│                  ┌ 量本利模型 ┌ 固定成本、可变成本、半可变成本的内容
│                  │            └ 量本利模型表达式
│  1Z101032 ──────┤
│  盈亏平衡分析     │            ┌ 基本量本利图
│                  └            │ 盈亏平衡点计算及分析
│                               └ 盈亏平衡点的结果分析
│
│                  ┌ 敏感性分析的内容
│  1Z101033 ──────┤ 单因素敏感性分析步骤
│  敏感性分析       │ 敏感度系数与临界点的概念、计算及应用分析
└                  └ 优点与局限
```

核心考点剖析

1Z101031　不确定性分析

核心考点　不确定性因素产生的原因

不确定性因素产生的原因：

（1）所依据的基本资料不足或者统计偏差；

（2）预测方法的局限，预测的假设不准确；

（3）未来经济形势的变化；

（4）技术进步；

（5）无法以定量来表示的定性因素的影响；

（6）其他外部影响因素，如政府政策的变化，新的法律、法规的颁布，国际政治经济形势的变化等，均会对技术方案的经济效果产生一定的甚至是难以预料的影响。

◆ **考法：不确定性因素产生的原因**

【例题·多选题】不确定性分析是技术方案经济效果评价中的一项重要工作。产生不确定性的主要原因有（　　　）。

A. 技术方案设计错误　　　　　　　　B. 预测方法的局限性

C. 技术进步　　　　　　　　　　　　D. 政府政策的变化

E. 统计偏差

【答案】B、C、D、E

【解析】本题的考核点是导致方案产生不确定性的因素。

1Z101032　盈亏平衡分析

核心考点　盈亏平衡分析

1. 总成本、固定成本及可变成本的概念

根据成本费用与产量的关系可以将总成本费用分为：固定成本、可变成本和半可变（或半固定）成本。

（1）固定成本：指在一定的产量范围内不受产品产量影响的成本，即不随产品产量的增减发生变化的各项成本费用。如：工资及福利费（计件工资除外）、折旧费、修理费、无形资产及其他资产摊销费等。

（2）可变成本：是随产品产量的增减而成正比例变化的各项成本，如：原材料、燃料、动力费、包装费和计件工资等。

（3）半可变（或半固定）成本：是指介于固定成本和可变成本之间，随产量增长不成正比例增长的成本，为简化计算常将其视为固定成本。如与生产批量有关的某些消耗性材料费用，工模具费及运输费。

2. 量本利模型

$$B = p \times Q - C_U \times Q - C_F - T_U \times Q$$

为简化数学模型，对线性盈亏平衡分析做了如下假设：

（1）生产量等于销售量，即当年生产的产品扣除自用量，当年完全销售出去；（2）产销量变化，单位可变成本不变，总成本费用是产销量的线性函数；（3）产销量变化，销售单价不变，销售收入是产销量的线性函数；（4）只生产单一产品，或者生产多种产品，但可以换算为单一产品计算。

3. 量本利基本模型公式的应用

（1）盈亏平衡产销量：当利润为零时的产销量即为盈亏平衡点 $BEP(Q)$，其计算式如下：

$$BEP(Q) = \frac{C_F}{P - C_U - T_U}$$

（2）盈亏平衡生产能力利用率计算：一般用设计生产能力表示正常产销量。计算公式：

$$BEP(\%) = \frac{BEP(Q)}{Q_d} \times 100\%$$

式中　Q_d——正常产销量或技术方案设计生产能力。

4. 结果分析

（1）盈亏平衡点要按技术方案投产达到设计生产能力后正常年份的产销量、变动成本、固定成本、产品价格和营业税金及附加等数据来计算，而不能按计算期内的平均值计算。

（2）计算公式中的收入和成本均为不含增值税销项税和进项税的价格。

（3）盈亏平衡点反映了技术方案对市场变化的适应能力和抗风险能力。盈亏平衡点越低，达到此点的盈亏平衡产销量就越少，技术方案投产后盈利的可能性越大，适应市场变化的能力越强，抗风险能力也越强。

（4）生产能力利用率用来表示方案运营的安全程度。若 BEP（%）$\leq$ 70%，则技术方案运营是安全的。

（5）盈亏平衡分析虽然能够从市场适应性方面说明技术方案风险的大小，但并不能揭示产生技术方案风险的根源。

◆**考法1：总成本费用的划分**

【例题1·2014年真题·单选题】为了进行盈亏平衡分析，需要将技术方案的运行成本划分为（　　）。

A. 历史成本和现实成本　　　　　　　B. 过去成本和现在成本

C. 预算成本和实际成本　　　　　　　D. 固定成本和可变成本

【答案】D

【解析】根据成本费用与产量（或工程量）的关系可以将技术方案总成本费用分解为可变成本、固定成本和半可变（或半固定）成本。

◆**考法2：盈亏平衡点的相关计算**

【例题2·2014年真题·单选题】某技术方案的设计年产量为8万件，单位产品销售价格为100元/件，单位产品可变成本为20元/件，单位产品营业税金及附加为5元/件，按设计生产能力生产时，年利润为200万元，则该技术方案的盈亏平衡点产销量为（　　）万件。

A. 5.33　　　　　　　　　　　　　　B. 5.00

C. 4.21　　　　　　　　　　　　　　D. 4.00

【答案】A

【解析】$S = 100 \times 80000 - 5 \times 80000 = 760$ 万元

$C = S - B = 760 - 200 = 560$ 万元

固定成本 $= 560 - 20 \times 80000 = 400$ 万元

盈亏平衡点产量 $= 4000000/（100 - 20 - 5）= 5.33$ 万件。

【例题3·2020年真题·单选题】某技术方案年设计生产能力为10万台，年固定成本为1200万元，满负荷生产时，产品年销售收入为9000万元，单台产品可变成本为560元，以上均为不含税价格，单台产品税金及附加为12元，则该方案以生产能力利用率表示的盈亏平衡点是（　　）。

A. 13.33%　　　　　　　　　　　　B. 14.24%

C. 35.29%　　　　　　　　　　　　D. 36.59%

【答案】D

【解析】本题考核点是利用量本利模型公式计算投资方案的盈亏平衡点生产能力利用率。

本题盈亏平衡点生产能力利用率的计算应分为三个步骤：

（1）计算销售单价

$$P \times 100000 = 90000000，则 P = 900 元/台$$

（2）计算盈亏平衡点产销量

$$B = P \times Q - [(C_U + T_U) \times Q + C_F]$$

在盈亏平衡点上，$B = 0$

$$0 = 900 \times Q - [(560 + 12) \times Q + 12000000]$$

$$Q = 36586 台$$

（3）计算盈亏平衡点生产能力利用率

盈亏平衡点生产能力利用率＝盈亏平衡点产销量/年设计生产能力×100%

$$= 36586/100000 \times 100\%$$

$$= 36.59\%$$

【例题 4·2018 年真题·单选题】某技术方案设计年产量为 12 万吨，已知单位产品的销售价格为 700 元（含税价格），单位产品税金为 165 元，单位可变成本为 250 元，年固定成本为 1500 万元，则以价格（含税价格）表示的盈亏平衡点是（   ）元/吨。

A. 540   B. 510

C. 375   D. 290

【答案】A

【解析】本题的考核点是利用量本利模型公式计算投资方案的盈亏平衡点。

在盈亏平衡点上，$B = 0$

$$0 = P \times 120000 - [(250 + 165) \times 120000 + 15000000]$$

$$P = 540 元/吨$$

注意：本题要求计算的是盈亏平衡点的销售单价，只能以达到设计能力的产量为产销量才能计算出结果。

【例题 5·2019 年真题·单选题】某技术方案年设计生产能力为 10 万台，单台产品销售价格（含税）为 2000 元，单台产品可变成本（含税）为 1000 元，单台产品税金及附加为 150 元。若盈亏平衡点年产量为 5 万台，则该方案的年固定成本为（   ）万元。

A. 4250   B. 5000

C. 5750   D. 9250

【答案】A

【解析】本题考核点是盈亏平衡点的相关指标计算。

根据量本利模型公式：$B = P \times Q - [(C_U + T_U) \times Q + C_F]$

则，$0 = 2000 \times 50000 - [(1000 + 150) \times 50000 + C_F]$

$$C_F = 42500000 元$$

◆考法 3：盈亏平衡结果分析

【例题 6·2014 年真题·多选题】项目盈亏平衡分析中，若其债务条件不变，可以降低盈亏平衡点产量的有（　　　）。

    A. 提高设计生产能力　　　　　B. 降低固定成本

    C. 降低产品售价　　　　　　　D. 降低单位产品变动成本

    E. 提高营业税金及附加率

【答案】B、D

【解析】掌握盈亏平衡点计算公式分析。

$$BEP(Q) = \frac{C_F}{p - C_U - T_U}$$

所以，降低 $BEP(Q)$ 的途径：（1）C_F 降低；（2）p 提高；（3）C_U 降低；（4）T_U 降低。

◆ **考法 4：量本利模型的设计原理**

【例题 7·2021 年真题·多选题】下列条件中，属于线性盈亏平衡分析模型假设条件的有（　　　）。

    A. 生产量等于销售量

    B. 产销量和单位可变成本保持不变

    C. 产量超过一定规模时，固定成本线性增加

    D. 生产多种产品的，可以换算为单一产品计算

    E. 产销量和销售单价不变

【答案】A、D

【解析】本题的考核点是盈亏平衡分析中量本利模型的相关内容。

1Z101033　敏感性分析

核心考点　单因素敏感性分析

1. 概念

单因素敏感性分析是对单一不确定因素变化对技术方案经济效果的影响进行分析，即假设各个不确定性因素之间相互独立，每次只考察一个因素，其他因素保持不变，以分析这个可变因素对经济效果评价指标的影响程度和敏感程度。

2. 分析步骤

（1）确定分析指标；（2）选择需要分析的不确定性因素；（3）分析每个不确定性因素的波动程度及其对分析指标可能带来的增减变化情况；（4）确定敏感性因素（敏感度系数 S_{AF}、临界点）；（5）选择方案，一般应选择敏感程度小、承受风险能力强、可靠性大的技术方案。

3. 分析指标的确定

（1）选用静态投资回收期作为分析技术方案状态和参数变化对方案投资回收快慢分析指标；（2）选用净现值作为分析产品价格波动对方案超额净收益的影响的分析指标；（3）选用内部收益率指标作为分析投资大小对技术方案资金回收能力的影响的指标。

4. 敏感度系数

敏感度系数表示技术方案经济效果评价指标对不确定因素的敏感程度。就是用评价指

标的变化率除以不确定因素的变化率，公式如下：

$$S_{AF} = \frac{\Delta A / A}{\Delta F / F}$$

$S_{AF} > 0$ 表示评价指标与不确定性因素同方向变化；$S_{AF} < 0$ 表示评价指标与不确定性因素反方向变化。

$|S_{AF}|$ 越大，表明评价指标 A 对于不确定性因素 F 越敏感；反之，则不敏感。

5. 临界点

允许不确定因素向不利方向变化的极限值，超过此点之后，技术方案的指标将由可行变为不可行。

6. 敏感性分析的优缺点

优点：① 敏感性分析在一定程度上对不确定性因素的变动对项目投资效果的影响做了定量的描述；② 有助于搞清项目对不确定性因素的不利变动所能容许的风险程度；③ 有助于鉴别何者是敏感因素；④ 从而把调查研究的重点集中在那些敏感因素上，或者针对敏感因素制定出管理和应变对策，以达到尽量减少风险、增加决策可靠性的目的。

局限性：① 它主要依靠分析人员凭借主观经验来分析判断，难免存在片面性；② 也不能说明不确定性因素发生变动的可能性是大还是小。

◆ 考法 1：单因素敏感分析步骤

【例题 1·2011 年真题·单选】单因素敏感分析过程包括：① 确定敏感因素；② 确定分析指标；③ 选择需要分析的不确定性因素；④ 分析每个不确定因素的波动程度及其对分析指标可能带来的增减变化情况。正确的排列顺序是（   ）。

A. ③②④①   B. ①②③④

C. ②④③①   D. ②③④①

【答案】D

【解析】掌握单因素敏感性分析步骤：

（1）确定分析指标；（2）选择需要分析的不确定性因素；（3）分析每个不确定性因素的波动程度及其对分析指标可能带来的增减变化情况；（4）确定敏感性因素（敏感度系数 S_{AF}、临界点）；（5）选择方案，一般应选择敏感程度小、承受风险能力强、可靠性大的技术方案。

【例题 2·2012 年真题·多选题】若选定静态评价指标进行技术方案敏感性分析，可以选择（   ）作为不确定性因素。

A. 投资额   B. 折现率

C. 产品销售量   D. 产品单价

E. 生产成本

【答案】A、C、D、E

【解析】本题的考核点是静态分析指标的概念及特点。

敏感性分析是以敏感性分析的不确定性因素选择为载体，考核静态分析指标的特点是不考虑资金的时间价值，静态分析指标与折现率没有关系。

◆ 考法2: 敏感度系数的概念、计算和判断应用

【例题3·2010年真题·多选题】建设项目敏感性分析中, 确定敏感因素可以通过计算( )来判断。

A. 盈亏平衡点
B. 评价指标变动率
C. 不确定因素变动率
D. 临界点
E. 敏感度系数

【答案】D、E

【解析】本题考核点是: 敏感性分析的目的在于寻求敏感因素, 这可以通过计算敏感度系数和临界点来判断。

【例题4·2014年真题·多选题】某技术方案经济评价指标对甲、乙、丙三个不确定因素的敏感度系数分别为 -0.1、0.05、0.09, 据此可以得出的结论有( )。

A. 经济评价指标对甲因素最敏感
B. 甲因素下降10%, 方案达到盈亏平衡
C. 经济评价指标与丙因素反向变化
D. 经济评价指标对乙因素最不敏感
E. 丙因素上升9%, 方案由可行转为不可行

【答案】A、D

【解析】本题的考核点是单因素敏感性分析中敏感度系数的概念及应用分析。

(1) 敏感度系数大于零, 表明评价指标与不确定性因素同方向变化; 敏感度系数小于零, 表明评价指标与不确定性因素反方向变化。

(2) 敏感度系数绝对值越大, 表明评价指标对于不确定性因素越敏感; 反之, 则不敏感。

(3) 敏感度系数提供了各不确定性因素变动率与评价指标变动率之间的比例, 但不能直接显示变化后评价指标的值。

【例题5·2022年真题·单选题】关于技术方案敏感性分析的说法, 正确的是( )。

A. 敏感性分析可以通过计算敏感度系数和临界点确定敏感因素
B. 不确定因素的临界点越低, 该因素对技术方案的评价指标影响越小
C. 敏感度系数大于零, 表示评价指标与不确定因素反方向变化
D. 敏感度系数的绝对值越大, 表明评价指标对于不确定因素越不敏感

【答案】A

【解析】本题的考核点是敏感性分析中确定敏感性因素的方法。

【例题6·2013年真题·单选题】某项目采用净现值作为分析指标进行敏感性分析, 有关资料见下表。则各因素的敏感程度由大到小的顺序是( )。

单位: 万元

因素 \ 变化幅度	-10%	0	10%
建设投资	623	564	505
营业收入	393	564	735
经营成本	612	564	516

A. 建设投资 − 营业收入 − 经营成本　　B. 营业收入 − 经营成本 − 建设投资

C. 经营成本 − 营业收入 − 建设投资　　D. 营业收入 − 建设投资 − 经营成本

【答案】D

【解析】本题的考核点是在单因素敏感性分析中敏感度系数的相关分析。

首先，了解题目中表中数据的含义。财务净现值本题单因素敏感性分析的指标，其不确定性因素有三个：建设投资、营业收入和经营成本。

（1）当三个不确定性因素资料确定，没有变化时，财务净现值为 564 万元；

（2）当建设投资减少 10%（营业收入和经营成本不变），财务净现值增加 59 万元（623 − 564）；

（3）当营业收入减少 10%（建设投资和经营成本不变），财务净现值降低 171 万元（564 − 393）；

（4）当经营成本减少 10%（建设投资和营业收入不变），财务净现值增加 48 万元（612 − 564）。

因为 171 > 59 > 48，所以，财务净现值对三个不确定因素的敏感程度从大到小排序为：营业收入 − 建设投资 − 经营成本。

【例题 7·2021 年真题·单选题】已知某投资方案财务内部收益率（$FIRR$）为 10%，现选择 4 个影响因素分别进行单因素敏感性分析，计算结果如下：当产品价格上涨 10% 时，$FIRR = 11.0\%$；当原材料价格上涨 10% 时，$FIRR = 9.5\%$；当建设投资上涨 10% 时，$FIRR = 9.0\%$；当人民币汇率上涨 10% 时，$FIRR = 8.8\%$。根据上述条件判断，最敏感的因素是（　　）。

A. 建设投资　　　　　　　　　　B. 原材料价格

C. 产品价格　　　　　　　　　　D. 人民币汇率

【答案】D

【解析】本题的考核点是运用敏感度系数判断不确定性因素的敏感程度。

敏感度系数 $= \dfrac{\text{指标变化率}}{\text{因素变化率}}$，敏感度系数绝对值越大，分析指标对该不确定因素越敏感。

$$\text{敏感度系数（价格）} = \frac{11.0\% - 10\%}{10\%} = 0.1$$

$$\text{敏感度系数（原材料）} = \frac{9.5\% - 10\%}{10\%} = -0.05$$

$$\text{敏感度系数（投资）} = \frac{9.0\% - 10\%}{10\%} = -0.1$$

$$\text{敏感度系数（汇率）} = \frac{8.8\% - 10\%}{10\%} = -0.12$$

敏感度系数绝对值最大的是人民币汇率，故最敏感因素是人民币汇率。

【例题 8·2018 年真题·单选题】对某技术方案的财务净现值（$FNPV$）进行单因素敏

感性分析，投资额、产品价格、经营成本以及汇率四个因素的敏感性分析如下图所示，则对财务净现值指标来说最敏感的因素是（　　）。

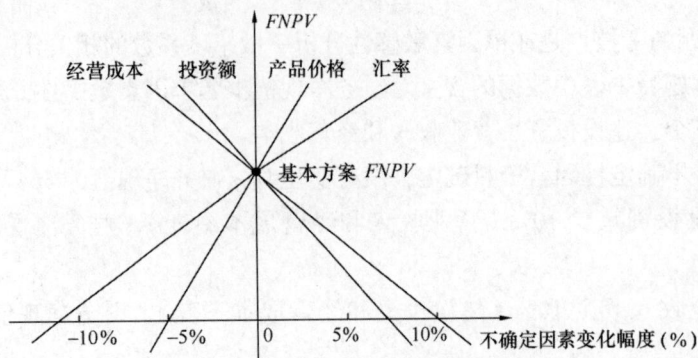

A. 投资额　　　　　　　　　　　　B. 产品价格

C. 经营成本　　　　　　　　　　　D. 汇率

【答案】B

【解析】本题的考核点是在单因素敏感性分析的如何确定敏感性因素。

图中横轴代表各不确定因素变动百分比，纵轴代表评价指标财务净现值。根据原来的评价指标值和不确定因素变动后的评价指标值，画出直线，这条直线反映不确定因素不同变化水平时所对应的评价指标值。每一条直线的斜率反映技术方案经济效果评价指标对该不确定因素的敏感程度，斜率越大敏感度越高。

【例题9·2019年真题·单选题】关于敏感度系数的说法，正确的是（　　）。

A. 敏感度系数可以用于对敏感因素敏感性程度的排序

B. 敏感度系数大于零，表明评价指标与不确定因素反方向变化

C. 利用敏感度系数判别敏感因素的方法是绝对测定法

D. 敏感度系数的绝对值越大，表明评价指标对于不确定因素越不敏感

【答案】A

【解析】本题考核点是敏感度系数的计算及其应用。

◆ 考法3：临界点的概念和判断应用

【例题10·2020年真题·单选题】关于技术方案不确定因素临界点的说法，正确的是（　　）。

A. 若基准收益率固定，某不确定性因素的临界点百分比越小，说明方案对该因素就越敏感

B. 对同一个技术方案，随着基准收益率的提高，临界点也会变高

C. 不确定因素临界点的高低，不能作为判定风险的依据

D. 临界点是客观存在的，与设定的指标判断标准无关

【答案】A

【解析】本题的考核点是敏感性分析方法中临界点的概念及应用。

临界点是技术方案允许不确定因素向不利方向变化的极限值。临界点可用临界点百分

比或者临界值来表示。临界点的高低与设定的指标判断标准有关，对于同一技术方案，随着设定的基准收益率的提高，临界点就会变低。

在一定指标判断标准下，对若干不确定性因素中，临界点越低，说明该因素对技术方案经济效果指标影响越大，技术方案对该因素就越敏感。把临界点与未来实际可能发生的变化幅度相比较，就可大致分析该技术方案的风险情况。

【例题11·单选题】对某技术方案进行单因素敏感性分析。当预计投产后的单位产品销售价格为1000元时，该技术方案财务内部收益率为15%；当预计单位产品销售价格为800元时，该技术方案财务内部收益率为12%；当预计单位产品销售价格为700元时，该技术方案财务内部收益率为9%；当预计单位产品销售价格为500元时，该技术方案财务内部收益率为0。如果基准收益率为9%，则该技术方案预计投产后单位产品销售价格下降的临界点为（   ）元。

A. 1000

B. 800

C. 700

D. 500

【答案】C

【解析】本题的考核点是临界点的概念及其应用。

该技术方案预计投产后的单位产品销售价格为700元时，其财务内部收益率等于基准收益率（9%）；若预计单位产品销售价格小于700元，则其财务内部收益率将小于基准收益率（9%），技术方案在经济上将不可行。故该技术方案单位产品销售价格下降的临界点是700元。

【例题12·2020年真题·多选题】某方案单因素敏感性分析示意图如下。根据该图，可以得出的结论有（   ）。

A. 销售价格的临界点小于10%

B. 建设投资的临界点大于10%

C. 销售价格是最敏感的因素

D. 原材料成本比建设投资更敏感

E. 建设投资比销售价格更敏感

【答案】A、B、C

【解析】本题的考核点是利用单因素敏感性分析示意图进行敏感性分析。

（1）敏感性分析示意图的分析规则：每条直线的斜率反映技术方案经济效果评价指标对该不确定性因素的敏感程度，斜率越大敏感程度越高。

（2）临界点可以用敏感性分析图直接求得近似值。采用图解法时，每条直线与判断基准线的相交点所对应的横坐标上不确定因素变化率即为该因素的临界点。

根据以上原则可以判断：① 销售价格线与基准收益率线的交点小于10%，销售价格的临界点小于10%；② 建设投资线与基准收益率线的交点大于10%，建设投资的临界点大于10%；③ 销售价格线的斜率是最大的，所以销售价格是财务内部收益率最敏感因素；④ 建设投资线的斜率大于原材料成本线斜率，建设投资比原材料成本更敏感。

◆考法4：敏感性分析的优缺点

【例题13·2012年真题·单选题】关于技术方案敏感性分析的说法，正确的是（　　）。

　A. 敏感性分析只能分析单一不确定因素变化对技术方案经济效果的影响

　B. 敏感性分析的局限性是依靠分析人员主观经验来分析判断，有可能存在片面性

　C. 敏感度系数越大，表明评价指标对不确定因素越不敏感

　D. 敏感性分析必须考虑所有不确定因素对评价指标的影响

【答案】B

【解析】本题考查的是敏感性分析的优缺点。

1Z101040　技术方案现金流量表的编制

核心内容提纲

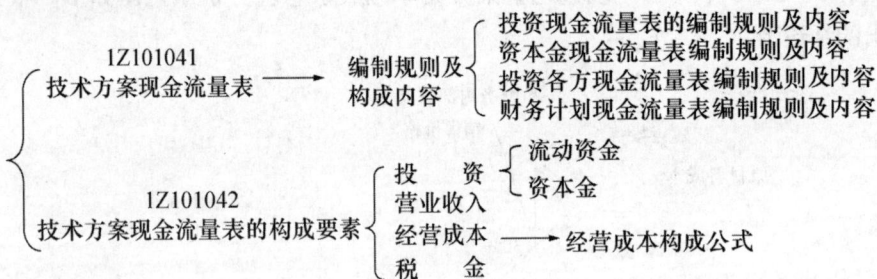

技术方案现金流量表的编制 {

　1Z101041 技术方案现金流量表 → 编制规则及构成内容 {
　　投资现金流量表的编制规则及内容
　　资本金现金流量表编制规则及内容
　　投资各方现金流量表编制规则及内容
　　财务计划现金流量表编制规则及内容
}

　1Z101042 技术方案现金流量表的构成要素 {
　　投　资 {
　　　流动资金
　　　资本金
　　}
　　营业收入
　　经营成本 → 经营成本构成公式
　　税　金
}
}

核心考点剖析

1Z101041　技术方案现金流量表

核心考点　技术方案现金流量表的编制规则及内容

技术方案现金流量表编制规则及内容

分类 内容	投资现金流量表	资本金现金流量表	投资各方现金流量表	财务计划现金流量表
设置角度	以技术方案为独立系统	权益投资者整体（项目法人）	各个投资者	—

分类 内容	投资现金流量表		资本金现金流量表		投资各方现金流量表		财务计划现金流量表
计算基础	总投资		资本金		投资者的出资额		—
	整个计算期内的现金流入和流出		把借款本金偿还和利息支付作为现金流出		—		投资、融资及经营活动
	现金流入	现金流出	现金流入	现金流出	现金流入	现金流出	
现金流入、现金流出的内容	1. 营业收入 2. 补贴收入 3. 销项税额 4. 回收固定资产余值 5. 回收流动资金	1. 建设投资 2. 流动资金 3. 经营成本 4. 进项税额 5. 应纳增值税 6. 税金及附加 7. 维持运营投资	1. 营业收入 2. 补贴收入 3. 销项税额 4. 回收固定资产余值	1. 资本金 2. 借款本金偿还 3. 利息支付 4. 经营成本 5. 进项税额 6. 应纳增值税 7. 税金及附加 8. 所得税	1. 实分利润资产处置收益分配 2. 资产处置收益分配 3. 租赁费收入 4. 技术转让或使用收入 5. 销项税额 6. 其他	1. 实缴资本 2. 租赁资产支出 3. 进项税额 4. 应纳增值税 5. 其他现金流出	参见考试用书表格内容
计算的评价指标	1. 财务内部收益率、财务净现值和静态投资回收期 2. 回收固定资产余值不受利息影响，区别于资本金现金流量表 3. 所得税（调整所得税）＝息税前利润×税率，与其他三表的所得税不同		1. 资本金财务内部收益率，用于比选融资方案 2. 回收固定资产余值为将建设期利息纳入固定资产原值后计取的余值，区别于投资现金流量表 3. 所得税等同于利润表中的所得税，区别于调整所得税		投资各方财务内部收益率（一般情况下，方案投资各方按股本比例分配利润及承担亏损，利益均等，没必要计算该指标；只有投资者中各方有股权之外的不对等利益分配时，才需要计算该指标）		计算累计盈余资金，分析技术方案的财务生存能力

◆**考法 1：技术方案现金流量表的概念及编制规则**

【例题 1·2011 年真题·单选题】资本金现金流量表是以技术方案资本金作为计算的基础，站在（　　）的角度编制的。

A. 项目发起人　　　　　　　　B. 债务人

C. 项目法人　　　　　　　　　D. 债权人

【答案】C

【解析】本题的考核点是技术方案资本金现金流量表的特点。

【例题 2·2015 年真题·单选题】可据以计算累计盈余资金，分析技术方案财务生存能力的现金流量表是（　　）。

A. 财务计划现金流量表　　　　B. 投资各方现金流量表

C. 资本金现金流量表　　　　　D. 投资现金流量表

【答案】A

【解析】本题的考核点是财务计划现金流量表的概念及其基本构成内容。

【例题3·2016年真题·单选题】某技术方案由三个投资者共同投资，若要比较三个投资者的财务内部收益率是否均衡，则适宜采用的现金流量表是（　　）。

A. 投资现金流量表
B. 资本金现金流量表
C. 财务计划现金流量表
D. 投资各方现金流量表

【答案】D

【解析】本题的考核点是技术方案现金流量表的构成内容。

◆**考法2：技术方案现金流量表的构成内容**

【例题4·2020年真题·多选题】下列财务计划现金流量表的项目中，属于筹资活动现金流量的有（　　）。

A. 补贴收入
B. 维持运营投资
C. 建设投资借款
D. 流动资金借款
E. 支付股利

【答案】C、D、E

【解析】本题的考核点是财务计划现金流量表的构成内容。

财务计划现金流量表中，筹资活动现金流入包括：资本金投入、建设投资借款、流动资金借款、债券、短期借款等；筹资活动的现金流出包括：各种利息支出、偿还债务本金、应付利润（支付股利）等。

【例题5·2022年真题·单选题】下列现金流量中，属于资本金现金流量表中现金流出的是（　　）。

A. 实分利润
B. 销项税额
C. 借款利息支付
D. 建设投资

【答案】C

【解析】本题的考核点是资本金现金流量表的构成内容。资本金现金流量表是在拟定融资方案后，从技术方案权益投资者整体角度出发，以技术方案资本作为计算基础，把借款本金偿还和利息支付作为现金流出，用于计算资本金财务内部收益率。

【例题6·2021年真题·单选题】某项目建设投资为5000万元，其中自有资金4000万元，借款1000万元，借款年利率为5%。流动资金1000万元全部为借款，借款年利率为4%。建设期计息不付息。编制资本金现金流量表时，建设期现金流出的金额是（　　）万元。

A. 2000
B. 4090
C. 4000
D. 6000

【答案】C

【解析】本题的考核点是资本金现金流量表的构成内容。

资本金现金流量表的现金流出包括：技术方案资本金、借款本金偿还、借款利息支付、经营成本、进项税额、应纳增值税、税金及附加、所得税、维持运营投资。本题给出的数据中，只有资本金（自有资金）4000万元是现金流出，其他数据均为干扰项。

【例题7·2021年真题·多选题】下列财务计划现金流量表的构成项中，属于投资活动净现金流量的有（　　　）。

    A. 建设投资借款　　　　　　　　B. 建设投资

    C. 维持运营投资　　　　　　　　D. 偿还债务本金

    E. 流动资金

【答案】B、C、E

【解析】本题的考核点是财务计划现金流量表的内容。

财务计划现金流量表中的投资活动净现金流量包括：现金流入、建设投资、维持运营投资、流动资金、其他流出等。

1Z101042　技术方案现金流量表的构成要素

核心考点　技术方案现金流量表的构成要素

1. 构成要素

投资、经营成本、营业收入和税金。

2. 相关概念

（1）流动资金

① 流动资金系指运营期内长期占用并周转使用的营运资金，不包括运营中需要的临时性营运资金。

② 流动资金的估算基础是经营成本和商业信用等。

③ 它是流动资产与流动负债的差额，即流动资金＝流动资产－流动负债。

（2）技术方案资本金

① 技术方案的资本金（即技术方案权益资金）是指在技术方案总投资中，由投资者认缴的出资额。

② 资本金是确定技术方案产权关系的依据，也是技术方案获得债务资金的信用基础。

③ 资本金出资形态可以是现金，也可以是实物、工业产权、非专利技术、土地使用权、资源开采权作价出资，但必须经过有资格的资产评估机构评估作价。

以工业产权和非专利技术作价出资的比例一般不超过技术方案资本金总额的20%。

对基础设施领域和其他国家鼓励发展行业的技术方案，可通过发行权益型、股权类金融工具筹集技术方案资本金，但不得超过技术方案资本金总额的50%。

④ 从技术方案投资主体的角度看，技术方案投资借款是现金流入，但同时将借款用于技术方案投资则构成同一时点、相同数额的现金流出，二者相抵，对净现金流量的计算无影响。因此，在技术方案资本金现金流量表中投资只计技术方案资本金。另外，现金流入又是因技术方案全部投资所获得，故应将借款本金的偿还及利息支付计入现金流出。

（3）经营成本

① 经营成本的计算公式。

$$经营成本＝总成本费用－折旧费－摊销费－利息支出$$

经营成本＝外购原材料、燃料及动力费＋工资及福利费＋修理费＋其他费用

②经营成本与融资方案无关。因此，在完成建设投资和营业收入估算后，就可以估算经营成本，为技术方案融资前分析提供数据。

（4）税金

①技术方案经济效果评价涉及的税费主要包括增值税、消费税、资源税、城市维护建设税和教育费附加、地方教育附加、耕地占用税、环境保护税、关税、所得税、车船税、房产税、土地使用税、印花税、契税等，有些行业还包括土地增值税。

②税金一般属于财务现金流出。

③为了满足筹资的需要，必须足额估算技术方案建设投资，为此，技术方案建设投资估算应按含增值税进项税额的价格进行。同时要将可抵扣固定资产进项税额单独列示，以便财务分析中正确计算固定资产原值和应纳增值税。

◆**考法1：现金流量构成要素的相关概念**

【例题1·单选题】在技术方案现金流量构成要素中，关于流动资金的说法正确的是（　　）。

A. 系指运营期内长期占用并周转使用的营运资金，包括运营中需要的临时性营运资金

B. 流动资金的估算基础是经营成本和获得贷款的能力

C. 流动资金是流动资产与流动负债的差额

D. 总投资＝流动资金＋资本金

【答案】C

【解析】本题考核点是流动资金的相关概念。

【例题2·2018年真题·多选题】技术方案资本金的出资方式除现金外，还可以采用的出资形态包括经过有资格的资产评估机构评估作价后的（　　）。

A. 实物　　　　　　　　　　B. 工业产权

C. 非专利技术　　　　　　　D. 土地使用权

E. 股票

【答案】A、B、C、D

【解析】本题的考核点是技术方案现金流量构成要素中资本金的内容。

资本金是确定技术方案产权关系的依据，也是技术方案获得债务资金的信用基础。资本金出资形态可以是现金，也可以是实物、工业产权、非专利技术、土地使用权、资源开采权作价出资，但必须经过有资格的资产评估机构评估作价。

◆**考法2：经营成本的概念及构成公式**

【例题3·2019年真题·多选题】下列成本费用项目中，属于经营成本的有（　　）。

A. 工资及福利费　　　　　　B. 折旧费

C. 摊销费　　　　　　　　　D. 利息支出

E. 修理费

【答案】A、E

【解析】本题的考核点是技术方案流量构成要素中经营成本的内容。

经营成本＝总成本费用－折旧费－摊销费－利息支出

或，经营成本＝外购原材料、燃料及动力费＋工资及福利费＋修理费＋其他费用

【例题4·2016年真题·单选题】某技术方案估计年总成本费用为8000万元，其中外购原材料、燃料及动力费为4500万元，折旧费为800万元，摊销费为200万元，修理费为500万元，利息支出为210万元。则该技术方案的年经营成本为（　　）万元。

A. 4500
B. 6290
C. 6790
D. 7290

【答案】C

【解析】本题的考核点是经营成本的计算公式。

（1）经营成本＝总成本费用－折旧费－摊销费－利息支出

（2）经营成本＝外购原材料、燃料及动力费＋工资及福利费＋修理费＋其他费用

利用公式（1），该技术方案经营成本＝8000－800－200－210＝6790万元

【例题5·2022年真题·多选题】下列成本费用中，属于技术方案现金流量表中经营成本的有（　　）。

A. 外购原材料费
B. 折旧费
C. 工资及福利费
D. 利息支出
E. 修理费

【答案】A、C、E

【解析】本题的考核点是技术方案现金流量构成要素中经营成本的构成内容。

1Z101050　设备更新分析

核 心 内 容 提 纲

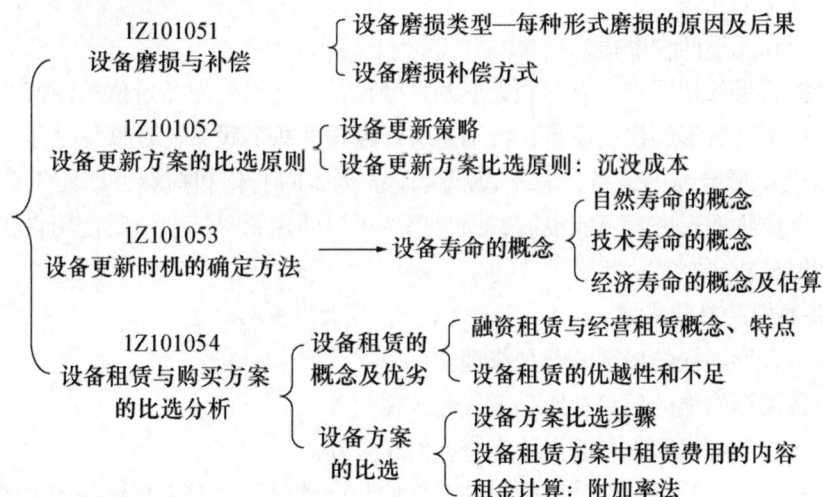

1Z101051 设备磨损与补偿

核心考点 设备磨损类型与补偿方式

1. 设备磨损的类型及其后果

（1）有形磨损概念及类型

① 第一种有形磨损：设备在使用过程中，在外力的作用下实体产生的磨损、变形和损坏，这种磨损的程度与使用强度和使用时间长度有关；

② 第二种有形磨损：设备在闲置过程中受自然力的作用而产生的实体磨损，如金属件生锈、腐蚀、橡胶件老化等，这种磨损与闲置的时间长度和所处环境有关。

上述两种有形磨损都造成设备的性能、精度等的降低，使得设备的运行费用和维修费用增加，效率低下，反映了设备使用价值的降低。

（2）无形磨损的概念及类型：设备无形磨损不是由生产过程中使用或自然力的作用造成的，而是由于社会经济环境变化造成的设备价值贬值，是技术进步的结果。

① 第一种无形磨损：设备的技术结构和性能并没有变化，但由于技术进步，设备制造工艺不断改进，社会劳动生产率水平的提高，同类设备的再生产价值降低，因而设备的市场价格也降低了，致使原设备相对贬值。其后果只是现有设备原始价值部分贬值，设备本身的技术特性和功能即使用价值并未发生变化，故不会影响现有设备的使用。因此，不产生提前更换现有设备的问题。

② 第二种无形磨损：由于科学技术的进步，不断创新出结构更先进、性能更完善、效率更高、耗费原材料和能源更少的新型设备，使原有设备相对陈旧落后，其经济效益相对降低而发生贬值。其后果不仅是使原有设备价值降低，而且由于技术上更先进的新设备的发明和应用会使原有设备的使用价值局部或全部丧失，这就产生了是否用新设备代替现有陈旧落后设备的问题。

（3）有形和无形两种磨损的后果

两种磨损后果的相同点：有形和无形两种磨损都引起设备原始价值的贬值。

不同点：遭受有形磨损的设备，特别是有形磨损严重的设备，在修理之前，常常不能工作；而遭受无形磨损的设备，并不表现为设备实体的变化和损坏，即使无形磨损很严重，其固定资产物质形态却可能没有磨损，仍然可以使用，只不过继续使用它在经济上是否合算，需要分析研究。

2. 设备磨损的补偿方式

（1）设备有形磨损的局部补偿是修理。

（2）设备无形磨损的局部补偿是现代化改装。

（3）设备有形磨损和无形磨损的完全补偿是更新。

（4）设备大修理是更换部分已磨损的零部件和调整设备，以恢复设备的生产功能和效率为主。

（5）设备现代化改造是对设备的结构作局部的改进和技术上的革新，如增添新的、必需的零部件，以增加设备的生产功能和效率为主；更新是对整个设备进行更换。

3. 设备磨损补偿图（见下图）

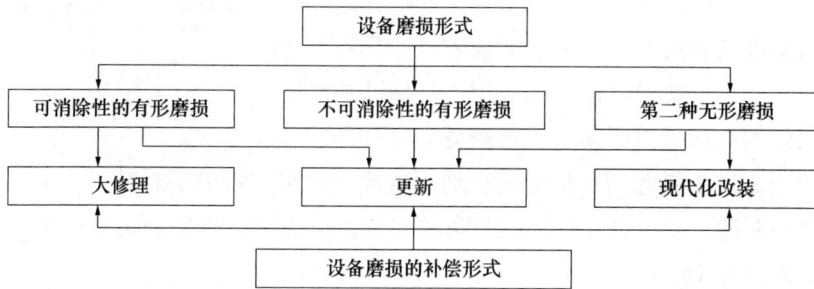

考法 1：设备磨损类型的理解

【例题 1·2020 年真题·多选题】下列各种情形中，会导致原有设备产生无形磨损的有（　　）。

A. 由于科技进步出现效率更高的新型设备

B. 设备部件在使用过程中自然老化

C. 设备在使用过程中的损坏

D. 设备在闲置过程中，被腐蚀造成精度降低

E. 同类型设备市场价格明显降低

【答案】A、E

【解析】本题的考核点是设备无形磨损形式的判断。

无形磨损是由于社会经济环境变化造成的设备价值贬值，是技术进步的结果，有两种具体形式：

（1）第一种无形磨损：设备的技术结构和性能并没有变化，但社会劳动生产率水平的提高，致使原设备相对贬值。

（2）第二种无形磨损：由于科学技术的进步带来的。由于技术上更先进的新设备的发明和应用会使原有设备的使用价值局部或全部丧失。

【例题 2·2021 年真题·多选题】下列设备磨损情形中，属于无形磨损的有（　　）。

A. 设备使用过程中产生的变形　　　　B. 技术进步导致设备贬值

C. 设备闲置过程中遭受腐蚀　　　　　D. 制造工艺改进导致设备降价

E. 自然力作用使设备构件老化

【答案】B、D

【解析】本题的考核点是设备无形磨损的内容。

◆**考法 2：设备磨损补偿方式的理解**

【例题 3·2021 年真题·单选题】关于设备磨损补偿方式的说法，正确的是（　　）。

A. 设备的无形磨损可以通过修理进行补偿

B. 不可消除的有形磨损可以通过更新进行补偿

C. 设备的综合磨损只能通过更新进行补偿

D. 可消除的有形磨损只能通过现代化改装进行补偿

【答案】B

【解析】本题的考核点是设备磨损的补偿方式。

【例题 4·2022 年真题·多选题】关于设备磨损补偿方式的说法，正确的有（　　）。

A. 不可消除的有形磨损可通过大修理进行局部补偿

B. 可消除的有形磨损可通过大修理进行局部补偿

C. 可消除的有形磨损可通过更新进行完全补偿

D. 由于技术进步引起的无形磨损可通过现代化改装进行局部补偿

E. 对设备制造工艺改进导致原始设备相对贬值可通过设备更新进行完全补偿

【答案】B、C、D、E

【解析】本题的考核点是设备磨损与补偿的相关内容。

1Z101052　设备更新方案的比选原则

核心考点一　设备更新策略

通常优先考虑更新的设备是：

（1）设备损耗严重，大修后性能、精度仍不能满足规定工艺要求的；

（2）设备耗损虽在允许范围之内，但技术已经陈旧落后，能耗高、使用操作条件不好、对环境污染严重，技术经济效果很不好的；

（3）设备役龄长，大修虽然能恢复精度，但经济效果上不如更新的。

◆ 考法：优先更新设备的选择

【例题·单选题】某施工企业做设备更新改造工作，下列应优先考虑更新的设备是（　　）。

A. 某施工设备损耗严重，大修后运行性能能够满足施工工艺要求

B. 某设备技术已落后，但由于应用的施工工艺简单，要求不高，技术经济效果尚可

C. 某施工设备损耗严重，大修后运行性能能够满足施工工艺要求，但运行成本远高于同类新设备

D. 沉没成本大于运行成本的设备

【答案】C

【解析】应优先考虑更新的设备：设备耗损虽在允许范围之内，但技术已经陈旧落后，能耗高、使用操作条件不好、对环境污染严重，技术经济效果很不好的。

核心考点二　设备更新方案的比选原则

设备更新方案比选的基本原理和评价方法与互斥性投资方案的比选相同。应遵循如下原则：

（1）应站在客观的立场上，而不是站在旧设备的立场上分析问题。若要保留旧设备，首先要付出相当于旧设备当前市场价值的投资，才能取得旧设备的使用权。

（2）不考虑沉没成本。沉没成本是既有企业过去投资决策发生的、非现在决策能改变（或不受现在决策影响）、已经计入过去投资费用回收计划的费用，因此现在决策对它不起作用。

$$沉没成本 = 设备账面价值 - 当前市场价值$$

或 $\quad$ 沉没成本 = (设备原值 - 历年折旧费) - 当前市场价值

（3）逐年滚动比较。应首先计算比较现有设备的剩余经济寿命和新设备的经济寿命，然后利用逐年滚动计算方法进行比较。

◆**考法 1：沉没成本概念的理解**

【例题 1·单选题】某施工企业欲租用一种施工设备，与商家甲谈妥每月租金 2000 元，并支付了定金 200 元，定金不可退还，此后又有商家乙愿以每月 1700 元出租同样的设备。如果重新进行租用设备方案的比选，则沉没成本为（ $\quad$ ）元。

A. 200 $\qquad\qquad\qquad\qquad$ B. 300

C. 1700 $\qquad\qquad\qquad\qquad$ D. 1900

【答案】A

【解析】沉没成本是既有企业过去投资决策发生的、非现在决策能改变（或不受现在决策影响）、已经计入过去投资费用回收计划的费用。200 元定金是过去已经发生，非现在决定能够改变的费用，所以沉没成本是 200 元。

◆**考法 2：沉没成本的计算**

【例题 2·2020 年真题·单选题】某设备 10 年前的原始成本是 100000 元，目前的账面价值是 30000 元，现在的市场价值为 20000 元。关于该设备沉没成本和更新决策时价值的说法，正确的是（ $\quad$ ）。

A. 沉没成本为 10000 元，更新决策时价值应为 40000 元

B. 沉没成本为 80000 元，更新决策时价值应为 30000 元

C. 沉没成本为 70000 元，更新决策时价值应为 70000 元

D. 沉没成本为 10000 元，更新决策时价值应为 20000 元

【答案】D

【解析】本题的考核点是设备更新方案比选的原则及其应用。

设备更新决策是不考虑沉没成本。

该决策中旧设备产生的沉没成本

$\qquad$ = 账面价值 - 当前市场价值 = 30000 - 20000 = 10000 元

在进行设备更新方案比选时，原设备的价值（投资）应按目前的实际价值（市场价值 20000 元）计算，而不考虑其沉没成本。

◆**考法 3：设备更新方案比选原则的综合分析**

【例题 3·2016 年真题·多选题】某设备 5 年前的原始成本为 10 万元，目前的账面价值为 4 万元，现在的市场价值为 3 万元，同型号新设备的购置价格为 8 万元。现进行新旧设备更新分析和方案比选时，正确的做法有（ $\quad$ ）。

A. 采用新设备的方案，投资按 10 万元计算

B. 继续使用旧设备的方案，投资按 3 万元计算

C. 新旧设备现在的市场价值差额为 4 万元

D. 新旧设备方案比选不考虑旧设备的沉没成本 1 万元

E. 新设备和旧设备的经济寿命和运行成本相同

【答案】B、D

【解析】本题的考核点是设备更新方案比选的原则。

旧设备产生的沉没成本=账面价值（4万元）-当前市场价值（3万元）=1万元

在进行设备更新方案比选时，原设备的价值（投资）应按目前的实际价值计算，而不考虑其沉没成本。

1Z101053 设备更新时机的确定方法

核心考点　设备寿命的概念

1. 设备自然寿命

（1）设备的自然寿命，又称物质寿命。它是指设备从投入使用开始，直到因物质磨损严重而不能继续使用、报废为止所经历的全部时间。

（2）设备的自然寿命主要是由设备的有形磨损所决定的。

（3）做好设备维修和保养可延长设备的物质寿命，但不能从根本上避免设备的磨损，任何一台设备磨损到一定程度时，都必须进行更新。

（4）设备的自然寿命不能成为设备更新的估算依据。

2. 设备技术寿命

（1）设备的技术寿命就是指设备从投入使用到因技术落后而被淘汰所延续的时间，也即是指设备在市场上维持其价值的时间，故又称有效寿命。

（2）技术寿命主要是由设备的无形磨损所决定的，它一般比自然寿命要短，而且科学技术进步越快，技术寿命越短。

（3）在估算设备寿命时，必须考虑设备技术寿命期限的变化特点及其使用制约或影响。

3. 设备经济寿命

（1）设备经济寿命的概念

经济寿命是指设备从投入使用开始，到继续使用在经济上不合理而被更新所经历的时间。

设备的经济寿命是由设备维护费用的提高和使用价值的降低决定的。

（2）设备经济寿命的确定方法

① 根据设备年度费用曲线图确定其经济寿命。

设备年度费用曲线图（见下图）可以直观地表示为：年平均使用成本=年资产消耗成本+年运行成本。

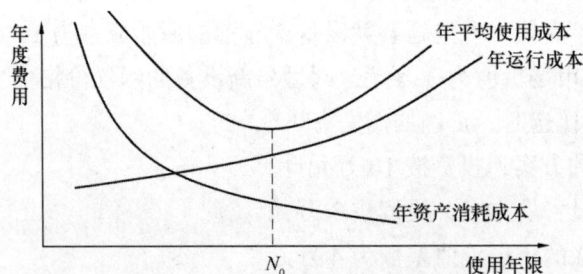

设备年度费用曲线图

设备从开始使用到其年平均使用成本最小（或年盈利最高）的使用年限 N_0 为设备的经济寿命。所以，设备的经济寿命就是从经济观点（即成本观点或收益观点）确定的设备更新的最佳时刻。

② 设备经济寿命的确定原则

使设备在经济寿命内平均每年净收益（纯利润）达到最大；使设备在经济寿命内一次性投资和各种经营费用总和达到最小。

③ 设备经济寿命的简化计算

$$N_0 = \sqrt{\frac{2(P-L_N)}{\lambda}}$$

式中　P——设备目前的实际价值，或称为目前的账面价值；

　　　　L_N——预计净残值；

　　　　λ——设备的低劣化值，即设备年均递增的运行成本。

4. 设备更新时机的确定

设备更新即便在经济上是有利的，却也未必应该立即更新。换言之，设备更新分析还包括更新时机选择的问题。

（1）如果旧设备继续使用 1 年的年平均使用成本低于新设备的年平均使用成本，即 $\overline{C}_N$（旧）$< \overline{C}_N$（新），此时，不更新旧设备，继续使用旧设备 1 年。

（2）当新旧设备方案出现 $\overline{C}_N$（旧）$> \overline{C}_N$（新），此时，应更新现有设备，这即是设备更新的时机。

◆ 考法 1：设备寿命概念的理解

【例题 1·2016 年真题·单选题】某企业 2005 年年初以 3 万元的价格购买了一台新设备，使用 7 年后发生故障不能正常使用，且市场上出现了技术更先进、性能更完善的同类设备，但原设备经修理后又继续使用，至 2015 年末不能继续修复使用而报废。则该设备的自然寿命为（　　）年。

A. 7　　　　　　　　　　　　　　B. 10

C. 11　　　　　　　　　　　　　D. 12

【答案】C

【解析】本题的考核点是设备自然寿命的概念及判断。

【例题 2·2013 年真题·多选题】关于设备寿命的说法，正确的是（　　）。

A. 设备经济寿命是从经济观点确定的设备更新的最佳时间

B. 设备的使用年限越长，设备的经济性越好

C. 设备的合理维修和保养可以避免设备的无形磨损

D. 设备的技术寿命主要是由设备的无形磨损决定的

E. 设备的自然寿命是由设备的综合磨损决定的

【答案】A、D、E

【解析】本题的考核点是设备寿命的相关概念。

（1）设备的经济寿命就是从经济观点（即成本观点或收益观点）确定的设备更新的最

佳时刻，A 选项正确。

（2）设备的经济性取决于其年平均使用成本的高低，B 选项不正确。

（3）做好设备维修和保养不能避免避免设备的无形磨损，C 选项不正确。

（4）技术寿命主要是由设备的无形磨损所决定的，它一般比自然寿命要短，而且科学技术进步越快，技术寿命越短，D 选项正确。

（5）设备的自然寿命主要是由设备的有形磨损所决定的。对任何特定的设备来说，这两种磨损必然同时发生和同时互相影响。某些方面的技术要求可能加快设备有形磨损的速度。同时，某些方面的技术进步又可提供耐热、耐磨、耐腐蚀、耐振动、耐冲击的新材料，使设备的有形磨损减缓，但是其无形磨损加快。

【例题 3·2015 年真题·多选题】关于确定设备经济寿命的说法，正确的有（　　　）。

A. 使设备在自然寿命期内一次性投资最小

B. 使设备的经济寿命与自然寿命、技术寿命尽可能保持一致

C. 使设备在经济寿命期平均每年净收益达到最大

D. 使设备在经济寿命期年平均使用成本最小

E. 使设备在可用寿命期内总收入达到最大

【答案】C、D

【解析】本题的考核点是设备寿命的相关概念及确定原则。

【例题 4·2017 年真题·多选题】关于设备技术寿命的说法，正确的有（　　　）。

A. 设备的技术寿命是指设备年平均维修费用最低对应的使用年限

B. 设备的技术寿命主要由设备的无形磨损决定

C. 设备的技术寿命一般长于设备的自然寿命

D. 科学技术进步越快，设备的技术寿命越短

E. 设备的技术寿命受产品物理寿命的影响

【答案】B、D

【解析】本题的考核点是设备技术寿命的相关概念。

◆考法 2：设备的经济寿命的估算

【例题 5·2011 年真题·单选题】某设备年度费用曲线见下图所示，依据图判断，该设备的经济寿命为（　　　）年。

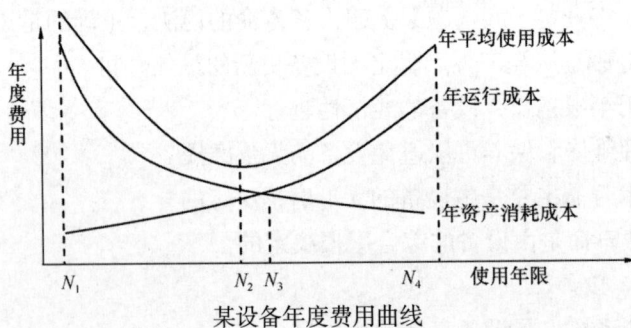

某设备年度费用曲线

A. N_1 　　　　　　　　　　　　　　　　B. N_2

C. N_3 D. N_4

【答案】B

【解析】本题的考核点是根据设备年度费用曲线图确定其经济寿命。我们称设备从开始使用到其年平均使用成本最小（或年盈利最高）的使用年限 N_0 为设备的经济寿命。

【例题6·2017年真题·单选题】某设备在不同使用年限时的平均年度资产消耗成本和平均年度运行成本数据见下表。该设备的经济寿命为（　　）年。

使用年限（年）	1	2	3	4	5	6	7
平均年度资产消耗成本（万元）	90	50	35	23	20	18	15
平均年度运行成本（万元）	30	35	30	35	40	45	60

A. 7   B. 5

C. 4   D. 3

【答案】C

【解析】本题的考核点是根据设备年度费用曲线图确定经济寿命的方法，见下表。

年平均使用成本的计算

使用年限（年）	1	2	3	4	5	6	7
平均年度资产消耗成本（万元）	90	50	35	23	20	18	15
平均年度运行成本（万元）	30	35	30	35	40	45	60
年平均使用成本（万元）	120	85	65	58	60	63	75

年平均使用成本最低的是第4年。

【例题7·2020年真题·单选题】某设备目前实际价值为30000元，有关资料如下表所示，则该设备的经济寿命为（　　）年。

继续使用年限（年）	1	2	3	4	5	6	7
年末净残值（元）	15000	7500	3750	3000	2000	900	600
年运行成本（元）	5000	6000	7000	9000	11500	14000	18200
年平均使用成本（元）	20000	16750	14750	13500	13300	13600	14300

A. 3   B. 4

C. 5   D. 6

【答案】C

【解析】本题的考核点是利用设备年度费用判定其经济寿命的方法应用。

设备年平均使用成本＝年资产消耗成本＋年运行成本。设备年平均使用成本最低的年份即为其经济寿命期。本题已给出 1—7 年的年平均使用成本，直接根据其第 5 年的平均使用成本是最低的，判断经济寿命期是 5 年。表中的其他数据均为干扰因素，无需考虑。

1Z101054 设备租赁与购买方案的比选分析

核心考点一 设备租赁的概念

1. 设备租赁的概念

① 设备租赁一般有融资租赁和经营租赁两种方式。

② 在融资租赁中，租赁双方承担确定时期的租让和付费义务，而不得任意中止和取消租约，贵重的设备（如重型机械设备等）宜采用这种方法。融资租赁的租赁期较长。

③ 而在经营租赁中，租赁双方的任何一方可以随时以一定方式在通知对方后的规定期限内取消或中止租约，临时使用的设备（如车辆、仪器等）通常采用这种方式。经营租赁也称为营业性租赁，一般是短期、临时性租赁。

2. 设备租赁的优劣

租赁具有把融资和融物结合起来的特点，这使得租赁能够提供及时而灵活的资金融通方式，是企业取得设备进行生产经营的一个重要手段。

（1）对于承租人来说，设备租赁与设备购买相比的优越性在于：

① 较少资金，引进先进设备；② 可获得良好的技术服务；③ 保持资金的流动；④ 避免通胀和利率波动，减少投资风险；⑤ 税费上的利益。

（2）设备租赁的不足之处在于：

① 无所有权只有使用权——无权改造；不能处置；不能用于担保、抵押贷款。② 租金总额费用高。③ 长期负债。④ 毁约罚款较多。

◆ **考法 1：设备租赁概念的理解**

【例题 1·2013 年真题·单选题】关于设备租赁的说法，错误的是（   ）。

A. 融资租赁通常适用于长期使用的贵重设备

B. 临时使用的设备适宜采用经营租赁方式

C. 经营租赁的任一方可以以一定方式在通知对方后的规定期限内取消租约

D. 租赁期内，融资租赁承担人拥有租赁设备的所有权

【答案】D

【解析】掌握设备融资租赁与经营租赁的概念、特点及租赁的优劣。

◆ **考法 2：设备租赁的优劣**

【例题 2·2019 年真题·多选题】对于承租人来说，设备租赁与设备购买相比的优越性有（   ）。

A. 能用较少资金获得生产急需的设备　　B. 设备可用于担保、抵押贷款

C. 设备租金可在所得税前扣除　　　　　D. 可获得设备出租方的技术服务

E. 不需要考虑设备的维护保养

【答案】A、C、D

【解析】本题的考核点是设备租赁的优越性和缺点。

【例题3·2017年真题·单选题】对于承租人来说，设备租赁与设备购买相比，不足之处主要在于（　　）。

A. 长年支付租金，形成长期负债　　B. 不能获得良好的技术服务

C. 不能享受税费上的利益　　D. 容易受利率波动的冲击

【答案】A

【解析】本题的考核点是设备租赁相对于设备购买的优越性和不足之处，要求准确区分优越性与不足之处。

核心考点二　设备方案的比选

1. 设备方案比选的步骤

采用购置设备或是采用租赁设备应取决于这两种方案在经济上的比较，比较的原则和方法与一般的互斥投资方案的比选方法相同。方案比选步骤：

（1）提出设备配置建议。

（2）拟定设备配置方案。

（3）定性分析筛选方案——包括分析企业财务能力和设备方案技术分析。技术分析时应注意：① 对技术过时风险大、保养维护复杂、使用时间短的设备，可以考虑经营租赁方案；② 对技术过时风险小、使用时间长的大型专用设备则融资租赁方案或购置方案均是可以考虑的方式。

（4）定量分析并优选方案。

2. 设备经营租赁方案中的租赁费用

租赁费用主要包括：租赁保证金、租金和担保费。

3. 影响租金的因素

其包括设备的价格、融资的利息及费用、各种税金、租赁保证金、运费、租赁利差、各种费用的支付时间，以及租金采用的计算公式等。

4. 租金的计算

租金的计算主要有附加率法和年金法。

（1）附加率法计算年租金。附加率法是在租赁资产的设备货价或概算成本上再加上一个特定的比率来计算租金。

$$R = P \frac{(1 + N \times i)}{N} + P \times r$$

（2）年金法的概念。年金法是将一项租赁资产价值按动态等额分摊到未来各租赁期间内的租金计算方法。年金法计算有期末支付和期初支付租金之分。

5. 设备租赁与购置方案的经济比选

设备租赁与购置的经济比选也是互斥方案选优问题：

（1）一般寿命相同时可以采用净现值（或费用现值）法。

（2）设备寿命不同时可以采用净年值（或年成本）法。

无论用净现值法，还是净年值法，均以收益效果较大（或成本较少）的方案为宜。

在充分考虑各种方式的税收优惠影响下，应该选择税后收益更大或税后成本更小的方案。

◆**考法 1：租金的附加率法计算**

【例题 1·2020 年真题·单选题】某施工企业计划租赁一台设备，设备价格为 240 万元，寿命期 10 年，租期 8 年，每年年末支付租金，折现率为 8%，附加率为 3%。采用附加率法计算，每年需支付的租金为（　　）万元。

A. 33.0　　　　　　　　　　　　　B. 50.4

C. 56.4　　　　　　　　　　　　　D. 61.2

【答案】C

【解析】本题的考核点是利用附加率法计算设备年租金。

$$R = P\frac{(1+N \times i)}{N} + P \times r = 240\frac{(1+8 \times 8\%)}{8} + 240 \times 3\% = 56.4 万元$$

◆**考法 2：年金法的概念**

【例题 2·2011 年真题·单选题】将租赁资产价值按动态等额分摊到未来各租赁期间的租金计算方法是（　　）。

A. 附加率法　　　　　　　　　　　B. 消耗率法

C. 低劣化值法　　　　　　　　　　D. 年金法

【答案】D

【解析】本题的考核点是租金计算的年金法概念。

◆**考法 3：设备方案比选步骤的相关概念**

【例题 3·2007 年真题·单选题】进行购置设备与租赁的方案比选，需要分析设备技术风险、使用维修特点，其中对（　　）的设备，可以考虑经营租赁设备的方案。

A. 技术过时风险小　　　　　　　　B. 保养维修简单

C. 保养维修复杂　　　　　　　　　D. 使用时间长

【答案】C

【解析】本题的考核点是设备租赁与购置方案分析步骤的第三步"定性分析筛选方案"的方法。

◆**考法 4：设备经营租赁方案中租赁费用的构成**

【例题 4·2022 年真题·多选题】某施工企业以经营租赁方式租入一台设备，租赁保证金 2 万元，担保费 5 万元，年租金 10 万元。预计租赁期设备年运行成本 10 万元，其中原材料消耗 2 万元，则设备第一年的租赁费是（　　）万元。

A. 17　　　　　　　　　　　　　　B. 19

C. 20　　　　　　　　　　　　　　D. 27

【答案】A

【解析】本题的考核点是设备经营租赁中租赁费用的构成内容。

租赁费用主要包括租赁保证金、租金、担保费，故：

租赁费用＝2＋5＋10＝17万元

1Z101060 价值工程在工程建设中的应用

$$\left\{\begin{array}{l}\text{1Z101061}\\\text{提高价值的途径}\end{array}\right.\left\{\begin{array}{l}\text{价值工程的特点}\\\text{提高价值的途径}\end{array}\right.$$

$$\left.\begin{array}{l}\text{1Z101062}\\\text{价值工程在工程建设}\\\text{应用中的实施步骤}\end{array}\right\{\begin{array}{l}\text{价值工程的工作程序}\\\text{——分析阶段的工作步骤及对应问题}\\\text{对象选择}\\\text{功能分类}\\\text{功能的价值系数结果分析}\\\text{确定价值工程对象改进范围}\end{array}$$

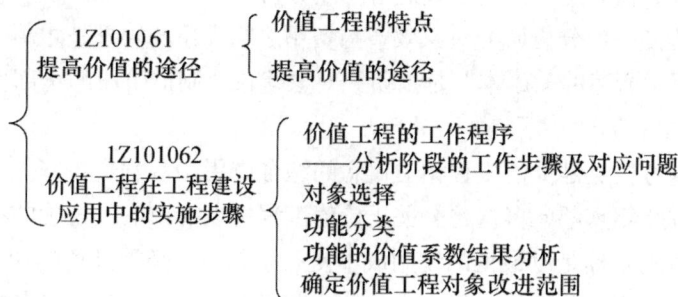

核心考点剖析

1Z101061 提高价值的途径

核心考点一 价值工程概念及特点

1. 价值工程的含义

价值工程中所述的"价值"也是一个相对的概念，是指作为某种产品（或作业）所具有的功能与获得该功能的全部费用的比值。它不是对象的使用价值，也不是对象的交换价值，而是对象的比较价值，是作为评价事物有效程度的一种尺度。这种尺度可以表示为一个数学公式：

$$V = \frac{F}{C}$$

2. 价值工程的特点

（1）价值工程的三要素

价值工程涉及价值、功能和寿命周期成本三个基本要素。

产品的寿命周期成本由生产成本和使用及维护成本组成。

（2）价值工程特点

① 价值工程的目标，是以最低的寿命周期成本，使产品具备它所必须具备的功能。

② 价值工程的核心是对产品进行功能分析。

价值工程分析产品，首先不是分析它的结构，而是分析它的功能，是在分析功能的基础之上，再去研究结构、材质等问题，以达到保证用户所需功能的同时降低成本，实现价值提高的目的。

③ 价值工程将产品价值、功能和成本作为一个整体同时来考虑。

④ 价值工程要求将功能定量化。

⑤ 价值工程强调不断改革和创新。

⑥ 价值工程是以集体智慧开展的有计划、有组织、有领导的管理活动。

◆**考法1：价值工程概念及特点的相关概念**

【例题1·多选题】下列关于价值工程原理的描述中，正确的有（　　）。

A. 价值工程中所述的"价值"是指研究对象的使用价值

B. 运用价值工程的目的是提高研究对象的比较价值

C. 价值工程的核心是对研究对象进行功能分析

D. 价值工程是一门分析研究对象效益与费用之间关系的管理技术

E. 价值工程中所述的"成本"是指研究对象建造/制造阶段的全部费用

【答案】B、C、D

【解析】本题考核点是价值工程相关概念的综合应用。

【例题2·2022年真题·多选题】关于价值工程特点的说法，正确的有（　　）。

A. 价值工程的目标是以最低的使用成本使产品具备所必须具备的功能

B. 价值工程的产品分析是在研究产品结构和材质基础上分析其必备的功能

C. 价值工程的核心是对产品进行功能分析

D. 价值工程要求将功能转化为能够与成本直接相比的量化值

E. 价值工程是以集体智慧开展的有组织、有计划、有领导的管理活动

【答案】C、D、E

【解析】本题的考核点是价值工程的特点。

◆**考法2：价值工程特点**

【例题3·2017年真题·单选题】对某产品进行价值分析，其产品功能与成本关系如下图所示，图中 C_1 最有可能表示（　　）随产品功能变动的变化规律。

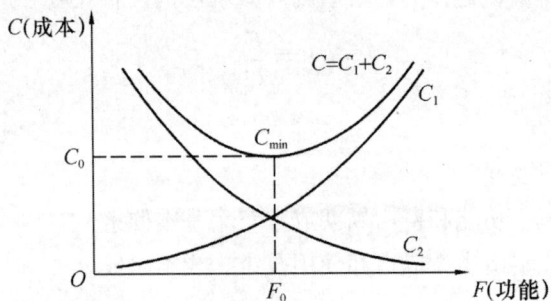

功能与成本关系图

A. 用户购买产品的费用　　　　　　　B. 产品使用成本

C. 产品维护成本　　　　　　　　　　D. 产品报废拆除所需费用

【答案】A

【解析】本题的考核点是价值工程目标的相关概念。

价值工程的目标，是以最低的寿命周期成本，使产品具备它所必须具备的功能。产品的寿命周期成本由生产成本和使用及维护成本组成。

在一定范围内，产品的生产成本与使用及维护成本存在此消彼长的关系。随着产品功

能水平提高，产品的生产成本 C_1 增加，使用及维护成本 C_2 降低；反之，产品功能水平降低，其生产成本 C_1 降低，但是使用及维护成本 C_2 增加。因此，当功能水平逐步提高时，寿命周期成本 $C = C_1 + C_2$，呈马鞍形变化。产品的生产成本 C_1 对应的应当是用户购买产品的费用。

【例题 4·2022 年真题·单选题】价值工程中产品功能与成本的关系图如下，关于图中两者关系的说法，正确的是（   ）。

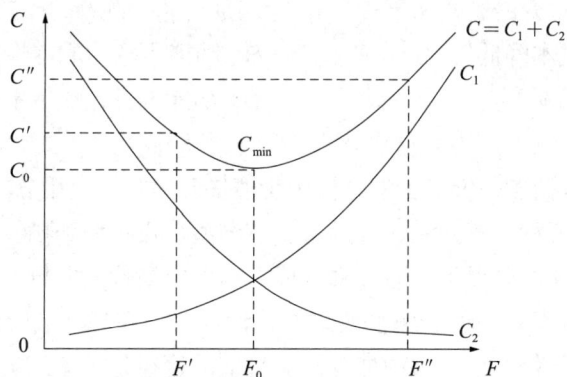

A. 随着产品功能水平 F 提高，生产成本 C_1 降低，使用及维护成本 C_2 增加

B. 在 F' 处，产品的功能较少，生产成本 C_1、使用及维护成本 C_2 较低，寿命周期成本较低

C. 在 F_0 处，产品满足必要的功能需求，生产成本 C_1、使用及维护成本 C_2 之和对应的寿命周期成本最低

D. 在 F'' 处，产品功能较多，生产成本 C_1、使用及维护成本 C_2 均较高，寿命周期成本较高

【答案】C

【解析】本题的考核点是价值工程特点。

价值工程的目标，是以最低的寿命周期成本，使产品具备它所必须具备的功能。

核心考点二　提高价值的途径

根据基本原理公式 $V = F/C$，提高价值有以下五种途径：

（1）双向型 $\dfrac{F\uparrow}{C\downarrow}$——在提高产品功能的同时，又降低产品成本，这是提高价值最为理想的途径。

（2）改进型 $\dfrac{F\uparrow}{C-}$——在产品成本不变的条件下，通过提高产品的功能，提高利用资源的成果或效用。

（3）节约型 $\dfrac{F-}{C\uparrow}$——保持产品功能不变前提下，通过降低成本达到提高价值的目的。

（4）投资型 $\dfrac{F\uparrow\uparrow}{C\uparrow}$——产品功能有较大幅度提高，产品成本有较少提高。

（5）牺牲型 $\dfrac{F\downarrow}{C\downarrow\downarrow}$——产品功能略有下降、产品成本大幅度降低。

对于建设工程，应用价值工程的重点是在规划和设计阶段。

◆**考法：提高价值的案例应用分析**

【例题1·2020年真题·单选题】某工程施工方案的计划工期为350天，对方案运用价值工程原理优化后工期缩短了10天，可实现同样的功能，并降低了工程费用。根据价值工程原理，该价值提升的途径属于（　　）。

A. 功能提高，成本降低　　　　　　B. 功能不变，成本降低

C. 功能提高，成本不变　　　　　　D. 功能不变，成本不变

【答案】B

【解析】本题的考核点是价值工程分析中价值提升途径的应用分析。

价值提升途径有五种：双向型、改进型、节约型、投资型和牺牲型，其中，节约型是指在保持产品功能不变的前提下，通过降低成本达到提高价值的目的。

【例题2·2018年真题·单选题】人防工程设计时，在考虑战时能发挥其隐蔽功能的基础上平时利用为地下停车场。这种提高产品价值的途径是（　　）。

A. 改进型　　　　　　　　　　　　B. 双向型

C. 节约型　　　　　　　　　　　　D. 牺牲型

【答案】A

【解析】本题的考核点是价值工程分析中提高价值途径的判断。

【例题3·2021年真题·单选题】对于建设工程，利用价值工程原理提高技术方案经济效果最佳的阶段是（　　）。

A. 规划与设计阶段　　　　　　　　B. 生产与销售阶段

C. 使用与报废阶段　　　　　　　　D. 生产与使用阶段

【答案】A

【解析】本题的考核点是价值工程原理的价值提升途径。

在产品形成的各个阶段都可以应用价值工程提高产品的价值，但在不同的阶段进行价值工程活动，其经济效果的提高幅度却是大不相同的。对于建设工程，应用价值工程的重点是在规划和设计阶段，因为这两个阶段是提高技术方案经济效果的关键环节。

【例题4·2021年真题·多选题】运用价值工程原理提高产品价值的途径有（　　）。

A. 通过采用新方案，既提高产品功能，又降低产品成本

B. 通过设计优化，在产品成本不变的前提下，提高产品功能

C. 在保证产品功能不变的前提下，通过组织管理措施降低产品成本

D. 适当增加产品成本，同时大幅度提高产品功能和适用性

E. 采用新材料保证产品功能不变的前提下，成本略有增加

【答案】A、B、C、D

【解析】本题的考核点是价值工程原理中价值提升的途径。

1Z101062　价值工程在工程建设应用中的实施步骤

核心考点一　价值工程工作程序

工作阶段	设计程序	工作步骤		对应问题
		基本步骤	详细步骤	
准备阶段	制定工作计划	确定目标	（1）工作对象选择	1. 价值工程的研究对象是什么
			（2）信息资料搜集	
分析阶段	功能评价	功能分析	（3）功能定义	2. 这是干什么用的
			（4）功能整理	
		功能评价	（5）功能成本分析	3. 成本是多少
			（6）功能评价	4. 价值是多少
			（7）确定改进范围	
创新阶段	初步设计	制定创新方案	（8）方案创造	5. 有无其他方法实现同样功能
	评价各设计方案，改进、优化方案		（9）概略评价	6. 新方案的成本是多少
			（10）调整完善	
			（11）详细评价	
	方案书面化		（12）提出方案	7. 新方案能满足功能的要求吗
实施阶段	检查实施情况并评价活动成果	方案实施与成果评价	（13）方案审批	8. 偏离目标了吗
			（14）方案实施与检查	
			（15）成果评价	

注意：分析阶段的工作步骤及对应的问题。

◆**考法1：价值工程工作步骤**

【例题1·多选题】在价值工程活动中，计算功能评价值前应完成的工作有（　　）。

A. 功能现实成本计算　　　　　　　B. 方案创造

C. 功能整理　　　　　　　　　　　D. 功能定义

E. 方案评价

【答案】A、C、D

【解析】本题考核点是价值工程的工作程序。

按照价值工程的工作程序，其详细步骤为：① 工作对象选择；② 信息数据收集；③ 功能定义；④ 功能整理；⑤ 功能成本分析；⑥ 功能评价；⑦ 确定改进范围……

【例题2·2015年真题·多选题】价值工程分析阶段的工作有（　　）。

A. 对象选择　　　　　　　　　　　B. 功能定义

C. 功能整理　　　　　　　　　　　D. 功能评价

E. 方案评价

【答案】B、C、D

【解析】本题的考核点是价值工程的工作程序。

【例题3·2019年真题·单选题】价值工程功能评价的程序如下图所示，图中"*"位置应进行的工作是（　　）。

A. 确定功能评价值　　　　　　　　B. 整理功能之间的逻辑关系

C. 确定目标成本　　　　　　　　　D. 确定基本功能

【答案】A

【解析】本题的考核点是价值工程功能评价程序的内容。功能评价程序如下图所示。

◆ **考法2：工作步骤对应的问题**

【例题4·2017年真题·单选题】在产品价值工程工作程序中，功能定义和功能整理工作的目的是（　　）。

A. 明确产品的成本是多少　　　　　B. 界定产品是干什么用的

C. 确定产品的价值是多少　　　　　D. 确定价值工程的研究对象是什么

【答案】B

【解析】本题的考核点是价值工程的工作程序。

价值工程分析阶段的工作步骤功能定义和功能整理对应的问题是：这是干什么用的。

【例题5·2014年真题·单选题】在价值工程活动中，描述某一个产品零部件"是干什么用的?"，属于（　　）的工作内容。

A. 产品功能分析　　　　　　　　　B. 产品结构分析

C. 对象选择　　　　　　　　　　　D. 产品设计

【答案】A

【解析】本题的考核点是价值工程工作程序的"分析阶段"工作步骤及对应问题。

核心考点二　价值工程准备阶段——对象选择

一般从以下几方面考虑价值工程对象的选择。

1. 从设计方面看，对结构复杂、性能和技术指标差、体积和重量大的工程产品进行价值工程活动，可使工程产品结构、性能、技术水平得到优化，从而提高工程产品价值。

2. 从施工生产方面看，对量大面广、工序繁琐、工艺复杂、原材料和能源消耗高、质量难于保证的工程产品，进行价值工程活动可以最低的寿命周期成本可靠地实现必要功能。

3. 从市场方面看，选择用户意见多和竞争力差的工程产品进行价值工程活动，以赢得消费者的认同，占领更大的市场份额。

4. 从成本方面看，选择成本高或成本比重大的工程产品，进行价值工程活动可降低工程产品成本。

常用的方法有因素分析法、ABC 分析法、强制确定法、百分比分析法、价值指数法。

◆**考法：价值工程对象选择**

【例题 1·多选题】如果对建设工程项目开展价值工程工作，从施工生产方面看，下列（　　　）工程产品应是重点分析对象。

A. 成本比重大的　　　　　　　　　B. 工序繁琐的

C. 工艺复杂的　　　　　　　　　　D. 体积和重量大的

E. 性能和技术指标差的

【答案】B、C、E

【解析】从施工生产方面看，对量大面广、工序繁琐、工艺复杂、原材料和能源消耗高、质量难于保证的工程产品进行价值工程活动，可以最低的寿命周期成本实现必要功能。

【例题 2·2022 年真题·单选题】下列工程产品中，从设计方面宜优先作为价值工程研究对象的是（　　　）。

A. 用户意见少且竞争力较强的工程产品

B. 成本较低或占总成本比重较小的工程产品

C. 工艺简单、原材料能耗较低、质量有一定保障的工程产品

D. 结构复杂、性能和技术指标较差的工程产品

【答案】D

【解析】本题的考核点是价值工程对象选择的原则。

核心考点三　功能分类

（1）按重要程度，功能一般可分为基本功能和辅助功能。

（2）按性质，功能分为使用功能和美学功能。

（3）按用户需求，功能分为必要功能和不必要功能。

（4）按量化标准，功能分为过剩功能与不足功能。

（5）按总体与局部，功能分为总体功能和局部功能。

（6）按功能整理的逻辑关系，功能分为并列功能和上下位功能。

◆**考法：功能分类的相关概念**

【例题 1·2019 年真题·多选题】价值工程分析中，将功能按用户的需求分类，有必要功能和不必要功能。下列功能中，属于不必要功能的有（　　　）。

A. 美学功能　　　　　　　　　　　B. 多余功能

C. 重复功能　　　　　　　　　　D. 辅助功能

E. 过剩功能

【答案】B、C、E

【解析】本题的考核点是价值工程分析中的功能分类。

按用户的需求分类，产品的功能可分为必要功能和不必要功能。必要功能是不符合用户要求的功能。不必要的功能包括三类：一是多余功能；二是重复功能；三是过剩功能。

【例题2·2016年真题·多选题】某施工企业对建筑物的外墙进行功能分析的说法，正确的有（　　　）。

A. 承重外墙的基本功能是承受荷载　　B. 防风挡雨是外墙的过剩功能

C. 分隔空间是外墙的上位功能　　　　D. 隔热保温是外墙的辅助功能

E. 造型美观是外墙的美学功能

【答案】A、D、E

【解析】本题的考核点是价值工程中功能分类的概念及其应用。

（1）基本功能就是要达到这种产品的目的所必不可少的功能，是产品的主要功能，如果不具备这种功能，这种产品就失去其存在的价值。例如承重外墙的基本功能是承受荷载，室内间壁墙的基本功能是分隔空间。

（2）过剩功能是指某些功能虽属必要，但满足需要有余，在数量上超过了用户要求或标准功能水平，这将导致成本增加，给用户造成不合理的负担。

（3）上、下位功能也是目的与手段的关系，上位功能是目的性功能，下位功能是实现上位功能的手段性功能。

（4）辅助功能是为了更有效地实现基本功能而添加的功能，是次要功能，是为了实现基本功能而附加的功能。如墙体的隔声、隔热就是墙体的辅助功能。

（5）美学功能是从产品外观（造型、形状、色彩、图案等）反映功能的艺术属性。

核心考点四　功能的价值系数结果分析

$V_i = 1$，表示功能评价值等于功能现实成本。这表明评价对象的价值为最佳，一般无需改进。

$V_i < 1$，此时功能现实成本大于功能评价值。原因可能是存在着过剩的功能或实现功能的条件或方法不佳，以致使实现功能的成本大于功能的实际需要。

$V_i > 1$，即功能现实成本低于功能评价值。应具体分析，可能功能与成本分配已较理想，或者有不必要的功能，或者应该提高成本 C。

$V = 0$ 时，因为只有分子为0，或分母为∞时，才能是 $V = 0$。如果是不必要的功能，则取消该评价对象；但如果是最不重要的必要功能，要根据实际情况处理。

◆**考法1：功能的价值系数结果分析**

【例题1·2012年真题·多选题】造成价值工程活动对象的价值系数 V 小于1的可能原因有（　　　）。

A. 评价对象的现实成本偏低　　　　　B. 功能现实成本大于功能评价值

C. 可能存在着不足的功能　　　　　　D. 实现功能的条件或方法不佳

E. 可能存在着过剩的功能

【答案】B、D、E

【解析】掌握确定价值工程对象的改进范围的方法。

当 $V_i < 1$，此时功能现实成本大于功能评价值。原因可能是存在着过剩的功能或实现功能的条件或方法不佳，以致使实现功能的成本大于功能的实际需要。

◆ **考法2：功能的价值系数结果分析**

【例题2·2015年真题·单选题】四个互斥性施工方案的功能系数和成本系数如下表。从价值工程角度最优的方案是（　　）。

方案	甲	乙	丙	丁
功能系数	1.20	1.25	1.05	1.15
成本系数	1.15	1.01	1.05	1.20

A. 甲   B. 乙

C. 丙   D. 丁

【答案】C

【解析】本题的考核点是对价值系数的理解。

$V_i = 1$，表示功能评价值等于功能现实成本。这表明评价对象的功能现实成本与实现功能所必需的最低成本大致相当，说明评价对象的价值为最佳，一般无需改进。对产品进行价值分析，就是使产品每个构配件的价值系数尽可能趋近于1。具体见下表。

方案	甲	乙	丙	丁
功能系数	1.20	1.25	1.05	1.15
成本系数	1.15	1.01	1.05	1.20
价值系数 V	1.04	1.23	1.00	0.96

【例题3·2015年真题·单选题】现有四个施工方案可供选择，其功能评分和寿命周期成本相关数据见下表，则根据价值工程原理应选择的最佳方案是（　　）。

方案	甲	乙	丙	丁
功能评分	9	8	7	6
寿命周期成本（万元）	100	80	90	70

A. 乙   B. 甲

C. 丙   D. 丁

【答案】A

【解析】本题的考核点是对价值系数的理解。

$V_i = 1$，这表明评价对象的功能现实成本与实现功能所必需的最低成本大致相当，说明评价对象的价值为最佳，具体见下表。

方案	甲	乙	丙	丁
功能评分	9	8	7	6
寿命周期成本（万元）	100	80	90	70
价值系数 V	0.09	0.10	0.078	0.086

价值系数最接近于1的是乙方案的0.10，故最佳方案是乙方案。

注意：本题给出的四个方案的功能评分和寿命周期成本数据不是很恰当，计算出的价值系数均远远小于1。但根据价值工程原理，最佳方案只能选择系数最接近于1的乙方案。

核心考点五　确定价值工程对象的改进范围

1. F_i/C_i 值低的功能——$V_i < 1$ 的功能区域都应改进，特别是比1小得多的。

2. 成本降低期望值 $\Delta C_i = (C_i - F_i)$ 值大的功能。

3. 复杂的功能。

4. 问题多的功能——靠近功能系统图前端改进可能更大。

◆**考法1：改进对象的计算性选择**

【例题1·单选题】某工程由六个分部工程组成，采用价值工程分析得到各分部工程功能指数和成本指数如下表所示，则首先应进行价值工程改进的是（　　）。

分部工程	分部一	分部二	分部三	分部四	分部五	分部六
功能指数	0.20	0.30	0.20	0.15	0.10	0.05
成本指数	0.21	0.29	0.19	0.17	0.10	0.04

A. 分部二　　　　　　　　　　B. 分部四

C. 分部五　　　　　　　　　　D. 分部六

【答案】B

【解析】本题考核点是确定价值工程对象的改进范围。确定的改进对象是 F_i/C_i 值低的功能。

分部工程	分部一	分部二	分部三	分部四	分部五	分部六
功能指数 F	0.20	0.30	0.20	0.15	0.10	0.05
成本指数 C	0.21	0.29	0.19	0.17	0.10	0.04
$V = F/C$	0.95	1.03	1.05	0.88	1.00	1.25

当 $V_i < 1$，此时功能现实成本大于功能评价值。原因可能是存在着过剩的功能或实现功能的条件或方法不佳，以致使实现功能的成本大于功能的实际需要。价值系数最低的是分部四。首先应进行价值工程改进的是分部四。

◆**考法2：改进对象的理解性选择**

【例题2·多选题】应作为价值工程重点对象的是那些（　　）的功能。

A. 价值系数高　　　　　　　　B. 功能价值低

C. 可靠性高   D. 改进期望值大

E. 复杂程度高

【答案】B、D、E

【解析】本题的考核点是根据价值分析结果确定改进对象。

1Z101070　新技术、新工艺和新材料应用方案的技术经济分析

核心内容提纲

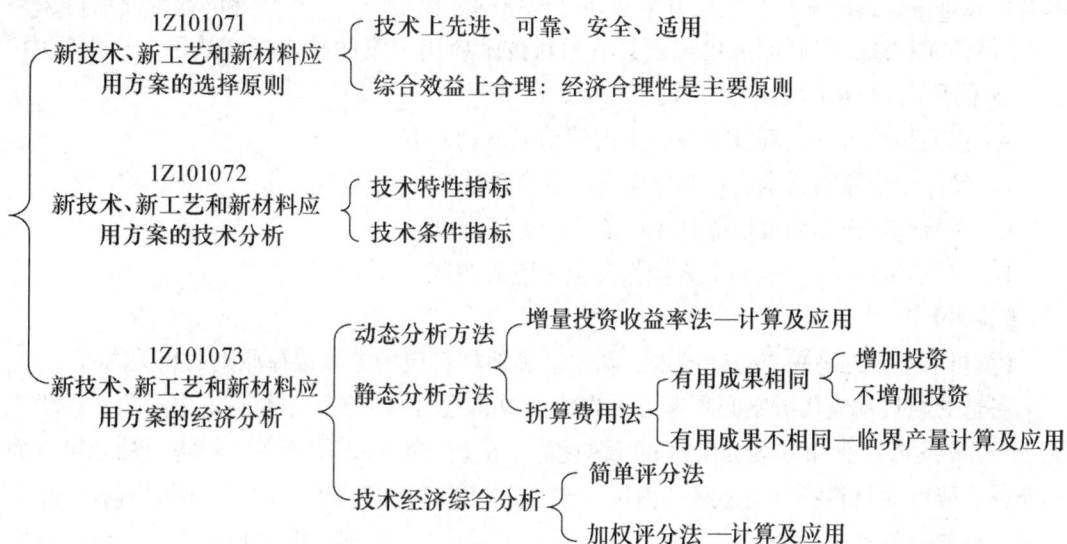

1Z101071
新技术、新工艺和新材料应用方案的选择原则
{
- 技术上先进、可靠、安全、适用
- 综合效益上合理：经济合理性是主要原则
}

1Z101072
新技术、新工艺和新材料应用方案的技术分析
{
- 技术特性指标
- 技术条件指标
}

1Z101073
新技术、新工艺和新材料应用方案的经济分析
{
- 动态分析方法
- 静态分析方法
  - 增量投资收益率法—计算及应用
  - 折算费用法
    - 有用成果相同
      - 增加投资
      - 不增加投资
    - 有用成果不相同—临界产量计算及应用
- 技术经济综合分析
  - 简单评分法
  - 加权评分法—计算及应用
}

核心考点剖析

1Z101071　新技术、新工艺和新材料应用方案的选择原则

核心考点　选择新技术应用方案应遵循的原则

（1）技术上先进、可靠、安全、适用。

（2）综合效益上合理。

就是要综合考虑新技术应用方案的投资、成本、质量、工期、社会、环境、经济效益等因素。一般地说，在保证功能和质量、不违反劳动安全与环境保护的原则下，经济合理性应是选择新技术方案的主要原则。

◆**考法：** 选择新技术应用方案应遵循的原则

【例题1·单选题】一般地说，在保证功能和质量、不违反劳动安全与环境保护的原则下，选择新技术方案的主要原则是（　　）。

A. 技术上先进   B. 技术上可靠

C. 技术上适用合理   D. 经济上合理

【答案】D

【解析】一般地说，在保证功能和质量、不违反劳动安全与环境保护的原则下，经济合理应是选择新技术方案的主要原则。

【例题2·2020年真题·单选题】下列新技术特性中，属于技术可靠性的是（　　）。

A. 自动化程度高
B. 有工业化应用业绩
C. 三废排放少
D. 有利用当地资源的优势

【答案】B

【解析】本题的考核点是新技术应用方案选择原则。

新技术应用方案选择应遵循的原则之一是技术上先进、可靠、安全、适用，其中，技术上可靠是指备选的新技术应用方案必须是成熟的、稳定的，有可借鉴的起因或项目。

【例题3·2022年真题·单选题】下列新技术应用方案的技术经济效果分析内容中，属于技术适用性分析的是（　　）。

A. 提高生产自动化程度和减轻工人劳动强度的幅度
B. 发挥企业原有技术装备和方案所在地资源优势的程度
C. 对所生产产品质量性能和生产能力的保证强度
D. 降低环境不利影响和工人操作安全风险的幅度

【答案】B

【解析】本题的考核点是新技术、新工艺和新材料应用方案选择原则的相关内容。

备选的新技术应用方案必须考虑对当地资源的适用性（包括原材料人力资源、环境资源），充分发挥企业和方案所在地的资源优势，适应方案特定的资源、经济、社会等方面的条件，降低原材料特别是能源的消耗，改善生产条件，提高产品质量，同时有利于充分发挥企业原有的技术装备和技术力量。

1Z101072　新技术、新工艺和新材料应用方案的技术分析

核心考点　新技术应用方案的技术分析

1. 新技术应用方案的技术经济分类

（1）按分析的时间或阶段不同分为事前和事后进行的技术经济分析，设计阶段和施工阶段进行的技术经济分析。

（2）按分析的内容不同，新技术应用方案的技术经济分析分为技术分析、经济分析、社会分析、环境分析和综合分析。

（3）新技术应用方案的技术经济分析方法包括定性分析和定量分析。

（4）按比选对象不同，新技术应用方案的技术经济分析分为有无对比、横向对比。有无对比就是对比"有方案"与"无方案"的投入产出效益。横向对比是比较同一行业类似方案在投入、产出、资源消耗、能源节约、环境保护、费用、效益、技术水平等方面的指标。不同行业的方案、同一行业规模相差太大的方案，均不宜横向对比。

2. 新技术应用方案的技术分析

新技术应用方案的技术分析，是通过对其方案的技术特性和条件指标进行对比与分析来完成的。

（1）反映技术特性的指标如：① 结构工程中混凝土工艺方案的技术性指标可用现浇混凝土强度、现浇工程总量、最大浇筑量等表示；② 安装工程则可用安装"构件"总量、最大尺寸、最大重量、最大安装高度等表示。

（2）反映技术条件的指标可用：① 方案占地面积；② 所需的主要材料、构配件等资源是否能保证供应；③ 所需的主要专用设备是否能保证供应；④ 所需的施工专业化协作、主要专业工种工人是否能保证供应；⑤ 采用的方案对工程质量的保证程度，对社会运输能力的要求及能否得到服务，对市政公用设施的要求及能否得到服务；⑥ 采用的方案可能形成的施工公害或污染情况；⑦ 采用的方案抗拒自然气候条件影响的能力；⑧ 采用的方案要求的技术复杂程度和难易程度以及对技术准备工作的要求，施工的安全性；⑨ 采用的方案对前导工序的要求和为后续工序创造的条件等表示。

◆**考法 1：技术分析相关概念**

【例题 1·2014 年真题·单选题】新技术应用方案的技术分析是通过对其技术特性和条件指标进行对比与分析完成的，下列指标中，属于反映方案技术特性的指标是（　　）。

A. 施工专业化协作　　　　　　　B. 方案生产能力

C. 构配件供应保证率　　　　　　D. 方案占地面积

【答案】B

【解析】本题的考核点是新技术应用方案的技术分析。

反映技术特性的指标如：结构工程中混凝土工艺方案的技术性指标可用现浇混凝土强度、现浇工程总量、最大浇筑量等表示；安装工程则可用安装"构件"总量、最大尺寸、最大重量、最大安装高度等表示。

◆**考法 2：技术经济分析方法的相关概念**

【例题 2·2019 年真题·单选题】关于新技术应用方案技术经济分析的说法，正确的是（　　）。

A. 新技术应用方案技术经济分析的内容不包括环境分析

B. 新技术应用方案比选只能采用定性分析方法

C. 有无对比法是新技术应用方案比选常用的方法

D. 横向对比法适宜于不同行业的新技术应用方案对比

【答案】C

【解析】本题的考核点是新技术、新工艺和新材料应用方案技术经济分析方法的相关概念。

1Z101073　新技术、新工艺和新材料应用方案的经济分析

核心考点一　经济分析方法分类

新技术应用方案常用的静态分析方法有增量投资分析法、年折算费用法、综合总费用法。常用的经济分析动态分析方法有净现值（费用现值）法和净年值（年成本）法。

◆**考法：经济分析方法分类概念**

【例题·多选题】建筑新技术、新工艺和新材料应用方案经济分析常用的静态分析方

法有（   ）。

    A. 增量投资内部收益率法　　　　B. 增量投资收益率法

    C. 净年值法　　　　　　　　　　D. 折算费用法

    E. 综合总费用法

【答案】B、D、E

【解析】本题考核点是新技术应用方案经济分析方法的分类。

常用的新技术应用方案的经济分析静态分析方法：增量投资收益率法；年折算费用法；综合总费用法。

核心考点二　增量投资收益率法

增量投资收益率 $R_{(2-1)}$ 为：

$$R_{(2-1)} = (C_1 - C_2) / (I_2 - I_1) \times 100\%$$

若 $R_{(2-1)}$ 大于或等于基准投资收益率 R_c，表明新方案可行；

若 $R_{(2-1)}$ 小于基准投资收益率 R_c，表明新方案不可行。

◆**考法：增量投资收益率的计算**

【例题·2020年真题·多选题】某工程施工现有两个对比的技术方案，方案1需投资200万元，年生产成本120万元；方案2与方案1应用环境相同的情形下，需投资300万元，年生产成本100万元。设基准投资收益率为10%，采用增量投资收益率法选择方案，正确的有（   ）。

    A. 方案2与方案1相比，增量投资收益率为10%

    B. 方案2与方案1相比，在经济上可行

    C. 当基准投资收益率提高为15%时，方案2优于方案1

    D. 方案2比方案1投资高出50%，超过基准收益率，经济上不可行

    E. 当基准投资收益率降低为8%时，方案1优于方案2

【答案】B、C

【解析】本题的考核点是利用增量投资收益率法对新技术方案的选择。

$$R_{(2-1)} = \frac{C_1 - C_2}{I_2 - I_1} \times 100\% = \frac{120 - 100}{300 - 200} \times 100\% = 20\%$$

因 $R_{(2-1)} > 10\%$（及15%），所以，在基准收益率为10%及15%的情况下，方案2均比方案1经济上更可行。

核心考点三　折算费用法

1. 当方案的有用成果相同时，可通过比较费用的大小，来决定优劣和取舍。

（1）在采用方案要增加投资时：$Z_j = C_j + P_j \times R_c$

式中，Z_j——第 j 方案的折算费用；C_j——第 j 方案的生产成本；P_j——用于第 j 方案的投资额（包括建设投资和流动资金）；R_c——基准投资收益率。

多方案比较时，选择折算费用最小的方案为最优方案。

（2）在采用方案不增加投资时：$Z_j = C_j = C_{Fj} + C_{Uj} \times Q$，选择生产成本最小的为最优方案。

2. 当方案的有用成果不相同时，计算临界产量 Q_0，确定方案使用范围。

$$Q_0 = (C_{F2} - C_{F1}) / (C_{U1} - C_{U2})$$

$Q > Q_0$ 方案2优；$Q < Q_0$ 方案1优。

◆**考法1：折算费用法的方案比选——有用成果相同且不需增加投资**

【例题1·2012年真题·单选题】某施工现场钢筋加工有两个方案，均不需要增加投资，采用甲方案需固定费用50万元，每吨钢筋加工的可变费用是300元；采用乙方案需固定费用90万元，每吨钢筋加工的可变费用是250元。现场需加工钢筋1万吨，如果用折算费用法选择方案，则（　　）。

A. 应该选用乙方案　　　　　　　　B. 应该选用甲方案

C. 甲乙两个方案在经济上均不可行　　D. 甲乙两个方案的费用相同

【答案】A

【解析】掌握折算费用法。

因不需要增加投资，利用公式 $Z_j = C_j = C_{Fj} + C_{Uj}Q$，甲方案折算费用 = 50 + 300 × 1 = 350万元；乙方案折算费用 = 90 + 250 × 1 = 340万元，故应该选择乙方案。

◆**考法2：折算费用法——有用成果相同且需增加投资**

【例题2·2021年真题·单选题】某施工项目有4个可选择的技术方案，其效果相同。方案一需要投资240万元，年生产成本为64万元；方案二需要投资320万元，年生产成本为52万元；方案三需要投资360万元，年生产成本为45万元；方案四需要投资400万元，年生产成本为36万元。不考虑税收因素，当基准投资收益率为12%时，运用折算费用法选择的方案应是（　　）。

A. 方案一　　　　　　　　　　　　B. 方案二

C. 方案四　　　　　　　　　　　　D. 方案三

【答案】C

【解析】本题的考核点是新技术应用方案经济分析方法的折算费用法的应用。

在采用方案增加投资时，可通过比较各方案年折算费用的大小选择方案，即：

$$Z_j = C_j + P_j \cdot R_C$$

方案一：$Z_j = 64 + 240 × 12\% = 92.8$ 万元

方案二：$Z_j = 52 + 320 × 12\% = 90.4$ 万元

方案三：$Z_j = 45 + 360 × 12\% = 88.2$ 万元

方案四：$Z_j = 36 + 400 × 12\% = 84.0$ 万元

方案四的年折算费用是4个方案中最小的，故应该选方案四。

◆**考法3：折算费用法——有用成果不相同**

【例题3·2019年真题·多选题】某某施工项目有甲乙两个对比工艺方案，均不需要增加投资。采用甲方案需年固定费用120万元，单位产量可变费用为450元；采用乙方案需年固定费用100万元，单位产量可变费用为500元。下列关于该对比方案决策的说法，正确的有（　　）。

A. 两方案年成本相等时的临界点产量为4000单位

B. 年产量为 5000 单位时，应选择乙方案

C. 年产量为 3000 单位时，应选择甲方案

D. 两个方案总成本相等时，甲方案的单位产量固定成本大于乙方案

E. 应该选择甲方案，因为其单位产量可变费用低

【答案】A、D

【解析】本题的考核点是当方案有用成果不相同时，通过折算费用选择方案。

（1）计算两个方案的临界产量，设临界产量为 x 单位，则

$$1200000 + 450x = 1000000 + 500x$$

$$x = 4000\ 产量单位$$

（2）分析：① 当年产量为临界产量 4000 单位，甲乙方案总成本相等；② 当年产量小于临界产量 4000 单位，乙方案总成本低于甲方案，应选择乙方案；③ 当年产量大于临界产量 4000 单位，甲方案总成本低于乙方案，应选择甲方案。

（3）当两个方案总成本相等时，因为甲方案单位可变成本小于乙方案，故甲方案的单位产量固定成本大于乙方案。

【例题 4·2017 年真题·单选题】某项目施工所需机械有两种方案满足要求。方案一为购置方案，购置费用 120 万元，单位产量可变费用为 500 元；方案二为租赁方案，单位产量可变费用为 800 元。关于机械方案选择的说法，正确的是（   ）。

A. 施工数量大于 2400 小于 4000 个生产单位时，应选择方案一

B. 施工数量大于 4000 个生产单位时，应选择方案二

C. 施工数量为 2400 个生产单位时，可选择方案一或方案二

D. 施工数量为 4000 个生产单位时，可选择方案一或方案二

【答案】D

【解析】本题考核点是当方案的有用成果不相同时，计算两种方案的临界产量，依据不同产量选择方案。

设临界产量为 Q，则 $C_{F1} + C_{U1}Q = C_{F2} + C_{U2}Q$

$$1200000 + 500Q = 800Q，Q = 4000\ 个生产单位$$

方案选择结果如下：

① 当实际产量等于临界产量 4000 个生产单位，选方案一或方案二均可；

② 当实际产量小于临界产量 4000 个生产单位，应当选择固定成本更小的方案二；

③ 当实际产量大于临界产量 4000 个生产单位，应当选择固定成本更大的方案一。

【例题 5·2011 年真题·单选题】某工程钢筋加工有现场制作和外包加工两个方案，现场制作方案的固定费用 12 万元，每吨加工费用 150 元，外包加工每吨加工费用 250 元，则仅从经济上考虑时，现场制作方案的适用范围是钢筋总加工量在（   ）。

A. 1200 吨以上   B. 480 吨以下

C. 480～800 吨   D. 800～1200 吨

【答案】A

【解析】本题考核点是当方案的有用成果不相同时，计算两种方案的临界产量，依据

临界产量确定方案的适用范围。

设临界产量为 Q，$C_{F1} + C_{U1}Q = C_{F2} + C_{U2}Q$ 则

$$120000 + 150Q = 250Q，Q = 1200（吨）$$

（1）当钢筋加工量为 1200 吨，外包加工和现场加工总成本相同，两个方案没有区别；

（2）当钢筋加工量在临界产量 1200 吨以下，固定成本小的外包加工总成本更小，外包加工适用于钢筋加工量 1200 吨以下；

（3）当钢筋加工量在临界产量 1200 吨以上，固定成本更大的现场制作总成本更小，所以现场制作方案适用于钢筋加工量 1200 吨以上的情形。

核心考点四　新技术应用方案的技术经济综合分析

（1）简单评分法

（2）加权评分法

◆**考法：技术经济综合分析方法概念**

【例题 1·2018 年真题·单选题】下列方法中，适用于新技术应用方案的技术经济综合比选的方法是（　　）。

A. 加权评分法　　　　　　　　　　B. 增量投资收益率法

C. 费用现值法　　　　　　　　　　D. 劳动生产率比较法

【答案】A

【解析】本题的考核点是新技术应用方案的技术经济综合分析方法。

根据不同的评价目的、不同的技术类型和实际情况，可以运用于新技术应用方案的综合比选方法有许多。常用的方法有简单评分法和加权评分法。

【例题 2·单选题】某工程有 A、B、C 三个备选的技术方案，确定采用技术先进性、适用性、可靠性、安全性、环保性和经济性等六项标准进行评价，各方案的指标评分如下表所示。如果六项指标的权重分别是：先进性 0.15，适用性 0.15，可靠性 0.25，安全性 0.20，环保性 0.10，经济性 0.15。应用加权评分法对三个方案进行评价，则最佳方案是（　　）。

序号	标准	方案 A	方案 B	方案 C
1	技术先进性	75	90	70
2	技术适用性	85	80	80
3	技术可靠性	95	65	75
4	技术安全性	65	70	80
5	技术环保性	70	75	65
6	技术经济性	80	50	85

A. 方案 A　　　　　　　　　　　　B. 方案 B

C. 方案 C　　　　　　　　　　　　D. 无法判定

【答案】A

【解析】本题考核点是新技术应用方案技术经济综合分析方法的应用。分析过程见下表所示。

序号	标准	权重	方案 A		方案 B		方案 C	
			指标评分	加权分	指标评分	加权分	指标评分	加权分
1	技术先进性	0.15	75	11.25	90	13.50	70	10.50
2	技术适用性	0.15	85	12.75	80	12.00	80	12.00
3	技术可靠性	0.25	95	23.75	65	16.25	75	18.75
4	技术安全性	0.20	65	13.00	70	14.00	80	16.00
5	技术环保性	0.10	70	7.00	75	7.50	65	6.50
6	技术经济性	0.15	80	12.00	50	7.50	85	12.75
	合计	1.00		79.75		70.75		76.50

方案 A 的加权评分值 79.75，是三个方案中最高值，故最佳方案是方案 A。

本章模拟强化练习

1Z101010 资金时间价值的计算及应用

1. 在资金等值计算中，下列表述正确的是（   ）。

A. P 一定，n 相同，i 越高，F 越大　　　B. P 一定，i 相同，n 越长，F 越小

C. F 一定，i 相同，n 越长，P 越大　　　D. F 一定，n 相同，i 越高，P 越大

2. 某企业年初投资 3000 万元，10 年内等额回收本利，若基准收益率为 8%，则每年末应回收的资金是（   ）万元。已知：$(A/F, 8\%, 10) = 0.069$　$(A/P, 8\%, 10) = 0.149$　$(P/F, 8\%, 10) = 2.159$

A. 324

B. 447

C. 507

D. 648

3. 某企业的银行存款期限为 10 年，到期时可得到现金 10000 元，但由于意外事故需要现金，5 年时就必须取回，设贴现率为 10%，则企业可取回现金为（   ）元。

A. 4660

B. 7500

C. 5000

D. 6200

4. 下列关于现值 P、终值 F、年金 A、利率 i、计息期数 n 之间关系的描述中，正确的是（   ）。

A. F 一定，n 相同时，i 越高，P 越大　　　B. P 一定，n 相同时，i 越高，F 越小

C. i、n 相同时，F 与 P 呈同向变化　　　D. i、n 相同时，F 与 P 呈反向变化

5. 某施工企业一次性从银行借入一笔资金，按复利计息，在随后的若干年内采用等

额本息偿还方式还款，则根据借款总额计算各期应还款数额时，采用的复利系数（　　）。

A. $(P/A, i, n)$　　　　　　　　　B. $(A/P, i, n)$

C. $(F/A, i, n)$　　　　　　　　　D. $(A/F, i, n)$

6. 某施工企业向银行借款 100 万元，年利率 8%，半年复利计息一次，第 3 年年末还本付息，则到期时企业需偿还银行（　　）万元。

A. 124.00　　　　　　　　　　　　B. 125.97

C. 126.53　　　　　　　　　　　　D. 158.69

7. 已知年利率 12%，每月复利计息一次，则季度的实际利率为（　　）。

A. 1.003%　　　　　　　　　　　　B. 3.00%

C. 3.03%　　　　　　　　　　　　D. 4.00%

8. 每半年末存款 2000 元，年利率 4%，每季复利计息一次，第 2 年年末存款本息和为（　　）万元。

A. 8160.00　　　　　　　　　　　　B. 8243.22

C. 8244.45　　　　　　　　　　　　D. 8492.93

9. 某施工企业年初向银行贷款流动资金 100 万元，按季计算并支付利息，季度利率 2%，则一年支付的利息总和为（　　）万元。

A. 8.00　　　　　　　　　　　　　B. 8.08

C. 8.24　　　　　　　　　　　　　D. 8.40

10. 已知折现率 $i > 0$，所给现金流量图表示（　　）。

A. A_1 为现金流出　　　　　　　　B. A_2 发生在第 3 年年初

C. A_3 发生在第 3 年年末　　　　　D. A_4 的流量大于 A_3 的流量

E. 若 A_2 与 A_3 流量相等，则 A_2 与 A_3 的价值相等

11. 已知年名义利率为 10%，每季度计息 1 次，复利计息。则年有效利率为（　　）。

A. 10.00%　　　　　　　　　　　　B. 10.25%

C. 10.38%　　　　　　　　　　　　D. 10.47%

12. 某人连续 5 年每年末存入银行 20 万元，银行年利率 6%，按年复利计算，第 5 年年末一次性收回本金和利息，则到期可以回收的金额为（　　）万元。

A. 104.80　　　　　　　　　　　　B. 106.00

C. 107.49　　　　　　　　　　　　D. 112.74

13. 年利率 8%，按季度复利计息，则半年期实际利率为（　　）。

A. 4.00%　　　　　　　　　　　　B. 4.04%

C. 4.07%　　　　　　　　　　　　D. 4.12%

14. 某企业从金融机构借款 100 万元，月利率 1%，按月复利计息，每季度付息一次，

则该企业一年需向金融机构支付利息（　　）万元。

A. 12.00

B. 12.12

C. 12.55

D. 12.68

15. 某公司以单利方式一次性借入资金 2000 万元，借款期限 3 年，年利率 8%，到期一次还本付息，则第 3 年年末应当偿还的本利和为（　　）万元。

A. 2160

B. 2240

C. 2480

D. 2519

16. 关于现金流量图的绘制规则的说法，正确的是（　　）。

A. 对投资人来说，时间轴上方的箭线表示现金流出

B. 箭线长短与现金流量的大小没有关系

C. 箭线与时间轴的交点表示现金流量发生的时点

D. 时间轴上的点通常表示该时间单位的起始时点

17. 某施工企业向银行借款 250 万元，期限 2 年，年利率 6%，半年复利利息一次。第 2 年年末还本付息，则到期时企业需支付给银行的利息为（　　）万元。

A. 30.00

B. 30.45

C. 30.90

D. 31.38

18. 某施工企业投资 200 万元购入一台施工机械，计划从购买日起的未来 6 年等额收回投资并获取收益。若基准收益率为 10%，复利计息，则每年末应获得的净现金流入为（　　）万元。

A. $200 \times (A/P, 10\%, 6)$

B. $200 \times (F/P, 10\%, 6)$

C. $200 \times (F/P, 10\%, 7)$

D. $200 \times (A/F, 10\%, 7)$

19. 关于资金时间价值的说法中，正确的是（　　）。

A. 在总资金一定的情况下，前期投入的资金越少，资金的效益越好；反之，后期投入的资金越少，资金的负效益越大

B. 在单位时间的资金增值率一定的条件下，资金使用时间越长，则资金的时间价值就越小

C. 在其他条件不变的情况下，资金数量越多，资金的时间价值就越大

D. 在一定的时间内等量的资金周转的次数越多，资金的时间价值就越多

E. 任何资金的闲置，都会损失资金的时间价值

20. 甲公司从银行借入 1000 万元，年利率为 8%，单利计息，借期 4 年，到期一次性还本付息，则该公司第 4 年年末一次偿还的本利和为（　　）万元。

A. 1360

B. 1324

C. 1320

D. 1160

21. 某投资者 6 年内每年末投资 500 万元。若基准收益率为 8%，复利计息，则第 6 年年末可一次性收的本利和为（　　）万元。

A. $500 \times \dfrac{(1+8\%)^6 - 1}{1 + 8\%}$

B. $500 \times \dfrac{(1+8\%)^6 - 1}{8\%}$

C. $500 \times \dfrac{8\% \times (1 + 8\%)^6}{(1 + 8\%)^6 - 1}$ D. $500 \times \dfrac{(1 + 8\%)^6 - 1}{8\% \times (1 + 8\%)^6}$

22. 名义利率12%，每季复利计息一次，则年实际利率为（　　）。

A. 12.68%   B. 12.55%

C. 12.49%   D. 12.00%

23. 某借款年利率为8%，半年复利计息一次，则该借款年有效利率比名义利率高（　　）。

A. 0.16%   B. 1.25%

C. 4.16%   D. 0.64%

24. 某企业第1年年初和第1年年末分别向银行借款30万元，年利率均为10%，复利计息，第3～5年年末等额本息偿还全部借款。则每年末应偿还金额为（　　）万元。

A. 20.94   B. 23.03

C. 27.87   D. 31.57

25. 某施工企业每年末存入银行100万元，用于3年后的技术改造。已知银行存款年利率为5%，按年复利计息，则到第3年年末可用于技术改造的资金总额为（　　）万元。

A. 331.01   B. 330.75

C. 315.25   D. 315.00

26. 某施工单位拟投资一个项目，在投资总额和年收益不变的情况下，四个备选方案各年投资比例见下表（投资时点均相同），则对该单位较为有利的方案是（　　）。

备选方案	第一年	第二年	第三年	合计
方案一	50%	40%	10%	100%
方案二	40%	40%	20%	100%
方案三	30%	40%	30%	100%
方案四	10%	40%	50%	100%

A. 方案一   B. 方案二

C. 方案三   D. 方案四

27. 某企业以单利计息的方式年初借款1000万元，年利率6%，每年末支付利息，第5年年末偿还全部本金，则第3年年末应支付的利息为（　　）万元。

A. 300.00   B. 180.00

C. 71.46   D. 60.00

28. 某企业拟存款200万元。下列存款利率和计息方式中，在第5年年末存款本息和最多的是（　　）。

A. 年利率6%，按单利计算   B. 年利率5.5%，每年复利一次

C. 年利率4%，每季度复利一次   D. 年利率5%，每半年复利一次

29. 某企业年初从银行借款1000万元，期限3年，年利率为5%，银行要求每年末支

付当年利息，则第 3 年年末需偿还的本息和是（　　）万元。

    A. 1050.00　　　　　　　　　　　B. 1100.00

    C. 1150.00　　　　　　　　　　　D. 1157.63

30. 某公司同一笔资金有如下四种借款方案，均在年末支付利息。则优选的借款方案是（　　）。

    A. 年名义利率 3.6%，按月计息　　　B. 年名义利率 4.4%，按季度计息

    C. 年名义利率 5.0%，半年计息一次　D. 年名义利率 5.5%，一年计息一次

1Z101020　技术方案经济效果评价

1. 在进行工程经济分析时，下列项目财务评价指标中，属于动态评价指标的是（　　）。

    A. 投资收益率　　　　　　　　　　B. 偿债备付率

    C. 财务内部收益率　　　　　　　　D. 借款偿还期

2. 在项目财务评价中，若某一方案可行，则（　　）。

    A. $P_t < P_c$，$FNPV > 0$，$FIRR > i_c$　　B. $P_t < P_c$，$FNPV < 0$，$FIRR < i_c$

    C. $P_t > P_c$，$FNPV > 0$，$FIRR < i_c$　　D. $P_t > P_c$，$FNPV < 0$，$FIRR < i_c$

3. 利息备付率表示使用项目（　　）偿付利息的保证倍率。

    A. 支付税金后的利润　　　　　　　B. 支付税金前且支付利息后的利润

    C. 支付利息和税金前的利润　　　　D. 支付税金和利息后的利润

4. 某项目净现金流量见下表所示，则项目的静态投资回收期为（　　）年。

计算期（年）	1	2	3	4	5	6	7	8	9
净现金流量（万元）	−800	−1200	400	600	600	600	600	600	600

    A. 5.33　　　　　　　　　　　　　B. 5.67

    C. 6.33　　　　　　　　　　　　　D. 6.67

5. 某常规投资方案，$FNPV(i_1 = 14\%) = 160$，$FNPV(i_2 = 16\%) = -90$，则 $FIRR$ 的取值范围为（　　）。

    A. ＜14%　　　　　　　　　　　　B. 14%～15%

    C. 15%～16%　　　　　　　　　　D. ＞16%

6. 已知某项目的净现金流量见下表。若 $i_c = 8\%$，则该项目的财务净现值为（　　）万元。

年份	1	2	3	4	5	6
净现金流量（万元）	−4200	−2700	1500	2500	2500	2500

    A. 109.62　　　　　　　　　　　　B. 108.00

    C. 101.50　　　　　　　　　　　　D. 93.38

7. 将技术方案经济效果评价分为静态分析和动态分析的依据是（　　）

A. 评价方法是否考虑主观因素　　　　B. 评价指标是否能够量化

C. 评价方法是否考虑时间因素　　　　D. 经济效果评价是否考虑融资的影响

8. 关于静态投资回收期特点的说法，正确的是（　　）

A. 静态投资回收期只考虑了方案投资回收之前的效果

B. 静态投资回收期可以单独用来评价方案是否可行

C. 若静态投资回收期若大于基准投资回收期，则表明该方案可以接受

D. 静态投资回收期越长，表明资本周转速度越快

9. 某技术方案在不同收益率 i 下的净现值为：$i = 7\%$ 时，$FNPV = 1200$ 万元；$i = 8\%$ 时，$FNPV = 800$ 万元；$i = 9\%$ 时，$FNPV = 430$ 万元。则该方案的内部收益率的范围为（　　）。

A. 小于7%　　　　　　　　　　　B. 大于9%

C. 7%～8%　　　　　　　　　　　D. 8%～9%

10. 某技术方案的总投资1500万元，其中债务资金700万元，技术方案在正常年份年利润总额400万元，所得税100万元，年折旧费80万元。则该方案的资本金净利润率为（　　）。

A. 26.7%　　　　　　　　　　　B. 37.5%

C. 42.9%　　　　　　　　　　　D. 47.5%

11. 关于技术方案财务净现值与基准收益率，说法正确的是（　　）。

A. 基准收益率越大，财务净现值越小　　B. 基准收益率越大，财务净现值越大

C. 基准收益率越小，财务净现值越小　　D. 两者之间没有关系

12. 技术方案的盈利能力越强，则技术方案的（　　）越大。

A. 投资回收期　　　　　　　　　　B. 盈亏平衡产量

C. 速动比率　　　　　　　　　　　D. 财务净现值

13. 某常规技术方案，$FNPV（16\%）= 160$ 万元，$FNPV（18\%）= -80$ 万元，则方案的 FIRR 最可能为（　　）。

A. 15.98%　　　　　　　　　　　B. 16.21%

C. 17.33%　　　　　　　　　　　D. 18.21%

14. 要保证技术方案生产运营期有足够资金支付到期利息，方案的利息备付率最低不应低于（　　）。

A. 0.5　　　　　　　　　　　　　B. 1

C. 3　　　　　　　　　　　　　　D. 5

15. 某技术方案的净现金流量见下表。则该方案的静态投资回收期为（　　）年。

现金流量表

计算期（年）	0	1	2	3	4	5	6
净现金流量（元）	—	−1500	400	400	400	400	400

A. 3.25   B. 3.75

C. 4.25   D. 4.75

16. 关于基准收益率的说法，正确的有（　　　　）

A. 测定基准收益率不需要考虑通货膨胀因素

B. 基准收益率是投资资金应获得的最低盈利水平

C. 测定基准收益率应考虑资金成本因素

D. 基准收益率取值高低应体现对项目风险程度的估计

E. 债务资金比例高的项目应降低基准收益率取值

17. 下列工程经济效果评价指标中，属于盈利能力分析动态指标的是（　　　　）。

A. 财务净现值   B. 投资收益率

C. 借款偿还率   D. 流动比率

18. 对于待定的投资方案，若基准收益率增大，则投资方案评价指标的变化规律是（　　　　）。

A. 财务净现值与内部收益率均减小   B. 财务净现值与内部收益率均增大

C. 财务净现值减小，内部收益率均不变   D. 财务净现值增大，内部收益率均减小

19. 某技术方案投资现金流量的资料见下表，用该技术方案的静态投资回收期为（　　　　）年。

技术方案投资现金流量表

计算期（年）	0	1	2	3	4	5	6	7	8
现金流入（万元）	—	—	—	800	1200	1200	1200	1200	1200
现金流出（万元）	—	600	900	500	700	700	700	700	700

A. 5.0   B. 5.2

C. 5.4   D. 6.0

20. 下列投资方案经济效果评价指标中，可用于偿债能力分析的有（　　　　）。

A. 利息备付率   B. 投资收益率

C. 流动比率   D. 借款偿还期

E. 投资回收期

21. 投资收益率是指投资方案建成投产并达到设计生产能力后一个正常生产年份的（　　　　）的比率。

A. 年净收益额与方案固定资产投资   B. 年净收益额与方案总投资

C. 年销售收入与方案固定资产投资   D. 年销售收入与方案总投资

22. 对于完全由企业自有资金投资的技术方案，自主测定其基准收益率的基础主要是（　　　　）。

A. 资金机会成本   B. 资金成本

C. 投资风险   D. 通货膨胀

23. 某企业拟新建一项目，有两个备选方案技术均可行。甲方案投资 5000 万元。计

算期 15 年，财务净现值为 200 万元。乙方案投资 8000 万元，计算期 20 年，财务净现值为 300 万元。则关于两方案比较的说法，正确的是（　　）。

A. 甲、乙方案必须构造一个相同的分析期限才能比选

B. 甲方案投资少于乙方案，净现值大于零，故甲方案较优

C. 乙方案净现值大于甲方案，且都大于零，故乙方案较优

D. 甲方案计算期短，说明甲方案的投资回收速度快于乙方案

24. 关于财务内部收益率的说法，正确的是（　　）。

A. 财务内部收益率大于基准收益率时，技术方案在经济上可以接受

B. 财务内部收益率是一个实现确定的基准折现率

C. 财务内部收益率受项目外部参数的影响较大

D. 独立方案用财务内部收益率评价与财务净现值评价，结论通常不一样

25. 下列经济效果评价指标中，属于盈利能力动态分析指标的有（　　）。

A. 总投资收益率　　　　　　　　　　B. 财务净现值

C. 资本金净利润　　　　　　　　　　D. 财务内部收益率

E. 速度比率

26. 某项目建设投资为 5000 万元（不含建设期贷款利息），建设期贷款利息为 550 万元，全部流动资金为 450 万元，项目投产期年息税前利润为 900 万元，达到设计生产能力的正常年份年息税前利润为 1200 万元，则该项目的总投资收益率为（　　）。

A. 24.00%　　　　　　　　　　　　B. 20.00%

C. 17.50%　　　　　　　　　　　　D. 15.00%

27. 某投资方案建设期为 1 年，第 1 年年初投资 8000 万元，第 2 年年初开始运营，运营期为 4 年，运营期每年末净收益为 3000 万元，净残值为零。若基准收益率为 10%，则该投资方案的财务净现值和静态投资回收期分别为（　　）。

A. 1510 万元和 3.67 年　　　　　　B. 1510 万元和 2.67 年

C. 645 万元和 3.67 年　　　　　　　D. 645 万元和 2.67 年

28. 某技术方案具有常规现金流量，当基准收益率为 12% 时，财务净现值为 −67 万元；当基准收益率为 8% 时，财务净现值为 242.76 万元；当基准收益率为 6% 时，财务净现值为 341.76 万元。则该技术方案的内部收益率最可能的范围为（　　）。

A. 小于 6%　　　　　　　　　　　　B. 大于 6%，小于 8%

C. 大于 8%，小于 12%　　　　　　　D. 大于 12%

29. 技术方案经济效果评价中的计算期包括技术方案的（　　）。

A. 投资前策划期　　　　　　　　　　B. 投资建设期

C. 投产期　　　　　　　　　　　　　D. 达产期

E. 后评价期

30. 现有甲和乙两个项目，静态投资回收期分别为 4 年和 6 年，该行业的基准投资回收期为 5 年。关于这两个项目的静态投资回收期的说法，正确的是（　　）。

A. 甲项目的静态投资回收期只考虑了前 4 年的投资效果

B. 乙项目考虑全寿命周期各年的投资效果确定静态投资回收期为 6 年

C. 甲项目投资回收期小于基准投资回收期，据此可以准确判断甲项目可行

D. 乙项目的资本周转速度比甲项目更快

31. 某技术方案的现金流量见下表，设基准收益率（折现率）为 8%，则静态投资回收期为（ ）年。

计算期（年）	0	1	2	3	4	5	6	7
现金流入（万元）	—	—	—	800	1200	1200	1200	1200
现金流出（万元）	—	600	900	500	700	700	700	700

A. 2.25　　　　　　　　　　B. 3.58

C. 5.40　　　　　　　　　　D. 6.60

32. 关于技术方案总投资收益率的说法，正确的是（ ）。

A. 总投资收益率越高，说明技术方案获得的收益越多

B. 总投资收益率高于同期银行贷款利率时，举债不利于提高技术方案收益

C. 总投资收益率指标充分体现了资金的时间价值

D. 总投资收益率指标作为主要的决策依据比较客观，不受人为因素影响

33. 某技术方案现金流量见下表，基准收益率为 8%，该技术方案的财务净现值为（ ）万元。

计算期（年）	0	1	2	3	4
现金流入（万元）	—	300	400	400	300
现金流出（万元）	500	100	150	150	150

A. 58.23　　　　　　　　　　B. 192.81

C. 208.23　　　　　　　　　D. 347.12

34. 根据国家财税制度，企业可用于偿还建设投资借款的资金来源有（ ）。

A. 应付职工薪酬　　　　　　B. 未分配利润

C. 按政策减免的税金　　　　D. 固定资产折旧

E. 无形资产摊销

35. 某技术方案的现金流量见下表。若基准收益率为 10%，则该方案的财务净现值是（ ）万元。

计算期（年）	1	2	3	4	5
现金流入（万元）	—	—	1500	2000	2000
现金流出（万元）	500	1000	600	1000	1000

A. 699.12　　　　　　　　　　B. 769.03

C. 956.22　　　　　　　　　D. 1400.00

36. 关于基准收益率测定的说法，正确的是（   ）。

A. 基准收益率最低限度不应小于资金成本

B. 政府投资项目基准收益率的测定可以不考虑投资的机会成本

C. 当资金供应充足时，基准收益率的测定可不考虑投资风险因素

D. 基准收益率的测定不应考虑通货膨胀因素

1Z101030 技术方案不确定性分析

1. 投资项目敏感性分析是通过分析来确定评价指标对主要不确定性因素的敏感程度和（   ）。

A. 项目的盈利能力　　　　　　　　B. 项目对其变化的承受能力

C. 项目风险的概率　　　　　　　　D. 项目的偿债能力

2. 关于临界点的叙述正确的是（   ）。

A. 临界点是指项目允许不确定因素向不利方向变化的极限值

B. 超过极限，项目的效益指标将不可行

C. 如当产品价格下降到某一值时，财务内部收益率将刚好等于基准收益率，此点称为产品价格下降的临界点

D. 临界点可用临界点百分比或者临界值分别表示某一变量的变化达到一定的百分比或者一定数值时，项目的效益指标将从不可行转变为可行临界点

E. 通过计算临界点来进行敏感性分析

3. 项目盈亏平衡分析时，一般应列入固定成本的是（   ）。

A. 生产工人工资　　　　　　　　　B. 外购原材料费用

C. 外购燃料动力费用　　　　　　　D. 固定资产折旧费

4. 根据对项目不同方案的敏感性分析，投资者应选择（   ）的方案实施。

A. 项目盈亏平衡点高，抗风险能力适中

B. 项目盈亏平衡点低，承受风险能力弱

C. 项目敏感程度大，抗风险能力强

D. 项目敏感程度小，抗风险能力强

5. 进行建设项目敏感性分析时，如果主要分析方案状态和参数变化对投资回收快慢与对方案超额净收益的影响，应选取的分析指标为（   ）。

A. 财务内部收益率与财务净现值　　B. 投资回收期与财务内部收益率

C. 投资回收期与财务净现值　　　　D. 建设工期与财务净现值

6. 建设项目敏感性分析中，确定敏感因素可以通过计算（   ）来判断。

A. 盈亏平衡点　　　　　　　　　　B. 评价指标变动率

C. 不确定因素变动率　　　　　　　D. 临界点

E. 敏感度系数

7. 某技术方案设计年产量为 5000 件，单位产品售价为 2500 元，单位产品变动成本为 750 元，单位产品的营业税及附加为 370 元，年固定成本为 240 万元，该项目达到设计

生产能力时年税前利润为（　　　）万元。

A. 450
B. 135
C. 635
D. 825

8. 关于技术方案敏感性分析的说法，正确的是（　　　）

A. 敏感性分析只能分析单一不确定因素变化对技术方案经济效果的影响

B. 敏感性分析的局限性是依靠分析人员主观经验来分析判断，有可能存在片面性

C. 敏感度系数越大，表明评价指标对不确定因素越不敏感

D. 敏感性分析必须考虑所有不确定因素对评价指标的影响

9. 某项目设计年产量为6万件，每件售价为1000元，单位产品可变成本为350元，单位产品营业税金及附加为150元，年固定成本为360万元，则用生产能力利用率表示的项目盈亏平衡点为（　　　）。

A. 30%
B. 12%
C. 15%
D. 9%

10. 对某技术方案进行单因素敏感性分析。当预计投产后的单位产品可变成本为600元时，该技术方案的财务净现值为850万元；当预计单位产品可变成本为500元时，该技术方案的财务净现值为500万元；当预计单位产品可变成本为650元时，该技术方案的财务净现值为360万元；当预计单位产品可变成本为700元时，该技术方案的财务净现值为80万元；当预计单位产品可变成本为750元时，该技术方案的财务净现值为-180万元。则该技术方案预计投产后单位产品可变成本上升的临界值是（　　　）元。

A. ≤750
B. 700—750
C. 650—700
D. ≤700

11. 某技术方案的设计年产量为8万件，单位产品销售价格为100元/件，单位产品可变成本为20元/件，单位产品营业税金及附加为5元/件，按设计生产能力生产时，年利润为200万元，则该技术方案的盈亏平衡点产销量为（　　　）万件。

A. 5.33
B. 5.00
C. 4.21
D. 4.00

12. 某技术方案，年设计生产能力为8万台，年固定成本为100万元，单位产品售价为50元，单位产品变动成本为售价的55%，单位产品销售税金及附加为售价的5%，则达到盈亏平衡点时的生产能力利用率为（　　　）。

A. 55.50%
B. 62.50%
C. 60.00%
D. 41.67%

13. 某技术方案进行单因素敏感性分析的结果是：产品售价下降10%时内部收益率的变化率为55%；原材料价格上涨10%时内部收益率的变化率为39%；建设投资上涨10%时内部收益率的变化率为50%；人工工资上涨10%时内部收益率的变化率为30%。则该技术方案的内部收益率对（　　　）最敏感。

A. 人工工资
B. 产品售价
C. 原材料价格
D. 建设投资

14. 某公司生产单一产品，设计年生产能力为 3 万件，单位产品售价为 380 元 / 件，单位产品可变成本为 120 元 / 件，单位产品税金及附加为 70 元 / 件，年固定成本为 285 万元。该公司盈亏平衡点的产销量为（　　）件。

A. 20000　　　　　　　　　　　B. 19000

C. 15000　　　　　　　　　　　D. 7500

15. 对某技术方案进行敏感性分析，以 $FNPV$ 为分析指标，不确定性因素有投资额、经营成本和产品价格，分析过程如图所示，则各因素的敏感程度从大到小的排列顺序为（　　）。

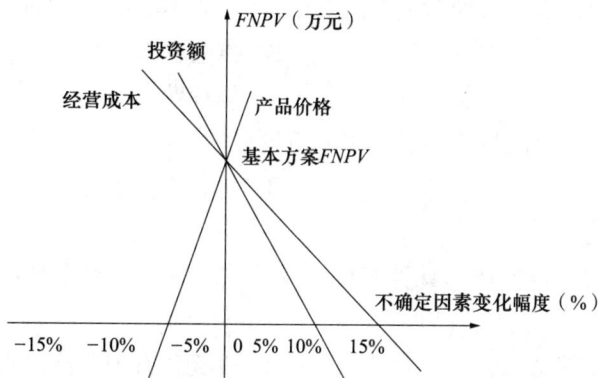

A. 经营成本—投资额—产品价格　　　B. 投资额—经营成本—产品价格

C. 产品价格—经营成本—投资额　　　D. 产品价格—投资额—经营成本

16. 某技术方案设计年产量为 12 万吨，已知单位产品的销售价格为 700 元（含税价格），单位产品税金为 165 元，单位可变成本为 250 元，年固定成本为 1500 万元，则以价格（含税价格）表示的盈亏平衡点是（　　）元 / 吨。

A. 540　　　　　　　　　　　　B. 510

C. 375　　　　　　　　　　　　D. 290

17. 某技术方案年设计生产能力为 10 万台，年固定成本为 1200 万元，满负荷生产时，产品年销售收入为 9000 万元，单台产品可变成本为 560 元，以上均为不含税价格，单台产品税金及附加为 12 元，则该方案以生产能力利用率表示的盈亏平衡点是（　　）。

A. 13.33%　　　　　　　　　　B. 14.24%

C. 35.29%　　　　　　　　　　D. 36.59%

18. 关于盈亏平衡分析的说法，正确的是（　　）。

A. 盈亏平衡点要按技术方案计算期内年平均的产销量、变动成本、固定成本、产品价格和营业税金及附加等数据来计算

B. 技术方案涉及的增值税销项税计入收入，进项税计入成本

C. 盈亏平衡点能揭示产生技术方案风险的根源

D. 用生产能力利用率的计算结果表示技术方案运营的安全程度，若 BEP（%）≤ 70%，则技术方案的运营是安全的，或者说技术方案可以承受较大的风险

1Z101040　技术方案现金流量表的编制

1. 在下列各项中，属于资本金财务现金流量表中现金流出的是（　　）。

A. 折旧费　　　　　　　　　　　　B. 摊销费

C. 应付账款　　　　　　　　　　　D. 所得税

2. 属于项目资本现金流量表中现金流出构成的是（　　）。

A. 建设投资　　　　　　　　　　　B. 借款本金偿还

C. 流动资金　　　　　　　　　　　D. 调整所得税

3. 在财务评价中，应计入经营成本的费用是（　　）。

A. 折旧费　　　　　　　　　　　　B. 摊销费

C. 利息支出　　　　　　　　　　　D. 修理费

4. 项目财务计划现金流量表主要用于分析项目的（　　）。

A. 偿债能力　　　　　　　　　　　B. 财务生存能力

C. 财务盈利能力　　　　　　　　　D. 不确定性

5. 以技术方案的总投资作为计算基础，反映技术方案在整个计算期内现金流入和流出的现金流量表是（　　）。

A. 资本金现金流量表　　　　　　　B. 投资各方现金流量表

C. 财务计划现金流量表　　　　　　D. 投资现金流量表

6. 下列成本费用中，属于经营成本的有（　　）。

A. 修理费　　　　　　　　　　　　B. 外购原材料费

C. 外购燃料及动力费　　　　　　　D. 折旧费

E. 利息支出

7. 某垃圾处理项目得到政府300万元的财政补贴，则这300万元应计入财务计划现金流量表中的（　　）。

A. 经营活动净现金流量　　　　　　B. 投资活动净现金流量

C. 筹资活动净现金流量　　　　　　D. 营业收入

8. 资本金现金流量表中，作为现金流出的项目有（　　）。

A. 借款本金偿还　　　　　　　　　B. 回收固定资产余值

C. 回收流动资金　　　　　　　　　D. 借款利息支付

E. 经营成本

9. 项目经济评价时，若以总成本费用为基础计算经营成本，应从总成本费用中扣除的费用项目有（　　）。

A. 折旧费用　　　　　　　　　　　B. 销售费用

C. 摊销费用　　　　　　　　　　　D. 管理费用

E. 利息支出

10. 在技术方案经济效果评价的相关费用中，应计入经营成本的是（　　）。

A. 折旧费　　　　　　　　　　　　B. 修理费

C. 无形资产摊销费　　　　　　　　　　D. 利息支出

11. 技术方案现金流量表中经营成本计算的正确表达式是（　　）。

A. 经营成本＝总成本费用－工资福利费－摊销费－利息支出

B. 经营成本＝总成本费用－折旧费－摊销费－利息支出

C. 经营成本＝外购原材料、燃料及动力费＋折旧费＋财务费用＋摊销费

D. 经营成本＝外购原材料费用＋利息支出＋修理费＋其他费用

12. 技术方案资本金的出资方式除现金外，还可以采用的出资形态包括经过有资格的资产评估机构评估作价后的（　　）。

A. 实物　　　　　　　　　　　　　　　B. 工业产权

C. 非专利技术　　　　　　　　　　　　D. 土地使用权

E. 股票

13. 根据投资现金流量表计算技术方案的财务内部收益率时，若要提高所得税后的财务内部收益率指标值，通常可以采用的做法是（　　）。

A. 提高资本金比例　　　　　　　　　　B. 提高借款比例

C. 降低借款利率　　　　　　　　　　　D. 缩短建设工期

1Z101050　设备更新分析

1. 在下列关于设备磨损的表述中，错误的是（　　）。

A. 有形磨损造成设备的功能性陈旧　　　B. 有形磨损引起设备价值的贬值

C. 无形磨损的原因是技术进步　　　　　D. 无形磨损的设备不能继续使用

2. 设备使用年限越长，每年所分摊的资产消耗成本（　　）。

A. 越多，运行成本越少　　　　　　　　B. 越少，运行成本越少

C. 越多，运行成本越多　　　　　　　　D. 越少，运行成本越多

3. 在进行设备购买与设备租赁方案经济比较时，应将购买方案与租赁方案视为（　　）。

A. 独立方案　　　　　　　　　　　　　B. 相关方案

C. 互斥方案　　　　　　　　　　　　　D. 组合方案

4. 对承租人而言，租赁设备的租赁费用主要包括租赁保证金、租金和（　　）。

A. 贷款利息　　　　　　　　　　　　　B. 折旧费用

C. 运转成本　　　　　　　　　　　　　D. 担保费

5. 下列关于设备寿命概念的描述中，正确的是（　　）。

A. 设备使用年限越长，设备的经济性越好

B. 设备的经济寿命是由技术进步决定的

C. 搞好设备的维修和保养可避免设备的有形磨损

D. 设备的技术寿命主要是由设备的无形磨损决定的

6. 进行购置设备与租赁的方案比选，需要分析设备技术风险、使用维修特点，其中对（　　）的设备，可以考虑经营租赁设备的方案。

A. 技术过时风险小 B. 保养维修简单

C. 保养维修复杂 D. 使用时间长

7. 某设备一年前购入后闲置至今，产生锈蚀。此间由于制造工艺改进，使该种设备制造成本降低，其市场价格也随之下降。那么，该设备遭受了（　　）。

A. 第一种有形磨损和第二种无形磨损 B. 第一种有形磨损和第一种无形磨损

C. 第二种有形磨损和第一种无形磨损 D. 第二种有形磨损和第二种无形磨损

8. 某设备在不同的使用年限（从1年到7年）下，年资产消耗成本和年运行成本见下表。则该设备的经济寿命为（　　）年。

使用年限	1	2	3	4	5	6	7
年资产消耗成本（万元）	90	50	35	23	20	18	15
年运行成本（万元）	20	25	30	35	40	45	60

A. 3 B. 4

C. 5 D. 6

9. 对设备第二种无形磨损进行补偿的方式有（　　）。

A. 日常保养 B. 大修理

C. 更新 D. 经常性修理

E. 现代化改装

10. 对承租人来说，经营性租赁设备与购买设备相比的优点有（　　）。

A. 可以避免设备的第一种无形磨损 B. 可缓解短期内资金不足的困难

C. 可以根据需要随时处置设备 D. 可以享受税费上的利益

E. 可以用租赁设备进行抵押贷款

11. 设备的无形磨损是（　　）的结果。

A. 错误操作 B. 技术进步

C. 自然力侵蚀 D. 超负荷使用

12. 关于设备技术寿命的说法，正确的有（　　）。

A. 设备的技术寿命是指设备年平均维修费用最低的使用年限

B. 设备的技术寿命一般长于设备的自然寿命

C. 设备的技术寿命受产品质量和精度要求的影响

D. 设备的技术寿命主要是由设备的有形磨损决定的

E. 一般情况下，科学技术进步越快，设备的技术寿命越短

13. 对于承租人来说，经营性租赁设备与购买设备相比的优越性体现在（　　）。

A. 在资金短缺时可用较少资金获得急需的设备

B. 可获得良好的技术服务

C. 可减少投资风险

D. 在租赁期间可以将设备用于抵押贷款

E. 租金可以在税前扣除，能享受税费上的优惠

14. 关于设备技术寿命的说法，正确的是（　　）。

A. 完全未使用的设备技术寿命不可能等于零

B. 设备的技术寿命一般短于自然寿命

C. 科学技术进步越快，设备的技术寿命越长

D. 设备的技术寿命主要有其有形磨损决定

15. 家庭的半自动洗衣机，经过多次维修也无法使用，准备购买全自动的新洗衣机，这一措施属于对（　　）。

A. 有形磨损的局部补偿　　　　　　B. 有形磨损的完全补偿

C. 无形磨损的局部补偿　　　　　　D. 无形磨损的完全补偿

16. 关于设备租赁的说法，错误的是（　　）。

A. 融资租赁通常适用于长期使用的贵重设备

B. 临时使用的设备适宜采用经营租赁方式

C. 经营租赁的任何一方可以以一定方式在通知对方后的规定期限内取消租约

D. 租赁期内，融资租赁的承租人拥有租赁设备的所有权

17. 可以采用大修理方式进行补偿的设备磨损是（　　）。

A. 不可消除性有形磨损　　　　　　B. 第一种无形磨损

C. 可消除性有形磨损　　　　　　　D. 第二种无形磨损

18. 关于确定设备经济寿命的说法，正确的有（　　）。

A. 使设备在自然寿命期内一次性投资最小

B. 使设备的经济寿命与自然寿命、技术寿命尽可能保持一致

C. 使设备在经济寿命期平均每年净收益达到最大

D. 使设备在经济寿命期年平均使用成本最小

E. 使设备在可用寿命期内总收入达到最大

19. 下列生产设备磨损形式中，属于无形磨损的有（　　）。

A. 长期超负荷运转，造成设备的性能下降、加工精度降低

B. 出现了加工性能更好的同类设备，使现有设备相对落后而贬值

C. 技术特性和功能不变的同类设备的再生产价值降低，致使现有设备贬值

D. 出现了效率更高、耗费更少的新型设备，使现有设备经济效益相对降低而贬值

E. 因设备长期封存不用，设备零部件受潮腐蚀，使设备维修费用增加

20. 某设备 5 年前的原始成本为 10 万元，目前的账面价值为 4 万元，现在的市场价值为 3 万元，同型号新设备的购置价格为 8 万元。现进行新旧设备更新分析和方案比选时，正确的做法有（　　）。

A. 采用新设备的方案，投资按 10 万元计算

B. 继续使用旧设备的方案，投资按 3 万元计算

C. 新旧设备现在的市场价值差额为 4 万元

D. 新旧设备方案比选不考虑旧设备的沉没成本 1 万元

E. 新设备和旧设备的经济寿命和运行成本相同

21. 对于承租人来说，设备租赁与设备购买相比，不足之处主要在于（　　）。

A. 长年支付租金，形成长期负债　　　　B. 不能获得良好的技术服务

C. 不能享受税费上的利益　　　　D. 容易受利率波动的冲击

22. 关于设备技术寿命的说法，正确的有（　　）。

A. 设备的技术寿命是指设备年平均维修费用最低对应的使用年限

B. 设备的技术寿命主要由设备的无形磨损决定

C. 设备的技术寿命一般长于设备的自然寿命

D. 科学技术进步越快，设备的技术寿命越短

E. 设备的技术寿命受产品物理寿命的影响

23. 某施工企业拟租赁一台设备，该设备价格为 100 万元，寿命期和租期均为 6 年，每年末支付租金，折现率为 6%，附加率为 3%，则按附加率法计算每年租金为（　　）万元。

A. 18.00　　　　B. 22.67

C. 25.67　　　　D. 36.00

24. 造成设备无形磨损的原因有（　　）。

A. 高强度的使用导致设备自然寿命缩短

B. 自然力的作用使设备产生磨损

C. 设备使用过程中实体产生变形

D. 技术进步创造出效率更高、能耗更低的新设备

E. 社会劳动生产率提高使同类设备的再生产价值降低

25. 某设备在 5 年前购买时原始成本为 10 万元，目前账面价值为 5 万元。现在市场同样功能的二手设备售价为 2 万元，新设备售价为 15 万元。则对该设备进行更新分析时，其沉没成本为（　　）万元。

A. 3　　　　B. 5

C. 8　　　　D. 13

26. 下列各种情形中，会导致原有设备产生无形磨损的有（　　）。

A. 由于科技进步出现效率更高的新型设备

B. 设备部件在使用过程中自然老化

C. 设备在使用过程中的损坏

D. 设备在闲置过程中，被腐蚀造成精度降低

E. 同类型设备市场价格明显降低

27. 关于设备融资租赁的说法，正确的是（　　）。

A. 租赁期的设备租金总额低于直接购置设备的费用

B. 设备融资租赁的租期通常较长

C. 租赁容易导致承租人资产负债状况恶化

D. 租赁期间承租人可以将租用设备用于抵押贷款

28. 关于设备磨损补偿方式的说法，正确的是（　　）。

A. 设备的无形磨损可以通过修理进行补偿

B. 不可消除的有形磨损可以通过更新进行补偿

C. 设备的综合磨损只能通过更新进行补偿

D. 可消除的有形磨损只能通过现代化改装进行补偿

29. 下列设备磨损情形中，属于无形磨损的有（　　　）。

A. 设备使用过程中产生的变形　　　　B. 技术进步导致设备贬值

C. 设备闲置过程中遭受腐蚀　　　　　D. 制造工艺改进导致设备降价

E. 自然力作用使设备构件老化

1Z101060　价值工程在工程建设中的应用

1. 价值工程中"价值"的含义是（　　　）。

A. 产品的使用价值　　　　　　　　　B. 产品的交换价值

C. 产品全寿命时间价值　　　　　　　D. 产品功能与其全部费用的比较价值

2. 价值工程涉及价值、（　　　）和寿命周期成本等三个基本要素。

A. 价格　　　　　　　　　　　　　　B. 成本

C. 功能　　　　　　　　　　　　　　D. 费用

3. 对建设工程项目进行价值工程分析，最关键的环节是（　　　）。

A. 设计方案优化　　　　　　　　　　B. 施工招标管理

C. 竣工结算管理　　　　　　　　　　D. 材料采购控制

4. 下列关于价值工程原理的描述中，正确的有（　　　）。

A. 价值工程中所述的"价值"是指研究对象的使用价值

B. 运用价值工程的目的是提高研究对象的比较价值

C. 价值工程的核心是对研究对象进行功能分析

D. 价值工程是一门分析研究对象效益与费用之间关系的管理技术

E. 价值工程中所述的"成本"是指研究对象建造／制造阶段的全部费用

5. 在价值工程活动中，计算功能评价值前应完成的工作有（　　　）。

A. 功能现实成本计算　　　　　　　　B. 方案创造

C. 功能整理　　　　　　　　　　　　D. 功能定义

E. 方案评价

6. 某分项工程施工采用方案 A 的成本为 5 万元，在相同条件下，采用其他方案的合理成本为 4.5 万元。对方案实施价值工程，可以认为方案 A 的价值系数为（　　　）。

A. 0.90　　　　　　　　　　　　　　B. 0.10

C. 0.53　　　　　　　　　　　　　　D. 1.11

7. 造成价值工程活动对象的价值系数 V 小于 1 的可能原因有（　　　）。

A. 评价对象的现实成本偏低　　　　　B. 功能现实成本大于功能评价值

C. 可能存在着不足的功能　　　　　　D. 实现功能的条件或方法不佳

E. 可能存在着过剩的功能

8. 价值工程的核心是对产品进行（　　　）。

A. 成本分析　　　　　　　　　　B. 信息搜集

C. 方案创新　　　　　　　　　　D. 功能分析

9. 某工程由六个分部工程组成，采用价值工程分析得到各分部工程功能指数和成本指数见下表，则首先应进行价值工程改进的是（　　　）。

分部工程	分部一	分部二	分部三	分部四	分部五	分部六
功能指数	0.20	0.30	0.20	0.15	0.10	0.05
成本指数	0.21	0.29	0.19	0.17	0.10	0.04

A. 分部二　　　　　　　　　　　B. 分部四

C. 分部五　　　　　　　　　　　D. 分部六

10. 下面关于价值系数论述正确的是（　　　）。

A. 价值系数越大，说明该零件的重要性越大

B. 价值系数越小，说明该零件实现的功能水平越低

C. 价值系数的大小，反映了零件单位费用所实现的功能水平的高低

D. 价值系数越小，说明该零件的成本费用越高

11. 在进行产品功能价值分析时，若甲、乙、丙、丁四种零部件的价值系数分别为 $V_甲 = 0.5$，$V_乙 = 0.8$，$V_丙 = 1$，$V_丁 = 1.5$，则应重点研究改进的对象是（　　　）。

A. 零部件甲　　　　　　　　　　B. 零部件乙

C. 零部件丙　　　　　　　　　　D. 零部件丁

12. 在建设产品生产中应用价值工程原理时，应（　　　）。

A. 在分析结构、材质等问题的同时，对产品的必要功能进行定义

B. 首先确定建筑产品的设计方案，然后再进行功能分析和评价

C. 在分析功能的基础上，再去研究结构材质等问题

D. 在分析结构、施工工艺的基础上确定建筑产品的功能

13. 关于价值工程中功能的价值系数说法，正确的是（　　　）。

A. 价值系数越大越好

B. 价值系数大于 1 表示评价对象存在多余功能

C. 价值系数等于 1 表示评价对象的价值为最佳

D. 价值系数小于 1 表示现实成本较低，而功能要求较高

14. 在价值工程活动中，描述某一个产品零部件"是干什么用的？"，属于（　　　）的工作内容。

A. 产品功能分析　　　　　　　　B. 产品结构分析

C. 对象选择　　　　　　　　　　D. 产品设计

15. 价值工程中，不符合用户要求的功能称为不必要功能，包括（　　　）。

A. 负责功能　　　　　　　　　　B. 多余功能

C. 重复功能   D. 次要功能

E. 过剩功能

16. 四个互斥性施工方案的功能系数和成本系数见下表。从价值工程角度最优的方案是（　　）。

方案	甲	乙	丙	丁
功能系数	1.20	1.25	1.05	1.15
成本系数	1.15	1.01	1.05	1.20

A. 甲   B. 乙

C. 丙   D. 丁

17. 价值工程分析阶段的工作有（　　）。

A. 对象选择   B. 功能定义

C. 功能整理   D. 功能评价

E. 方案评价

18. 价值工程中方案创造的理论依据是（　　）。

A. 产品功能具有系统性   B. 功能载体具有替代性

C. 功能载体具有排他性   D. 功能实现程度具有差异性

19. 某施工企业对建筑物的外墙进行功能分析的说法，正确的有（　　）。

A. 承重外墙的基本功能是承受荷载   B. 防风挡雨是外墙的过剩功能

C. 分隔空间是外墙的上位功能   D. 隔热保温是外墙的辅助功能

E. 造型美观是外墙的美学功能

20. 在产品价值工程工作程序中，功能定义和功能整理工作的目的是（　　）。

A. 明确产品的成本是多少   B. 界定产品是干什么用的

C. 确定产品的价值是多少   D. 确定价值工程的研究对象是什么

21. 现有四个施工方案可供选择，其功能评分和寿命周期成本相关数据见下表，则根据价值工程原理应选择的最佳方案是（　　）。

方案	甲	乙	丙	丁
功能评分	9	8	7	6
寿命周期成本（万元）	100	80	90	70

A. 乙   B. 甲

C. 丙   D. 丁

22. 价值工程活动中功能评价前应完成的工作有（　　）。

A. 设计方案优化   B. 方案创造

C. 功能整理   D. 功能定义

E. 方案评价

1Z101070 新技术、新工艺和新材料应用方案的技术经济分析

1. 在工程建设中，对不同的新技术、新工艺和新材料应用方案进行经济分析可采用的静态分析方法有（ ）。

   A. 增量投资分析法、净年值法、综合总费用法

   B. 增量投资分析法、年折算费用法、综合总费用法

   C. 净年值法、净现值法、年折算费用法

   D. 年折算费用法、综合总费用法、净年值法

2. 某工程有甲乙丙丁四个实施方案可供选择。四个方案的投资额依次是 60 万元、80 万元、100 万元、120 万元。年运行成本依次是 16 万元、13 万元、10 万元和 6 万元，各方案应用环境相同。设基准投资率为 10%。则采用折算费用法选择的最优方案为（ ）。

   A. 丁

   B. 甲

   C. 乙

   D. 丙

3. 某施工现场钢筋加工有两个方案，均不需要增加投资，采用甲方案需固定费用 50 万元，每吨钢筋加工的可变费用是 300 元；采用乙方案需固定费用 90 万元，每吨钢筋加工的可变费用是 250 元。现场需加工钢筋 1 万吨，如果用折算费用法选择方案，则（ ）。

   A. 应该选用乙方案

   B. 应该选用甲方案

   C. 甲乙两个方案在经济上均不可行

   D. 甲乙两个方案的费用相同

4. 某企业欲引进生产线。已知引进甲生产线需投资 400 万元，单位产品可变成本为 0.6 元；引进乙生产线需投资 600 万元，单位产品可变成本为 0.4 元。则正确的决策有（ ）。

   A. 产量为 800 万件时，选择甲生产线

   B. 产量为 800 万件时，选择乙生产线

   C. 产量为 1200 万件时，选择甲生产线

   D. 产量为 1200 万件时，选择乙生产线

   E. 任何时候都选择甲生产线

5. 某企业欲引进生产线。已知引进甲生产线需投资 400 万元，单位产品可变成本为 0.6 元；引进乙生产线需投资 600 万元，单位产品可变成本为 0.4 元。则甲乙生产线的临界产量是（ ）万件。

   A. 800

   B. 1000

   C. 1200

   D. 1500

6. 新技术应用方案的技术分析是通过对其技术特性和条件指标进行对比与分析完成的，下列指标中，属于反映方案技术特性的指标是（ ）。

   A. 施工专业化协作

   B. 方案生产能力

   C. 构配件供应保证率

   D. 方案占地面积

7. 某生产性企业若对原工艺方案进行改造需要投资 100 万元，改造后年运行成本 50 万元；若采用全新工艺方案需要投资 200 万元，年运行成本 40 万元。设基准投资收益率为 12%。则两方案相比较的增量投资收益率为（ ）。

A. 5%

B. 10%

C. 15%

D. 20%

8. 某项目施工所需机械有两种方案满足要求。方案一为购置方案，购置费用 120 万元，单位产量可变费用为 500 元；方案二为租赁方案，单位产量可变费用为 800 元。关于机械方案选择的说法，正确的是（　　）。

A. 施工数量大于 2400 小于 4000 个生产单位时，应选择方案一

B. 施工数量大于 4000 个生产单位时，应选择方案二

C. 施工数量为 2400 个生产单位时，可选择方案一或方案二

D. 施工数量为 4000 个生产单位时，可选择方案一或方案二

9. 某工程钢筋加工有现场制作和外包加工两个方案，现场制作方案的固定费用 12 万元，每吨加工费用 150 元，外包加工每吨加工费用 250 元，则仅从经济上考虑时，现场制作方案的适用范围是钢筋总加工量在（　　）。

A. 1200 吨以上

B. 480 吨以下

C. 480～800 吨

D. 800～1200 吨

10. 某工程有 A、B、C 三个备选的技术方案，确定采用技术先进性、适用性、可靠性、安全性、环保性和经济性等六项标准进行评价，各方案的指标评分如表所示。如果六项指标的权重分别是：先进性 0.15，适用性 0.15，可靠性 0.25，安全性 0.20，环保性 0.10，经济性 0.15。应用加权评分法对三个方案进行评价，则最佳方案是（　　）。

序号	标准	方案 A	方案 B	方案 C
1	技术先进性	75	90	70
2	技术适用性	85	80	80
3	技术可靠性	95	65	75
4	技术安全性	65	70	80
5	技术环保性	70	75	65
6	技术经济性	80	50	85

A. 方案 A

B. 方案 B

C. 方案 C

D. 无法判定

11. 关于新技术应用方案技术经济分析的说法，正确的是（　　）。

A. 新技术应用方案技术经济分析的内容不包括环境分析

B. 新技术应用方案比选只能采用定性分析方法

C. 有无对比法是新技术应用方案比选常用的方法

D. 横向对比法适宜于不同行业的新技术应用方案对比

12. 下列新技术特性中，属于技术可靠性的是（　　）。

A. 自动化程度高

B. 有工业化应用业绩

C. 三废排放少

D. 有利用当地资源的优势

★★本章模拟强化练习答案及解析★★

1Z101010　资金时间价值的计算及应用

1. 答案：A

2. 答案：B

【解析】掌握利用终值和现值系数计算等值的方法，熟悉系数的表达方式。

$$A = P（A/P，8\%，10）= 3000 × 0.149 = 447 万元$$

3. 答案：D

【解析】掌握终值和现值的基本计算。该银行存款第 10 年年末的终值 F 为 10000 元，年贴现率 i 为 10%，要求计算第 5 年年末可取回的现金金额，即要求计算第 5 年年末时间点上的现值 P。

$$P = F（1 + i）^{-n} = 10000（1 + 10\%）^{-5} = 6209.21 元$$

4. 答案：C

5. 答案：B

【解析】掌握利用终值和现值系数计算等值的方法，熟悉系数的表达方式。

6. 答案：C

【解析】掌握利用终值和现值以及名义利率与有效利率的换算方法。计算方法有以下两种：

（1）$i = \dfrac{r}{m} = \dfrac{8\%}{2} = 4\%$，$F = P（1 + i）^n = 100（1 + 4\%）^6 = 126.53 万元$

（2）$i_{\text{eff}} = （1 + i）^m - 1 = （1 + 4\%）^2 - 1 = 8.16\%$

$$F = P（1 + i）^n = 100（1 + 8.16\%）^3 = 126.53 万元$$

7. 答案：C

【解析】已知名义利率 r 为 12%，计息周期为月，

$$i = \frac{r}{m} = \frac{12\%}{12} = 1\% \qquad 季度 \ i_{\text{eff}} = （1 + i）^m - 1 = （1 + 1\%）^3 - 1 = 3.03\%$$

8. 答案：C

【解析】已知 A 为 2000 元，r 为 4%，计息周期为季度，要求计算第 2 年年末的终值 F。

$F = A\dfrac{（1 + i）^n - 1}{i}$ 注意：在上述等额支付系列终值的计算公式中，A 是已知的，n 为年金 A 的次数，故本题的 n 为 4；i 为资金收付周期（A 的发生周期为半年）的有效利率。

半年有效利率：$i_{\text{eff}} = （1 + i）^m - 1 = （1 + 1\%）^2 - 1 = 2.01\%$

第 2 年年末的终值：$F = A\dfrac{（1 + i）^n - 1}{i} = 2000\dfrac{（1 + 2.01\%）^4 - 1}{2.01\%} = 8244.45 元$

9. 答案：A

【解析】本题要求正确区分单利计息和复利计息方法。计息周期为季度，资金收付周

期也是季度，故季度利息的计算应采用单利计息的方法。

一年支付的利息总和为：$100 \times 2\% \times 4 = 8.00$ 万元

10. 答案：A、C

11. 答案：C

【解析】季度利率：$i = \dfrac{r}{m} = \dfrac{10\%}{4} = 2.5\%$

年有效利率：$i_{\text{eff}} = (1 + i)^m - 1 = (1 + 2.5\%)^4 - 1 = 10.38\%$

12. 答案：D

【解析】掌握等额支付系列终值的基本计算。

$$F = A\frac{(1 + i)^n - 1}{i} = 20\frac{(1 + 6\%)^5 - 1}{6\%} = 112.74 \text{ 万元}$$

13. 答案：B

【解析】掌握名义利率与实际利率的换算。本题中的计息周期为季度，资金收付周期为半年，要求计算半年的实际利率。

季度利率：$i = \dfrac{r}{m} = \dfrac{8\%}{4} = 2\%$

半年有效利率：$i_{\text{eff}} = (1 + i)^m - 1 = (1 + 2\%)^2 - 1 = 4.04\%$

14. 答案：B

【解析】掌握复利计息方法和实际利率的换算方法。本题中的计息周期为月，资金收付周期（付息周期）为季度。

月利率：$i = 1\%$

季度有效利率：$i_{\text{eff}} = (1 + i)^m - 1 = (1 + 1\%)^3 - 1 = 3.03\%$

每季度支付的利息：$100 \times 3.03\% = 3.03$ 万元

一年共支付的利息：$3.03 \times 4 = 12.12$ 万元

15. 答案：C

【解析】本题主要考核点是单利计算。

第一年利息：$2000 \times 8\% = 160$ 万元   三年总利息：$160 \times 3 = 480$ 万元

三年本利和：$2000 + 480 = 2480$ 万元

16. 答案：C

17. 答案：D

【解析】掌握复利计息的计算以及名义利率与实际利率的换算。

半年利率：$i = \dfrac{r}{m} = \dfrac{6\%}{2} = 3\%$

年有效利率：$i_{\text{eff}} = (1 + i)^m - 1 = (1 + 3\%)^2 - 1 = 6.09\%$

第2年年末本利和：$F = P(1 + i)^n = 250(1 + 6.09\%)^2 = 281.38$ 万元

到期支付的利息：$281.380 - 250 = 31.38$ 万元

18. 答案：A

19. 答案：A、C、D、E

20. 答案：C

【解析】本题的考核点是单利计算利息。

年利息：$1000 \times 8\% = 80$ 万元　　　　4 年总利息：$80 \times 4 = 320$ 万元

4 年本利和：$1000 + 320 = 1320$ 万元

21. 答案：B

22. 答案：B

【解析】本题考核点是名义利率与有效利率的换算。

若计息周期小于资金收付周期，则资金收付周期有效利率计算方法为：

本题的计息周期为季度，则：$i = \dfrac{r}{m} = \dfrac{12\%}{4} = 3\%$

年有效利率　$i_{\text{eff}} = (1 + i)^m - 1 = (1 + 3\%)^4 - 1 = 12.55\%$

23. 答案：A

【解析】本题的考核点是名义利率和有效利率计算。

$r = 8\%$，$m = 2$，$i = 8\%/2 = 4\%$

年有效利率　$i_{\text{eff}} = (1 + i)^m - 1 = (1 + 4)^2 - 1 = 8.16\%$

$i_{\text{eff}} - r = 8.16\% - 8\% = 0.16\%$

24. 答案：C

【解析】本题的考核的是终值和现值计算。

　　计算分两步：第一步，现将第 1 年初的 30 万元和第 1 年年末的 30 万元按复利分别计算其第 2 年年末（第 3 年初）的终值：

$F_1 = 30(1 + 10\%)^2 = 36.3$　　　　$F_2 = 30(1 + 10\%)^1 = 33$

第 2 年年末（第 3 年年初的现值）的终值 $F = 36.3 + 33 = 69.3$ 万元

第二步，已知现值 P（69.3 万元），i（10%），n（3），求年金 A：

$$69.3 = A \frac{(1 + 10)^3 - 1}{10\% \times (1 + 10)^3}$$

$$A = 27.87 \text{ 万元}$$

25. 答案：C

【解析】掌握等额支付系列终值的基本计算。

$$F = A \frac{(1 + i)^n - 1}{i} = 100 \frac{(1 + 5\%)^3 - 1}{5\%} = 315.25 \text{ 万元}$$

26. 答案：D

27. 答案：D

【解析】本题的考核点是利息计算的单利计算方法的应用。

第 3 年年末应支付的利息 = 本金 × 年利率 = $1000 \times 6\% = 60$ 万元

28. 答案：B

【解析】本题的考核点是等值计算与名义利率和实际利率计算的综合运用分析。

（1）A方案：$F = 200 + 200 \times 6\% \times 5 = 260$ 万元

（2）B方案：$F = P(1+i)^n = 200(1+5.5\%)^5 = 261.39$ 万元

（3）C方案：年有效利率　$i_{\text{eff}} = \left(1 + \dfrac{4\%}{4}\right)^4 - 1 = 4.06\%$

$\qquad\qquad F = P(1+i)^n = 200(1+4.06\%)^5 = 244.03$ 万元

（4）D方案：年有效利率　$i_{\text{eff}} = \left(1 + \dfrac{5\%}{2}\right)^2 - 1 = 5.06\%$

$\qquad\qquad F = P(1+i)^n = 200(1+5.06\%)^5 = 255.99$ 万元

29．答案：A

【解析】本题的考核点是利息计算的两种基本方法单利计息和复利计息的运用。

银行要求每年末支付当年利息，所以该笔借款是单利计息，则第3年年末需偿还的本息和为：$1000 \times (1 + 5\%) = 1050$ 万元。

30．答案：A

【解析】本题的考核点是名义利率与有效利率的计算及应用。

如果各方案的计息周期不同，就不能简单地使用名义利率来评价，而必须换算成有效利率进行评价。本题的借款方案比选的标准是借款年有效利率最低的方案。

$$i_{\text{eff}} = \left(1 + \frac{r}{m}\right)^m - 1$$

借款方案	计息周期	年名义利率	年有效利率
A	月	3.6%	3.66%
B	季度	4.4%	4.47%
C	半年	5.0%	5.06%
D	年	5.5%	5.5%

年有效利率最低的是方案A，故对企业优选的借款条件是方案A。

1Z101020　技术方案经济效果评价

1．答案：C

2．答案：A

3．答案：C

4．答案：B

【解析】

计算期（年）	1	2	3	4	5	6	7	8	9
净现金流量（万元）	−800	−1200	400	600	600	600	600	600	600
累计净现金流量（万元）	−800	−2000	−1600	−1000	−400	200	800	1400	200

静态投资回收期

＝（累计净现金流量第一次出现正数的年份数－1）＋累计净现金流量第一次出现正数之前一年的累计净现金流量的绝对值／累计净现金流量第一次出现正数之年的净现金流量

$$= （6-1）+ \frac{|-400|}{600} = 5.67 \text{ 年}$$

5. 答案：C

【解析】本题的考点是财务内部收益率（FIRR）的概念。

财务净现值为零时更靠近 -90 万元，所以使财务净现值为零时的折现率应该大于 14% 而小于 16%，但更靠近 16%。故 FIRR 的取值范围为 15%～16%。

6. 答案：C

【解析】财务净现值（FNPV）＝现金流入现值之和－现金流出现值之和

$$FNPV = \left[\frac{1500}{(1+8\%)^3} + \frac{2500}{(1+8\%)^4} + \frac{2500}{(1+8\%)^5} + \frac{2500}{(1+8\%)^6} \right]$$

$$- \left[\frac{4200}{(1+8\%)^1} + \frac{2700}{(1+8\%)^2} \right]$$

$$= \lceil 1190.75 + 1837.57 + 1701.46 + 1575.42 \rceil - \lceil 3888.89 + 2314.81 \rceil$$

$$= 101.5 \text{ 万元}$$

7. 答案：C

8. 答案：A

9. 答案：B

【解析】当折现率 i ＝ 9% 时，FNPV ＝ 430 万元。由于财务净现值与折现率之间存在递减关系，因此，使财务净现值等于零的折现率应当大于 9%。

10. 答案：B

【解析】资本金净利润率 $ROE = NP/EC \times 100\%$

本题：$NP = 400 - 100 = 300$ 万元；$EC = 1500 - 700 = 800$ 万元

$$ROE = NP/EC \times 100\% = 300/800 = 37.5\%$$

11. 答案：A

【解析】本题主要考核点是技术方案财务净现值与基准收益率的递减变化关系。

12. 答案：D

【解析】本题主要考核的是对技术方案经济效果评价指标的概念及其判别准则的综合掌握。

13. 答案：C

【解析】掌握财务内部收益率（FIRR）的概念、财务净现值与折现率之间的递减变化关系。

$FNPV$（16%）＝ 160 万元，$FNPV$（18%）＝ -80 万元，则 $FNPV$ ＝ 0 时的折现率应在 16% 和 18% 之间；而 -80 万元等接近 0，故 $FNPV$ ＝ 0 时的折现率更靠近 18%，故该方案的财务内部收益率最可能的是 17.33%。

14. 答案：B

15. 答案：D

【解析】掌握当技术方案实施后各年净收益不相同时，静态投资回收期的计算方法。

计算期（年）	0	1	2	3	4	5	6
净现金流量（元）	—	−1500	400	400	400	400	400
累计净现金流量（元）	—	−1500	−1100	−700	−300	100	500

静态投资回收期

=（累计净现金流量第一次出现正数的年份数−1）＋累计净现金流量第一次出现正数之前一年的累计净现金流量的绝对值／累计净现金流量第一次出现正数之年的净现金流量

$$=（5-1）+\frac{|-300|}{400}=4.75 年$$

16. 答案：B、C、D

17. 答案：A

18. 答案：C

【解析】本题考核点是 i_c 与动态评价指标（$FNPV$，$FIRR$）之间的变化关系：在技术方案计算期和各期现金流量确定的情况下，$FNPV$ 与 i_c 之间是递减的变化关系；$FNPV$ 的大小不受 i_c 大小的影响。

19. 答案：C

【解析】技术方案各年净现金流量及各年末累计净现金流量计算见下表。

计算期（年）	0	1	2	3	4	5	6	7	8
现金流入（万元）	—	—	—	800	1200	1200	1200	1200	1200
现金流出（万元）	—	600	900	500	700	700	700	700	700
净现金流量（万元）	—	−600	−900	300	500	500	500	500	500
累计净现金流量（万元）	—	−600	−1500	−1200	−700	−200	300	800	1300

静态投资回收期

=（累计净现金流量第一次出现正数的年份数−1）＋累计净现金流量第一次出现正数之前一年的累计净现金流量的绝对值／累计净现金流量第一次出现正数之年的净现金流量

$$=（6-1）+\frac{|-200|}{500}=5.4 年$$

20. 答案：A、C、D

21. 答案：B

22. 答案：A

【解析】本题的考核点是基准收益率测定应考虑的相关因素。

23. 答案：A

24. 答案：A

25. 答案：B、D

26. 答案：B

【解析】本题的考核点是投资收益率指标的计算。

$$总投资收益率＝息税前利润／总投资 ×100\%$$
$$＝1200/（5000＋550＋450）×100\%＝20.00\%$$

注意：（1）息税前利润应采用达产期正常生产年份的数据，不能用投产期的数据。

（2）总投资＝建设投资（不含建设期贷款利息）＋建设期贷款利息＋全部流动资金

27. 答案：C

【解析】本题的考核点是财务净现值和静态回收期的计算。

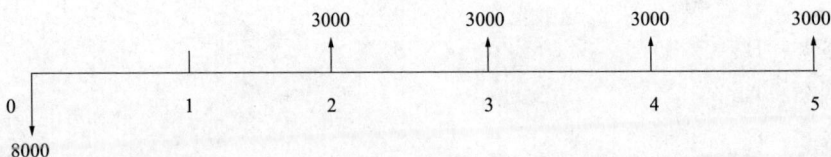

（1）$FNPV＝-8000＋3000\dfrac{1}{（1＋10\%）^2}＋3000\dfrac{1}{（1＋10\%）^3}＋3000\dfrac{1}{（1＋10\%）^4}$

$$＋3000\dfrac{1}{（1＋10\%）^5}$$

$$＝645.08 万元$$

（2）投资方案现金流量表见下表。

年份	0	1	2	3	4	5
年净现金流量（万元）	−8000	0	3000	3000	3000	3000
累计净现金流量（万元）	−8000	−8000	−5000	−2000	1000	4000

$$静态回收期＝（4-1）＋\dfrac{|-2000|}{3000}＝3.67 年$$

28. 答案：C

【解析】$FNPV（12\%）＝-67 万元$，$FNPV（8\%）＝242.76 万元$，则 $FNPV＝0$ 时的折现率应在 12% 和 8% 之间。

29. 答案：B、C、D

30. 答案：A

【解析】本题的考核点是静态投资回收期的判别准则和优劣等相关概念。

31. 答案：C

【解析】本题的考核点是静态投资回收期的计算。

计算期（年）	0	1	2	3	4	5	6	7
现金流入（万元）	—	—	—	800	1200	1200	1200	1200
现金流出（万元）	—	600	900	500	700	700	700	700
净现金流量		−600	−900	300	500	500	500	500
累计净现金流量		−600	−1500	−1200	−700	−200	300	

静态投资回收期 $= (6-1) + \dfrac{|-200|}{500} = 5.4$ 年

32. 答案：A

【解析】本题考核点是总投资收益率指标的概念及其应用。

33. 答案：C

【解析】财务净现值（$FNPV$）＝现金流入现值之和－现金流出现值之和

（1）计算每年末净现金流量

计算期（年）	0	1	2	3	4
现金流入（万元）	—	300	400	400	300
现金流出（万元）	500	100	150	150	150
净现金流量（万元）	−500	200	250	250	150

（2）计算净现值

$$FNPV = \left[\frac{200}{(1+8\%)^1} + \frac{250}{(1+8\%)^2} + \frac{250}{(1+8\%)^3} + \frac{150}{(1+8\%)^4} \right] - 500$$

$$= 708.23 - 500 = 208.23 \text{ 万元}$$

34. 答案：B、C、D、E

35. 答案：A

【解析】财务净现值（$FNPV$）＝现金流入现值之和－现金流出现值之和

（1）计算每年末净现金流量

计算期（年）	1	2	3	4	5
现金流入（万元）	—	0	1500	2000	2000
现金流出（万元）	500	1000	600	1000	1000
净现金流量（万元）	−500	−1000	900	1000	1000

（2）计算净现值

$$FNPV = \left[\frac{900}{(1+10\%)^3} + \frac{1000}{(1+10\%)^4} + \frac{1000}{(1+10\%)^5} \right]$$

$$- \left[\frac{500}{(1+10\%)^1} + \frac{1000}{(1+10\%)^2} \right]$$

$$= 1980.12 - 1281 = 699.12 \text{ 万元}$$

36. 答案：A

1Z101030 技术方案不确定性分析

1. 答案：B

2. 答案：A、B、C、E

【解析】本题考核点是临界点的概念及其应用。

3. 答案：D

4. 答案：D

5. 答案：C

6. 答案：D、E

7. 答案：A

【解析】$B = P \times Q - [(C_U + T_U) \times Q + C_F]$
$= 2500 \times 5000 - [(750 + 370) \times 5000 + 2400000]$
$= 4500000$ 元

8. 答案：B

9. 答案：B

【解析】（1）计算盈亏平衡点产销量

在盈亏平衡点上，$B = 0$。

所以：$0 = 1000 \times Q - [(350 + 150) \times Q + 3600000]$

$Q = 7200$ 件

（2）计算盈亏平衡点生产能力利用率

盈亏平衡点生产能力利用率＝盈亏平衡点产销量／年设计生产能力×100%
$= 7200/60000 \times 100\% = 12\%$

10. 答案：B

【解析】本题的敏感性分析指标是财务净现值，选择的不确定性因素是单位产品可变成本。技术方案经济上可行，其财务净现值应大于等于零。故技术方案预计投产后单位产品可变成本临界值应在 700 元至 750 元之间。

11. 答案：A

【解析】（1）计算固定成本

根据公式　$B = P \times Q - [(C_U + T_U) \times Q + C_F]$

$2000000 = 100 \times 80000 - [(20 + 5) \times 80000 + C_F]$

$C_F = 4000000$ 元

（2）计算在盈亏平衡点产销量

$0 = 100 \times Q - [(20 + 5) \times Q + 4000000]$

$Q = 53333$ 件

12. 答案：B

【解析】（1）计算盈亏平衡点产销量

$0 = 50Q - [(50 \times 55\% + 50 \times 5\%)Q + 1000000]$

$Q = 50000$ 台

（2）计算盈亏平衡点生产能力利用率。

盈亏平衡点生产能力利用率＝盈亏平衡点产销量 / 年设计生产能力 ×100%

$$= 50000/80000 \times 100\% = 62.50\%$$

13. 答案：B

14. 答案：C

【解析】$0 = 380 \times Q - [(120 + 70)Q + 2850000]$，$Q = 15000$ 件

15. 答案：D

16. 答案：A

【解析】$0 = P \times 120000 - [(250 + 165) \times 120000 + 15000000]$

$P = 540$ 元 / 吨

17. 答案：D

【解析】本题盈亏平衡点生产能力利用率的计算应分为三个步骤：

（1）计算销售单价：$P \times 100000 = 90000000$，则 $P = 900$ 元 / 台

（2）计算盈亏平衡点产销量

$0 = 900 \times Q - [(560 + 12) \times Q + 12000000]$，$Q = 36586$ 台

（3）计算盈亏平衡点生产能力利用率

盈亏平衡点生产能力利用率＝盈亏平衡点产销量 / 年设计生产能力 ×100%

$$= 36586/100000 \times 100\% = 36.59\%$$

18. 答案：D

1Z101040　技术方案现金流量表的编制

1. 答案：D

【解析】本题考核点是税金一般属于财务现金流出。

2. 答案：B

【解析】本题的考核点是资本金现金流量表的构成内容。

资本金现金流量表把借款本金偿还和利息支付作为现金流出。

3. 答案：D

4. 答案：B

【解析】财务计划现金流量表反映技术方案计算期各年的投资、融资及经营活动的现金流入和流出，用于计算累计盈余资金，分析技术方案的财务生存能力。

5. 答案：D

【解析】投资现金流量表是以技术方案为一独立系统进行设置的。它以技术方案建设所需的总投资作为计算基础，反映技术方案在整个计算期（包括建设期和生产运营期）内现金的流入和流出。

6. 答案：A、B、C

7. 答案：A

【解析】在财务计划现金流量表中的经营活动净现金流量包括：营业收入、增值税销项税额、补贴收入等。

8. 答案：A、D、E

【解析】资本金现金流量表中的现金流出包括：技术方案资本金、借款本金偿还、借款利息支付、经营成本、营业税金及附加、所得税、维持运营投资等。

9. 答案：A、C、E

10. 答案：B

11. 答案：B

12. 答案：A、B、C、D

【解析】资本金是确定技术方案产权关系的依据，也是技术方案获得债务资金的信用基础。资本金出资形态可以是现金，也可以是实物、工业产权、非专利技术、土地使用权、资源开采权作价出资，但必须经过有资格的资产评估机构评估作价。

13. 答案：D

【解析】投资现金流量表中的"所得税"是根据息税前利润（计算时其原则上不受融资方案变动的影响，即不受资本结构和利息多少影响）乘以所得税率计算的。投资现金流量表可以计算财务内部收益率、财务净现值和静态投资回收期指标，并可以考察技术方案融资前的盈利能力，所得税后分析也是一种融资前分析。

本题可以通过排除法进行判断。提高资本金比例、提高借款比例、降低借款利率均为融资方案的构成内容，不是融资前分析，都可以排除，故正确做法是缩短建设工期。

1Z101050 设备更新分析

1. 答案：D

2. 答案：D

【解析】设备的年资产消耗成本随使用年限的增加而逐年降低；年运行成本随使用年限的增加而逐年上升。

3. 答案：C

【解析】本题对于承租人来说，关键的问题是决定租赁设备，还是购买设备。而设备租赁与购置的经济比选也是互斥方案选优问题。

4. 答案：D

【解析】本题的考核点是设备经营租赁方案中的租赁费用主要包括：租赁保证金、租金和担保费。

5. 答案：D

6. 答案：C

【解析】（1）对技术过时风险大、保养维护复杂、使用时间短的设备，可以考虑经营租赁方案。（2）对技术过时风险小、使用时间长的大型专用设备，则融资租赁方案或购置方案均是可以考虑的方式。

7. 答案：C

8. 答案：B

【解析】年平均使用成本＝年资产消耗成本＋年运行成本

年平均使用成本最低的那一年即为经济寿命。

单位：万元

使用年限	1	2	3	4	5	6	7
年资产消耗成本	90	50	35	23	20	18	15
年运行成本	20	25	30	35	40	45	60
年平均使用成本	110	75	65	58	60	63	75

第 4 年的年平均使用成本最低，故该设备的经济寿命为 4 年。

9. 答案：C、E

10. 答案：B、D

11. 答案：B

12. 答案：C、E

13. 答案：A、B、C、E

14. 答案：B

15. 答案：B

【解析】家用洗衣机的磨损应主要属于第一种有形磨损。

设备有形磨损的局部补偿是修理。设备无形磨损的局部补偿是现代化改装。设备有形磨损和无形磨损的完全补偿是更新。对于不可消除性的有形磨损采取的补偿方式是更新。

16. 答案：D

17. 答案：C

18. 答案：C、D

19. 答案：B、C、D

【解析】A 选项是有形磨损造成的后果；B 选项是第二种无形磨损；C 选项是第一种无形磨损；D 选项是第二种无形磨损；E 选项是第二种有形磨损。

20. 答案：B、D

21. 答案：A

22. 答案：B、D

23. 答案：C

【解析】本题的考核点是用附加率法计算设备的年租金。

$$R = P \frac{(1 + N \times i)}{N} + P \times r = 100 \frac{(1 + 6 \times 6\%)}{6} + 100 \times 3\% = 25.67 \text{ 万元}$$

24. 答案：D、E

25. 答案：A

【解析】该设备的沉没成本＝5－2＝3 万元

26. 答案：A、E

27. 答案：B

28. 答案：B

29. 答案：B、D

1Z101060　价值工程在工程建设中的应用

1. 答案：D

2. 答案：C

【解析】价值工程涉及价值、功能和寿命周期成本等三个基本要素。

3. 答案：A

【解析】对于建设工程，应用价值工程的重点是在规划和设计时间，因为这两个阶段是提高技术方案经济效果的关键环节。一旦设计完成并施工，建设工程的价值就基本决定。

4. 答案：B、C、D

5. 答案：A、C、D

【解析】按照价值工程的工作程序，其详细步骤为：① 工作对象选择；② 信息数据收集；③ 功能定义；④ 功能整理；⑤ 功能成本分析；⑥ 功能评价；⑦ 确定改进范围……

6. 答案：A

【解析】$V = \dfrac{F}{C} = \dfrac{4.5}{5} = 0.90$

7. 答案：B、D、E

【解析】$V_i < 1$，此时功能现实成本大于功能评价值。表明评价对象的现实成本偏高，而功能要求不高，这一种可能是存在着过剩的功能；另一种可能是功能虽无过剩，但实现功能的条件或方法不佳，以致使实现功能的成本大于功能的实际需要。

8. 答案：D

9. 答案：B

【解析】本题考核点是确定价值工程对象的改进范围。

确定的改进对象是 F_i / C_i 值低的功能。

分部工程	分部一	分部二	分部三	分部四	分部五	分部六
功能指数 F	0.20	0.30	0.20	0.15	0.10	0.05
成本指数 C	0.21	0.29	0.19	0.17	0.10	0.04
$V = \dfrac{F}{C}$	0.95	1.03	1.05	0.88	1.00	1.25

价值系数最低的是分部四。

10. 答案：C

11. 答案：A

12. 答案：C

【解析】价值工程分析产品，首先不是分析它的结构，而是分析它的功能，是在分析功能的基础之上，再去研究结构、材质等问题，以达到保证用户所需功能的同时降低成本，实现价值提高的目的。

13. 答案：C

14. 答案：A

15. 答案：B、C、E

【解析】按用户需求，功能分为必要功能和不必要功能。不必要功能是指不符合用户要求的功能。不必要的功能包括三类：一是多余功能，二是重复功能，三是过剩功能。

16. 答案：C

【解析】

方案	甲	乙	丙	丁
功能系数	1.20	1.25	1.05	1.15
成本系数	1.15	1.01	1.05	1.20
价值系数 V	1.04	1.23	1.00	0.96

17. 答案：B、C、D

18. 答案：B

19. 答案：A、D、E

【解析】本题的考核点是价值工程中功能分类的概念及其应用。

20. 答案：B

21. 答案：A

【解析】

方案	甲	乙	丙	丁
功能评分	9	8	7	6
寿命周期成本（万元）	100	80	90	70
价值系数 V	0.09	0.10	0.078	0.086

价值系数最接近于 1 的是乙方案的 0.10，故最佳方案是乙方案。

22. 答案：C、D

1Z101070　新技术、新工艺和新材料应用方案的技术经济分析

1. 答案：B

2. 答案：A

【解析】

单位：万元

指标＼方案	甲	乙	丙	丁
C	16	13	10	6
P	60	80	100	120
R_C	10%	10%	10%	10%
Z	22	21	20	18

折算费用最小的是丁方案。

3. 答案：A

【解析】 甲方案：$Z_j = 500000 + 300 \times 10000 = 3500000$ 元

乙方案：$Z_j = 900000 + 250 \times 10000 = 3400000$ 元

乙方案的折算费用小于甲方案的折算费用，故应该选乙方案。

4. 答案：A、D

【解析】（1）首先计算两个方案的临界产量

$400 + 0.6Q = 600 + 0.4Q$，$Q - 1000$ 万件

（2）分析选择方案

① 若产量为 1000 万件，甲乙生产线总成本相等，选甲乙均可；

② 若产量小于 1000 万件，应选择固定成本小的甲生产线；

③ 若产量大于 1000 万件，应选择固定成本大的乙生产线。

5. 答案：B

【解析】设临界产量为 Q，则

$4000000 + 0.6 \times Q = 6000000 + 0.4Q$ $Q = 10000000$ 件

6. 答案：B

7. 答案：B

【解析】$R_{(2-1)} = \dfrac{C_1 - C_2}{I_2 - I_1} \times 100\% = \dfrac{50 - 40}{200 - 100} \times 100\% = 10\%$

8. 答案：D

【解析】设临界产量为 Q，则

$1200000 + 500Q = 800Q$ $Q = 4000$（生产单位）

方案选择结果如下：

① 当实际产量等于临界产量 4000 生产单位，选方案一或方案二均可；

② 当实际产量小于临界产量 4000 生产单位，应当选择固定成本更小的方案二；

③ 当实际产量大于临界产量 4000 生产单位，应当选择固定成本更大的方案一。

9. 答案：A

【解析】

设临界产量为 Q，则 $1200000 + 150Q = 250Q$ $Q = 1200$ 吨

方案选择结果如下：

① 当钢筋实际加工量等于临界产量 1200 吨，选现场制作或外包加工均可；

② 当实际加工量小于临界产量 1200 吨，应当选择固定成本更小的外包方案；

③ 当实际加工量大于临界产量 1200 吨，应当选择固定成本更大的现场制作方案。

现场制作方案适用范围是钢筋加工量在 1200 吨以上。

10. 答案：A

【解析】本题考核点是新技术应用方案技术经济综合分析方法的应用。分析过程见下表。

技术方案加权评分表

序号	标准	权重	方案 A		方案 B		方案 C	
			指标评分	加权分	指标评分	加权分	指标评分	加权分
1	技术先进性	0.15	75	11.25	90	13.50	70	10.50
2	技术适用性	0.15	85	12.75	80	12.00	80	12.00
3	技术可靠性	0.25	95	23.75	65	16.25	75	18.75
4	技术安全性	0.20	65	13.00	70	14.00	80	16.00
5	技术环保性	0.10	70	7.00	75	7.50	65	6.50
6	技术经济性	0.15	80	12.00	50	7.50	85	12.75
合计		1.00		79.75		70.75		76.50

方案 A 的加权评分值 79.75，是三个方案中最高值，故最佳方案是方案 A。

11. 答案：C

12. 答案：B

第二章　1Z102000　工程财务

本章考情分析

近3年考点分布及分值分布

1Z102000	考点分布	2022年		2021年		2020年	
		单选	多选	单选	多选	单选	多选
1Z102010	财务会计的特点						
	财务会计的职能						
	会计要素的组成		2		2		
	会计核算的原则（会计要素计量属性和会计信息质量要求）	1		1		2	
	会计核算的基本假设						
	会计核算的基础						
	会计等式及其应用						
	会计监督的类型及内容						
1Z102020	企业支出的类别				2		
	费用的特点						
	费用的分类	1		1			
	间接费用分摊						
	固定资产折旧			2			2
	工程成本及其核算的内容		2				
	工程成本核算的原则	1					
	工程成本核算的程序						
	施工企业期间费用的核算		2			2	
1Z102030	收入的概念及特点				2		
	收入分类	2	1			1	
	收入的确认	1					
	建造合同的特征和类型						
	合同的分立与合并						
	合同收入的内容						2
	建造合同收入的确认	1		1		1	

1Z102000	考点分布	2022 年		2021 年		2020 年	
		单选	多选	单选	多选	单选	多选
1Z102040	利润的计算					1	
	利润分配						
	所得税费用的确认	1					
1Z102050	财务报表列报的基本要求						2
	财务报表的构成						
	资产负债表的内容和作用	1				1	
	利润表的内容和作用				2		
	现金流量表的编制基础	1		1			
	现金流量表的内容						
	财务报表附注的内容和作用						
1Z102060	财务分析的常用方法			1		1	
	偿债能力比率的计算和分析	1	2	2	1		
	营运能力比率的计算和分析					1	2
	盈利能力比率的计算和分析						
	发展能力比率的概念和分析			1			
	财务指标综合分析－杜邦分析体系	1					
1Z102070	企业筹资和项目融资的相关概念		2	1			
	短期筹资的特点和方式			1		1	2
	长期筹资的特点和方式				2		
	资金成本的概念及内容	1					
	资金成本的计算及分析					1	
	资本结构的概念及影响因素						
	资本结构决策分析方法	1					
1Z102080	现金管理的目标和方法			1			
	最佳现金持有量分析－成本分析模式	1			2	1	
	应收账款的财务管理的内容		2				
	存货的财务管理	1					
合计		14	14	12	14	14	10
		28		26		24	

本章核心考点分析

1Z102010　财务会计基础

核 心 内 容 提 纲

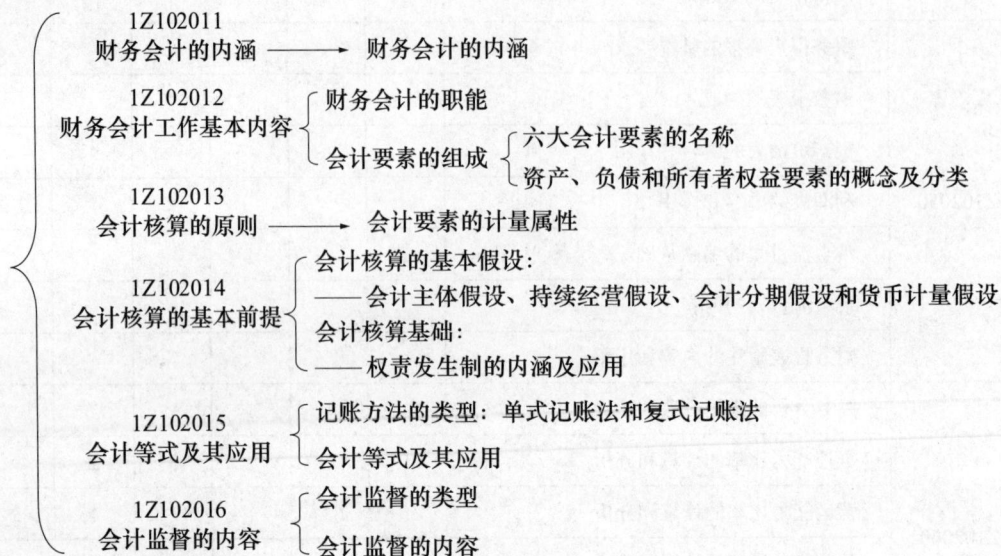

```
        ┌ 1Z102011
        │ 财务会计的内涵 ──────→ 财务会计的内涵
        │
        │ 1Z102012          ┌ 财务会计的职能
        │ 财务会计工作基本内容 ┤                ┌ 六大会计要素的名称
        │                   └ 会计要素的组成 ┤
        │                                  └ 资产、负债和所有者权益要素的概念及分类
        │ 1Z102013
        │ 会计核算的原则 ──────→ 会计要素的计量属性
        │                   ┌ 会计核算的基本假设:
        │ 1Z102014          │ ── 会计主体假设、持续经营假设、会计分期假设和货币计量假设
        ┤ 会计核算的基本前提 ┤ 会计核算基础:
        │                   └ ── 权责发生制的内涵及应用
        │ 1Z102015          ┌ 记账方法的类型: 单式记账法和复式记账法
        │ 会计等式及其应用 ┤
        │                   └ 会计等式及其应用
        │ 1Z102016          ┌ 会计监督的类型
        └ 会计监督的内容 ┤
                          └ 会计监督的内容
```

核 心 考 点 剖 析

1Z102011　财务会计的内涵

核心考点　财务会计的内涵

财务会计的内涵:

(1) 会计的对象是企业的经济活动。

(2) 财务会计是一个提供财务信息的经济信息系统。

(3) 主要为外部利害关系人服务。外部利害关系人主要有投资人、债权人、政府及其有关部门、社会公众。

(4) 有统一的规则和方法。

(5) 以货币作为主要计量尺度。

(6) 财务会计包括确认、计量和报告三个环节。

1Z102012　财务会计工作基本内容

核心考点一　财务会计的职能

1. 财务会计的职能

财务会计具有核算和监督两项基本职能。

2. 会计核算的具体内容

（1）款项和有价证券的收付；（2）财物的收发、增减和使用；（3）债权债务的发生和结算；（4）资本、基金的增减；（5）收入、支出、费用、成本的计算；（6）财务成果的计算和处理；（7）需要办理会计手续、进行会计核算的其他事项。

◆考法：财务会计的职能

【例题·2014年真题·单选题】财务会计的基本职能是（　　　　）。

A. 核算和预测　　　　　　　　　B. 预算和决算

C. 监督和决策　　　　　　　　　D. 核算和监督

【答案】D

【解析】本题的考核点是财务会计的职能。

核心考点二　会计要素的组成

1. 会计要素的组成

（1）会计要素包括资产、负债、所有者权益、收入、费用和利润。

（2）资产、负债和所有者权益是反映企业某一时点财务状况的会计要素，也称为静态会计要素，构成资产负债表要素。

（3）收入、费用和利润是反映某一时期经营成果的会计要素，也称为动态会计要素，构成利润表要素。

2. 资产的分类

资产是指企业过去的交易或事项形成的、由企业拥有或控制的、预期会给企业带来经济利益的资源。

按资产的流动性可将其分为流动资产和非流动资产（即长期资产）两类，其内容为：

（1）流动资产：可以在一年内或超过一年的一个营业周期内变现、耗用的资产，包括：货币资金（包括现金、银行存款和其他货币资金）、交易性金融资产、衍生金融资产、应收票据、应收账款、应收款项融资、预付款项（预付账款）、其他应收款、存货、合同资产、持有待售资产、一年内到期的非流动资产、其他流动资产等。

（2）非流动资产：是指变现期间或使用寿命超过一年或长于一年的一个营业周期的资产，包括：债权投资、其他债权投资、长期应收款、长期股权投资、其他权益工具投资、其他非流动金融资产、投资性房地产、固定资产、在建工程、生产性生物资产、油气资产、无形资产、开发支出、商誉、长期待摊费用、递延所得税资产、其他非流动资产。

3. 负债的分类

负债是指由于过去的交易或事项所形成的现时义务，履行该义务会导致经济利益流出企业。未来的交易或者事项形成的义务，不属于现时义务，不应当确认为负债。

负债按流动性分为流动负债和长期负债。

（1）流动负债：指在一年内或超过一年的一个营业周期内偿还的债务，包括：短期借款、交易性金融负债、衍生金融负债、应付票据、预收款项（预收账款）、合同负债、应付职工薪酬、应交税费、其他应付款、持有待售负债、一年内到期的非流动负债、其他流动负债等。

（2）长期负债：指在一年以上或超过一年的一个营业周期以上偿还的债务，如应付债券、长期借款、租赁负债、长期应付款、预计负债、递延收益、递延所得税负债、其他非流动负债等。

4. 所有者权益的内容

（1）实收资本：所有者按出资比例实际投入到企业的资本（或股本）。

（2）资本公积：指由投资者投入但不构成实收资本，或从其他非收益来源取得，由全体所有者共同享有的资金，包括资本溢价（或股本溢价）、其他资本公积。

（3）盈余公积：按照规定从企业的税后利润中提取的公积金，主要用来弥补企业以前的亏损和转增资本。

（4）未分配利润：本年度没有分配完的利润，可以留待下一年度进行分配。

（5）其他权益工具、其他综合收益、专项储备。

1）其他权益工具：企业发行的除普通股之外的权益工具，如优先股和永续债。

2）其他综合收益：根据企业会计准则规定，未在损益中确认的各项利得和损失扣除所得税影响后的净额。

3）专项储备：高危行业企业按国家规定提取的安全生产费。

5. 会计工作的基本流程

（1）建账；（2）会计事项分析（业务分析和原始凭证审核）；（3）编制会计凭证（会计分录）；（4）登记有关账簿；（5）编制试算平衡表；（6）期末调账和编制工作底稿；（7）对账和结账；（8）编制和报送财务报告。

◆**考法 1：会计要素的组成**

【例题 1·2021 年真题·多选题】下列会计要素中，属于静态会计要素的有（　　　　）。

A. 收入
B. 费用
C. 资产
D. 负债
E. 所有者权益

【答案】C、D、E

【解析】本题的考核点是会计要素的区分。

◆**考法 2：资产、负债和所有者权益的概念及分类**

【例题 2·2022 年真题·多选题】下列会计要素中，属于动态会计等式组成要素的有（　　　）。

A. 所有者权益
B. 收入
C. 资产
D. 利润
E. 费用

【答案】B、D、E

【解析】本题的考核点是会计要素的组成。

【例题 3·多选题】根据我国现行《企业会计准则》，应列入流动负债的会计要素有（　　　）。

A. 应付债券
B. 预收账款
C. 短期借款
D. 应付职工薪酬

E. 应交税费

【答案】B、C、D、E

【解析】本题的考核点是负债的分类。

【例题4·2017年真题·多选题】企业资产负债表中的资产类项目有（   ）。

A. 应收票据　　　　　　　　　　B. 资本公积

C. 在建工程　　　　　　　　　　D. 预收款项

E. 实收资本

【答案】A、C

【解析】本题的考核点是会计要素中资产的分类。

资本公积和实收资本是所有者权益的项目；预收款项是负债的项目。

【例题5·2018年真题·单选题】某企业年初花费30万元购买归企业拥有且预期会给企业带来经济利益的一套设备，在会计核算中应归属的会计要素是（   ）。

A. 负债　　　　　　　　　　　　B. 费用

C. 资产　　　　　　　　　　　　D. 收入

【答案】C

【解析】本题的考核点是会计要素组成中资产的基本概念。

资产是指企业过去的交易或者事项形成的、由企业拥有或控制的、预期会给企业带来经济利益的资源。

【例题6·2019年真题·多选题】根据相关规范，下列资产中，属于流动资产的有（   ）。

A. 长期应收款　　　　　　　　　B. 预付款项

C. 交易性金融资产　　　　　　　D. 长期股权投资

E. 债权投资

【答案】B、C

【解析】本题的考核点是资产的分类。

1Z102013　会计核算的原则

核心考点　会计要素的计量属性

会计要素的计量属性包括：

（1）历史成本

资产按照购置时支付的现金或者现金等价物的金额，或者按照购置资产时所付出的代价的公允价值计量。

负债按照因承担现时义务而实际收到的款项或者资产的金额，或者承担现时义务的合同金额，或者按照日常活动中为偿还负债预期需要支付的现金或者现金等价物的金额计量。

（2）重置成本

资产按照现在购买相同或者相似资产所需支付的现金或者现金等价物的金额计量。

负债按照现在偿付该项债务所需支付的现金或者现金等价物的金额计量。

（3）可变现净值

资产按照其现在正常对外销售所能收到现金或者现金等价物的金额，扣减该资产至完工时估计将要发生的成本、估计的销售费用以及相关税费后的金额计量。

（4）现值

资产按照预计从其持续使用和最终处置中所产生的未来净现金流入量的折现金额计量。

负债按照预计期限内需要偿还的未来净现金流出量的折现金额计量。

（5）公允价值

资产和负债按照市场参与者在计量日发生的有序交易中，出售资产所能收到或者转移负债所需支付的价格计量。在实务中，通常由资产评估机构评估确定。

企业在对会计要素进行计量时，一般应当采用历史成本，采用重置成本、可变现净值、现值、公允价值计量的，应当保证所确定的会计要素金额能够取得并可靠计量。

◆**考法：会计要素计量属性的基本概念**

【例题1·2020年真题·单选题】某企业2年前用20万元购买的一台设备，累计已提取折旧4万元，现在市场上购买同样的设备需要15万元，则在会计计量时该设备的历史成本和重置成本分别为（　　）。

A. 16万元和11万元

B. 16万元和15万元

C. 20万元和15万元

D. 20万元和16万元

【答案】C

【解析】本题的考核点是会计要素计量属性的应用分析。

【例题2·2016年真题·单选题】关于会计核算中历史成本计量原则的说法，正确的是（　　）。

A. 负债按照现在偿付该项债务所需支付的现金的金额计量

B. 资产按照市场参与者在交易日发生的有序交易中，出售资产所能收到的价格计量

C. 资产按照购置时所付出的代价的公允价值计量

D. 负债按照现在偿付该项债务所需支付的现金等价物的金额计量

【答案】C

【解析】本题的考核点是会计要素计量属性中历史成本计量属性的相关概念。

【例题3·2021年真题·单选题】某企业3年前购买的设备原价为20万元，当前累计已提折旧4万元。现在市场上可以18万元价格卖出，卖出该设备需发生成本、税费共1万元，该设备现在的可变现净值为（　　）万元。

A. 13

B. 16

C. 17

D. 20

【答案】C

【解析】本题的考核点是会计要素计量属性的相关内容。

在可变现净值计量下，资产按照其现在正常对外销售所能收到的现金或现金等价物的金额，扣除该资产至完工时估计将要发生的成本、估计的销售费用以及相关税费后的金额计量。

【例题4·2022年真题·单选题】某企业3年前购置一台价值为30万元的设备，现在若以20万元卖出，卖出该设备需要发生维修成本2万元，发生销售费用1万元，缴纳税

金 0.5 万元，则该设备的可变现净值为（　　）万元。

    A. 16.5
    B. 18.5
    C. 19.5
    D. 20.0

【答案】A

【解析】本题的考核点是会计要素计量属性中的可变现净值的应用。

在可变现净值计量下，资产按照其正常对外销售所能收到现金或者现金等价物的金额，扣减该资产至完工时估计将要发生的成本、估计的销售费用以及相关税费后的金额计量。

则该设备可变现净值 = 20 - （2 + 1 + 0.5）= 16.5 万元。

1Z102014　会计核算的基本前提

核心考点一　会计核算的基本假设

会计核算的基本假设包括会计主体、持续经营、会计分期和货币计量。

（1）会计主体又称会计实体，强调的是会计为之服务的特定单位。这个组织实体从空间上界定了会计工作的具体核算范围。

（2）会计主体与企业法人主体并不是完全对应的关系。法人主体一定是会计主体，但会计主体不一定是法人主体。

（3）我国《企业会计准则》规定，会计期间分为年度和中期。会计年度可以是日历年，也可以是营业年。我国通常以日历年作为企业的会计年度，即以公历 1 月 1 日至 12 月 31 日为一个会计年度。会计分期假设是正确计算收入、费用和损益的前提。

（4）我国的《企业会计准则》规定，企业会计应当以货币计量。《中华人民共和国会计法》规定，会计核算以人民币为记账本位币。业务收支以人民币以外的货币为主的单位，可以选定其中一种货币为记账本位币，但是编报的财务会计报告应当折算为人民币。

◆考法：会计核算的基本假设概念理解

【例题·2011 年真题·单选题】对会计核算的范围从空间上加以界定是通过（　　）实现的。

    A. 持续经营假设
    B. 会计分期假设
    C. 会计主体假设
    D. 货币计量假设

【答案】C

【解析】本题考查知识点为会计核算的基本假设。

会计主体是强调为之服务的特定单位，它从空间上界定了会计工作的具体核算范围。

核心考点二　会计核算的基础——权责发生制

针对交易或者事项的发生时间与相关货币收支时间不一致的情况，会计核算的处理（会计核算基础）分为收付实现制和权责发生制。

（1）会计核算基础实质上是会计核算中规范收入和费用确认入账的时间标准。收付实现制以货币资金收支的时间作为收入和费用确认入账的标准；权责发生制以货物所有权转移（或劳务提供完毕）的时间作为收入、费用确认入账的标准。

（2）为了更加真实地反映特定会计期间的财务状况和经营成果，我国《企业会计准则》规定，企业应当以权责发生制为基础进行会计确认、计量和报告。权责发生制是以会计分期假设和持续经营为前提的会计基础。

◆**考法 1：权责发生制的基本概念**

【例题 1·2015 年真题·单选题】根据现行《企业会计准则》，关于会计核算基础的说法，正确的是（　　）。

A. 企业应当以权责发生制为基础进行会计确认、计量和报告

B. 企业已经实现的收入，计入款项实际收到日的当期利润表

C. 企业应当承担的费用，计入款项实际支出日的当期利润表

D. 企业应当以收付实现制和持续经营为前提进行会计核算

【答案】A

【解析】本题的考核点是企业会计核算基础的基本概念。

【例题 2·2011 年真题·单选题】我国现行《企业会计准则》规定，企业应当以权责发生制为基础进行会计确认，实行权责发生制的前提是（　　）。

A. 会计分期假设和收付实现　　　　　　B. 会计分期假设和持续经营

C. 持续经营和公允价值核算　　　　　　D. 历史成本和公允价值核算

【答案】B

【解析】掌握权责发生制会计核算的基础。权责发生制是以会计分期假设和持续经营假设为前提的会计基础。

◆**考法 2：会计核算基础的应用分析**

【例题 3·2017 年真题·单选题】某企业 2017 年 5 月 30 日销售货物 10 万元（当月无其他销售），当年 5 月 31 日收到银行转账货款 2 万元，6 月 3 日收到银行转账货款 8 万元。按照权责发生制，该企业 5 月份应计销售收入为（　　）万元。

A. 12　　　　　　　　　　　　　　　　B. 10

C. 2　　　　　　　　　　　　　　　　D. 0

【答案】B

【解析】本题的考核点是会计核算基础之权责发生制的确认方法。

权责发生制基础要求，凡是当期已经实现的收入和已经发生或应当负担的费用，无论款项（货币）是否收付，都应当作为当期的收入和费用，计入损益表。权责发生制以货物销售时间为收入确认入账的时间。

【例题 4·2016 年真题·单选题】某施工企业 5 月份购买原材料 380 万元，其中 5 月份消耗 120 万元，其余 260 万元 6 月份生产使用；施工用的模板是 3 月份租赁的，租期 8 个月，共支付租金 160 万元，按月均摊；6 月份企业办公费支出 10 万元；不计算其他费用。则权责发生制下该企业 6 月份的生产成本为（　　）万元。

A. 260　　　　　　　　　　　　　　　B. 280

C. 270　　　　　　　　　　　　　　　D. 290

【答案】B

【解析】本题的考核点是权责发生制确认费用的方法和工程成本核算的内容。

根据权责发生制基础要求，本题中应当归属于6月份的费用有：材料费260万元；6月份应分摊的模板租金20万元（160/8）；企业办公费10万元。

再根据成本核算的要求，应当计入生产成本的费用包括材料费和模板租金（260＋20＝280），企业办公费属于期间费用不计入生产成本。

1Z102015　会计等式及其应用

核心考点　会计等式的应用

1. 记账方法的类型

单式记账法和复式记账法。

复式记账法是将发生的每一项经济业务所引起的资金运动，以相等的金额在两个或两个以上相互联系的账户中进行全面记录的记账方法。

2. 静态会计等式

其公式为：资产＝负债＋所有者权益

静态会计等式是编制资产负债表的重要依据，也称为财务状况等式。

3. 动态会计等式

其公式为：收入－费用＝利润

动态会计等式是编制利润表的重要依据，也称为财务成果等式。

4. 综合会计等式

在静态会计等式和动态会计等式的基础上，还可以组合成综合会计等式。

其公式为"资产＝负债＋（所有者权益＋收入－费用）"。

这一等式综合了企业利润分配前财务状况等式和经营成果等式之间的关系。揭示了企业的财务状况与经营成果之间的相互联系。

◆**考法：会计等式的概念**

【例题·单选题】动态会计等式是反映企业一定经营期间经营成果的会计等式，其构成要素是（　　）。

A. 资产、负债和所有者权益　　　　B. 资产和负债

C. 收入、费用和利润　　　　　　　D. 收入和费用

【答案】C

【解析】该题的考核点是会计等式的概念掌握。

1Z102016　会计监督的内容

核心考点　会计监督类型及内容

会计监督是财务会计的基本职能之一，主要是对各单位经济活动全过程的合规性、合理性、有效性进行监督。它具有以下特点：① 会计是对经济活动全过程进行监督；② 会计主要利用货币计量进行监督，也要进行实物监督；③ 会计监督是单位内部的监督，是外部监督不可替代的。

1. 会计监督的类型

（1）按监督实行的时间，会计监督可以分为事前监督、事中监督和事后监督。

（2）按监督的要求不同，可以分为政策性监督和技术性监督。

2. 会计监督的内容

根据《中华人民共和国会计法》："各单位的会计机构、会计人员对本单位实行会计监督。"这一规定明确了会计人员是会计监督的主体。

会计人员进行会计监督的对象和内容是本单位的经济活动。

◆考法：会计监督的内容

【例题·单选题】根据《中华人民共和国会计法》，关于会计监督的说法正确的是（　　）。

A. 会计监督的主体是政府部门

B. 国家各级审计机构对各单位实行会计监督

C. 会计监督的主要职能是预防和发现经济犯罪行为

D. 各单位的会计机构、会计人员对本单位实行会计监督，会计人员是会计监督的主体

【答案】D

【解析】本题的考核点是会计监督的相关内容。

1Z102020　成本与费用

核 心 内 容 提 纲

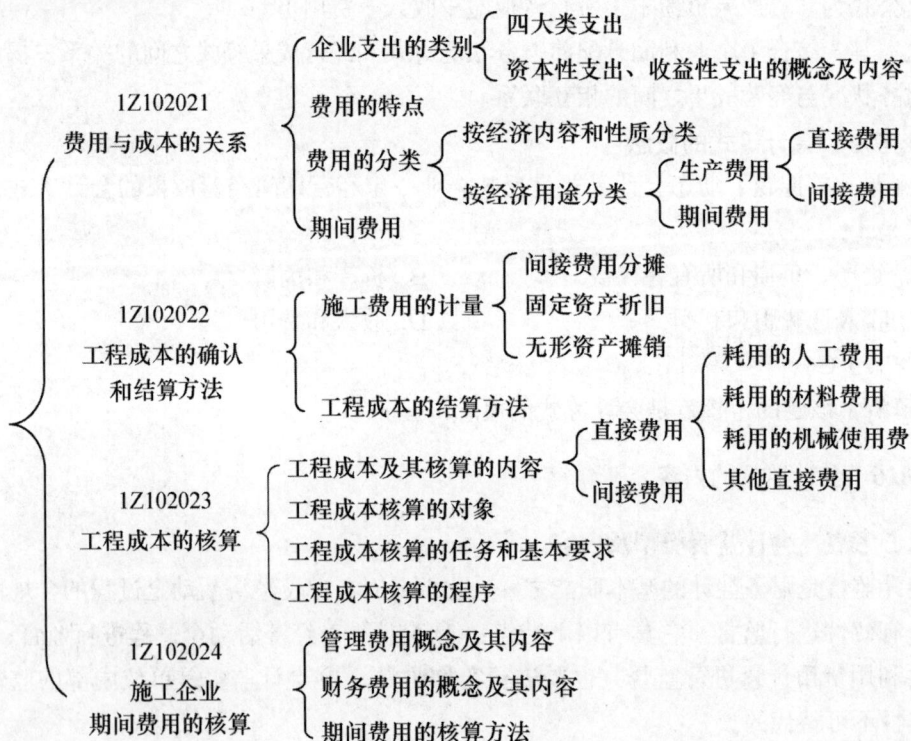

核心考点剖析

1Z102021 费用与成本的关系

核心考点一 企业支出的类别

支出是一个会计主体各项资产的流出，也就是会计主体的一切开支及耗费。会计主体的支出可分为资本性支出、收益性支出、营业外支出及利润分配支出四大类。

（1）资本性支出：是指某项效益及于几个会计年度（或几个营业周期）的支出，如企业购置和建造固定资产、无形资产及其他资产的支出、长期投资支出等，对于这类支出在会计核算中应予以资本化，形成相应的资产。

（2）收益性支出指某项效益仅及于本会计年度（或一个营业周期）的支出，这种支出应在一个会计期间内确认为费用，如企业生产经营所发生的外购材料、支付工资及其他支出，以及发生的管理费用、销售费用（营业费用）、财务费用等；另外，生产经营过程中所缴纳的税金、有关费用等也包括在收益性支出之内，它是企业得以存在并持续经营的必要的社会性支出。

（3）营业外支出：营业外支出是指不属于企业生产经营支出，与企业生产经营活动没有直接的关系，但应从企业实现的利润总额中扣除的支出，包括债务重组损失、罚款支出、捐赠支出、非常损失（指自然灾害造成的各项资产净损失如地震损失等，还包括由此造成的停工损失和善后清理费用）、计提无形资产、固定资产和在建工程的减值准备、固定资产盘亏、处理固定资产净损失、出售无形资产净损失等。

（4）利润分配支出是指在利润分配环节发生的支出，如股利分配支出等。

◆ **考法：企业支出分类的相关概念**

【例题1·多选题】支出是一个会计主体各项资产的流出，也就是企业的一切开支和耗费。下列支出中属于施工企业收益性支出的有（   ）。

A. 处置固定资产净损失　　　　　　B. 外购建筑材料的支出

C. 利润分配支出　　　　　　　　　D. 支付的职工薪酬

E. 缴纳的企业所得税

【答案】B、D、E

【解析】本题的考核点是企业支出类别中收益性支出的相关内容。

【例题2·2021年真题·多选题】下列施工企业的各项支出中，在财务会计核算时应作为资本性支出的有（   ）。

A. 新建办公楼支出　　　　　　　　B. 购置大型设备支出

C. 员工年终奖金支出　　　　　　　D. 公益性捐赠支出

E. 对外长期投资支出

【答案】A、B、E

【解析】本题的考核点是会计核算中支出的类别。

核心考点二　费用的特点

费用是会计主体各类支出中的收益性支出，费用的特点有：

（1）费用是企业日常活动中发生的经济利益的流出，而不是偶发的。不是日常活动发生的经济利益的流出则称为损失（营业外支出）。

（2）费用可能表现为资产的减少，或负债的增加，或者兼而有之。费用本质上是一种企业资源的流出，是资产的耗费，其目的是取得收入。

（3）费用将引起所有者权益的减少，但与向企业所有者分配利润时的支出无关。

（4）费用只包括本企业经济利益的流出，而不包括为第三方或客户代付的款项及偿还债务支出。

◆考法：费用的概念及特点

【例题·2014年真题·单选题】根据现行《企业会计准则》，下列支出中应列为当期费用的是（　　）。

A. 缴纳罚款　　　　　　　　　　B. 购买生产原料支出

C. 计提固定资产减值准备　　　　D. 股利分配支出

【答案】B

【解析】本题的考核点是费用的基本概念及特点。

核心考点三　费用的分类

1. 费用按经济内容和性质的分类

费用按经济内容和性质进行分类，可分为劳动对象的费用（如原材料、半成品、构配件等）、购建劳动资料的费用（包括生产工具、建筑物、道路、运河、仓库、机器、设备等）、支付职工薪酬的费用三大类。

2. 费用按经济用途的分类

费用按经济用途（对施工企业来说，费用的经济用途是指费用与具体的施工生产是否相关）可分为生产费用和期间费用两类。

（1）生产费用：与具体施工生产相关的费用，应计入相应的工程成本中。在工程成本核算时，又进一步将其分为直接费用和间接费用。

1）直接费用：是指为完成合同所发生的、可以直接计入合同成本核算对象的各项费用支出。直接费用包括：① 耗用的材料费用；② 耗用的人工费用；③ 耗用的机械使用费；④ 其他直接费用。

2）间接费用是企业下属的施工单位或生产单位为组织和管理施工生产活动所发生的费用。也可以理解为，间接费用是与两个以上单项工程施工生产有关的生产费用，需要依据一定的标准分摊计入各单项工程成本中。间接费用也称为共同生产费用。

（2）期间费用：期间费用是指企业当期发生的，与具体产品或工程施工没有直接联系，必须从当期收入中得到补偿的费用。

3. 成本与费用的联系

成本是指在发生的费用中最终要计入一定的成本核算对象的那部分费用，由计入产品成本的生产费用转化而来，所以成本是费用的一种转化形式，是可以对象化的费用，费用的发生是成本计算的前提与基础。

◆考法：费用按经济用途分类的概念和内容

【例题1·2022年真题·单选题】某企业接受委托生产一台定制设备，约定售价50万元，生产完成后由客户自提。企业生产该设备的生产费用为30万元，应分摊的管理费用为5万元，财务费用2万元，代垫设备运输费用4万元，从财务会计角度，企业生产销售该设备的费用为（　　）万元。

A. 32　　　　　　　　　　　　B. 35

C. 37　　　　　　　　　　　　D. 41

【答案】C

【解析】本题的考核点是费用的概念及其分类。

在财务会计中，费用属于会计主体的收益性支出，即会计主体为生产和销售商品或提供劳务发生的。从会计核算的角度，费用按照经济用途分为生产费用和期间费用。

本题中，生产费用为30万元，期间费用为7万元（管理费用＋财务费用），所以，企业生产销售该设备的费用为37万元（生产费用＋期间费用）。代垫的运输费用由购买方承担，不是生产企业的费用。

【例题2·2014年真题·单选题】根据《企业会计准则》，属于工程成本直接费用的是（　　）。

A. 管理费用　　　　　　　　　B. 销售费用

C. 财务费用　　　　　　　　　D. 人工费用

【答案】D

【解析】本题的考核点是工程成本中直接费用包括的内容。

直接费用包括耗用的材料费用、耗用的人工费用、耗用的机械使用费、其他直接费。

【例题3·2021年真题·单选题】下列施工企业的费用中，在会计核算时应计入生产费用的是（　　）。

A. 企业质量管理部门办公费　　　B. 经营部门人员工资

C. 企业融资的财务费用　　　　　D. 项目部管理人员工资

【答案】D

【解析】本题的考核点是成本分类的内容。

按生产费用计入成本核算对象成本的方法，成本分为直接费用和间接费用。其中，间接费用包括：生产部门（项目部）管理人员的工资、福利费等。

1Z102022　工程成本的确认和结算方法

核心考点一　间接费用分摊

1. 间接费用一般按各成本核算对象直接费用的百分比（水电安装工程、设备安装工程按人工费的百分比）进行分配；或者按各成本核算对象间接费用定额加权分配。

2. 间接费用分摊的计算

（1）按各成本核算对象间接费用定额加权分配方法计算间接费用分摊。

$$某项工程本期应\atop 分配的间接费用 = \frac{\left[{某项工程本期实际\atop 发生的直接费用} \times {该项工程间\atop 接费用定额}\right] \times {本期实际发生\atop 的间接费用}}{\sum\left[{各项工程本期实际\atop 发生的直接费用} \times {各项工程规定的\atop 间接费用定额}\right]}$$

（2）不考虑间接费用定额加权，施工间接费用分配

间接费用分配率＝当期实际发生的全部间接费用／当期各项合同实际发生的直接费用之和×100%

某项合同当期应负担的间接费用＝该合同当期实际发生的直接费用×间接费用分配率

◆**考法1：间接费用分摊方法概念**

【例题1·2017年真题·单选题】施工项目间接费用计入工程合同成本的方式是（　　）。

A. 直接计入主要受益对象的合同成本

B. 按受益合同直接费的百分比分配计入合同成本

C. 按受益合同数量平均分配计入合同成本

D. 按受益合同金额百分比分配计入合同成本

【答案】B

【解析】本题的考核点是工程成本核算时间接费用分摊的标准。

◆**考法2：间接费用分摊计算**

【例题2·单选题】某施工企业在2012年度同时进行甲、乙、丙、丁四个单项合同的施工生产。本年度甲、乙、丙、丁各单项工程实际发生的直接费用分别为：2000万元、1000万元、4000万元和3000万元。本年度发生的与四个单项工程施工均相关的间接费用共计300万元。则丙单项工程本年度应分担的间接费用为（　　）万元。

A. 60　　　　　　　　　　　　B. 30

C. 120　　　　　　　　　　　 D. 90

【答案】C

【解析】本题的考核点是间接费用分摊的计算。

间接费用分摊计算分两个步骤：

（1）间接费用分配率＝300/（2000＋1000＋4000＋3000）×100＝3%

（2）丙合同应分担的间接费用＝4000×3%＝120万元

【例题3·2018年真题·单选题】某施工企业的第一业务部3月份发生的间接费总额为30万元，该部门当月在建的两个施工项目的规模、直接费用及间接费用定额如下表。若间接费采用间接费用定额加权分配，则甲项目3月份应分摊的间接费用为（　　）万元。

项目编号	甲	乙
项目规模（万 m²）	2	3
直接费用（万元）	800	700
间接费用定额（基数：直接费用）	5%	6%

A. 12.00   B. 14.63

C. 15.36   D. 16.00

【答案】B

【解析】本题的考核点是按各成本核算对象间接费用定额加权分配方法计算间接费用分摊。

$$
\begin{aligned}
\text{甲项工程本期应} \\
\text{分配的间接费用}
\end{aligned}
=
\frac{
\left[
\begin{array}{c}
\text{甲项工程本期实际} \\
\text{发生的直接费用}
\end{array}
\times
\begin{array}{c}
\text{甲项工程间} \\
\text{接费用定额}
\end{array}
\right]
\times
\begin{array}{c}
\text{本期实际发生} \\
\text{的间接费用}
\end{array}
}{
\sum
\left[
\begin{array}{c}
\text{各项工程本期实际} \\
\text{发生的直接费用}
\end{array}
\times
\begin{array}{c}
\text{各项工程规定的} \\
\text{间接费用定额}
\end{array}
\right]
}
$$

$$
= \frac{\left[800 \times 5\%\right] \times 30}{800 \times 5\% + 700 \times 6\%} = 14.63 \text{ 万元}
$$

核心考点二 固定资产折旧

应计折旧额是固定资产的原价扣除其预计净残值后的金额。

1. 固定资产折旧的影响因素

（1）固定资产原价。固定资产应当按照成本进行初始计量。外购固定资产的成本，包括购买价款、相关税费、使固定资产达到预定可使用状态之前所发生的可归属于该项资产的运输费、装卸费、安装费和专业人员服务费等。

（2）预计净残值。

（3）固定资产使用寿命和折旧年限。考虑因素：预计生产能力或实物产量、预计有形损耗和无形损耗、法律或类似规定对资产使用的限制。

2. 固定资产折旧方法

可选用的折旧方法包括平均年限法、工作量法、双倍余额递减法和年数总和法。

（1）平均年限法：

$$
\text{固定资产年折旧额} = \frac{\text{固定资产应计折旧额}}{\text{固定资产预计使用年限}}
$$

（2）工作量法：

$$
\text{单位工作量折旧额} = \frac{\text{应计折旧额}}{\text{预计总工作量}}
$$

某项固定资产月折旧额＝该项固定资产当月工作量 × 单位工作量折旧额

施工企业常用的工作量法有以下两种方法：行驶里程法（适用于运输设备）、工作台班法（适用于机器、设备）

（3）双倍余额递减法：不考虑固定资产预计净残值，根据每年年初固定资产净值和双倍的直线法折旧率计算固定资产折旧额的一种方法。是一种加速折旧的方法，折旧率不变，固定资产账面余额逐年减少，各期计提的折旧额也逐年减少，是加速折旧的方法。

（4）年数总和法：是将固定资产的原值减去净残值后的净额乘以一个逐年递减的分数计算每年折旧额的一种方法。也是加速折旧的方法。

企业应当对所有固定资产计提折旧。但是，已提足折旧仍继续使用的固定资产和单独计价入账的土地除外。

3. 无形资产摊销

无形资产包括：专利权、非专利技术、租赁权、特许营业权、版权、商标权、商誉、土地使用权等。

无形资产的摊销金额计入管理费用。

◆**考法 1：固定资产折旧影响因素**

【例题 1·2018 年真题·多选题】企业购置一套达到固定资产标准的设备，则下列支出中应计入该项固定资产原值的有（　　　　）。

A. 企业采购人员基础工资　　　　B. 设备联合试运转费

C. 设备购买价格　　　　　　　　D. 设备运杂费

E. 设备安装费

【答案】C、D、E

【解析】本题的考核点是固定资产原价包括的内容。

外购固定资产的成本，包括购买价款、相关税费、使固定资产达到预定可使用状态前所发生的可归属于该项资产的运输费、装卸费、安装费和专业人员服务费等。

◆**考法 2：折旧计算**

【例题 2·2010 年真题·单选题】某施工企业购入一台施工机械，原价 60000 元，预计残值率 3%，使用年限 8 年，按平均年限法计提折旧，该设备每年应计提的折旧额为（　　　　）元。

A. 5820　　　　　　　　　　　　B. 7275

C. 6000　　　　　　　　　　　　D. 7500

【答案】B

【解析】掌握固定资产折旧的四种方法与计算方法。平均年限法是指将固定资产按预计使用年限平均计算折旧均衡地分摊到各期的一种方法。其计算公式如下：

$$固定资产年折旧额 = \frac{固定资产应计折旧额}{固定资产预计使用年限} = \frac{60000 \times (1-3\%)}{8} = 7275 元$$

【例题 3·2021 年真题·单选题】某施工企业的自卸汽车原价为 30 万元，确定的折旧年限为 5 年，净残值率 3%，预计总行驶里程为 8 万 km。2020 年行驶里程 2 万 km，按照行驶里程法，2020 年应计提折旧额为（　　　　）元。

A. 58200　　　　　　　　　　　　B. 60000

C. 72750　　　　　　　　　　　　D. 75000

【答案】C

【解析】本题的考核点是固定资产折旧方法——工作量法的计算应用。

第一步，$每万千米折旧额 = \frac{应计折旧额}{预计总行驶里程} = \frac{30 \times (1-3\%)}{8} = 3.6375 万元 / 万 km$

第二步，2020 年应计提折旧额 = 工作量 × 每万千米折旧额 = 2 × 3.6375 = 7.275 万元

◆考法 3：固定资产折旧方法的特点

【例题 4·2017 年真题·多选题】下列固定资产折旧方法中，属于加速折旧方法的有（　　）。

　　A. 平均年限法　　　　　　　　B. 工作量法

　　C. 行驶里程法　　　　　　　　D. 年数总和法

　　E. 双倍余额递减法

【答案】D、E

【解析】本题的考核点是固定资产折旧方法的原理和相关概念。

采用双倍余额递减法和年数总和法计提折旧，各年提取的折旧额必然逐年递减，都属于加速折旧的方法。

【例题 5·2016 年真题·多选题】固定资产双倍余额递减法折旧的特点有（　　）。

　　A. 计算折旧时不考虑固定资产预计净残值

　　B. 每年计算折旧的固定资产价值不变

　　C. 前期折旧额高，后期折旧额低

　　D. 折旧率逐年降低

　　E. 折旧年限比平均年限法折旧年限短

【答案】A、C

【解析】本题的考核点是固定资产折旧方法中的双倍余额递减法的方法和特点。

（1）双倍余额递减法，是在不考虑固定资产预计净残值的情况下，根据每年年初固定资产净值和双倍的直线法折旧率计算固定资产折旧额的一种方法。

（2）采用这种方法，固定资产账面余额随着折旧的计提逐年减少，而折旧率不变，因此，各期计提的折旧额必然逐年减少。

（3）双倍余额递减法是加速折旧的方法，是在不缩短折旧年限和不改变净残值率的情况下，改变固定资产折旧额在各年之间的分布，在固定资产使用前期提取较多的折旧，而在使用后期则提取较少的折旧。

1Z102023　工程成本的核算

核心考点一　工程成本及其核算的内容

根据《企业会计准则》，工程成本包括从建造合同签订开始至合同完成止所发生的、与执行合同有关的直接费用和间接费用。

1. 直接费用：为完成合同所发生的、可以直接计入合同成本核算对象的各项费用支出，包括：（1）耗用的人工费用；（2）耗用的材料费用；（3）耗用的机械使用费；（4）其他直接费用——施工过程中发生的材料二次搬运费、临时设施摊销费、生产工具用具使用费、检验试验费、工程定位复测费、工程点交费、场地清理费等。

2. 间接费用：企业下属的施工或生产单位为组织和管理施工生产活动所发生的费用。

（1）合同成本不包括应计入当期损益的管理费用、销售费用和财务费用。因订立合同而发生的有关费用，应当直接计入当期损益。

（2）间接费用包括临时设施摊销费用和施工单位管理人员工资、奖金、职工福利费、固定资产折旧费及修理费，物料消耗，低值易耗品摊销，取暖费，水电费，办公费，差旅费，财产保险费，检验试验费，工程保修费，劳动保护费，排污费及其他费用。间接费用不包括企业行政管理部门为组织和管理生产经营活动而发生的费用。

◆考法 1：工程成本核算的内容

【例题 1·2012 年真题·单选题】根据我国现行《企业会计准则》，不能列入工程成本支出的是（　　）。

　　A. 处置固定资产的净损失

　　B. 生产所耗用的人工费

　　C. 生产所耗用的材料费

　　D. 企业下属的施工单位为组织和管理施工生产活动所发生的费用

【答案】A

【解析】本题考查的是工程成本的核算内容。处置固定资产的净损失应该列入营业外支出。

【例题 2·2014 年真题·单选题】根据《企业会计准则》，属于工程成本直接费用的是（　　）。

　　A. 管理费用　　　　　　　　　　B. 销售费用

　　C. 财务费用　　　　　　　　　　D. 人工费用

【答案】D

【解析】直接费用包括耗用的材料费用、耗用的人工费用、耗用的机械使用费、其他直接费。

【例题 3·2019 年真题·多选题】从工程成本核算的角度，属于工程直接费用中机械使用费的有（　　）。

　　A. 施工企业总部车辆使用费

　　B. 施工过程中自有施工机械的使用费

　　C. 施工过程中自有施工机械的财产保险费

　　D. 工程施工租用外单位施工机械的租赁费

　　E. 施工机械安装、拆卸和进出场费

【答案】B、D、E

【解析】本题的考核点是工程成本核算的内容。

工程成本包括从建造合同签订开始至合同完成止所发生的、与执行合同有关的直接费用和间接费用。直接费用包括：（1）耗用的材料费用；（2）耗用的人工费用；（3）耗用的机械使用费；（4）其他直接费用。其中，机械使用费包括施工过程中使用自有施工机械所发生的机械使用费和租用外单位施工机械的租赁费，以及施工机械安装、拆卸和进出场费等。

◆考法 2：工程成本的计算

【例题 4·2013 年真题·单选题】某装饰企业施工的项目于 2012 年 10 月工程完工时

只发生材料费 36 万元，项目管理人员工资 8 万元，企业行政管理部门发生的水电费 2 万元，根据现行《企业会计准则》，应计入工程成本的费用为（　　）万元。

A. 30
B. 38
C. 32
D. 44

【答案】D

【解析】工程成本的费用包括与执行合同有关的直接费用和间接费用，企业行政管理部门发生的成本费属于企业管理费。因此，工程成本的费用为 36 ＋ 8 ＝ 44 万元。

核心考点二　工程成本核算的对象

《企业产品成本核算制度（试行）》（财会〔2013〕17 号）规定：

（1）建筑企业一般按照订立的单项合同确定成本核算对象。

（2）单项合同包括建造多项资产的，企业应当按照企业会计准则规定的合同分立原则，确定建造合同的成本核算对象。

（3）为建造一项或数项资产而签订一组合同的，按合同合并的原则，确定建造合同的成本核算对象。

◆考法：确定工程成本核算对象的方法

【例题·2014 年真题·单选题】关于施工企业确定工程成本核算对象的说法，正确的是（　　）。

A. 通常以单项建造合同作为施工工程成本核算的对象
B. 工程成本核算对象宜在开工前确定，也可以开工后确定
C. 不能按分立合同来确定工程成本核算对象
D. 不能按合并合同来确定工程成本核算对象

【答案】A

【解析】本题的考核点是工程成本核算对象的确定方法。

核心考点三　工程成本核算的原则

工程成本核算应遵循的主要原则：

（1）合法性原则。（2）分期核算原则。成本核算的分期应与会计核算的分期相一致，这样便于财务成果的确定。分期核算时，应满足配比要求。（3）相关性原则。（4）一致性原则。成本核算所采用的方法应前后一致。（5）实际成本计价原则。指成本核算要采用实际成本计价。（6）可靠性原则。保证成本核算可靠，一要真实，二要可核实。（7）权责发生制原则。（8）谨慎原则。（9）重要性原则。

◆考法：工程成本核算原则的内容

【例题 1·多选题】工程成本核算应按照企业会计准则要求，结合成本核算的特点进行。应遵循的主要原则有（　　）。

A. 重点工程为主原则
B. 实际成本核算原则
C. 权责发生制原则
D. 谨慎原则
E. 遵纪守法原则

【答案】B、C、D

【解析】本题的考核点是工程成本核算原则的内容。

【例题2·2022年真题·单选题】工程成本核算时，要求为取得本期收入而发生的成本和费用应与本期实现的收入在同一时期内确认入账，不得提前或延后，该要求体现了成本核算的（　　）原则。

A. 谨慎 　　　　　　　　　　B. 一贯性
C. 及时性 　　　　　　　　　D. 配比

【答案】D

【解析】本题的考核点是工程成本核算原则的内容。

工程成本核算原则中的配比原则，是指营业收入与其相对应的成本、费用应当相互配合，为取得本期收入而发生的成本和费用，应与本期实现的收入在同一时期内确认入账，不得脱节，也不得提前或延后，以便正确计算和考核项目经营成果。

核心考点四　工程成本核算程序

（1）确定成本核算对象，设置成本核算科目，开设成本明细账；（2）核算与分配各项生产费用；（3）计算期末工程成本（施工生产费用）；（4）计算年度合同费用；（5）计算竣工单位工程的实际成本和预算成本，编制单位工程竣工成本决算。

◆**考法：工程成本核算程序**

【例题·2015年真题·单选题】工程成本核算包括的环节有：① 核算与分配各项生产费用；② 确定成本核算对象，设置成本核算科目，开设成本明细账；③ 计算年度合同费用；④ 计算期末工程成本；⑤ 编制单位工程竣工成本决算。则正确的核算程序是（　　）。

A. ②①④③⑤ 　　　　　　　B. ①②③④⑤
C. ①②④③⑤ 　　　　　　　D. ②③①④⑤

【答案】A

【解析】本题的考核点是工程成本核算的程序。

1Z102024　施工企业期间费用的核算

核心考点　期间费用的核算

施工企业的期间费用主要包括管理费用和财务费用。

1. 管理费用。建筑安装企业行政管理部门为管理和组织经营活动而发生的各项费用，包括：管理人员工资、办公费、差旅交通费、固定资产使用费、工具用具使用费、劳动保险和职工福利费、劳动保护费、检验试验费、工会经费、职工教育经费、财产保险费、税金、其他（包括技术转让费、技术开发费、业务招待费、绿化费、广告费、公证费、法律顾问费、审计费、咨询费、保险费等）。

2. 财务费用。是指企业为施工生产筹集资金或提供预付款担保、履约担保、职工工资支付担保等所发生的费用。包括：

（1）利息支出。主要包括企业短期借款利息、长期借款利息、应付票据利息、票据贴现利息、应付债券利息、长期应付引进国外设备款利息等利息支出。

（2）汇兑损失。

（3）相关手续费。是指企业发行债券或其他融资、担保等活动所需支付的手续费，但不包括发行可转换债券、股票所支付的手续费等。

（4）其他财务费用。包括融资租入固定资产发生的融资租赁费用、企业发生的现金折扣或收到的现金折扣等。

3. 期间费用核算

施工企业管理费用和财务费用属于期间费用，不能像工程成本可以采用按月、分阶段和竣工后结算等多种方式，必须按月进行结算。

◆**考法：施工企业期间费用的构成内容**

【例题1·2020年真题·单选题】施工企业支付给银行的短期借款利息应计入企业的（　　）。

A. 管理费用　　　　　　　　　　B. 财务费用

C. 生产费用　　　　　　　　　　D. 销售费用

【答案】B

【解析】本题的考核点是期间费用中的财务费用包括的内容。

【例题2·2017年真题·单选题】施工企业向建设单位提供预付款担保产生的费用，属于（　　）。

A. 财务费　　　　　　　　　　　B. 财产保险费

C. 风险费　　　　　　　　　　　D. 办公费

【答案】A

【解析】本题的考核点是期间费用中财务费用包括的内容。

【例题3·2018年真题·单选题】施工企业向银行结售汇时发生的汇兑损失应计入企业的（　　）。

A. 财务费用　　　　　　　　　　B. 生产费用

C. 管理费用　　　　　　　　　　D. 间接费用

【答案】A

【解析】本题的考核点是期间费用中财务费用包括的内容。

【例题4·2019年真题·单选题】企业会计核算中，施工企业行政管理部门使用的固定资产的维修费用属于（　　）。

A. 财务费用　　　　　　　　　　B. 工程设备费用

C. 管理费用　　　　　　　　　　D. 施工机具使用费

【答案】C

【解析】本题的考核点是施工企业期间费用核算的内容。

1Z102030 收入

核心内容提纲

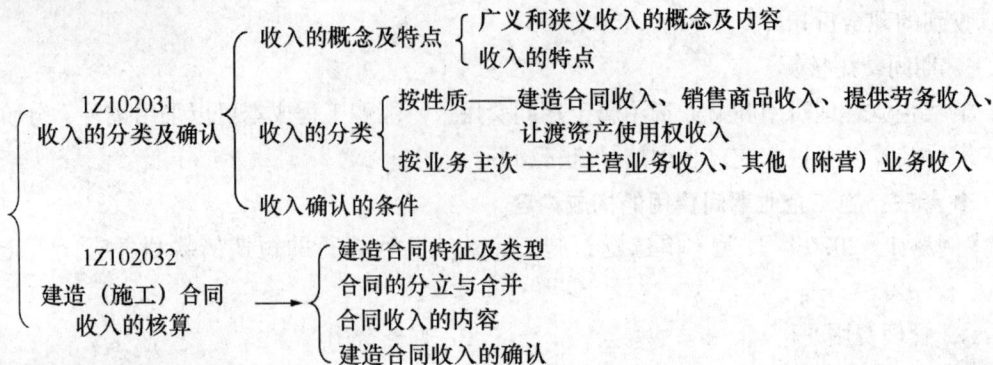

$$\text{1Z102031}\left\{\begin{array}{l}\text{收入的分类及确认}\end{array}\right.$$

收入的概念及特点 $\left\{\begin{array}{l}\text{广义和狭义收入的概念及内容}\\\text{收入的特点}\end{array}\right.$

收入的分类 $\left\{\begin{array}{l}\text{按性质——建造合同收入、销售商品收入、提供劳务收入、}\\\text{\qquad\qquad让渡资产使用权收入}\\\text{按业务主次——主营业务收入、其他（附营）业务收入}\end{array}\right.$

收入确认的条件

1Z102032
建造（施工）合同
收入的核算 $\longrightarrow$ $\left\{\begin{array}{l}\text{建造合同特征及类型}\\\text{合同的分立与合并}\\\text{合同收入的内容}\\\text{建造合同收入的确认}\end{array}\right.$

核心考点剖析

1Z102031 收入的分类及确认

核心考点一 收入的概念及特点

1. 收入的概念

狭义收入即营业收入，指在销售商品、提供劳务及让渡资产使用权等日常活动中形成的经济利益的总流入，包括主营业务收入和其他业务收入，不包括为第三方或客户代收的款项。

广义收入包括营业收入、投资收益、补贴收入和营业外收入。

2. 收入的特点

（1）收入从企业的日常活动中产生，而不是从偶发的交易或事项中产生。出售固定资产、接受捐赠等这种偶然发生的非正常活动产生的收入则不能作为企业的收入。（2）收入可能表现为企业资产的增加，也可能表现为企业负债的减少，或二者兼而有之。（3）收入能导致企业所有者权益的增加，收入是与所有者投入无关的经济利益的总流入。（4）收入只包括本企业经济利益的流入，不包括为第三方或客户代收的款项。

◆**考法1：广义、狭义收入的概念**

【例题1·2018年真题·单选题】2017年某施工企业施工合同收入为2000万元，兼营销售商品混凝土收入为500万元，出租起重机械收入为80万元，代收商品混凝土运输企业运杂费为100万元，则2017年该企业的营业收入为（　　　）万元。

A. 2680　　　　　　　　　　　B. 2580

C. 2500　　　　　　　　　　　D. 2000

【答案】B

【解析】本题的考核点是收入的概念及分类。

狭义上的收入，即营业收入，包括主营业务收入和其他业务收入。本题中的施工合同收入为施工企业的主营业务收入，兼营销售商品混凝土收入（产品销售收入）为施工企业的其他业务收入，出租起重机械收入（固定资产出租收入）为施工企业其他业务收入，代收的运杂费不构成本企业收入。

所以　2017年该企业的营业收入＝主营业务收入＋其他业务收入

$$= 2000 + （500 + 80）= 2580 万元$$

◆考法2：收入的特点

【例题2·2014年真题·单选题】施工企业收取的下列款项中，不能计入企业收入的是（　　）。

A. 代扣职工个人所得税
B. 收到的工程价款
C. 转让施工技术取得的收入
D. 销售材料价款的收入

【答案】A

【解析】本题的考核点是收入的概念及特点。

狭义上的收入，即营业收入，是指在销售商品、提供劳务及让渡资产使用权等日常活动中形成的经济利益的总流入，包括主营业务收入和其他业务收入，不包括为第三方或客户代收的款项。

【例题3·2018年真题·多选题】企业取得收入在会计核算中的表现形式可能有（　　）。

A. 预付账款增加
B. 银行存款增加
C. 库存现金减少
D. 应收账款增加
E. 预收账款减少

【答案】B、D、E

【解析】本题的考核点是收入的特点。

（1）收入可能表现为企业资产的增加，也可能表现为企业负债的减少，或二者兼而有之。

（2）本题还进一步要求掌握资产和负债这两个会计要素包括的内容。预付账款、银行存款、库存现金、应收账款是资产项目；预收账款是负债项目。

（3）预付账款虽然是资产项目，但其是购买业务发生的，与收入的取得无关。与收入取得有关的资产增加是：银行存款增加、应收账款增加。

（4）预收账款是与销售和提供劳务相关的负债项目，所以与收入取得有关的负债减少是：预收账款减少。

【例题4·2021年真题·多选题】销售商品或提供劳务取得的收入，对相关会计要素产生的影响可能有（　　）。

A. 资产增加
B. 所有者权益减少，负债增加
C. 资产减少，负债增加
D. 负债减少
E. 所有者权益增加

【答案】A、D、E

【解析】本题的考核点是收入的特点。

核心考点二　收入的分类

1. 按收入的性质分类

按收入的性质，企业的收入可以分为建造（施工）合同收入、销售商品收入、提供劳务收入和让渡资产使用权收入等。

（1）建造（施工）合同收入。其中建筑业企业为设计和建造房屋、道路等建筑物签订的合同也叫施工合同，按合同要求取得的收入成为施工合同收入。

（2）销售商品收入。建筑业企业销售商品收入包括产品销售和材料销售两类。

（3）提供劳务收入。建筑业企业提供劳务收入一般均为非主营业务，包括机械作业、运输服务、设计业务、产品安装、餐饮住宿等。

（4）让渡资产使用权收入。是指企业通过让渡资产使用权而取得的收入如利息收入、出租固定资产和无形资产的收入。

2. 按企业营业的主次分类

按企业营业的主次可分为主营业务收入和其他业务收入两部分。

建筑业企业的主营业务收入主要是建造（施工）合同收入。

建筑业企业的其他业务收入主要包括产品销售收入、材料销售收入、机械作业收入、无形资产出租收入、固定资产出租收入等。

◆**考法：收入分类的内容**

【例题1·2017年真题·单选题】在施工企业的下列收入中，属于让渡资产使用权收入的是（　　）。

A. 机械作业收入　　　　　　　　B. 运输服务收入

C. 利息收入　　　　　　　　　　D. 产品安装收入

【答案】C

【解析】本题的考核点是收入按性质的分类的相关内容。

按收入的性质，企业的收入可以分为：① 建造（施工）合同收入；② 销售商品收入；③ 提供劳务收入；④ 让渡资产使用权收入等。其中，让渡资产使用权收入是指企业通过让渡资产使用权而取得的收入，如金融企业发放贷款取得的收入，企业让渡无形资产使用权取得的收入等。

【例题2·2022年真题·多选题】建筑业企业取得的下列收入中，属于提供劳务收入的有（　　）。

A. 建造房屋取得的收入　　　　　　B. 销售商品混凝土取得的收入

C. 提供机械作业取得的收入　　　　D. 让渡无形资产使用权取得的收入

E. 提供设计业务取得的收入

【答案】C、E

【解析】本题的考核点是收入的分类。

【例题3·2022年真题·单选题】某销售合同履行过程中发生了合同变更，该变更增加了可明确区分的商品及合同价款，且新增合同价款反映了新增商品的单独售价，对此变更，在会计上的处理方式是（　　）。

A. 将原合同未履约部分与合同变更部分合并为新合同进行会计处理

B. 将该合同变更部分作为原合同的组成部分进行会计处理

C. 将原合同已履约部分与合同变更部分合并为新合同进行会计处理

D. 将该合同变更部分作为一份单独的合同进行会计处理

【答案】D

【解析】本题的考核点是收入确认的规则。

合同变更增加了可明确区分的商品及合同价款，且新增合同价款反映了新增商品单独售价的，应当将该合同变更部分作为一份单独的合同进行会计处理。

1Z102032　建造（施工）合同收入的核算

核心考点一　建造合同的特征和类型

1. 建造（施工）合同的特征

建造合同属于经济合同范畴，但它不同于一般的材料采购合同和劳务合同，是一种特殊类型的经济合同，其主要特征表现为：

（1）先有买主（及客户），后有标的（即资产），建造资产的工程范围、建设工期、工程质量和工程造价等内容在签订合同时已经确定。

（2）资产的建设期长，一般都要跨越一个会计年度，有的长达数年。

（3）所建造的资产体积大，造价高。

（4）建造合同一般为不可取消的合同。

2. 建造（施工）合同的类型

建造合同按照所含风险的承担者不同可分为固定造价合同与成本加成合同。

固定造价合同和成本加成合同的最大区别在于它们所含风险的承担者不同，固定造价合同的风险主要由承包人承担，而成本加成合同的风险主要由发包人承担。

◆**考法：建造合同特征和类型的相关概念**

【例题1·多选题】建造（施工）合同属于经济合同范畴，但它不同于一般的材料采购合同和劳务合同，其主要特征表现为（　　）。

A. 经发承包人双方协商，建造合同可以随时取消

B. 先有买主（及客户），后有标的（即资产）

C. 所建造的资产体积大、造价高

D. 资产的建设期长，一般都要跨越一个会计年度

E. 与一般的材料采购和劳务合同完全相同

【答案】B、C、D

【解析】本题的考核点是建造合同的特征。

【例题2·单选题】建造（施工）合同可分为固定造价合同和成本加成合同，关于这两种合同类型说法错误的是（　　）。

A. 固定造价合同和成本加成合同的最大区别在于它们所含风险的承担者不同

B. 固定造价合同的风险主要由承包人承担

C. 在成本加成合同中，如果在建造过程中料工费上涨，涨价的部分由发包人承担

D. 成本加成合同的风险主要由承包人承担

【答案】D

【解析】本题的考核点是建造合同类型及其特点。

核心考点二　合同的分立与合并

企业通常应当按照单项建造合同进行会计处理。但是，在某些情况下，为了反映一项或一组合同的实质，需要将单项合同进行分立或将数项合同进行合并。

1. 建造合同的分立

一项包括建造数项资产的建造合同，同时满足下列条件的，每项资产应当分立为单项合同：

（1）每项资产均有独立的建造计划；

（2）与客户就每项资产单独进行谈判，双方能够接受或拒绝与每项资产有关的合同条款；

（3）每项资产的收入和成本可以单独辨认。

2. 建造合同的合并

一组合同无论对应单个客户还是多个客户，同时满足下列条件的，应当合并为单项合同：

（1）该组合同按一揽子交易签订；

（2）该组合同密切相关，每项合同实际上已构成一项综合利润率工程的组成部分；

（3）该组合同时或依次履行。

◆考法：建造合同分立与合并的条件

【例题·多选题】在会计核算中，将一项包括建造多项资产的施工合同中的每项资产分立为单项合同处理，需要具备的条件有（　　　　）。

A. 每项资产均有独立的建造计划

B. 承包商业主双方能够接受或拒绝与每项资产有关的合同条款

C. 每项资产能够在一个会计年度完成并能确认收入

D. 每项资产的收入和成本、可以单独辨认

E. 各单项合同的结果能够可靠地估计

【答案】A、B、D

【解析】本题的考核点是建造合同分立的条件。

核心考点三　合同收入的内容

建造合同的收入包括两部分内容：合同规定的初始收入和因合同变更、索赔、奖励等形成的收入。

1. 合同变更款确认为合同收入的条件：（1）客户能够认可因变更而增加的收入；（2）该收入能够可靠地计量。

2. 索赔款确认为合同收入的条件：（1）根据谈判情况，预计对方能够同意该项索赔；（2）对方同意接受的金额能够可靠地计量。

3. 奖励款确认为合同收入的条件：（1）根据合同目前完成情况，足以判断工程进度和工程质量能够达到或超过规定的标准；（2）奖励金额能够可靠地计量。

◆**考法：建造合同收入的内容**

【例题1·单选题】建造合同收入包括合同规定的初始收入和（　　）形成的收入。

A. 材料销售、奖励 　　　　　　 B. 合同变更、索赔、奖励

C. 让渡资产使用权、索赔 　　　 D. 合同变更、劳务作业

【答案】B

【解析】本题的考核点是合同收入包括的内容。

【例题2·2020年真题·多选题】根据《企业会计准则》，合同执行过程中，合同变更形成的收入确认为合同收入时，应同时满足的条件有（　　）。

A. 合同变更增加了企业履约的义务　 B. 合同变更部分双方的义务已经开始履行

C. 客户能够认可因变更而增加的收入　 D. 客户已支付变更部分的相应款项

E. 该收入能够可靠地计量

【答案】C、E

【解析】本题的考核点是建造合同收入的内容。

建造合同收入包括合同规定的初始收入和因合同变更、索赔、奖励等形成的收入。其中，合同变更款应当同时满足下列条件时才能构成合同收入：

（1）客户能够认可因变更而增加的收入；（2）该收入能够可靠地计量。

核心考点四　建造（施工）合同收入的确认

要准确地进行合同收入的确认与计量，首先应判断建造合同的结果能否可靠地估计。① 如果建造合同能够可靠地估计，应在资产负债表日根据完工百分比法确认当期的合同收入。② 如果建造合同的结果不能可靠地估计，就不能根据完工百分比法确认合同收入

1. 固定造价合同结果能否可靠估计的标准

（1）合同总收入能够可靠地计量；

（2）与合同相关的经济利益很可能流入企业；

（3）实际发生的合同成本能够清楚地区分和可靠地计量；

（4）合同完工进度和为完成合同尚需发生的成本能够可靠地确定。

2. 成本加成合同的结果能否可靠估计的标准

成本加成合同的结果能否可靠估计，依据以下两个条件进行判断，如果同时满足两个条件，则成本加成合同的结果能够可靠估计：

（1）与合同相关的经济利益很可能流入企业；

（2）实际发生的合同成本能够清楚地区分和可靠地计量。

3. 完工百分比法

（1）确定建造（施工）合同完工进度方法

1）根据累计实际发生的合同成本占合同预计总成本的比例确定。该方法是一种投入衡量法，是确定合同完工进度常用的方法，其计算公式如下：

合同完工进度＝累计实际发生的合同成本 ÷ 合同预计总成本 ×100%

需要注意的是，累计实际发生的合同成本不包括施工中尚未安装或使用的材料成本等与合同未来活动相关的合同成本，也不包括在分包工程的工作量完成之前预付给分包单位的款项。

2）根据已经完成的合同工作量占合同预计总工作量的比例确定。该方法是一种产出衡量法，适用于合同工作量容易确定的建造（施工）合同。

合同完工进度＝已经完成的合同工程量 ÷ 合同预计总工程量 ×100%

3）根据已完成合同工作的技术测量确定。该方法是在上述两种方法无法确定合同完工进度时所采用的一种特殊的技术测量方法，适用于一些特殊的建造（施工）合同，如水下施工工程等。

（2）建造合同收入的确认

1）当期确认的合同收入＝实际合同总收入－以前会计期间累计已确认的收入

2）当期不能完成的建造（施工）合同，在资产负债表日，确认当期合同收入的计算公式如下：

当期确认的合同收入＝（合同总收入 × 完工进度）－以前会计期间累计已确认的收入

4. 合同结果不能可靠地估计时建造（施工）合同收入的确认

（1）合同成本能够回收的，合同收入根据能够收回的实际合同成本来确认，合同成本在其发生的当期确认为费用。

（2）合同成本不能回收的，应在发生时立即确认为费用，不确认收入。

◆**考法1：建造合同收入确认的方法**

【例题1·单选题】对于合同结果不能可靠地估计，合同成本能够确认收回的施工合同，其合同收入应按照（　　　）确认。

A. 合同初始收入   B. 实际合同成本＋合理利润

C. 已经发生的全部成本   D. 得到确认能够收回的实际合同成本

【答案】D

【解析】本题的考核点是合同结果不能可靠估计时建造合同收入的确认方法。

合同结果不能可靠估计，但合同成本确认能够回收的，合同收入根据能够收回的实际合同成本来确认，合同成本在其发生的当期确认为费用。

【例题2·2014年真题·多选题】确定建造（施工）合同完工进度的方法有（　　　）。

A. 根据实际合同收入与预计收入比例确定

B. 根据累计实际发生的合同成本占合同预计总成本的比例确定

C. 根据已经完成的合同工作量占合同预计总工作量的比例确定。

D. 根据已完成合同工作的技术测量确定

E. 根据合同初始价格与工程预算价格的比例确定

【答案】B、C、D

【解析】本题的考核点是完工百分比法下确定建造合同完工进度的方法。

【例题3·2013年真题·多选题】某建筑企业与甲公司签订了一项总造价为1000万元

的造价合同，建设期为 2 年。第 1 年实际发生工程成本 400 万元，双方均履行了合同规定义务，但在第 1 年末由于建筑企业对该项工程的完工进度无法可靠地估计，所以与甲公司只办理了工程款结算 360 万元，随后甲公司陷入经济危机而面临破产清算，导致其余款可能无法收回。则关于该合同收入与费用确认的说法正确的有（　　）。

A. 合同收入确认方法应采用完工百分比法

B. 1000 万元可确认为合同收入

C. 360 万元确认为当年的收入

D. 400 万元应确认为当年费用

E. 1000 万元可确认为合同费用

【答案】C、D

【解析】本题的考核点是合同结果不能可靠估计时建造合同收入的确认。

合同的结果无法可靠估计，但合同成本能够回收的，合同收入根据能够收回的实际合同成本来确认，合同成本在其发生的当期确认为费用。

故在本题中，该建筑公司第 1 年应确认的合同收入为 360 万元（能够收回的实际合同成本）；实际发生的合同成本 400 万元确认为第 1 年的费用。

◆ **考法 2：完工百分比法确认建造合同收入的计算**

【例题 4·2020 年真题·单选题】某施工企业与业主订立了一项总造价为 5000 万元的施工合同，合同工期为 3 年。第 1 年实际发生合同成本 1600 万元，年末预计为完成合同尚需发生成本 3000 万元，则第 1 年合同完工进度为（　　）。

A. 32.0%　　　　　　　　　　　　B. 34.8%

C. 53.3%　　　　　　　　　　　　D. 92.0%

【答案】B

【解析】本题的考核点是完工百分比法运用的第一步确定完工进度方法的运用。

第 1 年合同完工进度＝累计实际发生的合同成本／合同预计总成本 ×100%

＝ 1600/（1600 ＋ 3000）×100% ＝ 34.8%

【例题 5·2012 年真题·多选题】某总造价 5000 万元的固定总价建造合同，约定工期为 3 年。假定经计算期第 1 年完工进度为 30%，第 2 年完工进度为 70%，第 3 年全部完工交付使用。则关于合同收入确认的说法，正确的有（　　）。

A. 第 2 年确认的合同收入为 3500 万元　　B. 第 3 年确认的合同收入为 0

C. 第 1 年确认的合同收入为 1500 万元　　D. 第 3 年确认的合同收入少于第 2 年

E. 3 年累计确认的合同收入为 5000 万元

【答案】C、D、E

【解析】本题的考核点是用完工百分比法计算确认当期的合同收入。

当期确认的合同收入＝合同总收入 × 完工进度－以前会计期间累计已确认的收入

第 1 年确认的合同收入＝ 5000×30% ＝ 1500 万元

第 2 年确认的合同收入＝ 5000×70%－1500 ＝ 2000 万元

第 3 年确认的合同收入＝ 5000－（1500 ＋ 2000）＝ 1500 万元

3 年累计确认的合同收入＝ 1500 ＋ 2000 ＋ 1500 ＝ 5000 万元

【例题 6·2022 年真题·单选题】某施工合同项目预计总成本为 3000 万元，至第 1 年末，承包人自行施工部分累计实际发生的合同成本为 1200 万元，合同约定由承包人采购的已进场待安装工程设备 200 万元，已进场待使用的工程材料 100 万元，已预付分包工程款 150 万元（分包工作量尚未完成），则第 1 年末承包人的合同完工进度为（　　）。

A. 40%

B. 45%

C. 48%

D. 55%

【答案】A

【解析】本题的考核点是确定完工进度方法的运用。

合同完工进度 ＝ 累计实际发生的合同成本 ÷ 合同预计总成本 ×100%

＝ 1200/3000×100% ＝ 40%

需要注意的是，累计实际发生的合同成本不包括施工中尚未安装或使用的材料成本等与合同未来活动相关的合同成本，也不包括在分包工程的工作量完成之前预付给分包单位的款项。

1Z102040　利润和所得税费用

核 心 内 容 提 纲

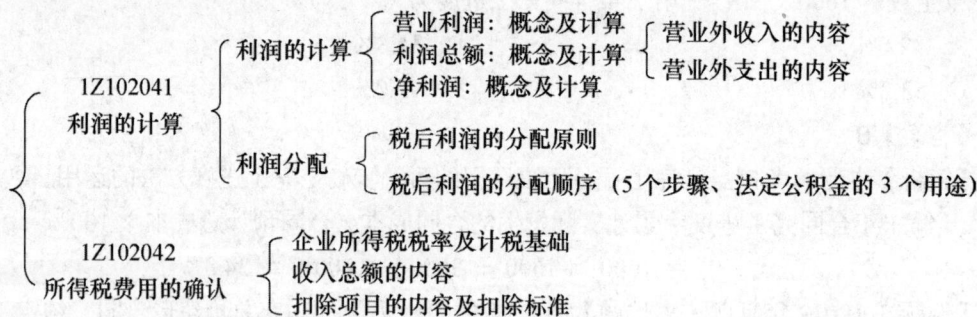

$$
\left\{
\begin{array}{l}
\text{1Z102041}\\
\text{利润的计算}
\end{array}
\right.
\left\{
\begin{array}{l}
\text{利润的计算}\left\{
\begin{array}{l}
\text{营业利润：概念及计算}\\
\text{利润总额：概念及计算}\left\{
\begin{array}{l}
\text{营业外收入的内容}\\
\text{营业外支出的内容}
\end{array}
\right.\\
\text{净利润：概念及计算}
\end{array}
\right.\\
\text{利润分配}\left\{
\begin{array}{l}
\text{税后利润的分配原则}\\
\text{税后利润的分配顺序（5个步骤、法定公积金的3个用途）}
\end{array}
\right.
\end{array}
\right.
$$

$$
\begin{array}{l}
\text{1Z102042}\\
\text{所得税费用的确认}
\end{array}
\left\{
\begin{array}{l}
\text{企业所得税税率及计税基础}\\
\text{收入总额的内容}\\
\text{扣除项目的内容及扣除标准}
\end{array}
\right.
$$

核 心 考 点 剖 析

1Z102041　利润的计算

核心考点一　利润的计算

1. 利润的概念

利润是企业在一定会计期间的经营成果所获得的各项收入抵减各项支出后的净额以及直接计入当期利润的利得和损失等。

2. 利润的三个计算公式及相关内容

（1）营业利润

营业利润＝营业收入－营业成本（或营业费用）－税金及附加－销售费用－管理费

用－财务费用－资产减值损失＋公允价值变动收益（损失为负）＋投资收益（损失为负）

（2）利润总额

$$利润总额＝营业利润＋营业外收入－营业外支出$$

营业外收入（或支出）是指企业发生的与其生产经营活动没有直接关系的各项收入（或支出）。营业外收入包括：① 固定资产盘盈；② 处置固定资产净收益；③ 处置无形资产净收益；④ 罚款净收入。营业外支出包括：① 固定资产盘亏；② 处置固定资产净损失；③ 处置无形资产净损失；④ 债务重组损失；⑤ 罚款支出；⑥ 捐赠支出；⑦ 非常损失。

注意：处置无形资产净收益（净损失）与无形资产出租收入的区别。无形资产出租收入是指转让无形资产使用权所获得的使用费收入，属于施工企业的其他业务收入；处置无形资产净收益（净损失）是指转让无形资产所有权产生的净收益（净损失），属于营业外收支。

（3）净利润

$$净利润＝利润总额－所得税费用$$

◆**考法1：利润的计算**

【例题1·2012年真题·单选题】某施工企业年度工程结算收入为3000万元，营业成本和营业税金及附加为2300万元，管理费用为200万元，财务费用为100万元，其他业务收入为200万元，投资收益为150万元，营业外收入为100万元，营业外支出为80万元，所得税为100万元，则企业营业利润为（　　）万元。

A. 500 　　　　　　　　　　 B. 520

C. 670 　　　　　　　　　　 D. 750

【答案】D

【解析】本题考查的是营业利润的计算。

$$营业利润＝3000－2300－200－100＋200＋150＝750万元。$$

【例题2·2018年真题·单选题】某施工企业2017年的经营业绩为：营业收入3000万元，营业成本1800万元，税金及附加180万元，期间费用320万元，投资收益8万元，营业外收入20万元。则该企业2017年的利润总额为（　　）万元。

A. 908 　　　　　　　　　　 B. 728

C. 720 　　　　　　　　　　 D. 700

【答案】B

【解析】本题的考核点是利润的计算。

$$利润总额＝营业利润＋营业外收入－营业外支出$$

营业利润＝营业收入－营业成本－税金及附加－期间费用（管理费用＋销售费用＋财务费用）＋投资收益

$$＝3000－1800－180－320＋8＝708万元$$

所以　　　　　　　　　　$$利润总额＝708＋20＝728万元$$

◆**考法2：利润计算的相关概念**

【例题3·2020年真题·单选题】下列事项中，会导致企业营业利润减少的是（　　）。

A. 固定资产盘亏   B. 所得税费用增加

C. 发生债务重组损失   D. 管理费用增加

【答案】D

【解析】本题的考核点是营业利润的计算。

【例题4·2011年真题·单选题】某企业因排放的污水超出当地市政污水排放标准而缴纳罚款200万元，财务上该笔罚款应计入企业的（　　　）。

A. 营业外支出   B. 销售费用

C. 管理费用   D. 营业费用

【答案】A

【解析】本题的考核点是营业外支出的内容。

【例题5·多选题】列入企业营业外支出项目的有（　　　）。

A. 捐赠支出   B. 固定资产盘亏

C. 非常损失   D. 所得税支出

E. 资产减值损失

【答案】A、B、C

【解析】本题的考核点是营业外支出的内容。

【例题6·多选题】下列关于企业利润的描述中，正确的有（　　　）。

A. 净利润＝利润总额－所得税费用

B. 利润总额＝营业利润＋营业外收入－营业外支出

C. 利润总额表现为企业净资产的增加

D. 营业利润是企业利润的主要来源

E. 营业利润包括企业对外投资收益

【答案】A、B、D、E

【解析】本题的考核点是利润和利润计算的相关概念。

核心考点二　利润分配

1. 税后利润分配原则

我国《公司法》规定的公司税后利润的分配原则可以概括为以下几个方面：

（1）依法分配原则。

（2）资本保全原则。利润的分配是对经营中资本增值额的分配，不是对资本金的返还。一般情况下，企业如果存在尚未弥补的亏损，应首先弥补亏损，再进行其他分配。

（3）充分保护债权人利益原则。企业必须在利润分配之前偿清所有债权人到期的债务，否则不能进行利润分配。

（4）多方及长短期利益兼顾原则。

（5）公司持有的本公司股份不得分配利润。

2. 税后利润的分配顺序

按照《公司法》，公司税后利润的分配顺序为：

（1）弥补公司以前年度亏损。

（2）提取法定公积金。我国公司法规定的公积金有两种：法定公积金和任意公积金。

法定公积金有专门的用途，一般包括以下三个方面的用途：① 弥补亏损。② 扩大公司生产经营。③ 增加公司注册资本。《公司法》第一百六十九条第二款规定："法定公积金转为资本时，所留存的该项公积金不得少于转增前公司注册资本的百分之二十五"。

（3）经股东会或者股东大会决议提取任意公积金。

（4）向投资者分配的利润或股利。

（5）未分配利润

◆ **考法：税后利润分配顺序**

【例题1·2011年真题·多选题】公司进行利润分配时，应在提取任意公积金前分配的有（　　）。

　A. 向投资者分配利润　　　　　　　B. 向股东分配股利

　C. 提取留作以后年度分配的利润　　D. 弥补公司以前年度亏损

　E. 提取法定公积金

【答案】D、E

【解析】本题的考核点是税后利润的分配顺序。

【例题2·单选题】企业实现的净利润应按照有关规定进行分配，其分配顺序如下所述正确的是（　　）。

（1）弥补以前年度亏损；（2）提取法定公积金；（3）提取任意公积金；（4）未分配利润；（5）向投资者分配利润。

　A.（1）→（2）→（3）→（5）→（4）　B.（4）→（2）→（3）→（1）→（5）

　C.（2）→（3）→（1）→（4）→（5）　D.（1）→（3）→（2）→（4）→（5）

【答案】A

【解析】本题的考核点是税后利润的分配顺序。

1Z102042　所得税费用的确认

核心考点　所得税的概念及计税基础

1. 所得税的概念

所得税是指企业就其生产、经营所得和其他所得按规定交纳的税金，是根据应纳税所得额计算的。

企业所得税的税率为25%。非居民企业的适用税率为20%。

2. 所得税的计算基础

所得税的计税基础是应纳税所得额。

$$应纳税所得额 = 收入总额 - 不征税收入 - 免税收入 - 各项扣除项目金额 - 允许弥补的以前年度亏损$$

（1）收入总额

——销售货物收入、提供劳务收入、转让财产收入、股息和红利等权益性投资收益、利息收入、租金收入、特许权使用费收入、接受捐赠收入、其他收入。

（2）不征税收入。

——财政拨款、行政事业型收费和政府性基金。

（3）了解各项扣除项目内容。

① 企业实际发生的与取得收入有关的、合理的支出，包括成本、费用、税金、损失和其他支出，准予在计算应纳税所得额时扣除。

② 企业发生的公益性捐赠支出，在年度利润总额 12% 以内的部分，准予在计算应纳税所得额时扣除。

③ 在计算应纳税所得额时，下列支出不得扣除：

1）向投资者支付的股息、红利等权益性投资收益款项；2）企业所得税税款；3）税收滞纳金；4）罚金、罚款和被没收财物的损失；5）《企业所得税法》第九条规定以外的捐赠支出；6）赞助支出；7）未经核定的准备金支出；8）与取得收入无关的其他支出。

④ 在计算应纳税所得额时，企业按照规定计算的固定资产折旧，准予扣除。但下列固定资产不得计算折旧扣除：1）房屋、建筑物以外未投入使用的固定资产；2）以经营租赁方式租入的固定资产；3）以融资租赁方式租出的固定资产；4）已足额提取折旧仍继续使用的固定资产；5）与经营活动无关的固定资产；6）单独估价作为固定资产入账的土地；7）其他不得计算折旧扣除的固定资产。

⑤ 企业对外投资期间，投资资产的成本在计算应纳税所得额时不得扣除。

⑥ 企业纳税年度发生的亏损，准予向以后年度结转，用以后年度的所得弥补，但结转年限最长不得超过 5 年。

⑦ 无形资产按照直线法计算的摊销费用，准予扣除。无形资产的摊销年限不得低于10 年。

了解其他扣除项目的相关计税规定。

3. 所得税费用的确认

$$应纳税额＝应纳税所得额 \times 适用税率－减免税额－抵免税额$$

◆**考法**：应纳税所得额计算时，各项扣除项目的内容及标准

【例题 1·2014 年真题·单选题】计算企业应纳税所得额时，不能从收入中扣除的支出是（　　）。

A. 销售成本
B. 坏账损失
C. 税收滞纳金
D. 存货盘亏损失

【答案】C

【解析】本题考查的是所得税的计税基础应纳税所得额时扣除项目的内容。

【例题 2·2015 年真题·单选题】某施工企业 2014 年度利润总额 8000 万元，企业当年发生公益性捐赠支出 1000 万元，则在计算 2014 年应纳税所得额时该笔捐赠支出准予扣除的最大金额是（　　）万元。

A. 960
B. 1000
C. 250
D. 125

【答案】A

【解析】本题的考核点是应纳税所得额计算时关于税前准予扣除的公益性捐赠额度。

企业发生的公益性捐赠支出，在年度利润总额 12% 以内的部分，准予在计算应纳税所得额时扣除。

扣除限额：8000×12% = 960（万元）< 1000 万元（实际捐赠额），因此，税前准予扣除 960 万元。

【例题 3·2022 年真题·单选题】核算企业一定时期应纳税所得额时，下列收入中，属于不征税收入的是（　　）。

A. 提供专利使用权取得的收入　　　　B. 转让财产收入

C. 接受捐赠取得的收入　　　　　　　D. 接受财政拨款取得的收入

【答案】D

【解析】本题的考核点是应纳税所得额计算的相关规定。

【例题 4·2021 年真题·单选题】企业计算某一时期应纳税所得额时，下列固定资产中，不得计算折旧扣除的是（　　）。

A. 已足额提取折旧但仍继续使用的固定资产

B. 以经营租赁方式租出的固定资产

C. 以融资租赁方式租入的固定资产

D. 已建成未投入使用的房屋、建筑物

【答案】A

【解析】本题的考核点是应纳税所得额计算中扣除固定资产折旧的相关内容。

1Z102050　企业财务报表

核心内容提纲

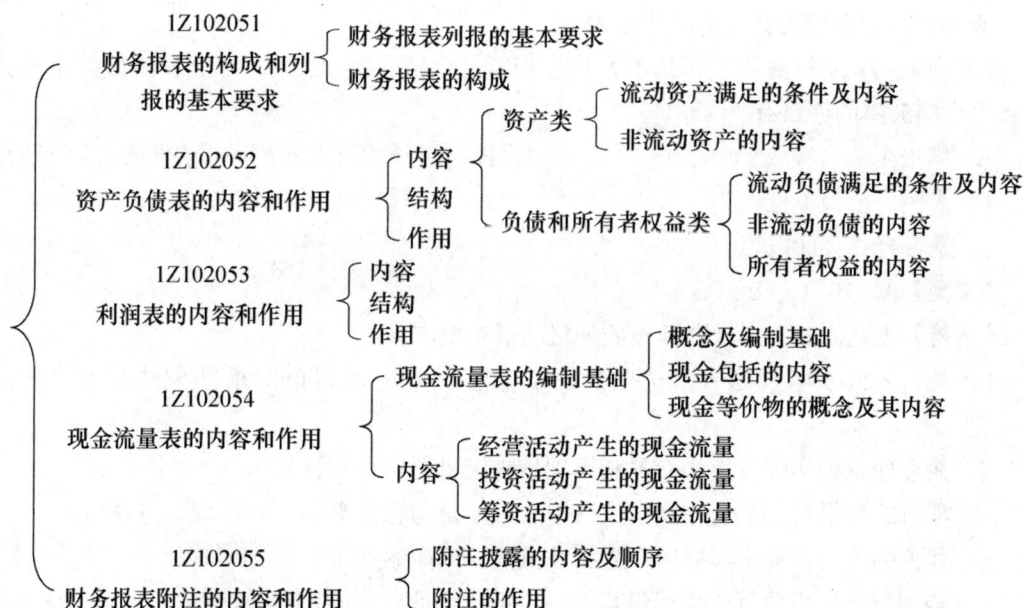

- 1Z102051 财务报表的构成和列报的基本要求
  - 财务报表列报的基本要求
  - 财务报表的构成
- 1Z102052 资产负债表的内容和作用
  - 内容
  - 结构
  - 作用
    - 资产类
      - 流动资产满足的条件及内容
      - 非流动资产的内容
    - 负债和所有者权益类
      - 流动负债满足的条件及内容
      - 非流动负债的内容
      - 所有者权益的内容
- 1Z102053 利润表的内容和作用
  - 内容
  - 结构
  - 作用
- 1Z102054 现金流量表的内容和作用
  - 现金流量表的编制基础
    - 概念及编制基础
    - 现金包括的内容
    - 现金等价物的概念及其内容
  - 内容
    - 经营活动产生的现金流量
    - 投资活动产生的现金流量
    - 筹资活动产生的现金流量
- 1Z102055 财务报表附注的内容和作用
  - 附注披露的内容及顺序
  - 附注的作用

核心考点剖析

1Z102051 财务报表的构成和列报的基本要求

核心考点一 财务报表列报的基本要求

《企业会计准则》对编制财务报表列报的基本要求包括以下九个方面：

（1）企业应该依据实际发生的交易和事项，遵循《企业会计准则》的所有规定进行确认和计量，并在此基础上编制财务报表。

（2）企业应以持续经营为会计确认、计量和编制会计报表的基础。

（3）除现金流量表按照收付实现制编制外，企业应当按照权责发生制编制其他财务报表。

（4）财务报表项目的列报应当在各个会计期间保持一致，不得随意变更。

（5）重要项目单独列报。重要性应当根据企业所处环境，从项目的性质和金额大小两方面予以判断。

（6）财务报表项目应当以总额列报，资产和负债、收入和费用、直接计入当期利润的利得和损失项目的金额不能相互抵消，即不得以净额列报，除非会计准则另有规定。

（7）企业在列报当期财务报表时，应当至少提供所有列报项目与上一个可比会计期间的比较数据，以及与理解当期财务报表相关的说明。

（8）财务报表一般分表首和正表两部分。企业应当在财务报表的表首部分概括说明下列各项：编报企业的名称；资产负债表日或财务报表涵盖的会计期间；人民币金额单位；财务报表是合并财务报表的，应当予以标明。

（9）企业至少应当编制年度财务报表。《中华人民共和国会计法》规定的会计年度自公历1月1日起至12月31日止。

◆ **考法：财务报表列报的基本要求**

【例题1·2014年真题·多选题】根据现行《企业会计准则》，企业在财务报表显著位置至少应披露的项目有（　　）。

A. 编报企业名称　　　　　　　　B. 资产负债表日或财务报表涵盖的会计期间

C. 人民币金额单位　　　　　　　D. 企业财务负责人姓名

E. 是否合并会计报表

【答案】A、B、C、E

【解析】本题的考核点是财务报表列报的基本要求。

【例题2·2015年真题·多选题】关于企业财务报表列报要求的说法，正确的有（　　）。

A. 企业应依据实际发生的交易和事项依规定进行确认和计量

B. 项目的列报在各个会计期间保持一致，不得随意变更

C. 相关的收入和费用项目应事先相互抵消，以净额列报

D. 当期所有列报项目至少提供与上一个可比会计期间的比较数据

E. 年度报表涵盖期间少于一年的应说明原因

【答案】A、B、D、E

【解析】本题的考核点是财务报表列报的基本要求。

【例题3·2018年真题·单选题】按照收付实现制编制的企业财务报表是（　　）。

A. 资产负债表　　　　　　　　　　B. 利润表

C. 所有者权益变动表　　　　　　　D. 现金流量表

【答案】D

【解析】本题的考核点是财务报表列报的基本要求及报表的相关概念。

《企业会计准则》对编制财务报表列报的基本要求指出：除现金流量表按照收付实现制编制外，企业应当按照权责发生制编制其他财务报表。

核心考点二　财务报表的构成

1. 财务报表由报表本身及其附注两部分构成，附注是财务报表的有机组成部分。

2. 报表至少应当包括：资产负债表，利润表、现金流量表、所有者权益（或股东权益）变动表。

3. 财务报表的这些组成部分具有同等的重要程度。

◆**考法：财务报表的内容**

【例题·2012年真题·多选题】根据我国现行《企业会计准则》，企业财务报表至少应当包括（　　）。

A. 资产负债表　　　　　　　　　　B. 利润表

C. 现金流量表　　　　　　　　　　D. 所有者权益变动表

E. 成本分析表

【答案】A、B、C、D

【解析】本题考查的是财务报表的构成。

1Z102052　资产负债表的内容和作用

核心考点　资产负债表的内容和作用

1. 资产负债表的内容

资产负债表是反映企业在某一特定日期财务状况的报表。

2. 资产负债表的内容

在资产负债表中有两部分内容：

第一部分是资产类，资产按其流动性大小顺序排列，分为流动资产和非流动资产列示。

（1）流动资产

资产满足下列条件之一的，应当归类为流动资产：① 预计在一个正常营业周期中变现、出售或耗用。② 主要为交易目的而持有。③ 预计在资产负债表日起一年内（含一年，下同）变现。④ 自资产负债表日起一年内，交换其他资产或清偿负债的能力不受限制的现金或现金等价物。

（2）非流动资产

流动资产以外的资产应当归类为非流动资产，并应按其性质分类列示。

第二部分是负债和所有者权益类，负债按照必须支付的时间顺序排列，分类流动负债和非流动负债列示。

（1）流动负债

负债满足下列条件之一的，应当归类为流动负债：① 预计在一个正常营业周期中清偿。② 主要为交易目的而持有。③ 自资产负债表日起一年内到期应予以清偿。④ 企业无权自主地将清偿推迟至资产负债表日后一年以上。

（2）非流动负债

流动负债以外的负债应当归类为非流动负债。

在判断负债的流动性时需注意：① 对于在资产负债表日起一年内到期的负债，企业预计能够自主地将清偿义务展期至资产负债表日后一年以上的，应当归类为非流动负债；不能自主地将清偿义务展期的，即使在资产负债表日后、财务报告批准报出日前签订了重新安排清偿计划协议，该项负债仍应归类为流动负债。② 企业在资产负债表日或之前违反了长期借款协议，导致贷款人可随时要求清偿的负债，应当归类为流动负债。贷款人在资产负债表日或之前同意提供在资产负债表日后一年以上的宽限期，企业能够在此期限内改正违约行为，且贷款人不能要求随时清偿，该项负债应当归类为非流动负债。

（3）所有者权益

所有者权益类至少应当单独列示反映下列信息项目：实收资本（或股本）、资本公积、盈余公积和未分配利润。

3. 资产负债表的结构

资产负债表采用账户式资产负债表，该表为左右结构，左边列示资产，反映全部资产的分布及存在形态；右边列示负债和所有者权益，反映全部负债和所有者权益的内容和构成情况。

4. 资产负债表的作用

（1）能够反映企业在某一特定日期所拥有的各种资源总量及其分布情况，可以分析企业的资产构成，以便及时进行调整。

（2）能够反映企业的偿债能力，可以提供某一日期的负债总额及其结构，表明企业未来需要用多少资产或劳务清偿债务以及清偿时间。

（3）能够反映企业在某一特定日期企业所有者权益的构成情况，可以判断资本保值、增值的情况以及对负债的保障程度。

◆考法：资产负债表的内容和作用

【例题1·2022年真题·单选题】账户式资产负债表右侧列示的内容是（　　）。

A. 资产和负债　　　　　　　　　　B. 资产和所有者权益

C. 负债和所有者权益　　　　　　　D. 货币资金和所有者权益

【答案】C

【解析】本题的考核点是资产负债表的结构。

【例题2·2016年真题·多选题】编制资产负债表时应该归类为流动资产的有（　　）。

A. 预计在一个正常营业周期中变现、出售或耗用的资产

B. 主要为投资目的而持有的资产

C. 预计在资产负债表日起一年内变现的资产

D. 自资产负债表日起一年内，交换其他资产的能力不受限制的现金等价物

E. 自资产负债表日起一年内，清偿负债的能力不受限制的现金

【答案】A、C、D、E

【解析】本题的考核点资产负债表中流动资产应满足的条件。

【例题3·2017年真题·单选题】下列企业资产中，属于资产负债表中非流动资产的是（　　）。

A. 交易性金融资产　　　　　　　B. 存货

C. 预付款项　　　　　　　　　　D. 可供出售金融资产

【答案】D

【解析】本题的考核点是资产负债表列示的内容。

可供出售的金融资产属于非流动资产项目。交易性金融资产、存货和预付款项都属于流动资产项目。

【例题4·2018年真题·单选题】资产负债表中的资产类项目是按照资产的（　　）顺序排列。

A. 金额从小到大　　　　　　　　B. 购置时间从先到后

C. 成新率从高到低　　　　　　　D. 流动性从大到小

【答案】D

【解析】本题的考核点是资产负债表的内容和结构。

【例题5·2018年真题·单选题】编制资产负债表时，企业在资产负债表日之前违反了长期借款协议，导致贷款人可随时要求清偿的负债，应当归类为（　　）。

A. 长期借款　　　　　　　　　　B. 流动负债

C. 长期待摊费用　　　　　　　　D. 预计负债

【答案】B

【解析】本题的考核点是资产负债的内容构成。

【例题6·2020年真题·单选题】某企业有一笔无法收回的应收账款，在会计核算上作为坏账被注销，而债务不变，则反映在资产负债表上的结果是（　　）。

A. 所有者权益减少　　　　　　　B. 所有者权益增加

C. 长期待摊费用减少　　　　　　D. 流动资产增加

【答案】A

【解析】本题的考核点是资产负债表的内容构成。

由于资产＝负债＋所有者权益，所有者权益受企业资产影响，如果企业资产出现损失，例如应收账款没有收回，作为坏账被注销，而债务不变，则股东权益将减少。

1Z102053　利润表的内容和作用

核心考点　利润表的内容和结构

1. 利润表的内容

利润表是反映企业在一定会计期间的经营成果的财务报表。利润表的列报必须充分反映企业经营业绩的主要来源和构成，有助于使用者判断净利润表的质量和风险，有助于使用者预测净利润的持续性，从而做出正确的决策。

利润表主要反映以下几个方面的内容：

（1）营业收入，由主营业务收入和其他业务收入组成。

（2）营业利润，营业收入减去营业成本、税金及附加、销售费用、管理费用、研发费用、财务费用、信用减值损失、资产减值损失，加上其他收益、公允价值变动收益、投资收益、净敞口套期收益、资产处置收益，即为营业利润。

（3）利润总额，营业利润加上营业外收入，减去营业外支出，即为利润总额。

（4）净利润，利润总额减去所得税费用，即为净利润。

（5）其他综合收益。

（6）综合收益总额——综合收益总额＝净利润＋其他综合收益净额

（7）每股收益。

2. 利润表的结构

我国采用的是多步式利润表。

3. 利润表的作用

（1）利润表能反映企业在一定期间的收入实现和费用耗费情况以及获得利润或发生亏损的数额，表明企业投入和产出之间的关系；

（2）通过利润表提供的不同时期的比较数字，可以分析判断企业损益发展变化的趋势，预测企业未来的盈利能力；

（3）通过利润表可以考核企业经营成果以及利润计划的执行情况，分析企业利润增减变化原因。

◆**考法：利润表的内容和作用**

【例题1·2021年真题·多选题】关于利润表作用的说法，正确的有（　　　　）。

A. 通过利润表可以分析企业现金流量的发生及结余情况

B. 通过利润表可以分析判断企业损益变化的趋势

C. 通过利润表可以了解企业一定期间的收入实现和费用耗费情况

D. 通过利润表可以考核企业的经营成果以及利润计划的执行情况

E. 通过利润表可以分析企业资产负债的变动情况

【答案】B、C、D

【解析】本题的考核点是利润表的作用。

【例题2·2014年真题·单选题】利润表示反映企业（　　　）的财务报表。

A. 一定会计期间资产盈利能力　　　　　　B. 一定会计期间经验成果

C. 某一会计时点财务状况　　　　　　D. 一定会计期间财务状况

【答案】A

【解析】利润表是反映企业在一定期间的经营成果的财物报表。

1Z102054　现金流量表的内容和作用

核心考点一　现金流量表的编制基础

1. 现金流量表是反映企业一定会计期间现金和现金等价物流入和流出的财务报表，它属于动态的财务报表。

2. 现金包括：①库存现金；②可以随时用于支付的存款；③其他货币资金。

3. 现金等价物

（1）现金等价物，是指企业持有的期限短、流动性强、易于转换为已知金额的现金、价值变动风险小的短期投资。

（2）作为现金等价物的短期投资必须同时满足以下四个条件：①期限短；②流动性强；③易于转换为已知金额的现金；④价值变动风险小。

（3）可以列为现金等价物：①从购买日起三个月到期或清偿的国库券；②货币市场基金；③可转换定期存单；④银行本票；⑤银行承兑汇票。

注意：企业短期购入的可流通的股票，尽管期限短，变现的能力也很强，但由于其变现的金额并不确定，其价值变动的风险较大，因而不属于现金等价物。

◆ 考法1：现金等价物的内容

【例题1·2016年真题·多选题】企业持有的可作为现金等价物的资产有（　　　）。

A. 购买日起三个月到期的国库券　　　B. 银行承兑汇票

C. 企业作为短期投资购入的普通股票　　D. 可转换定期存单

E. 货币市场基金

【答案】A、B、D、E

【解析】本题的考核点现金流量表编制基础的现金等价物包括的内容。

◆ 考法2：现金等价物的特点

【例题2·2022年真题·单选题】企业编制现金流量表时，短期投资视为现金等价物必须同时具备的条件是期限短、流动性强、易于转换为已知金额的现金以及（　　　）。

A. 价值变动风险小　　　　　　　　　B. 投资数额小

C. 预期收益高　　　　　　　　　　　D. 转换方式多

【答案】A

【解析】本题的考核点是现金等价物的概念。

【例题3·2019年真题·多选题】在编制企业财务报告中的现金流量表时，可视为现金和现金等价物的有（　　　）。

A. 可随时用于支付的其他货币资金　　B. 可转换定期存单

C. 企业短期购入的可流通的股票　　　D. 银行承兑汇票

E. 三个月到期的国库券

【答案】A、B、D、E

【解析】本题的考核点是现金流量表编制基础的内容。

核心考点二　现金流量表的内容

现金流量表的内容包括：经营活动、投资活动和筹资活动产生的现金流量。

1. 经营活动产生的现金流量

经营活动是指企业投资活动和筹资活动以外的所有交易和事项。施工企业的经营活动主要包括：承发包工程、销售商品、提供劳务、经营性租赁、购买材料物资、接受劳务、支付税费等。经营活动的现金流量主要包括：（1）销售商品、提供劳务收到的现金；（2）收到的税费返还；（3）收到的其他与经营活动有关的现金；（4）购买商品、接受劳务支付的现金；（5）支付给职工以及为职工支付的现金；（6）支付的各项税费；（7）支付的其他与经营活动有关的现金。

2. 投资活动产生的现金流量

投资活动是指企业长期资产的购建和不包括在现金等价物范围的投资及其处置活动。投资活动产生的现金流量包括：（1）收回投资所收到的现金；（2）取得投资收益所收到的现金；（3）处置固定资产、无形资产和其他长期资产所收回的现金净额；（4）处置子公司及其他营业单位收到的现金净额；（5）收到的其他与投资活动有关的现金；（6）购建固定资产、无形资产和其他长期资产所支付的现金；（7）投资所支付的现金；（8）取得子公司及其他营业单位支付的现金净额；（9）支付的其他与投资活动有关的现金。

3. 筹资活动产生的现金流量

筹资活动是指导致企业资本及债务规模和构成发生变化的活动。筹资活动产生的现金流量包括：（1）吸收投资所收到的现金；（2）取得借款所收到的现金；（3）收到的其他与筹资活动有关的现金；（4）偿还债务所支付的现金；（5）分配股利、利润或偿付利息所支付的现金；（6）支付的其他与筹资活动有关的现金。

◆ **考法 1：经营活动现金流量的内容**

【例题 1·2018 年真题·多选题】企业现金流量表中，属于经营活动产生的现金流量有（　　）。

A. 收到的税费返还　　　　　　　　B. 购买商品支付的现金

C. 收回投资收到的现金　　　　　　D. 吸收投资收到的现金

E. 偿还债务支付的现金

【答案】A、B

【解析】本题的考核点是现金流量表的内容构成。

【例题 2·2019 年真题·单选题】某建筑企业的现金流量表中，承包工程产生的现金流量属于（　　）产生的现金流量。

A. 投资活动　　　　　　　　　　　B. 资产处置活动

C. 经营活动　　　　　　　　　　　D. 筹资活动

【答案】C

【解析】本题的考核点是现金流量表的内容。

施工企业的经营活动主要包括：承发包工程、销售商品、提供劳务、经营性租赁、购买材料物资、接受劳务、支付税费等。

◆**考法2：筹资活动现金流量**

【例题3·2013年真题·单选题】下列经济活动产生的现金中，不属于筹资活动产生的现金流量是（　　）。

A. 处置子公司收到的现金净额　　　　B. 取得借款收到的现金

C. 分配股利支付的现金　　　　　　　D. 偿还债务支付的现金

【答案】A

【解析】掌握经营活动、投资活动、筹资活动现金流量的内容。

◆**考法3：投资活动现金流量**

【例题4·单选题】施工总承包企业为扩大生产购买大型塔式起重机产生的现金流量属于（　　）。

A. 投资活动产生的现金流量　　　　　B. 筹资活动产生的现金流量

C. 经营活动产生的现金流量　　　　　D. 生产活动产生的现金流量

【答案】A

【解析】本题考核点是投资活动包括的业务内容。

1Z102055　财务报表附注的内容和作用

核心考点　财务报表附注的内容和作用

1. 财务报表附注的主要内容

《企业会计准则（2006）》规定，附注应当披露财务报表的编制基础。附注一般按下列顺序披露：（1）企业的基本情况；（2）财务报表的编制基础；（3）遵循企业会计准则的声明；（4）重要会计政策的说明和重要会计估计的说明；（5）会计政策和会计估计变更以及差错更正的说明；（6）报表重要项目的说明；（7）或有和承诺事项、资产负债表日后非调整事项、关联方关系及其交易等需要说明的事项；（8）助于会计报表使用者评价企业管理资本的目标、政策和程序的信息。

2. 财务报表附注的作用

财务报表附注是对财务报表的补充。

◆**考法1：财务报表附注的作用**

【例题1·单选题】财务报表附注是对在资产负债表、利润表、现金流量表和所有者权益变动表等报表中列示项目的文字描述或明细资料，以及为未能在这些报表中列示项目的说明，其作用是（　　）。

A. 编制财务报表的基础　　　　　　　B. 对主要财务指标进行分析

C. 对财务报表的补充　　　　　　　　D. 分析企业的发展趋势

【答案】C

【解析】财务报表附注的作用，是对财务报表的补充。

【例题 2·2017 年真题·单选题】关于财务报表附注的说法，错误的是（　　　）。

A. 附注应对财务报表中的每一项目做出进一步说明

B. 附注应当披露财务报表的编制基础

C. 附注是对财务报表中列示的重要项目的进一步文字说明或明细资料

D. 附注是对财务报表的补充

【答案】A

【解析】本题的考核点是财务报表附注披露的内容。

1Z102060　财务分析

核 心 内 容 提 纲

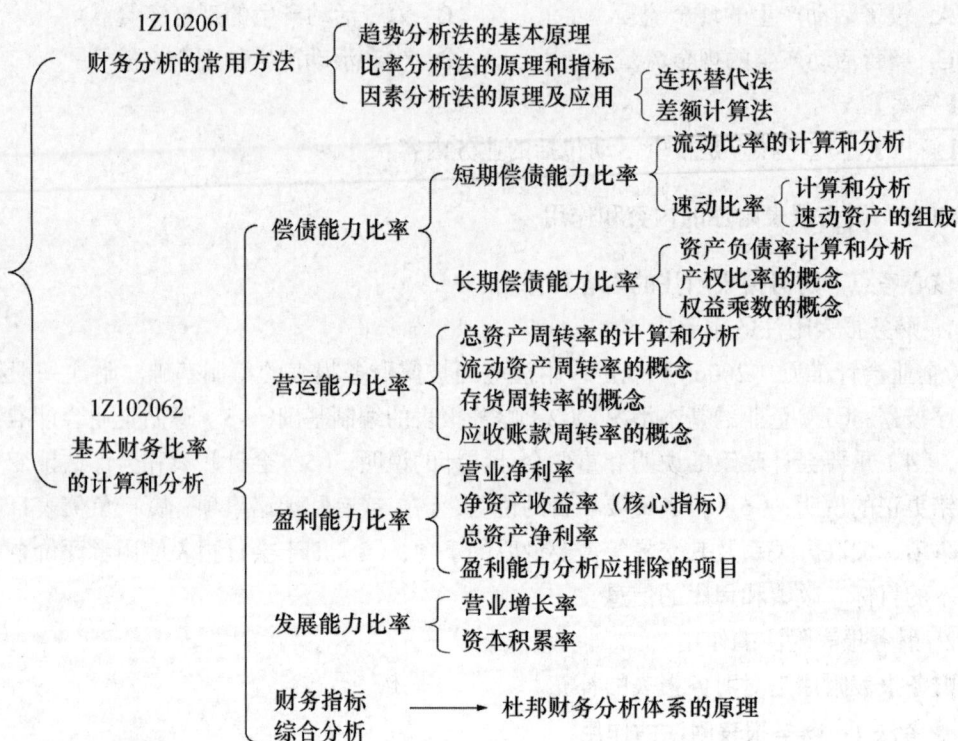

```
                                      ┌ 趋势分析法的基本原理
          1Z102061                    │ 比率分析法的原理和指标
          财务分析的常用方法      ┤                              ┌ 连环替代法
                                      └ 因素分析法的原理及应用 ┤
                                                                    └ 差额计算法
                                                                            ┌ 流动比率的计算和分析
                                          ┌ 短期偿债能力比率 ┤                    ┌ 计算和分析
                                          │                      └ 速动比率 ┤
                          ┌ 偿债能力比率 ┤                                  └ 速动资产的组成
                          │              │                      ┌ 资产负债率计算和分析
                          │              └ 长期偿债能力比率 ┤ 产权比率的概念
                          │                                      └ 权益乘数的概念
                          │                      ┌ 总资产周转率的计算和分析
                          │                      │ 流动资产周转率的概念
                          │ 营运能力比率 ┤ 存货周转率的概念
          1Z102062        │                      └ 应收账款周转率的概念
          基本财务比率  ┤                      ┌ 营业净利率
          的计算和分析    │                      │ 净资产收益率（核心指标）
                          │ 盈利能力比率 ┤ 总资产净利率
                          │                      └ 盈利能力分析应排除的项目
                          │                      ┌ 营业增长率
                          │ 发展能力比率 ┤
                          │                      └ 资本积累率
                          │ 财务指标
                          └ 综合分析      ──→ 杜邦财务分析体系的原理
```

核 心 考 点 剖 析

1Z102061　财务分析的常用方法

核心考点　财务分析的常用方法

财务分析的方法主要包括：趋势分析法、比率分析法和因素分析法。

1. 趋势分析法

趋势分析法又称水平分析法，是通过对比两期或连续数期财务报告中相同指标，确定其增减变化的方向、数额和幅度，来说明企业财务状况、经营成果和现金流量变动趋势的分析方法。采用该方法，可以分析变化的原因和性质，并预测企业未来的发展前景。

采用趋势分析法对不同时期财务指标的比较，可以有定基指数和环比指数两种方法。

2. 比率分析法

比率分析法是通过计算各种比率来确定经济活动变动程度的分析方法。比率分析法是财务分析的最基本、最重要的方法。常用的比率主要有三种：① 构成比率；② 效率比率；③ 相关比率。

3. 因素分析法

（1）概念：因素分析法是依据分析指标与其驱动因素之间的关系，从数量上确定各因素对分析指标的影响方向及程度的分析方法。

（2）这种方法的分析思路是：当有若干因素对分析指标产生影响时，在假设其他各因素都不变的情况下，顺序确定每个因素单独变化对分析指标产生的影响。

（3）因素分析法根据其分析特点可分为连环替代法和差额计算法两种。

某因素产生的差异影响

＝重要性在该因素之前因素的实际值 × 该因素差额 × 重要性在该因素之后因素的计划值

◆**考法 1：三种财务分析方法的辨别**

【例题 1·2011 年真题·单选题】在企业财务分析时，对比两期或连续数期报告中相同指标，确定其变化方向、数额和幅度的分析方法，属于（   ）。

A. 差额分析法　　　　　　　　　　　B. 结构分析法

C. 因素分析法　　　　　　　　　　　D. 趋势分析法

【答案】D

【解析】掌握财务分析的三种方法概念。

【例题 2·2016 年真题·单选题】某施工企业 8 月份钢筋原材料的实际费用为 22 万元，而计划值为 20 万元，由于钢筋原材料费由工程数量、单位工程量钢筋耗用量和钢筋单价三个因素乘积构成，若分析这三个因素对钢筋原材料费的影响方向及程度，适宜采用的财务分析方法是（   ）。

A. 概率分析法　　　　　　　　　　　B. 结构分析法

C. 因素分析法　　　　　　　　　　　D. 趋势分析法

【答案】C

【解析】本题的考核点是因素分析法的概念及适用情况。

◆**考法 2：因素分析法的计算**

【例题 3·2019 年真题·单选题】某企业 1 月份人工成本计划值为 21.6 万元，实际值为 24.2 万元。构成该成本的三个因素的重要性排序和基本参数如下表。则"单位产品人工消耗量"变动对人工成本的影响为（   ）元。

A. −26000　　　　　　　　　　　　B. −22000

C. −20000　　　　　　　　　　　　D. −18000

项目	单位	计划值	实际值
产品产量	件	180	200
单位产品人工消耗量	工日/件	12	11
人工单价	元/工日	100	110

【答案】C

【解析】本题的考核点是财务分析的因素分析法的计算应用。

因素分析法分为连环替代法和差额计算法，两种方法计算结果相同，可以采用相对简单的差额计算法计算。按照差额计算法：

某因素产生的差异影响

＝重要性在该因素之前因素的实际值 × 该因素差额 × 重要性在该因素之后因素的计划值

因此，单位产品人工消耗量产生的差异影响

＝ $200 × (11 - 12) × 100 = -20000$ 元

1Z102062 基本财务比率的计算和分析

核心考点一 偿债能力比率的计算和分析

偿债能力主要反映企业偿还到期债务的能力，分为短期偿债能力和长期偿债能力。

1. 短期偿债能力比率

常用的短期偿债能力比率包括流动比率、速动比率等。

（1）流动比率：生产性行业平均值为2。

$$流动比率 = 流动资产 / 流动负债$$

如果流动比率过高，则要检查其原因，是否是由资产结构不合理造成的，或者是募集的长期资金没有尽快投入使用，或者是其他原因；如果流动比率过低，企业近期可能会有财务方面的困难。偿债困难会使企业的风险加大。

（2）速动比率：速动比率为1就说明企业有偿债能力。

$$速动比率 = 速动资产 / 流动负债$$

$$速动资产 = 流动资产 - 存货$$

速动资产 ＝ 货币资金 ＋ 交易性金融资产 ＋ 应收票据 ＋ 应收账款 ＋ 其他应收款

2. 长期偿债能力比率

常用的长期偿债能力比率包括资产负债率、产权比率、权益乘数等。

（1）资产负债率

是企业总负债与总资产之比，它既能反映企业利用债权人提供资金进行经营活动的能力，也能反映企业经营风险的程度，是综合反映企业长期偿债能力的重要指标。

$$资产负债率 = \frac{总负债}{总资产} × 100\%$$

（2）产权比率权益乘数

产权比率和权益乘数是资产负债率的另外两种表现形式，它和资产负债率的性质是一样的。产权比率表明每1元股东权益相对于负债的金额。

$$产权比率 = \frac{负债总额}{股东权益}$$

（3）权益乘数

权益乘数表明每1元股东权益相对于资产的金额。

$$权益乘数 = \frac{资产总额}{股东权益}$$

◆ **考法1：偿债能力比率的指标名词概念**

【例题1·2021年真题·多选题】下列财务分析指标中，属于企业长期偿债能力指标的有（　　）。

A. 产权比率　　　　　　　　　B. 资产负债率

C. 速动比率　　　　　　　　　D. 权益乘数

E. 总资产周转率

【答案】A、B、D

【解析】本题的考核点是偿债能力财务分析指标的内容。

【例题2·2018年真题·单选题】能够表明每1元股东权益相对于负债的金额的财务分析指标是（　　）。

A. 产权比率　　　　　　　　　B. 资产负债率

C. 权益乘数　　　　　　　　　D. 流动比率

【答案】A

【解析】本题的考核点是财务分析中产权比率指标的概念。

产权比率＝负债总额／股东权益。

【例题3·多选题】分析企业债务清偿能力时，可列入速动资产的有（　　）。

A. 货币资金　　　　　　　　　B. 应收票据

C. 应收账款　　　　　　　　　D. 交易性金融资产

E. 存货

【答案】A、B、C、D

【解析】本题考查的是速动比率中速动资产的构成内容。

◆ **考法2：偿债能力比率的指标的计算和分析**

【例题4·2015年真题·单选题】某企业流动比率为3.2，速动比率为1.5，该行业平均的流动比率和速动比率分别为3和2。关于该企业流动资产和偿债能力的说法，正确的是（　　）。

A. 该企业的偿债能力较强　　　　B. 该企业的应收票据、应收账款比例较大

C. 该企业流动资产中存货比例过大　　D. 该企业流动资产中货币资金比例较大

【答案】C

【解析】本题的考核点是速动资产包括的内容。

速动资产＝流动资产－存货。该企业流动比率高于行业平均水平，但速动比率低于行业平均水平较多，说明其流动资产中存货所占比重较大。

【例题 5·单选题】某企业资产总额年末数为 1163150 元，流动负债年末数为 168150 元，长期负债年末数为 205000 元，则该企业年末的资产负债率为（　　）。

A. 14.46%　　　　　　　　　　B. 17.62%

C. 20.60%　　　　　　　　　　D. 32.08%

【答案】D

【解析】本题考核点是资产负债率指标的计算。

$$资产负债率＝总负债÷总资产×100\%$$

$$总负债＝流动负债＋长期负债＝168150＋205000＝373150 元$$

$$资产负债率＝373150÷1163150×100\%＝32.08\%$$

【例题 6·2019 年真题·单选题】在流动资产总额一定的情况下，关于速动比率的说法，正确的是（　　）。

A. 存货占流动资产比例越低，速动比率越高

B. 预付账款占流动资产比例越低，速动比率越高

C. 应收账款占流动资产比例越高，速动比率越低

D. 交易性金融资产占流动资产比例越高，速动比率越低

【答案】A

【解析】本题的考核点是基本财务比率中流动比率的相关概念。

$$速动资产＝流动资产－存货$$

流动资产总额一定，存货占比越低，速动资产越多，则速动比率越高。

【例题 7·2020 年真题·单选题】某企业资产负债表日的流动资产总额为 300 万元（其中货币资金 60 万元，存货 160 万元，应收账款等 80 万元），流动负债总额为 80 万元，则该企业的速动比率为（　　）。

A. 0.75　　　　　　　　　　B. 1.25

C. 1.75　　　　　　　　　　D. 3.75

【答案】C

【解析】本题的考核点是速动比率的计算。

$$速动比率＝\frac{速动资产}{流动负债}$$

$$速动资产＝流动资产－存货＝300－160＝140 万元$$

$$速动比率＝\frac{140}{80}＝1.75$$

核心考点二　营运能力比率的计算和分析

营运能力比率是用于衡量公司资产管理效率的指标。常用的指标有总资产周转率、流动资产周转率、存货周转率、应收账款周转率等。

1. 总资产周转率：总资产周转率＝主营业务收入／资产总额

周转率越高，反映企业销售能力越强。

2. 流动资产周转率：流动资产周转次数＝主营业务收入／流动资产总额

流动资产周转天数＝计算期天数／流动资产周转次数

3. 存货周转率：存货周转次数＝主营业务收入／存货总额

存货周转天数＝计算期天数／存货周转次数

4. 应收账款周转率：应收账款周转次数＝主营业务收入／应收账款总额

应收账款周转天数＝计算期天数／应收账款周转次数

注：在上述公式中，资产总额、流动资产总额、存货总额、应收账款总额均为各项期初总额和期末总额的平均值。

◆**考法 1：营运能力比率的指标名词概念**

【例题 1·2020 年真题·多选题】下列财务指标中，属于企业营运能力指标的有（　　）。

A. 应收账款周转率　　　　　　　B. 总资产周转率

C. 流动资产周转率　　　　　　　D. 权益乘数

E. 存货周转天数

【答案】A、B、C、E

【解析】本题的考核点是营运能力分析常用的财务比率。

营运能力比率用于衡量公司资产管理效率的指标。常用的指标有总资产周转率、流动资产周转率（流动资产周转天数）、存货周转率（存货周转天数）、应收账款周转率（应收账款周转天数）。

◆**考法 2：营运能力（资产管理）比率的计算和分析**

【例题 2·2020 年真题·单选题】企业应收账款周转率与上一年度相比有明显提高，说明该企业的经营状况是（　　）。

A. 企业管理效率降低　　　　　　B. 应收账款收回速度变快

C. 更容易发生坏账损失　　　　　D. 收回赊销账款能力减弱

【答案】B

【解析】本题的考核点是基本财务比率指标的应用分析。

应收账款周转率通常用来测定企业在某一特定时期内收回赊销账款的能力，它既可以反映企业应收账款的变现速度，又可以反映企业的管理效率。一般认为应收账款周转率越高、周转天数越短越好，它表明企业应收账款收回速度快，这样一方面可以节约资金，同时也说明企业信用状况好，不易发生坏账损失。

【例题 3·2017 年真题·单选题】下列财务指标中，数值越大则表示企业销售能力越强的指标是（　　）。

A. 流动比率　　　　　　　　　　B. 净资产收益率

C. 资产负债率　　　　　　　　　D. 总资产周转率

【答案】D

【解析】本题的考核点是总资产周转率指标的相关概念。

总资产周转率表明一年中总资产周转的次数，或者说明每 1 元总资产支持的主营业务收入。周转率越高，反映企业销售能力越强。

【例题 4·2018 年真题·单选题】某企业年初资产总额为 500 万元，年末资产总额为 540 万元，当年总收入为 900 万元，其中主营业务收入为 832 万元，则该企业一年中总资产周转率为（　　）次。

A. 1.80　　　　　　　　　　B. 1.73

C. 1.60　　　　　　　　　　D. 1.54

【答案】C

【解析】本题的考核点是基本财务比率的计算。

$$总资产周转率 = 主营业务收入 / 资产总额$$

其中，资产总额 =（期初资产总额 + 期末资产总额）/2 =（500 + 540）/2 = 520 万元

所以，总资产周转率 = 832/520 = 1.60 次

核心考点三　盈利能力比率的计算和分析

常用的主要有营业净利率、净资产收益率（权益净利率）和总资产净利率。

1. 净资产收益率

该指标是反映企业盈利能力的核心指标，可以反映企业资产利用的综合效果。指标越高，表明资产的利用效率越高，说明企业在增加收入和节约资金使用等方面取得了良好效果。

$$净资产收益率 = 净利润 / 净资产 \times 100\%$$

2. 总资产净利率

该指标是指企业运用全部资产的净收益率，它反映企业全部资产运用的总成果。该指标越高，表明企业资产的利用效率越高，同时也意味着企业资产的盈利能力越强，该指标越高越好。

$$总资产净利率 = 净利润 / 资产总额 \times 100\%$$

3. 盈利能力分析应注意的问题

一般来说，企业的盈利能力只涉及正常的营业状况。因此，在分析盈利能力时，应当排除以下项目：（1）证券买卖等非正常经营项目；（2）已经或将要停止的营业项目；（3）重大事故或法律更改等特别项目；（4）会计准则或财务制度变更带来的累积影响等因素。

◆考法 1：盈利能力比率的名词概念

【例题 1·2016 年真题·单选题】数值越高，则表明企业全部资产的利用效率越高、盈利能力越强的财务指标是（　　）。

A. 营业增长率　　　　　　　　B. 资产负债率

C. 总资产净利率　　　　　　　D. 资本积累率

【答案】C

【解析】本题的考核点是盈利能力比率相关指标的概念。

【例题 2·2015 年真题·多选题】企业财务比率分析中，反映盈利能力的指标有（　　）。

A. 总资产净利率　　　　　　　　B. 总资产周转率

C. 净资产收益率   D. 存货周转率

E. 营业增长率

【答案】A、C

【解析】本题的考核点是反映盈利能力比率包括的指标。

◆考法2：盈利能力比率的综合计算及分析

【例题3·2017年真题·单选题】某企业2016年实现净利润为1000万元，销售收入为10000万元，总资产周转率为0.8，权益乘数为1.5。不考虑其他因素，采用杜邦财务分析体系计算的净资产收益率是（   ）。

A. 100%   B. 15%

C. 12%   D. 10%

【答案】C

【解析】本题的考核点是盈利能力比率和偿债能力比率相关指标的综合计算。

净资产收益率＝净利润／净资产×100%

净资产（股东权益）＝资产总额／权益乘数

资产总额＝主营业务收入／总资产周转率＝10000/0.8＝12500万元

净资产＝12500/1.5＝8333.33万元

所以，净资产收益率＝1000/8333.33×100%＝12%

【例题4·2018年真题·多选题】为了客观分析企业盈利能力，收集相关分析数据时应当排除的项目有（   ）。

A. 证券买卖等非正常经营项目   B. 已经或将要停止的营业项目

C. 新开发刚投入生产的经营项目   D. 目前处于亏损状态的经营项目

E. 会计准则变更带来的累积影响

【答案】A、B、E

【解析】本题的考核点是基本财务比率分析中盈利能力分析应注意的问题。

核心考点四 发展能力比率的概念和分析

企业发展能力的指标主要有：营业增长率、资本积累率。

1. 营业增长率：该指标是衡量企业经营状况和市场占有能力、预测企业经营业务拓展趋势的重要标志，也是企业扩张资本的重要前提。该指标若大于零，表明企业本期的营业收入有所增长，指标值越高，表明增长速度越快，企业市场前景越好；反之则说明企业市场份额萎缩。

2. 资本积累率：该指标体现了企业资本的积累能力，是评价企业发展潜力的重要指标，也是企业扩大再生产的源泉。反映资本的保全性和增长性，该指标越高，表明企业的资本积累越多，企业资本保全性越强，应付风险、持续发展的能力越大；该指标如为负值，表明企业资本受到侵蚀，所有者权益受到损害，应予以充分重视。

◆考法1：发展能力比率指标概念

【例题1·多选题】企业发展能力的指标主要有（   ）。

A. 资产负债率   B. 资本积累率

C. 存货周转率   D. 流动比率

E. 营业增长率

【答案】B、E

【解析】本题的考核点是发展能力比率的名词概念

【例题2·单选题】是企业当年所有者权益总的增长率，反映了企业所有者权益在当年的变动水平。

A. 净资产收益率   B. 资产负债率

C. 资本积累率   D. 营业增长率

【答案】C

【解析】本题考核点是资本积累率指标的概念。

◆ 考法2：发展能力比率指标概念

【例题3·2021年真题·单选题】某企业上年初所有者权益总额为5000万元，年末所有者权益相对年初减少200万元。本年末所有者权益总额为5500万元，则该企业本年度的资本积累率为（   ）。

A. 10.00%   B. 10.42%

C. 14.00%   D. 14.58%

【答案】D

【解析】本题的考核点是基本财务比率——资本积累率的计算。

$$资本积累率 = \frac{本年度所有者权益增长额}{年初所有者权益} \times 100\%$$

$$= \frac{5500 - (5000 - 200)}{5000 - 200} \times 100\%$$

$$= 14.58\%$$

核心考点五　财务指标综合分析——杜邦财务分析体系

该体系是以净资产收益率为核心指标，以总资产净利率和权益乘数为两个方面，重点揭示企业获利能力及权益乘数对净资产收益率的影响，以及各相关指标之间的相互作用关系。

◆ 考法：杜邦财务分析体系的分析原理

【例题1·2022年真题·单选题】下列财务指标中，属于杜邦财务分析体系核心指标的是（   ）。

A. 资本积累率   B. 销售净利率

C. 净资产收益率   D. 总资产周转率

【答案】C

【解析】本题的考核点是财务指标综合分析方法的杜邦财务分析体系的相关概念。

【例题2·2015年真题·单选题】杜邦财务分析体系揭示的是（   ）对净资产收益率的影响。

A. 总资产净利率及资产总额   B. 资本积累率及销售收入

C. 企业获利能力及权益乘数   D. 营业增长率及资本积累

【答案】C

【解析】本题的考核点是杜邦财务分析体系的分析原理。

1Z102070 筹资管理

核心内容提纲

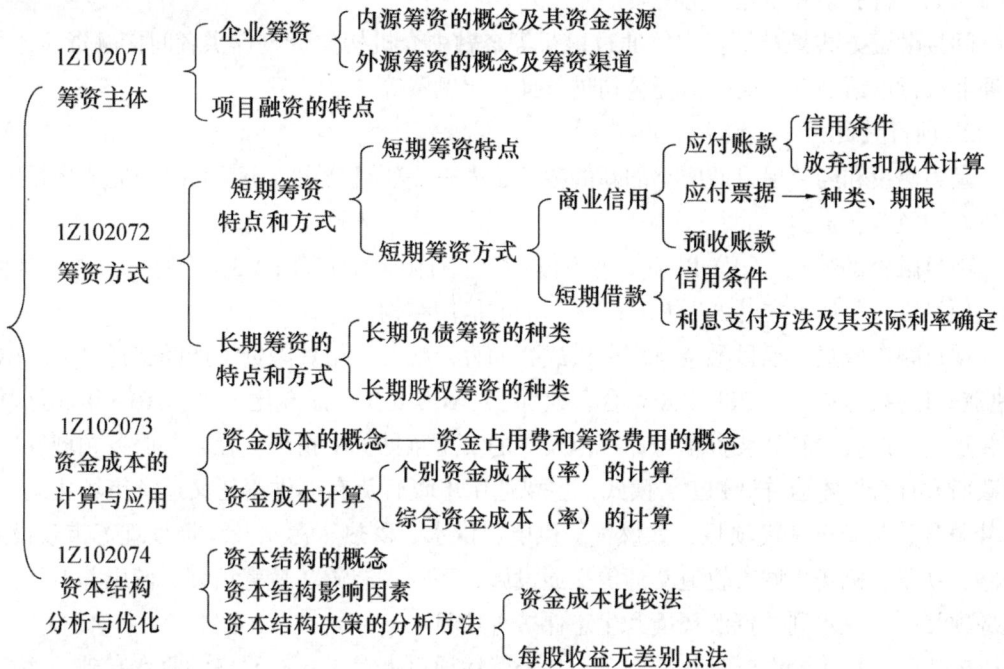

核心考点剖析

1Z102071 筹资主体

核心考点　企业筹资和项目融资的相关概念

按照筹资主体划分，筹集资金的方式可分为企业筹资和项目融资。

1. 企业筹资，又称公司筹资，是以现有企业为基础筹资并进行项目的建设，无论项目建成之前还是建成之后，都不会出现新的独立法人。按照资金筹集渠道的不同可分为内源筹资和外源筹资。

（1）企业内源筹资资金来源主要包括企业自有资金、应付息税以及未使用或者未分配专项基金。

——自有资金主要包括留存收益、应收账款以及闲置资产变卖等。

——未使用或未分配的专项基金主要包括更新改造基金、生产发展基金以及职工福利基金等。

——内源筹资由于源自企业内部，因此不会发生筹资费用，具有明显的成本优势，同时内源筹资还具有效率优势，能够有效降低时间成本。

（2）企业外源筹资渠道主要包括权益筹资、债务筹资以及混合筹资。

——权益筹资包括普通股和优先股。

——债务筹资包括借款筹资和债券筹资。

——混合筹资包括可转换债券和认股权证。

直接筹资方式是指筹资主体不通过银行等金融中介机构而从资金提供者手中直接筹资。比如发行股票和企业债券筹资。

间接融资方式是指筹资主体通过银行等金融中介机构向资金提供者间接融资。比如：向商业银行申请贷款、委托信托公司进行证券化融资等。

2. 项目融资

是为建设和经营项目而成立的新的独立法人——项目公司，由项目公司完成项目的投资建设和经营还贷。

项目融资的特点：（1）以项目为主体；（2）有限追索贷款；（3）合理分配投资风险；（4）项目资产负债表之外的融资；（5）灵活的信用结构。

项目融资模式：项目融资有多种模式，如直接融资、租赁融资、产品交付融资、BOT（建造—运营—移交）、PPP（公私合营伙伴）、ABS（资产证券化）等。2019年3月财政部关于《推进政府和社会资本合作规范发展的实施意见》中指出，在公共服务领域推广运用政府和社会资本合作（PPP）模式，主要适用于政府负有提供责任又适宜市场化运作的公共服务、基础设施类项目，如燃气、供电、供水、供热、污水及垃圾处理等市政设施，公路、铁路、机场、城市轨道交通等交通设施，医疗、旅游、教育培训、健康养老等公共服务项目，以及水利、资源环境和生态保护等项目。

PPP模式具体操作分三种类型：一是经营性项目，对于具有明确的收费基础，并且经营收费能够完全覆盖投资成本的项目，可通过政府授予特许经营权，采用建设—运营—移交（BOT）、建设—拥有—运营—移交（BOOT）等模式推进。二是准经营性项目，对于经营收费不足以覆盖投资成本、需政府补贴部分资金或资源的项目，可通过政府授予特许经营权附加部分补贴或直接投资参股等措施，采用建设—运营—移交（BOT）、建设—拥有—运营（BOO）等模式推进。三是非经营性项目，对于缺乏"使用者付费"基础、主要依靠"政府付费"回收投资成本的项目，可通过政府购买服务，采用建设—拥有—运营（BOO）、委托运营等市场化模式推进。

按照《推进政府和社会资本合作规范发展的实施意见》，规范的PPP项目应当符合以下条件：

（1）属于公共服务领域的公益性项目，合作期限原则上在10年以上，按规定履行物有所值评价、财政承受能力论证程序；

（2）社会资本负责项目投资、建设、运营并承担相应风险，政府承担政策、法律等风险；

（3）建立完全与项目产出绩效相挂钩的付费机制，不得通过降低考核标准等方式，提前锁定、固化政府支出责任；

（4）项目资本金符合国家规定比例，项目公司股东以自有资金按时足额缴纳资本金；

（5）政府方签约主体应为县级及县级以上人民政府或其授权的机关或事业单位；

（6）按规定纳入全国 PPP 综合信息平台项目库，及时充分披露项目信息，主动接受社会监督。

◆ 考法1：企业筹资资金来源渠道

【例题1·2018年真题·多选题】企业作为筹资主体时，内源筹资资金的来源有（　　）。

A. 债券筹资
B. 留存收益
C. 优先股筹资
D. 普通股筹资
E. 应收账款

【答案】B、E

【解析】本题的考核点是企业筹资的来源。

【例题2·2019年真题·单选题】下列企业筹集资金的方式中，属于外源筹资渠道中间接融资方式的是（　　）。

A. 发行股票
B. 向商业银行申请贷款
C. 变卖闲置资产
D. 利用未分配的利润

【答案】B

【解析】本题的考核点是筹资主体的相关内容。

【例题3·2021年真题·单选题】某施工企业在经营过程中，同时发行可转换债券和认股权证从资本市场直接筹集资金，该筹资方式属于（　　）。

A. 内源筹资
B. 权益筹资
C. 混合筹资
D. 债务筹资

【答案】C

【解析】本题的考核点是筹资主体——企业筹资的相关概念。

◆ 考法2：项目融资的概念及特点

【例题4·2022年真题·多选题】项目融资的特点有（　　）。

A. 项目融资主要根据项目发起人的预期利润、抵押资产状况安排融资
B. 贷款人可以在贷款的某个特定阶段对项目借款人实行追索
C. 贷款人对投资者资信和项目资产外的其他资产的依赖程度高
D. 可以帮助投资者将贷款安排为一种非公司负债性融资
E. 可以将贷款的信用支持分配到与项目相关的各个方面，提高债务承受能力

【答案】B、D、E

【解析】本题的考核点是项目融资的特点。

1Z102072　筹资方式

核心考点一　短期筹资特点和方式

1. 短期筹资的特点

短期负债筹资通常具有如下特点：① 筹资速度快；② 筹资弹性好；③ 筹资成本较低；④ 筹资风险高。

2. 短期负债筹资最常用的方式

短期负债筹资最常用的方式是商业信用和短期借款。

3. 商业信用（筹资）的具体形式

（1）商业信用筹资最大的优越性在于容易取得，无须正式办理筹资手续。如果没有现金折扣或使用不带息票据，商业信用筹资不负担成本。

（2）其缺陷在于期限较短，在放弃现金折扣时所付出的成本较高。

（3）商业信用（筹资）的具体形式有应付账款、应付票据、预收账款等。

4. 应付账款的信用条件

应付账款有付款期、折扣等信用条件。应付账款可以分为：

（1）免费信用：买方企业在规定的折扣期内享受折扣而获得的信用；

（2）有代价信用：即买方企业放弃折扣付出代价而获得的信用；

（3）展期信用：即买方企业超过规定的信用期推迟付款而强制获得的信用。

5. 放弃现金折扣的成本计算

放弃现金折扣成本＝［折扣百分比／（1－折扣百分比）］×［360／（信用期－折扣期）］

6. 应付票据

根据承兑人的不同，应付票据分为商业承兑汇票和银行承兑汇票两种，支付期最长不超过6个月。

7. 短期借款的信用条件

短期借款的形式主要有生产周转借款、临时借款、结算借款等。

按照国际惯例，银行发放短期借款往往带有一些信用条件，主要有：

（1）信贷限额。信贷限额是银行对借款人规定的无担保贷款的最高额。

（2）周转信贷协定。周转信贷协议是银行具有法律义务地承诺提供不超过某一最高限额的贷款协议。企业享用周转信贷协议，通常要就贷款限额的未使用部分付给银行一笔承诺费。

（3）补偿性余额。补偿性余额是银行要求借款企业在银行中保持按贷款限额或实际借用额一定百分比（一般为10%～20%）的最低存款余额。

（4）借款抵押。

（5）偿还条件。

（6）其他承诺。

8. 短期借款利息的支付方法

（1）收款法。收款法是在借款到期时向银行支付利息的方法。银行向工商企业发放的贷款大都采用这种方法收息。

（2）贴现法。贴现法是银行向企业发放贷款时，先从本金中扣除利息部分，而到期时借款企业则要偿还贷款全部本金的一种计息方法。

计算贴现法下的实际利率：实际利率＝年实际利息／年实际本金×100%

（3）加息法。加息法是银行发放分期等额偿还贷款时采用的利息收取方法。

计算加息法下的实际利率：实际利率＝年实际利息／年（平均）实际本金×100%

◆ **考法 1：短期筹资的特点**

【例题 1·2015 年真题·多选题】对筹资方而言，短期负债筹资的特点有（　　）。

A. 筹资速度快 　　　　　　　　　　B. 筹资难度大

C. 限制条件较多 　　　　　　　　　D. 筹资成本较高

E. 筹资风险高

【答案】A、E

【解析】本题考核点是短期负债筹资的特点。

◆ **考法 2：短期筹资的方式**

【例题 2·2015 年真题·单选题】下列筹资方式中，属于商业信用筹资方式的是（　　）。

A. 预收账款 　　　　　　　　　　　B. 短期借款

C. 融资租赁 　　　　　　　　　　　D. 抵押贷款

【答案】A

【解析】本题的考核点是商业信用筹资的具体形式。

◆ **考法 3：应付账款的信用条件和放弃现金折扣成本计算分析**

【例题 3·2017 年真题·单选题】某施工企业按 $3/10$，$n/30$ 的信用条件购入材料 100 万元。已知企业可以 3% 的年利率从银行取得流动资金借款。则关于这批材料款支付的合理做法是（　　）。

A. 企业向银行借款，在 11 天到 30 天之间付款

B. 企业不借款，在 11 天到 30 天之间付款

C. 企业向银行借款，在 10 天内付款

D. 企业不借款，在 30 天后付款

【答案】C

【解析】本题考核点是应付账款信用条件的处理。

因为，放弃现金折扣成本＝［折扣百分比/（1－折扣百分比）］×［360/（信用期－折扣期）］
＝［3%/（1－3%）］×［360/（30－10）］＝55.67%

远远高于银行流动资金借款的年利率。所以，企业应该享受现金折扣，即在 10 天内付款；如果生产经营需要资金，可以从银行借款。

企业在 30 天后付款，信用展期会严重影响企业的商业信用，故不能采用。

【例题 4·2020 年真题·单选题】某施工企业按 $2/10$、$1/20$、$n/30$ 的条件购入材料 40 万元。关于该项业务付款的说法，正确的是（　　）。

A. 若银行借款年利率为 6%，该企业应放弃现金折扣

B. 若该企业在第 9 天付款，需支付 39.2 万元

C. 若该企业在第 21 天付款，需支付 39.6 万元

D. 若该企业在第 29 天付款，则放弃现金折扣的成本为 2%

【答案】B

【解析】本题的考核点是应付账款信用条件的处理。

（1）如果 10 天内付款，可以享受 2% 的现金折扣。

应支付的款项＝40×（1－2%）＝39.2万元

（2）如果在第21或第29天付款，均为放弃了2%的现金折扣，则

放弃现金折扣成本＝［折扣百分比／（1－折扣百分比）］×［360／（信用期－折扣期）］

＝［2%／（1－2%）］×［360／（30－10）］＝36.73%

放弃现金折扣的资金成本率远高于银行借款的年利率6%，企业不应该放弃现金折扣。

（3）第21天付款，属于超过了折扣期付款，应付40万元货款。

◆**考法4：短期借款的信用条件**

【例题5·2021年真题·单选题】某企业获得的周转信贷额为3000万元，承诺费率为0.5%，企业在借款年度内使用了2000万元，则企业该年度向银行支付的承诺费为（　　）万元。

A. 10   B. 15

C. 5   D. 25

【答案】C

【解析】本题的考核点是短期借款信用条件——周转信贷协定的相关内容。

承诺费＝（3000－2000）×0.5%＝5万元

◆**考法5：短期借款的利息支付方法**

【例题6·2014年真题·多选题】企业短期筹资时，贷款的实际利率高于名义利率的利息支付方法有（　　）。

A. 收款法   B. 贴现法

C. 固定利率法   D. 浮动利率法

E. 加息法

【答案】B、E

【解析】本题的考核点是短期借款利息支付方式的比较。

收款法的实际利率与名义利率一致；采用贴现法，企业可以利用的贷款额只有本金减去利息部分后的差额，因此贷款的实际利率高于名义利率；加息法的实际利率高于名义利率大约1倍。

【例题7·2016年真题·单选题】某施工企业需要从银行借款200万元，期限1年，有甲、乙、丙、丁四家银行愿意提供贷款，年利率均为7%，但利息支付方式不同：甲要求采用贴现法；乙要求采用收款法；丙、丁均要求采用加息法，并且丙要求12个月内等额还本付息，丁要求12个月内等额本金偿还，利息随各期的本金一起支付，其他贷款条件都相同。则该企业借款应选择的银行是（　　）。

A. 甲   B. 乙

C. 丙   D. 丁

【答案】B

【解析】本题考核点是短期借款利息支付方法的比较。

核心考点二　长期筹资特点和方式

长期筹资通常可分为长期负债筹资和长期股权筹资。

1. 长期负债筹资，可分为长期借款筹资、长期债券筹资、融资租赁和可转换债券筹资。

（1）长期借款筹资

① 目的：主要用于购建固定资产和满足长期流动资金占用的需要。

② 特点：与其他长期负债筹资相比，长期借款筹资的特点为：a. 筹资速度快。长期借款的手续比发行债券简单得多，得到借款所花费的时间较短。b. 借款弹性较大。c. 限制性条款比较多，制约着借款的使用。

（2）长期债券筹资

与其他长期负债筹资方式相比，发行债券的突出优点在于筹资对象广、市场大。但是，这种筹资方式发行成本高、信息披露成本高、限制条件多，是其不利的一面。

（3）融资租赁

1）融资租赁最主要的外部特征是租期长。根据现行会计准则，满足以下一项或数项标准的租赁属于融资租赁：

（1）在租赁期届满时，租赁资产的所有权转移给承租人；（2）承租人有购买租赁资产的选择权，所订立的购买价格将远低于行使选择权时租赁资产的公允价值，因而在租赁开始日就可以合理确定承租人将会行使这种选择权；（3）租赁期占租赁资产可使用年限的大部分（通常解释为等于或大于 75%）；（4）租赁开始日最低租赁付款额的现值几乎相当于（通常解释为等于或大于 90%）租赁开始日租赁资产的公允价值；（5）租赁资产性质特殊，如果不做重新改制，只有承租人才能使用。

按照我国现行税法规定，融资租赁的租赁费用不能作为费用扣除，只能作为取得成本构成租入固定资产的计税基础，也就是税法上所有融资租赁被认定为分期付款购买。

2）融资租赁的租金包括三大部分：① 租赁资产的成本；② 租赁资产成本的利息；③ 租赁手续费。

2. 长期股权筹资

长期股权筹资分为优先股筹资、普通股股票筹资以及认股权证权证筹资。

◆ 考法：长期负债筹资的相关概念

【例题 1·2016 年真题·多选题】融资租赁的租金应由（　　）构成。

A. 租赁资产的成本　　　　　　　　　B. 出租人承办租赁业务的费用

C. 租赁资产成本的利息　　　　　　　D. 出租人提供租赁服务的利润

E. 租赁资产的运行成本

【答案】A、B、C、D

【解析】本题考核点是长期筹资中的融资租赁租金包括的内容。

【例题 2·2021 年真题·多选题】根据现行会计准则和税法，关于融资租赁的说法，正确的有（　　）。

A. 租赁期满时，租赁资产的所有权可以转移给承租人

B. 租赁期占资产可使用年限的大部分，通常等于或大于可使用年限的 75%

C. 融资租赁在税法上被认定为分期付款购买

D. 承租人产生的租赁费可作为当期费用扣除

E. 承租人有购买租赁资产的选择权，所订立的购买价格远低于行使选择权时租赁资产的公允价值

【答案】A、B、C、E

【解析】本题的考核点是长期筹资方式中融资租赁的特点和相关内容。

1Z102073　资金成本的计算及应用

核心考点一　资金成本的概念及内容

资金成本是指企业为筹措和使用资本而付出的代价，是资金使用者向资金所有者和中介机构支付的占用费和筹集费用。资金成本包括资金占用费和筹资费用两个部分。

（1）资金占用费是指企业占用资金支付的费用，如银行借款利息和债券利息等。

（2）筹资费用是指在资金筹集过程中支付的各项费用，如发行债券支付的印刷费、代理发行费、律师费、公证费、广告费等，它通常是在筹措资金时一次性支付，在使用资金的过程中不再发生。

◆考法：资金成本概念及内容

【例题·2022年真题·单选题】下列发行债券发生的资金成本中，属于资金占用费的是（　　）。

A. 代理发行费　　　　　　　　　B. 债券利息

C. 印刷费　　　　　　　　　　　D. 公证费

【答案】B

【解析】本题的考核点是资金成本的相关概念。

核心考点二　资金成本的计算及分析

（1）长期负债的个别资金成本率计算

$$长期负债资金成本率 = \frac{年利息 \times (1-所得税税率)}{本金 \times (1-筹资费率)} \times 100\%$$

（2）综合资金成本率的计算　　　$K_{w} = \sum K_{j}W_{j}$

◆考法1：资金成本率的计算

【例题1·2019年真题·单选题】某建筑企业年初从银行借款1000万元，期限5年，年利率为8%，每年末结息一次，到期一次还本，企业所得税率为25%。则该笔借款的年资金成本率为（　　）。

A. 1.60%　　　　　　　　　　　B. 6.00%

C. 8.00%　　　　　　　　　　　D. 8.24%

【答案】B

【解析】本题的考核点是资金成本率的计算。

$$（长期负债）资金成本率 = \frac{本金 \times 年利率 \times (1-所得税率)}{本金 \times (1-筹资费率)} \times 100\%$$

$$该借款年资金成本率 = \frac{1000 \times 8\% \times (1-25\%)}{1000 \times (1-0)} \times 100\% = 6.00\%$$

◆ **考法 2：资金成本率的计算及综合分析**

【例题 2·2014 年真题·单选题】某企业拟从银行取得一笔货款 2000 万元，期限 3 年，每年年末付息，到期一次还本。有四家银行提出的货款条件如下表：

费率＼银行	甲	乙	丙	丁
手续费率	0.1%	0.2%	0.5%	0.2%
年利率	7%	8%	6%	7.5%

该企业所得税率为 25%。仅从资金成本的角度考虑，该企业应从（　　）银行贷款。

A. 甲　　　　　　　　　　　　B. 乙

C. 丙　　　　　　　　　　　　D. 丁

【答案】C

【解析】各种方案的资金成本率计算如下：

费率＼银行	甲	乙	丙	丁
手续费率	0.001	0.002	0.005	0.002
年利率	0.07	0.08	0.06	0.075
资金成本率	0.0525	0.06	0.045	0.05625

由此可知丙银行的利率最低。

【例题 3·2015 年真题·单选题】某企业通过长期借款和长期债券两种方式筹资，其中长期借款 3000 万元，长期债券 2000 万元，期限均为 3 年，每年结息一次，到期一次还本。长期借款年利率为 6%，手续费率 2%；长期债券年利率为 6.5%，手续费率 1.5%。企业所得税率 25%。关于该企业资金成本的说法，错误的是（　　）。

A. 长期债券的资金成本率为 4.95%　　B. 长期借款的资金成本率为 4.59%

C. 企业筹资的综合资金成本率为 4.73%　　D. 两种筹资成本均属于债务资金成本

【答案】C

【解析】本题的考核点是长期负债资金成本的计算及相关概念。

（1）长期借款资金成本率 $= \dfrac{3000 \times 6\% \times (1 - 25\%)}{3000 (1 - 2\%)} = 4.59\%$

（2）长期债券资金成本率 $= \dfrac{2000 \times 6.5\% \times (1 - 25\%)}{2000 (1 - 1.5\%)} = 4.95\%$

（3）综合资金成本率 $= \dfrac{3000}{3000 + 2000} \times 4.59\% + \dfrac{2000}{3000 + 2000} \times 4.95\% = 4.73\%$

【例题 4·2017 年真题·多选题】某企业 2016 年综合资金成本为 12%，全部投资收益率为 8%，2017 年拟投资新项目的最低投资收益率预计为 10%。不考虑其他因素，关于该企业资金成本的说法，正确的有（　　）。

A. 2016 年全部投资收益率低于综合资金成本，说明企业当年一定亏损

B. 2016 年全部投资收益率低于综合资金成本，说明经营业绩欠佳，需要改善经营

C. 拟投资项目最低投资收益率低于资金成本，从资金成本角度考虑不宜投资

D. 2016 年综合资金成本 12%，说明企业应支付的借款及债券的利率均为 12%

E. 拟投资项目应选择满足资金需求且资金成本最低的筹资方式

【答案】B、C、E

【解析】本题考核点是资金成本的综合应用。

（1）2016 年全部投资收益率低于综合资金成本，不能肯定一定亏损。投资收益率的计算与会计核算中的利润计算的规则和方法不一样。

（2）投资收益率低于资金成本，说明企业经营业绩欠佳。

（3）综合资金成本与借款及债券等个别资金成本不相等。

1Z102074 资本结构分析与优化

核心考点一 资本结构的概念及影响因素

1. 资本结构的概念

资本结构指的是长期债务资本和权益资本各占多大比例，不包括短期负债。

企业资本结构决策的主要内容是权衡债务的收益和风险，实现合理的目标资本结构，从而实现企业价值最大化。

2. 资本结构的影响因素

影响资本结构的因素大体可以分为外部因素和内部因素。

——外部因素通常有税率、汇率、资本市场、行业特征等。

——内部因素通常有营业收入、成长性、盈利能力、管理层偏好、财务灵活性以及股权结构等。

3. 资本结构优化

企业最优的资本结构应当是使企业的价值最大化，同时，资金成本也是最低的资本结构，而不一定是每股收益最大的资本结构。

◆考法：资本结构的概念

【例题·2018 年真题·单选题】企业某时点所有者权益资本为 1000 万元，企业长期债务资本为 800 万元，短期负债为 500 万元，则应列入资本结构管理范畴的金额为（   ）万元。

A. 2300   B. 1800

C. 1500   D. 1000

【答案】B

【解析】本题的考核点是企业筹资管理中资本结构的概念内容。

资本结构是长期债务资本和权益资本各占多大比例，不包括短期负债。因此，本题中应列入资本结构的金额为 1800 万元（所有者权益资本 1000 万元＋长期债务资本 800 万元）。

核心考点二 资本结构决策分析方法

1. 资金成本比较法

2. 每股收益无差别点法

◆**考法：资本结构决策分析方法应用**

【例题·2022年真题·单选题】某企业为扩大投资规模，拟筹资15000万元，现有四个筹资方案，其中筹资方案甲的相关数据见下表，筹资方案乙、丙、丁的综合资金成本分别为11.36%、10.71%和11.93%，则仅根据上述条件，为完成筹资，依据综合资金成本应选择的筹资方案是（　　）。

筹资方式	原资本结构		筹资方案甲	
	筹资额（万元）	个别资金成本	筹资额（万元）	个别资金成本
长期借款	3000	7%	1000	7.5%
长期债券	3000	7.5%	4000	8%
优先股	2000	11%	3000	12%
普通股	7000	14%	7000	13%
合计	15000		15000	

A. 甲
B. 乙
C. 丙
D. 丁

【答案】C

【解析】本题的考核点是资本结构决策分析方法——资金成本比较法的应用。

方案甲的综合资金成本 ＝ 1000/15000 × 7.5% ＋ 4000/15000 × 8% ＋ 3000/15000 × 12% ＋ 7000/15000 × 13% ＝ 11.1%

筹资方案甲、乙、丙、丁的综合资金成本率分别为11.1%、11.36%、10.71%和11.93%，综合资金成本率最低的丙方案为最佳方案。

1Z102080　流动资产财务管理

核 心 内 容 提 纲

189

核心考点剖析

1Z102081 现金和有价证券的财务管理

核心考点一 现金管理的目标

1. 现金包括的内容

现金是企业流动性最强的资产。具体包括：库存现金、各种形式的银行存款、银行本票、银行汇票等。

2. 现金管理的目标

（1）企业置存现金的原因，主要是满足交易性需要、预防性需要和投机性需要。

（2）企业现金管理的目标，就是要在资产的流动性和盈利能力之间做出抉择，以获取最大的长期利益。

3. 现金收支管理

现金收支管理的目的在于提高现金使用效率，为达到这一目的，应当注意做好以下几方面工作：（1）力争现金流量同步；（2）使用现金浮游量；（3）加速收款；（4）推迟应付票据及应付账款的支付。

◆**考法 1：现金管理中现金包括的内容**

【例题1·2013年真题·多选题】下列资产在财务管理上可作为现金管理的有（   ）。

A. 应收账款
B. 库存现金

C. 银行存款
D. 银行本票

E. 无形资产

【答案】B、C、D

【解析】本题的考核点是现金的财务管理中现金包括的内容。

◆**考法 2：现金管理的方法和目标**

【例题2·2014年真题·单选题】下列现金收支管理措施中，能提高现金使用效率的是（   ）。

A. 充分使用现金浮游量

B. 推迟应收账款时间

C. 争取使现金流入的时间晚一些，现金流出的时间尽可能早一些

D. 提前应付款的支付期

【答案】A

【解析】本题的考核点是现金收支管理的方法措施。

【例题3·2019年真题·单选题】企业现金管理的目标是在资产的（   ）之间做出抉择，以获得最大的长期利益。

A. 流动性和风险
B. 流动性和盈利能力

C. 风险和盈利能力
D. 安全性和盈利能力

【答案】B

【解析】本题的考核点是现金管理的目标。

【例题4·2021年真题·单选题】企业为提高现金使用效率，利用已经开出了支票而银行还未将该款项划出这一时间段内的资金，此现金管理的方法属于（　　）的方法。

　　A. 使现金流量同步　　　　　　　　B. 加速收款

　　C. 推迟应付账款　　　　　　　　　D. 使用现金浮游量

【答案】D

【解析】本题的考核点是现金管理方法的运用。

◆**考法3：企业置存现金原因分析**

【例题5·2018年真题·单选题】企业持有一定量的现金用于保证月末职工的工资发放，其置存的目的是满足（　　）需要。

　　A. 投机性　　　　　　　　　　　　B. 交易性

　　C. 预防性　　　　　　　　　　　　D. 风险管理

【答案】B

【解析】本题的考核点是企业置存现金的原因及其相关内容。

交易性需要是指满足日常业务的现金支付需要。每月末发放职工工资属于企业日常人工费用发生的业务。

核心考点二　成本分析模式确定最佳现金持有量

成本分析模式是通过分析持有现金的成本，寻找持有成本最低的现金持有量。

企业持有的现金，将会有三种成本：

（1）机会成本：与现金持有量成正比例关系。

（2）管理成本：管理成本是一种固定成本，与现金持有量之间无明显的比例关系。

（3）短缺成本：随现金持有量的增加而下降，随现金持有量的减少而上升。

上述三项成本之和最小的现金持有量，就是最佳现金持有量。

◆**考法1：现金持有量的理解**

【例题1·2017年真题·单选题】关于企业现金持有成本的说法，正确的是（　　）。

　　A. 最佳现金持有量为机会成本、管理成本和短缺成本之和最小对应的现金持有量

　　B. 管理成本与现金持有量之间一般有显著的比例关系

　　C. 可以通过加速现金流转速度降低管理成本

　　D. 现金的短缺成本随现金持有量的增加而上升

【答案】A

【解析】本题的考核点是成本分析模式确定最佳现金持有量方案的相关概念。

◆**考法2：最佳现金持有量的计算**

【例题2·单选题】某企业有甲、乙、丙、丁4个现金持有方案，各方案现金持有量分别是60000元、70000元、84000元、120000元，4个方案的机会成本均为现金持有量的10%，管理成本均为24000元，短缺成本分别是8100元、3000元、2500元和0元，若采用成本分析模式进行现金持有量决策，应选择的最优方案是（　　）。

　　A. 甲　　　　　　　　　　　　　　B. 乙

C. 丙 D. 丁

【答案】B

【解析】本题的考核点是成本分析模式确定最佳现金持有方案的应用（见下表）。

方案	甲	乙	丙	丁
现金持有量（元）	60000	70000	84000	120000
机会成本（元）	6000	7000	8400	12000
管理成本（元）	24000	24000	24000	24000
短缺成本（元）	8100	3000	2500	0
总成本（元）	38100	34000	34900	36000

总成本最低的乙方案是最优方案。

1Z102082 应收账款的财务管理

核心考点 应收账款财务管理的内容

1. 应收账款管理的目标

应收账款是企业流动资产中的一个重要项目，是商业信用的直接产物。企业发生应收账款的主要原因是扩大销售，增强竞争力，那么其管理的目标就是求得利润。只有当应收账款所增加的盈利超过所增加的成本时，才应当实施应收账款赊销；如果应收账款赊销有着良好的盈利前景，就应当放宽信用条件增加赊销量。

2. 信用政策的内容：信用期间、信用标准和现金折扣政策。

信用标准的"5C"系统，是评估顾客信用质量的五个方面，即：① 品质（Character）；② 能力（Capacity）；③ 资本（Capital）；④ 条件（Condition）；⑤ 抵押（Collateral）。

3. 应收账款收账

一般来讲，拖欠时间越长，款项收回的可能性越小，形成坏账的可能性越大。企业可以通过编制账龄分析表实施对应收票据及应收账款的监督，随时掌握回收情况。

◆ 考法1：信用政策的内容

【例题1·单选题】企业应收账款管理中，可以通过"5C"系统对顾客的（　　　）进行评估。

A. 资产状况 B. 信用质量

C. 偿债能力 D. 盈利能力

【答案】B

【解析】本题的考核点是信用标准的"5C"系统的相关概念。

◆ 考法2：应收账款财务管理方法的应用分析

【例题2·2022年真题·多选题】关于企业应收账款财务管理的说法，正确的有（　　　）。

A. 应收账款是商业信用的直接产物，管理目标是增加利润

B. 延长信用期，会导致应收账款、收账费用和坏账损失减少

C. 当应收账款所增加的盈利大于所增加成本时，企业可实施赊销

D. 对于拖欠时间长的应收账款，企业应实施严密的监督

E. 可以通过编制账龄分析表监督应收账款的回收情况

【答案】A、C、D、E

【解析】本题的考核点是应收账款财务管理的方法。

1Z102083　存货的财务管理

核心考点　存货的财务管理

1. 存货管理的目标

进行存货管理，就要尽力在各种存货成本与存货效益之间做出权衡，达到两者的最佳结合。这也就是存货管理的目标。

2. 存货总成本的构成

$$存货的总成本 = 取得成本 + 储存成本 + 缺货成本$$

（1）取得成本 = 订货成本 + 购置成本 = 订货固定成本 + 订货变动成本 + 购置成本

（2）储存成本 = 储存固定成本 + 储存变动成本

企业储备存货有关成本包括取得成本、储存成本和缺货成本。其中，储存成本是指为保持存货而发生的成本，包括存货占用资金所应计的利息、仓库费用、保险费用、存货破损和变质损失等。

（3）缺货成本指由于存货供应中断而造成的损失。

3. 存货经济订货量的计算：$Q^* = \sqrt{2KD/K_2}$

4. 存货管理的 ABC 分析法

存货管理的 ABC 分析法就是按照一定的标准，将企业的存货划分为 A、B、C 三类，分别实行分品种重点管理、分类别一般控制和按总额灵活掌握的存货管理方法。分类的标准主要有两个：一是金额标准；二是品种数量标准。

◆**考法 1：存货总成本构成的相关概念**

【例题 1·2022 年真题·单选题】下列企业存货管理的损失中，属于储存成本的是（　　）。

A. 材料供应中断造成的停工损失　　　B. 存货破损和变质损失

C. 丧失销售机会的损失　　　　　　　D. 产成品缺货造成的延迟发货损失

【答案】B

【解析】本题的考核点是企业储备存货有关成本的内容。

◆**考法 2：存货经济采购量的计算**

【例题 2·2019 年真题·单选题】企业生产所需某种材料，年度采购总量为 8000 吨，材料单价为 4000 元/吨，一次订货的变动成本为 3000 元，每吨材料的年平均储备成本为 300 元。则该材料的经济采购批量为（　　）吨。

A. 114　　　　　　　　　　　　　　　B. 200

C. 300　　　　　　　　　　　　　　　D. 400

【答案】D

【解析】本题的考核点是存货财务管理中存货经济采购批量（经济订货量）的计算。

$$经济采购批量 = \sqrt{2 \times 一次订货变动成本 \times 年采购总量 / 每吨年平均储备成本}$$
$$= \sqrt{2 \times 3000 \times 8000 / 300} = 400 \text{ 吨}$$

◆ 考法 3：存货管理的 ABC 分析法

【例题 3·2014 年真题·单选题】某现浇混凝土框架结构工程，施工现场的存货采用 ABC 分析法管理，应该实施严格控制的存货是（　　）。

A. 砂子   B. 石子

C. 钢筋   D. 模板

【答案】C

【解析】从财务管理的角度来看，A 类存货种类虽然较少，但占用资金较多，应集中主要精力，对其经济批量进行认真规划，实施严格控制。钢筋就属于 A 类存货。

【例题 4·2018 年真题·单选题】采用 ABC 分析法实施存货管理时，A 类存货的特点是（　　）。

A. 品种多且应用广   B. 品种多但占用资金少

C. 品种少但占用资金多   D. 数量少且占用资金少

【答案】C

【解析】本题的考核点是存货管理的 ABC 分析法的相关内容。

A 类存货种类虽然较少，但占用资金较多，应集中主要精力，对其经济批量进行认真规划，实施严格控制；C 类存货虽然种类繁多，但占用资金很少，不必耗费过多的精力去分别确定其经济批量，也难以实行分品种或分大类控制，可凭经验确定进货量；B 类存货介于 A 类和 C 类之间。

本章模拟强化练习

1Z102010　财务会计基础

1. 财务会计反映的信息主要是企业的财务状况、经营成果和现金流量。关于财务会计内涵描述正确的有（　　）。

A. 财务会计的目标是参与企业规划、决策、控制和评价活动

B. 财务会计有统一的规则和方法

C. 财务会计主要为外部利害关系人服务

D. 财务会计主要为企业内部决策服务

E. 财务会计包括确认、计量和报告三个环节

2. 在下列各项中，反映企业某一时期经营成果的会计要素有（　　）。

A. 资产   B. 负债

C. 所有者权益   D. 费用

3. 某施工企业溢价发行股票时，所取得的股票发行收入超过股票价值 1000 万元，该项收入属于企业的（　　）。

A. 资本公积　　　　　　　　　　B. 实收资产

C. 盈余公积　　　　　　　　　　D. 未分配利润

4. 企业的非流动负债（长期负债）包括（　　）。

A. 应付票据　　　　　　　　　　B. 应付债券

C. 应付职工薪酬　　　　　　　　D. 应付股利

5. 下列会计要素中，属于流动负债的是（　　）。

A. 短期投资　　　　　　　　　　B. 预付账款

C. 应付账款　　　　　　　　　　D. 应付债券

6. 反映企业一定经营期间经营成果的会计等式是（　　）。

A. 资产＝收入＋所有者权益　　　B. 收入－费用＝利润

C. 资产＝负债＋所有者权益　　　D. 收入－负债＝利润

7. 企业的流动资产包括存货、货币资金、应收账款和（　　）等。

A. 短期借款　　　　　　　　　　B. 预收账款

C. 应付账款　　　　　　　　　　D. 预付账款

8. 企业收到某机构的捐赠款 50 万元，该捐赠款应计入企业的（　　）。

A. 实收资本　　　　　　　　　　B. 营业外收入

C. 资本公积　　　　　　　　　　D. 留存收益

9. 对会计核算的范围从空间上加以界定是通过（　　）实现的。

A. 持续经营假设　　　　　　　　B. 会计主体假设

C. 会计分期假设　　　　　　　　D. 货币计量假设

10. 某企业固定资产评估增值 2000 万元，该增值部分应计入企业的（　　）。

A. 资本公积　　　　　　　　　　B. 实收资本

C. 盈余公积　　　　　　　　　　D. 未分配利润

11. 若企业的资产按购置时所付出的代价的公允价值计量，则根据会计计量属性，该资产计量属于按（　　）计量。

A. 重置成本　　　　　　　　　　B. 历史成本

C. 可变现净值　　　　　　　　　D. 公允价值

12. 根据我国《企业会计准则》，某施工企业 2020 年 3 月收到建设单位支付的 2019 年完工工程的结算款 800 万元，则该笔款项在会计核算上正确的处理方式是计入（　　）。

A. 2020 年的收入　　　　　　　B. 2020 年的负债

C. 2019 年的负债　　　　　　　D. 2019 年的收入

13. 根据我国现行《企业会计准则》，应列入流动负债的会计要素有（　　）。

A. 应付债券　　　　　　　　　　B. 应收账款

C. 短期借款　　　　　　　　　　D. 应付职工薪酬

E. 应收票据

14. 根据现行《企业会计准则》的权责发生制基础，下列交易事项中，应计入当期利润表的是（　　）。

A. 收到上期出售产品的货款

B. 上期购买的货物，但是本期才支付的货款

C. 当期已经出售的产品，但是货款还没有收到

D. 上期已经进行的销售宣传，但是本期才支付的宣传费

15. 根据现行《企业会计准则》，应列入流动负债的有（　　）。

A. 应交税费　　　　　　　　　B. 应收账款

C. 应付职工薪酬　　　　　　　D. 长期借款

E. 交易性金融资产

16. 根据会计核算原则，在现值计量下，负债应按照预计期限内需要偿还的未来（　　）计量。

A. 净现金流入量的折现金额　　B. 净现金流入量的公允价值

C. 净现金流入量的可变现净值　D. 净现金流出量的折现金额

17. 财务会计的基本职能是（　　）。

A. 核算和预测　　　　　　　　B. 预算和决算

C. 监督和决策　　　　　　　　D. 核算和监督

18. 反映企业某一时点财务状况的会计要素有（　　）。

A. 资产　　　　　　　　　　　B. 负债

C. 所有者权益　　　　　　　　D. 利润

E. 费用

19. 根据《中华人民共和国会计法》，关于会计监督的说法正确的是（　　）。

A. 会计监督的主体是政府部门

B. 国家各级审计机构对各单位实行会计监督

C. 会计监督的主要职能是预防和发现经济犯罪行为

D. 各单位的会计机构、会计人员对本单位实行会计监督，会计人员是会计监督的主体

20. 根据相关规范，下列资产中，属于流动资产的有（　　）。

A. 长期应收款　　　　　　　　B. 预付款项

C. 交易性金融资产　　　　　　D. 长期股权投资

E. 债权投资

21. 所有者权益中的其他权益工具是指企业发行在外除普通股以外分类为权益工具的金融工具，如（　　）。

A. 资产评估增值　　　　　　　B. 优先股

C. 接受捐赠　　　　　　　　　D. 专项储备

E. 永续债

1Z102020　成本与费用

1. 折旧基数随着使用年限变化而变化的折旧方法是（　　）。

A. 平均年限法　　　　　　　　　　B. 工作量法

C. 双倍余额递减法　　　　　　　　D. 年数总和法

2. 施工企业从建造合同签订开始至合同完成止所发生的、与执行合同有关的直接费用和间接费用应计入（　　）。

A. 机械作业　　　　　　　　　　　B. 辅助生产

C. 工程成本　　　　　　　　　　　D. 预提费用

3. 某施工企业在联系业务的过程中发生了10000元的应酬费，即业务招待费，该项费用应当计入（　　）。

A. 财务费用　　　　　　　　　　　B. 营业费用

C. 管理费用　　　　　　　　　　　D. 工程成本

4. 根据《企业会计准则》，下列费用中，不应计入工程成本的是（　　）。

A. 企业下属的施工单位为组织和管理施工生产活动所发生的费用

B. 在施工过程中发生的材料二次搬运费

C. 为订立施工合同而发生的有关费用

D. 为工程施工所耗用的材料费用

5. 根据《企业会计准则》，工程成本中的其他直接费包括施工过程中发生的（　　）。

A. 材料二次搬运费　　　　　　　　B. 施工机械安装、拆卸和进出场费

C. 临时设施摊销费　　　　　　　　D. 工程定位复测费

E. 场地清理费

6. 某施工企业购入一台施工机械，原价60000元，预计残值率3%，使用年限8年，按平均年限法计提折旧，该设备每年应计提的折旧额为（　　）元。

A. 5820　　　　　　　　　　　　　B. 7275

C. 6000　　　　　　　　　　　　　D. 7500

7. 某施工企业以1000万元买入一块土地的使用权，准备建设自用办公大楼，该块土地使用权应作为企业的（　　）核算。

A. 其他资产　　　　　　　　　　　B. 流动资产

C. 投资性资产　　　　　　　　　　D. 无形资产

8. 施工企业发生的下列费用，应当计入财务费用的有（　　）。

A. 财会人员的工资　　　　　　　　B. 短期借款的利息

C. 财务部门的办公费　　　　　　　D. 应付票据的利息

E. 汇兑损失

9. 某施工企业购买一台新型挖土机械，价格为50万元，预计使用寿命为2000台班，预计净残值为购买价格的3%，若按工作量法折旧，该机械每工作台班折旧费应为（　　）元。

A. 242.50　　　　　　　　　　　　B. 237.50

C. 250.00 D. 257.70

10. 根据我国现行《企业会计准则》，企业支付的广告费属于企业的（　　）。

A. 资本性支出 B. 利润分配支出

C. 期间费用 D. 营业外支出

11. 施工企业从银行借款 50 万元用作工程的投标保证金，该借款产生的利息属于（　　）。

A. 营业外支出 B. 期间费用

C. 资本性支出 D. 投资性支出

12. 根据现行《企业会计准则》，应计入管理费用的有（　　）。

A. 印花税 B. 管理人员劳动保护费

C. 应付债券利息 D. 固定资产使用费

E. 法律顾问费

13. 某施工企业在 2019 年度同时进行甲乙丙丁是个单项合同的施工生产。本年度甲乙丙丁各单项工程实际发生的直接费用分别为：2000 万元、1000 万元、4000 万元和 3000 万元。本年度发生的与四个单项工程施工均相关的间接费用共计 300 万元。则丙单项工程本年度应分担的间接费用为（　　）万元。

A. 60 B. 30

C. 120 D. 90

14. 根据《企业会计准则》，属于工程成本直接费用的是（　　）。

A. 管理费用 B. 销售费用

C. 财务费用 D. 人工费用

15. 关于施工企业确定工程成本核算对象的说法，正确的是（　　）。

A. 通常以单项建造合同作为施工工程成本核算的对象

B. 工程成本核算对象宜在开工前确定，也可以开工后确定

C. 不能按分立合同来确定工程成本核算对象

D. 不能按合并合同来确定工程成本核算对象

16. 如果计划在固定资产投入使用的前期提取较多的折旧、后期提取较少的折旧，适合采用的折旧方法有（　　）。

A. 工作台班法 B. 行驶里程法

C. 双倍余额递减法 D. 平均年限法

E. 年数总和法

17. 施工企业发生的期间费用中，应计入财务费用的是（　　）。

A. 企业财务管理软件采购费用 B. 财务管理人员的工资

C. 参与投标发生的投标费用 D. 企业发行债券支付的手续费

18. 施工企业购买施工现场用安全帽的费用应从（　　）列支。

A. 人工费用 B. 材料费用

C. 资产使用费 D. 管理费用

19. 支出是一个会计主体各项资产的流出，也就是企业的一切开支和耗费。下列支出中属于施工企业收益性支出的有（　　　）。

A. 处置固定资产净损失　　　　　B. 外购建筑材料的支出

C. 利润分配支出　　　　　　　　D. 支付的职工薪酬

E. 缴纳的企业所得税

20. 下列费用项目中，属于施工企业管理费的是（　　　）。

A. 生产工人津贴　　　　　　　　B. 短期借款利息支出

C. 劳动保护费　　　　　　　　　D. 已完工程保护费

21. 下列固定资产相关费用中，构成固定资产原值（原价）的有（　　　）。

A. 固定资产购买价款

B. 固定资产大修理费用

C. 购置固定资产发生的装卸费

D. 固定资产达到预定可使用状态前的安装费

E. 固定资产的预计净残值

1Z102030　收入

1. 施工企业其他业务收入包括（　　　）。

A. 产品销售收入　　　　　　　　B. 建造合同收入

C. 材料销售收入　　　　　　　　D. 固定资产盘盈收入

E. 固定资产出租收入

2. 下列款项中，应作为企业广义上的收入的有（　　　）。

A. 企业销售货物的价款　　　　　B. 代收货物运杂费

C. 企业对外投资的收益　　　　　D. 增值税

E. 政府对企业的补贴

3. 施工企业向外提供机械作业取得的收入属于（　　　）。

A. 提供劳务收入　　　　　　　　B. 销售商品收入

C. 让渡资产使用权收入　　　　　D. 建造合同收入

4. 根据《企业会计准则》，按累计实际发生的合同成本占合同预计总成本的比例确定合同完工进度时，累计实际发生的合同成本不包括（　　　）。

A. 已订立采购合同但尚未运抵现场的材料成本

B. 已采购进场但施工中尚未安装的材料成本

C. 在分包工程的工作量完成之前预付给分包单位的款项

D. 已经完成并验收合格的设备安装工程的价款

E. 已经完成并验收合格的分包工程的合同价款

5. 某跨年度建设项目的合同总造价为 50000 万元，预计合同总成本为 40000 万元。2018 年资产负债表日累计已确认的收入为 30000 万元，2019 年资产负债表日工程已完成总进度的 90%。则 2019 年应确认的合同收入为（　　　）万元。

A. 6000　　　　　　　　　　　B. 15000

C. 27000　　　　　　　　　　　D. 45000

6. 根据《企业会计准则》，若企业在资产负债表日提供劳务交易结果不能够可靠估计，且已经发生的劳务成本预计不能得到补偿，则收入确认的方式是（　　　　）。

A. 按照已经发生的劳务成本确认收入　　B. 按合同金额确认收入

C. 按合同完工百分比确认收入　　　　　D. 不确认提供劳务收入

7. 根据狭义上收入概念和收入的特点，下列属于施工企业收入的是（　　　　）。

A. 工程价款结算收入　　　　　　　　　B. 销售自制预制构件的收入

C. 出售固定资产的收入　　　　　　　　D. 收取的增值税销项税

E. 出租无形资产收入

8. 某承包公司与业主签订了一份修筑公路的合同，公路总长度为15公里，总造价45亿元，第1年完成了4公里，第2年完成了8公里，则第2年年末合同完工进度是（　　　　）。

A. 80%　　　　　　　　　　　　B. 20%

C. 26.67%　　　　　　　　　　D. 53.33%

9. 下列施工企业取得的收入中，属于让渡资产使用权收入的是（　　　　）。

A. 完成施工任务取得的收入　　　　　　B. 出租自有设备取得的收入

C. 提供机械作业取得的收入　　　　　　D. 销售建筑材料取得的收入

10. 某施工企业签订了总造价为2000万元的固定总价合同，工期为2年。经测算，第1年完工进度为60%，实际收到工程结算款1000万元；第2年工程全部完工。则按完工百分比法确认该企业第2年的收入为（　　　　）万元。

A. 800　　　　　　　　　　　　B. 1000

C. 1200　　　　　　　　　　　D. 2000

11. 施工企业单独对外提供机械作业服务取得的收入属于（　　　　）。

A. 施工合同收入　　　　　　　　　　　B. 让渡资产使用权收入

C. 销售商品收入　　　　　　　　　　　D. 提供劳务收入

1Z102040　利润和所得税费用

1. 在利润计算过程中，下列不属于营业外收入的是（　　　　）。

A. 固定资产盘盈　　　　　　　　　　　B. 处置固定资产净收益

C. 处置无形资产净收益　　　　　　　　D. 吸收投资

2. 企业处置无形资产净损失计入当期的（　　　　）。

A. 营业外支出　　　　　　　　　　　　B. 期间费用

C. 财务费用　　　　　　　　　　　　　D. 管理费用

3. 根据我国《企业会计准则》，利润总额的计算公式为（　　　　）。

A. 利润总额＝营业利润＋营业外收入－营业外支出

B. 利润总额＝营业收入－营业成本＋营业外收支净额

C. 利润总额＝营业利润＋投资收益＋营业外收支净额

D. 利润总额＝营业利润＋投资收益

4. 某施工企业年度工程结算收入为 1000 万元, 营业成本和税金及附加为 300 万元, 管理费用为 200 万元, 财务费用为 100 万元, 其他业务收入为 200 万元, 投资收益为 150 万元, 营业外收入为 100 万元, 营业外支出为 80 万元, 所得税为 100 万元, 则企业当年营业利润为（   ）万元。

A. 500
B. 520
C. 750
D. 670

5. 企业净利润是（   ）的余额。

A. 当期营业利润扣除所得税费用
B. 当期利润总额扣除所得税费用
C. 当期收入扣除增值税及附加
D. 当期利润总额扣除增值税及附加

6. 计算企业应纳税所得额时, 下列资产中, 不得计算折旧扣除的是（   ）。

A. 已转入企业固定资产但尚未使用的房屋
B. 经营租赁方式租入的机械设备
C. 融资租赁方式租入的机械设备
D. 企业管理部门使用尚未提足折旧的办公设备

1Z102050 企业财务报表

1. 目前, 我国采用的利润表的结构主要形式为（   ）。

A. 多步式利润表
B. 单步式利润表
C. 报告式利润表
D. 账户式利润表

2. 企业下列活动中, 属于现金流量表中经营活动产生的现金流量有（   ）。

A. 承包工程收到的现金
B. 处置固定资产收回的现金
C. 投资支付的现金
D. 收到的税费返还
E. 发包工程支付的现金

3. 下列项目属于现金流量表筹资活动生产的现金流量有（   ）。

A. 资本溢价
B. 实收资本
C. 处置固定资产回收的现金净额
D. 收回投资所收到的现金
E. 取得投资收益所收到的现金

4. 资产负债表是反映企业的某一特定日期（   ）的报表。

A. 财务状况
B. 现金流量
C. 经营成果
D. 利润分配

5. 根据《企业会计准则第 30 号—财务报表列报》, 在编制财务报表时, 重要项目应单独列报, 项目的重要性应当根据企业所处环境, 从（   ）加以判断。

A. 报表是否对外公告角度
B. 企业是否上市角度
C. 项目在财务报告中的排列位置
D. 项目的性质和金额两个方面

6. 反映企业在一定会计期间经营成果的报表是（   ）。

A. 利润表
B. 资产负债表

C. 现金流量表   D. 所有者权益变动表

7. 根据我国现行《企业会计准则》，应计入经营活动产生的现金流量是（　　）。

A. 取得投资收益收到的现金   B. 偿还债务支付的现金

C. 吸收投资收到的现金   D. 收到的税费返还

8. 关于资产负债表作用的说法，正确的有（　　）。

A. 能够反映构成净利润的各种要素

B. 能够反映企业在一定会计期间现金和现金等价物流入和流出的情况

C. 能够反映企业在某一特定日期所拥有的各种资源总量及其分布情况

D. 能够反映企业的偿债能力

E. 能够反映企业在某一特定日期企业所有者权益的构成情况

9. 根据现行《企业会计准则》，下列资产中属于现金流量表中现金等价物的是（　　）。

A. 应收账款   B. 银行承兑汇票

C. 存货   D. 可流通的股票

10. 根据现行《企业会计准则》，对于资产负债表日起一年内到期的负债，企业预计不能自主地将清偿义务展期，但在资产负债表日后，财务报告批准报出日前签订了重新安排清偿计划协议，则该项负债应归类为（　　）。

A. 非流动负债   B. 流动负债

C. 应付票据   D. 长期应付款

11. 关于财务报表附注的说法，错误的是（　　）。

A. 附注应对财务报表中的每一项目做出进一步说明

B. 附注应当披露财务报表的编制基础

C. 附注是对财务报表中列示的重要项目的进一步文字说明或明细资料

D. 附注是对财务报表的补充

12. 企业资产负债表中的资产类项目有（　　）。

A. 应收票据   B. 资本公积

C. 工程物资   D. 预收款项

E. 实收资本

13. 编制资产负债表时，企业在资产负债表日之前违反了长期借款协议，导致贷款人可随时要求清偿的负债，应当归类为（　　）。

A. 长期借款   B. 流动负债

C. 长期待摊费用   D. 预计负债

14. 关于企业财务报表列报要求的说法，正确的有（　　）。

A. 企业应依据实际发生的交易和事项依规定进行确认和计量

B. 项目的列报在各个会计期间保持一致，不得随意变更

C. 相关的收入和费用项目应事先相互抵消，以净额列报

D. 当期所有列报项目至少提供与上一个可比会计期间的比较数据

E. 年度报表涵盖期间少于一年的应说明原因

1Z102060　财务分析

1. 速动比率是指企业的速动资产与流动负债之间的关系。其中，速动资产＝（　　）。

A. 货币资金＋短期投资＋应收账款＋其他应收款

B. 货币资金＋应收账款＋应收票据＋其他应收款

C. 短期投资＋应收票据＋应收账款＋其他应收款

D. 流动资产－存货

2. 反映企业盈利能力的核心指标是（　　）。

A. 利润

B. 净资产收益率

C. 总资产报酬率

D. 平均净资产

3. 表示与上年相比，企业销售（营业）收入的增减变化情况，是评价企业成长状况和发展能力的重要指标是指（　　）。

A. 净资产收益率

B. 资产负债率

C. 资本积累率

D. 营业增长率

4. （　　）是企业当年所有者权益总的增长率，反映了企业所有者权益在当年的变动水平。

A. 净资产收益率

B. 资产负债率

C. 资本积累率

D. 营业增长率

5. 某施工企业当期主营业务收入为 9000 万元，期初存货为 4000 万元，期末存货为 2000 万元，则存货周转次数为（　　）。

A. 1.50

B. 2.25

C. 3.00

D. 4.50

6. 关于企业净资产收益率指标的说法，正确的有（　　）。

A. 该指标反映了企业偿付到期债务的能力

B. 指标值越高，说明企业盈利能力越好

C. 指标值越高，表明资产的利用效率越高

D. 该指标是企业本期利润总额和净资产的比率

E. 该指标反映企业全部资产运用的总成果

7. 某企业在一个会计期间的主营业务收入为 600 万元，期初应收账款为 70 万元，期末应收账款为 130 万元，则该企业应收账款周转率为（　　）。

A. 4.62

B. 8.57

C. 10.00

D. 6.00

8. 下列财务指标中，数值越高，表明企业资产的盈利能力越强的指标是（　　）。

A. 总资产净利率

B. 营业增长率

C. 速动比率

D. 总资产周转率

9. 下列财务指标中，可以反映企业资产管理效率的指标是（　　）。

A. 净资产收益率

B. 存货周转率

C. 流动比率   D. 资本积累率

10. 分析企业债务清偿能力时，可列入速动资产的有（　　　）。

A. 货币资金   B. 应收票据

C. 应收账款   D. 存货

E. 交易性金融资产

11. 企业财务分析中，用于衡量资产管理效率的指标有（　　　）。

A. 总资产净利率   B. 应收账款周转率

C. 资本积累率   D. 资产负债率

E. 存货周转率

12. 某企业本月产品产量和材料消耗情况见下表。用因素分析法（三个因素的重要性按表中顺序）计算，本月单位产品材料消耗量变化对材料费用总额的影响是（　　　）。

项目	单位	计划值	实际值
产品产量	件	1000	1200
单位产品材料消耗量	kg/件	8	7
材料单价	元/kg	50	55

A. 节约 5 万元   B. 增加 5 万元

C. 节约 6 万元   D. 增加 6 万元

13. 为了说明企业财务状况的变动趋势并预测企业未来的发展前景，财务报表分析宜采用的方法是（　　　）。

A. 因素分析法   B. 水平分析法

C. 比率分析法   D. 权重分析法

1Z102070　筹资管理

1. 在商品交易中以延期付款或预收货款的方式进行购销活动所形成的借贷关系为（　　　）。

A. 延期付款   B. 商业信用

C. 周转信贷   D. 长期借款

2. 延期付款，但早付款可享受现金折扣，如"2/10、1/20、0/30"表示的意思是（　　　）。

A. 表示在信用期间 10 天内付款可享受 2 折的折扣，20 天内付款可享受 1 折的折扣，超过 20 天则全额付款

B. 表示在信用期间 10 天内付款可享受 2 天的回旋余地，20 天内付款可享受 1 天的回旋余地，超过 20 天则无回旋余地

C. 表示如果在超过信用期限 10 天内就交 2% 的滞纳金，超过 20 天就交 1% 的滞纳金

D. 表示在信用期间 10 天内付款可享受 2% 的折扣，20 天内付款可享受 1% 的折扣，

超过 20 天则全额付款

3. 采用周转信贷协议向银行借款时，企业（   ）。

A. 可以周转使用信贷资金，贷款额度不受限制

B. 在有效期和最高限额内，可在任何时候借款

C. 可以周转使用信贷资金，不必偿还本金

D. 必须按规定的周期和固定的金额借款

4. 企业商业信用筹资包括（   ）。

A. 应收账款   B. 预付账款

C. 应收票据   D. 预收账款

5. 银行短期借款信用条件中的补偿性余额条款是指（   ）。

A. 借款人要对贷款限额未使用部分支付补偿费

B. 借款人在银行中保持按实际借用额的一定比例计算的最低存款余额

C. 银行如果不能及时向借款人贷款需要向借款人支付补偿金

D. 借款人如果不能按时还款需要向银行支付补偿金

6. 施工企业从建设单位取得工程预付款，属于企业筹资方式中的（   ）筹资。

A. 融资租赁   B. 短期借口

C. 长期借款   D. 商业信用

7. 下列短期负债筹资方式中，属于商业信用形式的有（   ）。

A. 抵押贷款   B. 预收账款

C. 应付账款   D. 商业承兑汇票

E. 银行承兑汇票

8. 某企业从银行借入一笔长期贷款 2000 万元，手续费率为 0.2%，年利率 7%，期限为 5 年，每年结息一次，年末付息，到期一次还本，企业所得税税率为 25%，则该项借款资金成本率为（   ）。

A. 7.927%   B. 7.01%

C. 5.26%   D. 5.45%

9. 某施工企业按 2/10、$n/30$ 的条件购入钢材 50 万元，企业在第 20 天支付了全部货款 50 万元，那么该企业放弃现金折扣的成本为（   ）。

A. 36.72%   B. 2.00%

C. 2.04%   D. 11.11%

10. 下列资金成本中，属于资金占用费的有（   ）。

A. 借款手续费   B. 发行债券支付的印刷费

C. 筹资过程中支付的广告费   D. 债券利息

E. 贷款利息

11. 某施工企业按照 2/15、$n/30$ 的信用条件购入货物 100 万元，该企业在第 28 天付款，则其放弃现金折扣的成本是（   ）。

A. 48.98%   B. 56.51%

C. 26.23%   D. 8.33%

12. 某施工企业向银行借款 5000 万元，借款期限 2 年，借款年利率 4%，每年计算并支付利息，到期一次偿还本金，企业适用的所得税率 25%。则这笔借款的资金成本率为（　　）。

A. 8%   B. 4%

C. 3%   D. 1%

13. 某公司为了扩大规模，拟追加筹资 10000 万元，现有两个筹资方案可以选择，见下表。则公司应选择的最佳方案是（　　）。

单位：万元

筹资方式	原资本结构		追加筹资方案 1		追加筹资方案 2	
	筹资额	个别资金成本	筹资额	个别资金成本	筹资额	个别资金成本
长期借款	1500	7%	500	7.5%	3000	8.5%
长期债券	4000	8%	2000	9%	4000	10%
优先股	500	12%	1000	13%	1000	13%
普通股	4000	15%	6500	16%	2000	16%
合计	10000		10000		10000	

A. 方案 1   B. 方案 2

C. 方案 1 和 2 均可   D. 方案 1 和 2 的综合方案

14. 企业作为筹资主体时，内源筹资资金的来源有（　　）。

A. 债券筹资   B. 留存收益

C. 优先股筹资   D. 普通股筹资

E. 应收账款

15. 下列企业筹集资金的方式中，属于外源筹资渠道中间接融资方式的是（　　）。

A. 发行股票   B. 向商业银行申请贷款

C. 变卖闲置资产   D. 利用未分配的利润

16. 某建筑企业按 2/10、$n/30$ 的条件购入货物 100 万元，若该企业在第 30 天付款，则放弃现金折扣的成本为（　　）。

A. 2.00%   B. 2.04%

C. 36.73%   D. 73.47%

17. 下列筹资方式中，属于商业信用形式的有（　　）。

A. 应付票据   B. 抵押贷款

C. 融资租赁   D. 应付账款

E. 预收账款

18. 某企业从银行取得 5 年期的长期借款 1000 万元，该笔借款的担保费费率为 0.5%，年利率为 6%，每年结息一次，到期一次还本，企业所得税税率为 25%，则该笔借款年资金成本率为（　　）。

A. 4.50%
B. 4.52%

C. 6.00%
D. 6.03%

1Z102080 流动资产财务管理

1. 某企业生产所需的一种材料单价为 200 元 / 吨，一次订货总成本为 400 元，其中订货固定成本为 320 元，每吨材料的年储备成本为 1 元。已知该材料的经济采购批量为 800 吨，则该企业该种材料的年度采购总量为（   ）吨。

A. 4000
B. 3200

C. 1600
D. 800

2. 企业存货的总成本是存货的取得成本、储存成本和（   ）之和。

A. 购置成本
B. 存货保险税费

C. 订货成本
D. 缺货成本

3. 企业的应收账款增加将导致企业（   ）。

A. 净资产减少
B. 流动资产减少

C. 总资产减少
D. 坏账的风险增加

4. 采用 ABC 分析法进行存货管理，对 A 类存货应采用的管理方法是（   ）

A. 按总额灵活掌握
B. 分类别一般控制

C. 凭经验确定进货量
D. 分品种重点管理

5. 某企业有甲、乙、丙、丁四个现金持有方案，各方案的现金持有量依次是 6000 元、7000 元、84000 元、120000 元。四个方案的机会成本均为现金持有量的 10%，管理成本均为 24000 元，短缺成本依次是 8100 元、3000 元、2500 元和 0 元。若采用成本分析模式进行现金持有量决策，该企业应采用（   ）方案。

A. 甲
B. 乙

C. 丙
D. 丁

6. 关于用成本分析模式确定企业现金量使持有量的说法，正确的是（   ）。

A. 企业持有现金的成本有机会成本、管理成本和短缺成本

B. 管理成本与现金持有量的增加而增加

C. 现金的短缺成本随现金持有量的增加而增加

D. 运用成本分析模式确定现金量最佳持有量的目的是加速现金周转速度

7. 某施工企业生产所需甲材料，年度采购总量为 200 吨，每吨单价为 1000 元，一次订货成本为 100 元，每吨材料的年平均储备成本为 400 元。则该材料的经济采购批量为（   ）吨。

A. 6.32
B. 7.07

C. 10.00
D. 100.00

8. 关于企业存货管理的说法，正确的是（   ）。

A. 存货管理是要在存货成本与存货效益之间做出权衡，达到两者之间的最佳结合

B. 存货管理的目标是最大限度地降低存货成本

C. 财务部门存货管理的职责是选择供应单位及筹集订货资金

D. 根据存货管理的 ABC 分析法，应对 C 类存货实施严格控制

9. 用成本分析模式确定企业最佳现金持有量时，随着现金持有量增加而降低的现金持有成本是（　　）。

A. 管理成本 　　　　　　　　　　B. 机会成本

C. 交易成本 　　　　　　　　　　D. 短缺成本

10. 采用成本分析模式确定企业现金持有量时，需考虑的成本有（　　）。

A. 机会成本 　　　　　　　　　　B. 沉没成本

C. 短缺成本 　　　　　　　　　　D. 管理成本

E. 外部成本

★★模拟强化练习答案及解析★★

1Z102010　财务会计基础

1. 答案：B、C、E

【解析】本题的考核点是财务会计的内涵。

2. 答案：D

【解析】本题考核点是会计要素的分类。

3. 答案：A

【解析】资本公积包括资本溢价、资产评估增值、接受捐赠、外币折算差额等。其中的资本溢价即是指投资人的投入资本超过其注册资金（应负担的投资额）的数额。股本（资本）溢价＝股票发行收入－股票面值

4. 答案：B

【解析】非流动负债包括：应付债券、长期借款、租赁负债、长期应付款、预计负债、递延收益、递延所得税负债、其他非流动负债等。

5. 答案：C

【解析】流动负债包括：短期借款、交易性金融负债、衍生金融负债、应付票据、预收款项（预收账款）、合同负债、应付职工薪酬、应交税费、其他应付款、持有待售负债、一年内到期的非流动负债、其他流动负债等。

6. 答案：B

【解析】本题考核点是会计等式的应用。

7. 答案：D

【解析】流动资产包括：货币资金（包括现金、银行存款和其他货币资金）、交易性金融资产、衍生金融资产、应收票据、应收账款、应收款项融资、预付款项（预付账款）、其他应收款、存货、合同资产、持有待售资产、一年内到期的非流动资产、其他流动资产等。

8. 答案：C

【解析】本题考核点是所有者权益内容中资本公积的内容。

9. 答案：B

【解析】本题考核点是会计核算的基本假设中的会计主体假设的概念。

会计主体又称会计实体，这个组织实体从空间上界定了会计工作的具体核算范围。

10. 答案：A

【解析】本题考核点是所有者权益内容中资本公积的内容。

资本公积包括资本溢价、资产评估增值、接受捐赠、外币折算差额等。

11. 答案：B

【解析】本题考核点是会计要素计量属性中的历史成本的概念。

在历史成本计量下，资产按照购置时支付的现金或者现金等价物的金额，或者按照购置资产时所付出的代价的公允价值计量。负债按照因承担现时义务而实际收到的款项或者资产的金额，或者承担现时义务的合同金额，或者按照日常活动中为偿还负债预期需要支付的现金或者现金等价物的金额计量。

12. 答案：D

【解析】本题中施工劳务完成的时间是 2019 年（施工企业与业主完成了已完工程的结算），2020 年 3 月收到 800 万元的款项是货币资金收支的时间。根据权责发生制，企业应当按照劳务完成的时间确认收入入账的时间。

13. 答案：C、D

【解析】本题的考核点是负债分类中的流动负债包括的内容。

14. 答案：C

【解析】本题考核点是会计核算基础的收付实现制和权责发生制的区别。

15. 答案：A、C

【解析】本题的考核点是负债分类中的流动负债包括的内容。

16. 答案：D

【解析】本题的考核点是会计要素的计量属性。

在现值计量下，负债按照预计期限内需要偿还的未来净现金流出量的折现金额计算。

17. 答案：D

【解析】本题的考核点是财务会计的职能。

18. 答案：A、B、C

【解析】本题的考核点是会计要素的分类。

19. 答案：D

【解析】本题的考核点是会计监督的相关内容。

根据《中华人民共和国会计法》："各单位的会计机构、会计人员对本单位实行会计监督。"这一规定明确了会计人员是会计监督的主体。会计人员进行会计监督的对象和内容是本单位的经济活动。

20. 答案：B、C

【解析】本题的考核点是资产的分类。

21. 答案：B、E

【解析】所有者权益中的其他权益工具是指企业发行在外除普通股以外分类为权益工具的金融工具，如优先股和永续债。

1Z102020　成本与费用

1. 答案：C

【解析】本题的考核点是四种固定资产折旧方法的概念和原理。

$$年（月）折旧额＝年（月）折旧率 \times 折旧基数$$

（1）平均年限法的折旧基数是固定资产应计折旧额（＝原价－预计净残值）。

（2）工作量法在计算单位工作量折旧额时的基数也是固定资产应计折旧额（＝原价－预计净残值）。

（3）双倍余额递减法的年折旧率不变，其年折旧额＝年折旧率 $\times$ 固定资产净值（＝原价－累计折旧）。

（4）年数总和法的每年折旧率不一样，折旧基数为是固定资产应计折旧额（＝原价－预计净残值）。

故，折旧基数随着使用年限变化而变化的折旧方法是双倍余额递减法。

2. 答案：C

【解析】本题的考核点是工程成本核算的内容。

3. 答案：C

【解析】本题的考核点是管理费用包括的内容。

4. 答案：C

【解析】本题的考核点是工程成本核算的内容。

根据《企业会计准则》，工程成本包括从建造合同签订开始至合同完成止所发生的、与执行合同有关的直接费用和间接费用。订立合同发生的相关费用发生在合同签订之前，故不能计入工程成本，应当直接计入当期损益。

5. 答案：A、C、D、E

【解析】本题的考核点是直接费用中的其他直接费用包括的内容。

其他直接费用包括施工过程中发生的材料二次搬运费、临时设施摊销费、生产工具用具使用费、检验试验费、工程定位复测费、工程点交费、场地清理费等。

6. 答案：B

【解析】年折旧额＝固定资产应计折旧额／预计使用年限

$$＝60000（1－3\%）/8＝7275 元$$

7. 答案：D

【解析】本题的考核点是无形资产包括的内容。

无形资产包括专利权、非专利技术、租赁权、特许营业权、版权、商标权、商誉、土地使用权等。

8. 答案：B、D、E

【解析】本题的考核点是财务费用包括的内容。

9. 答案：A

【解析】单位工作量折旧额＝应计折旧额／预计总工作量

每工作台班折旧额＝500000（1－3%）/2000

＝242.50元／台班

10. 答案：C

【解析】本题的考核点是期间费用的概念。

11. 答案：B

【解析】本题考核点是财务费用的内容。

12. 答案：A、B、D、E

【解析】本题的考核点是管理费用包括的内容。

13. 答案：C

【解析】间接费用分摊计算分两个步骤：

（1）间接费用分配率＝当期实际发生的全部间接费用/当期各单项直接费用之和×100%

＝300/（2000＋1000＋4000＋3000）×100%＝3%

（2）丙合同应分担的间接费用＝丙当期发生的直接费用 × 间接费用分配率

＝4000×3%＝120万元

14. 答案：D

【解析】本题的考核点是工程成本中直接费用包括的内容。

直接费用包括耗用的材料费用、耗用的人工费用、耗用的机械使用费、其他直接费。

15. 答案：A

【解析】结合《企业会计准则》和成本核算目的和要求，工程成本核算对象的确定方法主要有：以单项建造（施工）合同作为施工工程成本核算对象；对合同分立以确定施工工程成本核算对象；对合同合并以确定施工工程成本核算对象。《企业会计准则》规定：企业通常应当按照单项建造合同进行会计处理。

16. 答案：C、E

【解析】本题的考核点是固定资产折旧方法。

17. 答案：D

【解析】本题的考核点是会计核算中财务费用包括的内容。

18. 答案：D

【解析】管理费用中包括的劳动保护费是指施工企业按规定发放的劳动保护用品支出。如工作服、手套、防暑降温饮料以及在有碍于身体健康的环境中施工的保健费用等。购买安全帽的费用属于劳动保护费。

19. 答案：B、D、E

【解析】本题的考核点是企业支出类别的相关内容。

企业的支出可分为资本性支出、收益性支出、营业外支出及利润分配支出四大类。其中，收益性支出指某项效益仅及于本会计年度（或一个营业周期）的支出，这种支出应在一个会计期间内确认为费用，如企业生产经营所发生的外购材料、支付工资及其他支出，以及发生的管理费用、销售费用（营业费用）、财务费用等；另外，生产经营过程中所缴纳的税金、有关费用等也包括在收益性支出之内，它是企业得以存在并持续经营的必要的社会性支出。

处置固定资产净损失属于营业外支出。

20. 答案：C

21. 答案：A、C、D

【解析】本题的考核点是固定资产原价（原值、成本）的构成内容。

外购固定资产的成本，包括购买价款、相关税费、使固定资产达到预定可使用状态前发生的可归属于该项固定资产的运输费、装卸费、安装费和专业人员服务费等。

1Z102030 收入

1. 答案：A、C、E

【解析】建筑业企业的其他业务收入主要包括：① 产品销售收入；② 材料销售收入；③ 机械作业收入；④ 无形资产出租收入；⑤ 固定资产出租收入等。

建造合同收入是施工企业的主营业务收入；固定资产盘盈收入属于营业外收入。

2. 答案：A、C、E

【解析】广义上的收入，包括营业收入、投资收益、补贴收入和营业外收入。

3. 答案：A

【解析】提供劳务收入是指企业通过提供劳务作业而取得的收入。建筑业企业提供劳务一般均为非主营业务，主要包括机械作业、运输服务、设计业务、产品安装、餐饮住宿等。

4. 答案：A、B、C

【解析】累计实际发生的合同成本不包括施工中尚未安装或使用的材料成本等与合同未来活动相关的合同成本，也不包括在分包工程的工作量完成之前预付给分包单位的款项。

5. 答案：B

【解析】2019 年度合同收入 = 50000×90%－30000 = 15000 万元

6. 答案：D

【解析】根据《企业会计准则》，当建筑业企业不能可靠地估计建造合同的结果，且合同成本不能回收的，应在发生时立即确认为费用，不确认收入。

7. 答案：A、B、E

【解析】本题的考核点是收入的概念及特点。

狭义上的收入，即营业收入，包括主营业务收入和其他业务收入，不包括为第三方或客户代收的款项。建筑业企业的主营业务收入主要是建造（施工）合同收入，即工程价款结算收入。销售自制预制构件的收入和出租无形资产收入均属于其他业务收入。出售固定资产的收入不是企业日常活动产生的，属于广义收入中的营业外收入。收取的增值税销项税是企业代国家税务机关收取的增值税，不属于企业的收入。

8. 答案：A

【解析】合同完工进度＝已经完成的合同工程量 ÷ 合同预计总工程量 ×100%

$$＝（4＋8）/15×100＝80\%$$

9. 答案：B

【解析】按收入的性质，企业收入可以分为建造合同收入、销售商品收入、提供劳务收入和让渡资产使用权收入。其中，让渡资产使用权收入包括金融企业发放贷款取得的利息收入，企业出租固定资产和无形资产取得的收入等。

10. 答案：A

【解析】第2年确认的合同收入＝2000（1－60%）＝800万元

11. 答案：D

【解析】建筑业企业提供劳务收入一般均为非主营业务，包括机械作业、运输服务、设计业务、产品安装、餐饮住宿等。

1Z102040 利润和所得税费用

1. 答案：D

【解析】营业外收入包括：① 固定资产盘盈；② 处置固定资产净收益；③ 处置无形资产净收益；④ 罚款净收入。

2. 答案：A

【解析】营业外支出包括：① 固定资产盘亏；② 处置固定资产净损失；③ 处置无形资产净损失；④ 债务重组损失；⑤ 罚款支出；⑥ 捐赠支出；⑦ 非常损失。

3. 答案：A

【解析】利润总额＝营业利润＋营业外收入－营业外支出

4. 答案：C

【解析】营业利润＝1000－300－200－100＋200＋150＝750万元

注意：（1）营业收入是指企业经营业务所确认的收入总额，包括主营业务收入和其他业务收入。营业成本是指企业经营业务所发生的实际成本总额，包括主营业务成本和其他业务成本。（2）营业外收入和营业外支出不计入营业利润。（3）所得税不计入营业利润。

5. 答案：B

【解析】净利润＝利润总额－所得税费用。

6. 答案：B

【解析】本题的考核点是所得税费用确认的应纳税所得额计算时扣除的相关规定。

1Z102050 企业财务报表

1. 答案：A

【解析】我国采用的是多步式利润表。

2. 答案：A、D、E

【解析】经营活动的现金流量主要包括：① 销售商品、提供劳务收到的现金；② 收到的税费返还；③ 收到其他与经营活动有关的现金；④ 购买商品、接受劳务支付的现金；⑤ 支付给职工以及为职工支付的现金；⑥ 支付的各项税费；⑦ 支付其他与经营活动有关的现金。

注意：施工企业承包工程收到的现金即是指施工企业提供施工劳务收到的现金。发包工程支付的现金即是指发包方接受施工劳务支付的现金。

3. 答案：A、B

【解析】筹资活动产生的现金流量包括：① 吸收投资（包括发行股票、股东增加投资等）收到的现金；② 取得借款收到的现金；③ 收到其他与筹资活动有关的现金；④ 偿还债务支付的现金；⑤ 分配股利、利润或偿付利息支付的现金；⑥ 支付其他与筹资活动有关的现金。

资本溢价是企业在吸收投资时，由于投资人实际投入的资金超过其应负担的投资额的部分。实收资本是投资人按出资比例实际投入到企业的资本。

4. 答案：A

【解析】资产负债表是反映企业在某一特定日期财务状况的报表。

5. 答案：D

【解析】编制财务报表列报的基本要求包括：重要项目单独列报等。重要性应当根据企业所处环境，从项目的性质和金额大小两方面予以判断。

6. 答案：A

【解析】利润表是反映企业在一定会计期间的经营成果的财务报表。

7. 答案：D

【解析】本题考核点是经营活动产生的现金流量包括的内容。

8. 答案：C、D、E

【解析】资产负债表的作用：① 能够反映企业在某一特定日期所拥有的各种资源总量及其分布情况，可以分析企业的资产构成，以便及时进行调整。② 能够反映企业的偿债能力，可以提供某一日期的负债总额及其结构，表明企业未来需要用多少资产或劳务清偿债务以及清偿时间。③ 能够反映企业在某一特定日期企业所有者权益的构成情况，可以判断资本保值、增值的情况以及对负债的保障程度。

9. 答案：B

【解析】可以列为现金等价物：① 从购买日起三个月到期或清偿的国库券；② 货币市场基金；③ 可转换定期存单；④ 银行本票；⑤ 银行承兑汇票。

10. 答案：B

【解析】本题考核点是资产负债表的内容。

11. 答案：A

【解析】财务报表附注是对在会计报表中列示项目所作的进一步说明，以及对未能在这些报表中列示项目的说明等。并不是对财务报表中每个项目都需要在附注中说明。

12. 答案：A、C

【解析】本题的考核点是资产负债表列示的内容。

应收票据、工程物资（存货）属于资产项目。资本公积和实收资本属于所有者权益项目。预收款项属于负债项目。

13. 答案：B

【解析】资产负债表的负债包括流动负债和非流动负债。企业在资产负债表日或之前违反了长期借款协议，导致贷款人可随时要求清偿的负债，应当归类为流动负债。

14. 答案：A、B、D、E

【解析】本题的考核点是财务报表列报的基本要求。

1Z102060　财务分析

1. 答案：D

【解析】速动资产是指能够迅速变现为货币资金的各类流动资产，通常有两种计算方法：

①速动资产＝流动资产－存货

②速动资产＝货币资金＋交易性金融资产＋应收票据＋应收账款＋其他应收款

2. 答案：B

【解析】净资产收益率是指企业本期净利润和净资产的比率，是反映企业盈利能力的核心指标。该指标越高，净利润越多，说明企业盈利能力越好。

3. 答案：D

【解析】营业增长率表示与上期相比，营业收入的增减变化情况，是评价企业成长状况和发展能力的重要指标。该指标是衡量企业经营状况和市场占有能力、预测企业经营业务拓展趋势的重要标志，也是企业扩张资本的重要前提。

4. 答案：C

【解析】资本积累率是企业当年所有者权益总的增长率，反映了企业所有者权益在当年的变动水平。该指标体现了企业资本的积累能力，是评价企业发展潜力的重要指标，也是企业扩大再生产的源泉。资本积累率反映了投资者投入企业资本的保全性和增长性

5. 答案：C

【解析】存货周转次数（周转率）＝主营业务收入÷存货总额

存货一般取期初存货和期末存货的平均值。

$$存货周转次数＝9000÷（4000＋2000）/2$$
$$＝3.00\text{次}$$

6. 答案：B、C

【解析】净资产收益率是指企业本期净利润和净资产的比率，是反映企业盈利能力的核心指标。该指标越高，净利润越多，说明企业盈利能力越好。

净资产收益率可以反映企业资产利用的综合效果。指标越高，表明资产的利用效率越高，说明企业在增加收入和节约资金使用等方面取得了良好的效果。

7. 答案：D

【解析】应收账款周转率（周转次数）＝主营业务收入÷应收账款总额

应收账款总额一般取期初应收账款和期末应收账款的平均值。

$$应收账款周转率（周转次数）＝600÷（70＋130）/2$$
$$＝6.00次$$

8. 答案：A

【解析】反映企业盈利能力的指标很多，常用的主要有净资产收益率和总资产净利率。

营业增长率是反映企业发展能力的指标；速动比率是反映企业偿债能力的指标；总资产周转率是反映企业资产管理能力的指标。

9. 答案：B

【解析】资产管理比率是用于衡量公司资产管理效率的指标。常用的指标有资产管理比率总资产周转率、流动资产周转率、存货周转率、应收账款周转率等。

净资产收益率是反映企业盈利能力的指标；流动比率是反映企业偿债能力的指标；资本积累率是反映企业发展能力的指标。

10. 答案：A、B、C、E

【解析】速动资产是指能够迅速变现为货币资金的各类流动资产。

速动资产＝流动资产－存货

或　速动资产＝货币资金＋交易性金融资产＋应收票据＋应收账款＋其他应收款

11. 答案：B、E

【解析】营运能力比率是用于衡量公司资产管理效率的指标。常用的指标有总资产周转率、流动资产周转率、存货周转率、应收账款周转率等。

12. 答案：C

【解析】按照差额计算法：

某因素产生的差异影响

＝重要性在该因素之前因素的实际值×该因素差额×重要性在该因素之后因素的计划值

因此，单位产品材料消耗量产生的差异影响＝1200（7－8）50＝－60000元

13. 答案：B

【解析】本题的考核点是财务报表分析方法的基本概念。

1Z102070　筹资管理

1. 答案：B

【解析】商业信用是指在商品交易中由于延期付款或预收货款所形成的企业间的借贷关系。

2. 答案：D

【解析】本题中应付账款的信用条件"2/10、1/20、n/30"表示的意思为：

（1）该笔应付账款的信用期为30天。

（2）如果付款人能在信用期间10天内付款，可以享受2%的现金折扣。

（3）如果付款人在信用期间超过 10 天，但在 20 天内付款，可以享受 1% 的现金折扣。

（4）如果付款人在信用期间超过 20 天，至 30 天内付款，享受折扣为 0，应全额付款。

3. 答案：B

【解析】本题考核点是周转信贷协议的相关概念。

周转信贷协议是银行具有法律义务地承诺提供不超过某一最高限额的贷款协议。在协议的有效期内，只要企业的借款总额未超过最高限额，银行必须满足企业任何时候提出的借款要求。企业享用周转信贷协议，通常要就贷款限额的未使用部分付给银行一笔承诺费。

4. 答案：D

【解析】商业信用（筹资）的具体形式有应付账款、应付票据、预收账款等。

本题中的选项应收账款、应收票据和预付账款都属于由商业信用形成的债权，是商业信用形成的资金被其他企业占用，不是利用商业信用筹资的形式。

5. 答案：B

【解析】补偿性余额是银行要求借款企业在银行中保持按贷款限额或实际借用额一定百分比（一般为 10%～20%）的最低存款余额。从银行的角度讲，补偿性余额可降低贷款风险，补偿遭受的贷款损失。对于借款企业来讲，补偿性余额则提高了借款的实际利率。

6. 答案：D

【解析】预收账款是卖方企业在交付货物（或提供劳务）之前向买方预先收取部分或全部货款（或劳务款）的信用形式。对于卖方来讲，预收账款相当于向买方借用资金后用货物（或提供劳务）抵偿。施工企业从建设单位取得工程预付款即属于预收账款，未来以提供施工劳务的方式抵偿。

7. 答案：B、C、D、E

【解析】商业信用的具体形式有应付账款、应付票据、预收账款等。应付票据是企业进行延期付款商品交易时开具的反映债权债务关系的票据。根据承兑人的不同，应付票据分为商业承兑汇票和银行承兑汇票两种。

8. 答案：C

【解析】本题考核点是长期负债资金成本率的计算。

$$长期负债资金成本率 = \frac{年利息 \times （1-所得税率）}{本金 \times （1-手续费率）} = \frac{2000 \times 7\% \times （1-25\%）}{2000 \times （1-0.2\%）} = 5.26\%$$

9. 答案：A

【解析】放弃现金折扣成本 = ［折扣百分比 ÷（1-折扣百分比）］× ［360÷（信用期 - 折扣期）］

= ［2%÷（1-2%）］× ［360÷（30-10）］= 36.72%

10. 答案：D、E

【解析】资金成本包括资金占用费和筹资费用两个部分。资金占用费是指企业占用资金支付的费用，如银行借款利息和债券利息等。借款手续费、发行债券支付的印刷费、筹资过程中支付的广告费均属于筹资费用。

11. 答案：A

【解析】放弃现金折扣成本＝［折扣百分比÷（1－折扣百分比）］×［360÷（信用期
$$－折扣期）］$$
$$=［2\%÷（1-2\%）］×［360÷（30-15）］=48.98\%$$

12. 答案：C

【解析】长期借款资金成本 $=\dfrac{年利息×（1-所得税税率）}{本金×（1-手续费率）}=\dfrac{5000×4\%×（1-25\%）}{5000×（1-0）}$
$$=3\%$$

13. 答案：B

【解析】分别计算两个方案的综合资金成本，综合资金成本最低的方案为相对较优的方案。

方案 1 综合资金成本 $=\dfrac{500}{10000}×7.5\%+\dfrac{2000}{10000}×9\%+\dfrac{1000}{10000}×13\%+\dfrac{6500}{10000}×16\%=13.88\%$

方案 2 综合资金成本 $=\dfrac{3000}{10000}×8.5\%+\dfrac{4000}{10000}×10\%+\dfrac{1000}{10000}×13\%+\dfrac{2000}{10000}×16\%=1.05\%$

从最优资本结构的角度，应选择综合资金成本更低的方案 2。

14. 答案：B、E

【解析】企业筹资，按照资金筹集渠道的不同可分为内源筹资和外源筹资。

企业内源筹资资金来源包括：企业自有资金、应付息税以及未使用或者未分配专项基金。

——自有资金主要包括留存收益、应收账款以及闲置资产变卖等；

——未使用或未分配的专项基金主要包括更新改造基金、生产发展基金以及职工福利基金等。

15. 答案：B

【解析】本题的考核点是筹资主体的相关内容。

16. 答案：C

【解析】放弃现金折扣成本＝［折扣百分比÷（1－折扣百分比）］×［360÷
$$（信用期-折扣期）］$$
$$=［2\%/（1-2\%）］×［360/（30-10）］=36.73\%$$

17. 答案：A、D、E

【解析】短期负债筹资最常用的方式是商业信用和短期借款。其中，商业信用（筹资）的具体形式有应付账款、应付票据、预收账款等。

18. 答案：B

【解析】长期借款资金成本 $=\dfrac{年利息×（1-所得税税率）}{本金×（1-筹资费率）}=\dfrac{1000×6\%×（1-25\%）}{1000×（1-0.5\%）}$
$$=4.52\%$$

1Z102080 流动资产财务管理

1. 答案：A

【解析】本题的考核点是存货经济订货量的计算。

因为：$Q^* = \sqrt{\dfrac{2KD}{K_2}}$

所以：$D = \dfrac{Q^{*2}K_2}{2K} = \dfrac{800^2 \times 1}{2(400-320)} = 4000$吨

注意：本题要求的是已知经济订货量，计算年度采购总量。K是一次订货的变动成本（订货变动成本＝订货总成本－订货固定成本）。

2. 答案：D

【解析】存货的总成本＝取得成本＋储存成本＋缺货成本

取得成本＝订货成本＋购置成本＝订货固定成本＋订货变动成本＋购置成本

3. 答案：D

【解析】应收账款是企业的一项资金投放，是为了扩大销售和盈利而进行的投资。而投资肯定要发生成本，这就需要在应收账款信用政策所增加的盈利和这种政策的成本之间做出权衡。信用政策放宽会增加销售量，但同时也会增加应收账款、收账费用和坏账损失。

4. 答案：D

【解析】本题的考核点是存货管理的 A、B、C 分析法的应用。

5. 答案：B

【解析】本题的考核点是用成本分析模式确定最佳现金持有量方法的计算和分析。

各方案现金持有总成本计算　　　　单位：元

项目 ＼ 方案	甲	乙	丙	丁
机会成本	600	700	8400	12000
管理成本	24000	24000	24000	24000
短缺成本	8100	3000	2500	0
总成本	32700	27700	34900	36000

从上表的计算可以看到，乙方案的总成本最低，是最佳现金持有量方案。

6. 答案：A

【解析】企业持有的现金，将会有三种成本：

①机会成本。机会成本与现金持有量成正比关系。

②管理成本。管理成本是一种固定成本，与现金持有量之间无明显的比例关系。

③短缺成本。现金的短缺成本随现金持有量的增加而下降，随现金持有量的减少而上升。

7. 答案：C

【解析】本题的考核点是存货经济采购批量的计算。

$$Q^* = \sqrt{2KD/K_2} = \sqrt{2 \times 100 \times \dfrac{200}{400}} = 10 \text{ 吨}$$

8. 答案：A

【解析】本题的考核点是存货管理的相关概念。

9. 答案：D

【解析】企业持有现金将会有三种成本：机会成本、管理成本和短缺成本。其中，短缺成本随现金持有量的增加而下降，随现金持有量的减少而上升。

10. 答案：A、C、D

【解析】本题的考核点是最佳现金持有量分析方法的成本分析模式的相关概念。

第三章 1Z103000 建设工程估价

本章考情分析

近3年考点分布及分值分布

1Z103000	考点分布	2022年		2021年		2020年	
		单选	多选	单选	多选	单选	多选
1Z103010	建设项目总投资概念及其构成内容	1		1		1	
	按费用构成要素划分建筑安装工程费用项目的组成	2		2		1	
	按造价形成划分建筑安装工程费用项目的组成	1				2	
	各费用构成要素计算方法	1					
	建筑安装工程计价公式						
	建筑安装工程计价程序	1					
	增值税计税原理及相关规定			1			
	设备购置费组成						2
	进口设备抵岸价的构成及其计算						
	工程建设其他费用项目组成内容		2	1	2	1	
	基本预备费的概念及计算						
	价差预备费的概念及计算						
	建设期利息计算	1				1	
	流动资金估算						
1Z103020	建设工程定额的分类					1	
	人工定额的编制	1			2		2
	材料消耗定额的编制						
	周转性材料消耗定额的编制			1			
	机械台班使用定额的编制			1		1	
	施工定额的编制		2	1			
	企业定额的编制	1				1	
	预算定额的编制						
	预算定额基价的编制						
	概算定额与概算指标的编制						

1Z103000	考点分布	2022 年		2021 年		2020 年	
		单选	多选	单选	多选	单选	多选
1Z103030	设计概算的内容和作用			1			
	单位工程概算的编制方法	1	2	1		1	2
	单项工程综合概算的编制方法						
	建设工程项目总概算编制方法						
	设计概算审查的内容				2		
	设计概算的审查方法						
1Z103040	施工图预算的作用						2
	施工图预算的编制内容					1	
	施工图预算的编制依据						
	施工图预算的编制方法	2				1	
	施工图预算的审查内容和方法			1		1	
1Z103050	工程量清单的作用	1		1			
	招标工程量清单的组成及编制依据						
	工程量清单编制的方法	4	2	2	2	4	4
1Z103060	工程量清单计价的基本过程						
	工程量清单计价的方法	4	2	4	2	1	2
	最高投标限价的规定及编制方法		2	1			
	对最高投标限价的投诉与处理			1		1	
	投标报价编制原则及依据				2		
	投标报价的编制与审核	1				1	
	合同价类型的选择及合同价款的约定	1					
1Z103070	工程计量的原则和依据						
	单价合同和总价合同的计量	1		2		2	
	合同价款调整的程序						
	法律法规变化的价款调整					1	
	项目特征不符的价款调整						
	工程量清单缺项的价款调整			1			
	工程量偏差的价款调整			1			
	计日工的计价方法						
	市场价格波动引起的价款调整			1			
	暂估价的计价方法						

1Z103000	考点分布	2022年		2021年		2020年	
		单选	多选	单选	多选	单选	多选
1Z103070	不可抗力导致价款调整的方法	1			2	1	
	提前竣工导致价款调整的相关规定	1				1	
	暂列金额的计价方法						
	工程变更范围、变更权及变更估价原则	1				1	
	承包人合理化建议对工期、价款影响						
	措施项目费调整—报价浮动率计算						2
	工程变更价款调整方法的应用			1			
	施工索赔	1	2	1	2	1	
	现场签证						
	《保障农民工工资支付条例》		2	1			
	预付款的支付、担保、抵扣	1		1			
	安全文明施工费					1	
	工程进度款的支付规定与计算						
	竣工结算的编制						
	竣工结算的审查						
	竣工结算款支付规定及计算						2
	质量保证金的处理规定	1		1		2	
	合同解除的价款结算与支付						
	合同价款争议的解决						
	建设工程造价鉴定			1		1	
1Z103080	国际工程投标报价的程序流程						
	在国际工程投标报价程序中投标人注意的问题	2				1	
	国际工程投标报价的组成			1			
	国际工程投标报价组成项目的相关内容					1	
	分项工程单价分析及标价汇总						
	国际工程投标报价的分析方法						
	国际工程投标报价的技巧			1			
	国际工程投标报价决策影响因素						
合计		32	16	33	16	33	18
		48		49		51	

本章核心考点分析

1Z103010　建设项目总投资

核 心 内 容 提 纲

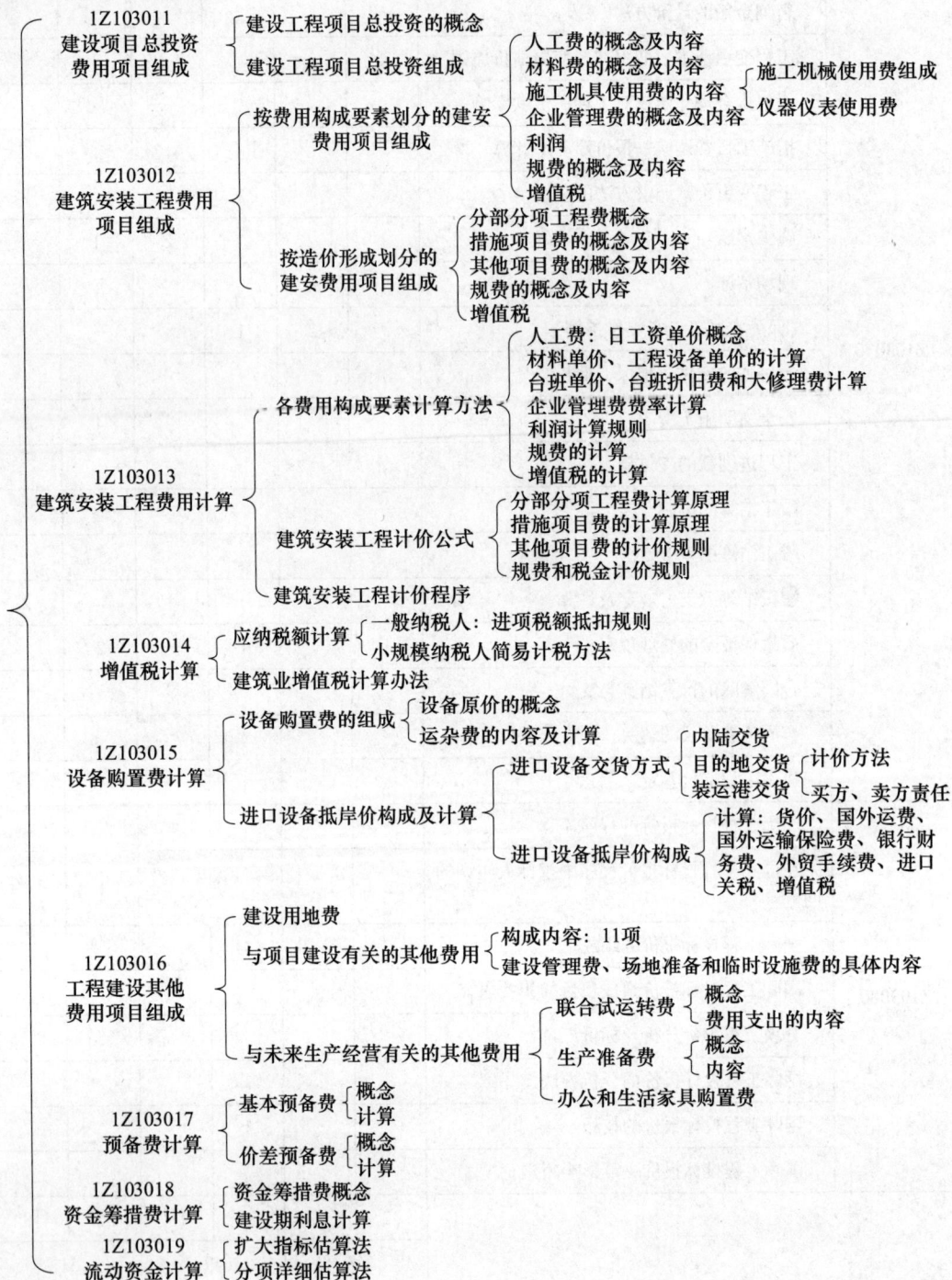

- **1Z103011 建设项目总投资费用项目组成**
  - 建设工程项目总投资的概念
  - 建设工程项目总投资组成

- **1Z103012 建筑安装工程费用项目组成**
  - 按费用构成要素划分的建安费用项目组成
    - 人工费的概念及内容
    - 材料费的概念及内容
    - 施工机具使用费的内容
      - 施工机械使用费组成
      - 仪器仪表使用费
    - 企业管理费的概念及内容
    - 利润
    - 规费的概念及内容
    - 增值税
  - 按造价形成划分的建安费用项目组成
    - 分部分项工程费概念
    - 措施项目费的概念及内容
    - 其他项目费的概念及内容
    - 规费的概念及内容
    - 增值税

- **1Z103013 建筑安装工程费用计算**
  - 各费用构成要素计算方法
    - 人工费：日工资单价概念
    - 材料单价、工程设备单价的计算
    - 台班单价、台班折旧费和大修理费计算
    - 企业管理费费率计算
    - 利润计算规则
    - 规费的计算
    - 增值税的计算
  - 建筑安装工程计价公式
    - 分部分项工程费计算原理
    - 措施项目费的计算原理
    - 其他项目费的计价规则
    - 规费和税金计价规则
  - 建筑安装工程计价程序

- **1Z103014 增值税计算**
  - 应纳税额计算
    - 一般纳税人：进项税额抵扣规则
    - 小规模纳税人简易计税方法
  - 建筑业增值税计算办法

- **1Z103015 设备购置费计算**
  - 设备购置费的组成
    - 设备原价的概念
    - 运杂费的内容及计算
  - 进口设备抵岸价构成及计算
    - 进口设备交货方式
      - 内陆交货
      - 目的地交货
      - 装运港交货
        - 计价方法
        - 买方、卖方责任
    - 进口设备抵岸价构成
      - 计算：货价、国外运费、国外运输保险费、银行财务费、外贸手续费、进口关税、增值税

- **1Z103016 工程建设其他费用项目组成**
  - 建设用地费
  - 与项目建设有关的其他费用
    - 构成内容：11项
    - 建设管理费、场地准备和临时设施费的具体内容
  - 与未来生产经营有关的其他费用
    - 联合试运转费
      - 概念
      - 费用支出的内容
    - 生产准备费
      - 概念
      - 内容
    - 办公和生活家具购置费

- **1Z103017 预备费计算**
  - 基本预备费
    - 概念
    - 计算
  - 价差预备费
    - 概念
    - 计算

- **1Z103018 资金筹措费计算**
  - 资金筹措费概念
  - 建设期利息计算

- **1Z103019 流动资金计算**
  - 扩大指标估算法
  - 分项详细估算法

核心考点剖析

1Z103011　建设项目总投资费用项目组成

核心考点　建设项目总投资的概念及其构成内容

1. 建设项目总投资的概念

建设项目总投资是指为完成工程项目建设并达到使用要求或生产条件，在建设期内预计或实际投入的总费用。

（1）生产性建设项目总投资＝建设投资＋建设期利息＋流动资金

固定资产投资＝建设投资＋建设期利息

（2）非生产性建设项目总投资＝建设投资＋建设期利息。

（3）建设投资＝设备及工器具购置费＋建筑安装工程费＋工程建设其他费用＋预备费（包括基本预备费和价差预备费）

（4）流动资金

① 可行性研究阶段用于财务分析时，是指全部流动资金；

② 在初步设计及以后阶段用于计算"项目报批总投资"或"项目概算总投资"时，是指铺底流动资金，一般按流动资金的30%计算。

2. 固定资产投资的组成

固定资产投资可以分为静态投资部分和动态投资部分。

（1）固定资产投资＝静态投资＋动态投资

（2）静态投资＝建筑安装工程费＋设备及工器具购置费＋工程建设其他费＋基本预备费

（3）动态投资＝价差预备费＋建设期利息

3. 按照费用项目组成（参见考试用书表1Z103011建设项目总投资组成表），建设投资由三部分内容组成

（1）建设投资＝工程费用＋工程建设其他费用＋预备费

其中，工程费用＝设备及工器具购置费＋建筑安装工程费

预备费＝基本预备费＋价差预备费

（2）工程造价是指工程项目在建设期预计或实际支出的建设费用：

工程造价（建设投资）＝工程费用＋工程建设其他费用＋预备费。

◆ **考法：固定资产投资的组成**

【例题1·2016年真题·单选题】下列建设工程项目投资中，属于动态投资的是（　　）。

A. 设备及工器具购置费　　　　　　B. 铺底流动资金

C. 建设期利息　　　　　　　　　　D. 基本预备费

【答案】C

【解析】本题的考核点是建设投资的构成。

【例题2·2017年真题·单选题】下列组成建设工程项目总概算的费用中，属于工程

费用的是（　　　）。

    A. 勘察设计费用   B. 建设期利息

    C. 土地使用费   D. 辅助生产项目的设备购置费

【答案】D

【解析】本题考核点是建设工程项目总投资中工程费用的内容。

【例题3·2022年真题·单选题】某建设项目设备及工器具购置费为1000万元，建筑安装工程费为2500万元，工程建设其他费为700万元，基本预备费为210万元，价差预备费为310万元，建设期利息为320万元，则该项目的静态投资为（　　　）万元。

    A. 4200   B. 4410

    C. 4720   D. 5040

【答案】B

【解析】本题的考核点是固定资产投资中静态投资的构成。

静态投资＝建筑安装工程费＋设备及工器具购置费＋工程建设其他费＋基本预备费＝2500＋1000＋700＋210＝4410万元

1Z103012　建筑安装工程费用项目组成

核心考点一　按费用构成要素划分的建筑安装工程费用项目组成

按照费用构成要素划分，组成建筑安装工程费的有：（1）人工费；（2）材料费；（3）施工机具使用费；（4）企业管理费；（5）利润；（6）规费；（7）增值税。

（1）人工费

◆ 概念：人工费是指按工资总额构成规定，支付给从事建筑安装工程施工的生产工人和附属生产单位工人的各项费用。

◆ 内容

① 计时工资或计件工资。

② 奖金：如节约奖、劳动竞赛奖等。

③ 津贴补贴：如流动施工津贴、特殊地区施工津贴、高温（寒）作业临时津贴、高空津贴、物价补贴等。

④ 加班加点工资。

⑤ 特殊情况下支付的工资：是指根据国家法律、法规和政策规定，因病、工伤、产假、计划生育假、婚丧假、事假、探亲假、定期休假、停工学习、执行国家或社会义务等原因按计时工资标准或计时工资标准的一定比例支付的工资。

（2）材料费

◆ 概念：材料费是指施工过程中耗费的原材料、辅助材料、构配件、零件、半成品或成品、工程设备的费用。

工程设备是指构成或计划构成永久工程一部分的机电设备、金属结构设备、仪器装置及其他类似的设备和装置。

◆ 内容

① 材料原价。

② 运杂费：是指材料、工程设备自来源地运至工地仓库或指定堆放地点所发生的全部费用。

③ 运输损耗费。

④ 采购及保管费。

（3）施工机具使用费

◆ 概念：施工机具使用费是指施工作业所发生的施工机械、仪器仪表使用费或其租赁费。

◆ 内容

① 施工机械使用费。

② 仪器仪表使用费：是指工程施工所需使用的仪器仪表的摊销及维修费用。

（4）施工机械使用费

以施工机械台班耗用量乘以施工机械台班单价表示，施工机械台班单价应由下列七项费用组成：

① 折旧费：是指施工机械在规定的使用年限内，陆续收回其原值的费用。

② 检修费：是指施工机械在规定的耐用总台班内，按规定的检修间隔进行必要的检修，以恢复其正常功能所需的费用。

③ 维护费：是指施工机械的各级保养和临时故障排除所需的费用，包括为保障机械正常运转所需替换设备与随机配备工具附具的摊销和维护费用，机械运转中日常保养所需润滑与擦拭的材料费用及机械停滞期间的维护和保养费用等。

④ 安拆费及场外运费：安拆费是指施工机械（大型机械除外）在现场进行安装与拆卸所需的人工、材料、机械和试运转费用以及机械辅助设施的折旧、搭设、拆除等费用；场外运费是指施工机械整体或分体自停放地点运至施工现场或由一施工地点运至另一施工地点的运输、装卸、辅助材料及架线等费用。

⑤ 人工费：是指机上司机（司炉）和其他操作人员的人工费。

⑥ 燃料动力费：是指施工机械在运转作业中所消耗的各种燃料及水、电等。

⑦ 税费：是指施工机械按照国家规定应缴纳的车船使用税、保险费及年检费等。

（5）企业管理费的内容

企业管理费是指建筑安装企业组织施工生产和经营管理所需的费用。内容包括：

① 管理人员工资；② 办公费；③ 差旅交通费；④ 固定资产使用费；⑤ 工具用具使用费；⑥ 劳动保险和职工福利费；⑦ 劳动保护费；⑧ 检验试验费；⑨ 工会经费；⑩ 职工教育经费；⑪ 财产保险费；⑫ 财务费；⑬ 税金；⑭ 城市维护建设税；⑮ 教育费附加；⑯ 地方教育附加；⑰ 其他。

掌握企业管理费包括的内容，还应重点注意以下问题：

① 了解各项的基本概念和内容。

② 检验试验费的概念及其不包括的费用内容。

③ 劳动保险费和财产保险费与规费中社会保险费的区分。

④ 税金项目包括企业按规定缴纳的房产税、车船使用税、土地使用税、印花税。

⑤ 城市维护建设税以纳税人实际缴纳的增值税、消费税的税额为计费依据，税率如下：纳税人所在地在市区的，税率为7%；纳税人所在地在县城、镇的，税率为5%；纳税人所在地不在市区、县城或镇的，税率为1%。

⑥ 教育费附加以纳税人实际缴纳的增值税、消费税的税额为计费依据，教育费附加的征收率为3%。

⑦ 地方教育附加征收标准为单位和个人实际缴纳的增值税和消费税税额的2%。

（6）规费的内容

① 社会保险费，包括：养老保险费、失业保险费、医疗保险费、生育保险费、工伤保险费。

② 住房公积金，是指企业按规定标准为职工缴纳的住房公积金。

（7）增值税

建筑安装工程费用的增值税是指国家税法规定应计入建筑安装工程造价内的增值税销项税额。税前工程造价为人工费、材料费、施工机具使用费、企业管理费、利润和规费之和，各费用项目均以不包含增值税（可抵扣进项税额）的价格计算。

◆考法 1：费用组成框架考查

【例题 1·多选题】按费用构成要素，建筑安装工程费的组成项目包括（　　　）。

A. 人、料、机费
B. 企业管理费
C. 措施费
D. 利润和税金
E. 规费

【答案】A、B、D、E

【解析】本题考查建安费用的构成总体框架。

◆考法 2：费用组成细节考查

【例题 2·2016 年真题·单选题】根据建筑安装工程费用项目组成，建筑安装工程生产工人的高温作业临时津贴应计入（　　　）。

A. 劳动保护费
B. 人工费
C. 规费
D. 企业管理费

【答案】B

【解析】本题考核点是按费用构成要素划分的建筑安装工程费用组成中人工费包括的内容。

【例题 3·2022 年真题·单选题】根据我国现行建筑安装工程费用项目组成的相关规定，施工企业按规定标准为职工缴纳的基本医疗保险费应计入建筑安装工程费用的（　　　）。

A. 人工费
B. 措施项目费
C. 规费
D. 企业管理费

【答案】C

【解析】本题的考核点是规费的内容。

【例题 4·2018 年真题·单选题】在施工过程中承包人按发包人和设计方要求，对构件做破坏性试验的费用应在（　　　）中列支。

A. 承包人的措施项目费
B. 承包人的企业管理费
C. 发包人的工程建设其他费
D. 发包人的企业管理费

【答案】C

【解析】本题的考核点是建筑安装工程费用项目组成的相关内容。

按照费用构成要素划分，建筑安装工程费中的企业管理费包括的检验试验费是指施工企业按照有关标准规定，对建筑以及材料、构件和建筑安装物进行一般鉴定、检查所发生的费用，包括自设试验室进行试验所耗用的材料等费用。不包括新结构、新材料的试验费，对构件做破坏性试验及其他特殊要求检验试验的费用和发包人委托检测机构进行检测的费用，对此类检测发生的费用，由发包人在工程建设其他费用中列支。

【例题 5·2019 年真题·单选题】为保障施工机械正常运转所需的随机配备工具附具的摊销和维护费用，属于施工机具使用费中的（　　　）。

A. 折旧费
B. 施工仪器使用费
C. 安拆费
D. 经常修理费（维护费）

【答案】D

【解析】本题的考核点是按费用构成要素划分建筑安装工程费用项目组成中施工机具使用费的内容。

【例题 6·2022 年真题·单选题】因执行国家或社会义务，按计时工资标准支付给从事建筑安装工程施工生产工人的工资，属于建筑安装工程人工费中的（　　　）。

A. 奖金
B. 特殊情况下支付的工资
C. 津贴补贴
D. 加班加点工资

【答案】B

【解析】本题的考核点是建筑安装工程费中人工费的内容。

【例题 7·2017 年真题·多选题】下列费用中，属于建筑安装工程人工费的有（　　　）。

A. 生产工人的技能培训费用
B. 生产工人的流动施工津贴
C. 生产工人的增收节支奖金
D. 生产工人在法定节假日的加班工资
E. 项目部管理人员的计时工资

【答案】B、C、D

【解析】本题考核点是按费用构成要素划分的建筑安装工程费中人工费的内容。

【例题 8·2022 年真题·多选题】下列费用中，属于施工企业管理费的有（　　　）。

A. 施工人员工资性津贴
B. 施工现场场地清理费
C. 职工集体福利费
D. 劳动保护费
E. 工程点交费

【答案】C、D

【解析】本题的考核点是按费用构成要素划分建筑安装工程费用中企业管理费包括的内容。

核心考点二　按造价形成划分的建筑安装工程费用项目组成

建筑安装工程费按照工程造价形成由分部分项工程费、措施项目费、其他项目费、规费、增值税组成。

分部分项工程费、措施项目费、其他项目费包含人工费、材料费、施工机具使用费、企业管理费和利润。

（1）分部分项工程费

分部分项工程费是指各专业工程的分部分项工程应予列支的各项费用。

（2）措施项目费

措施项目费是指为完成建设工程施工，发生于该工程施工前和施工过程中的技术、生活、安全、环境保护等方面的费用。内容包括：

① 安全文明施工费：具体包括环境保护费、文明施工费、安全施工费和临时设施费四项。

② 夜间施工增加费。

③ 二次搬运费。

④ 冬雨季施工增加费。

⑤ 已完工程及设备保护费。

⑥ 工程定位复测费。

⑦ 特殊地区施工增加费。

⑧ 大型机械设备进出场及安拆费：是指机械整体或分体自停放场地运至施工现场或由一个施工地点运至另一个施工地点，所发生的机械进出场运输及转移费用及机械在施工现场进行安装、拆卸所需的人工费、材料费、机械费、试运转费和安装所需的辅助设施的费用。

注意：与施工机械使用费中的"安拆费和场外运费"的区别。

⑨ 脚手架工程费。

（3）其他项目费

① 暂列金额：是指发包人在工程量列表中暂定并包括在工程合同价款中的一笔款项。用于施工合同签订时尚未确定或者不可预见的所需材料、工程设备、服务的采购，施工中可能发生的工程变更、合同约定调整因素出现时的工程价款调整以及发生的索赔、现场签证确认等的费用。

② 计日工：是指在施工过程中，承包人完成发包人提出的施工图纸以外的零星项目或工作所需的费用。

③ 总承包服务费：是指总承包人为配合、协调发包人进行的专业工程发包，对发包人自行采购的材料、工程设备等进行保管以及施工现场管理、竣工数据汇总整理等服务所需的费用。

◆**考法 1：两种划分方式中易混淆点考查**

【例题 1·单选题】大型机械设备进出场及安拆费属于（　　　）。

A. 措施项目费　　　　　　　　　　　B. 固定资产使用费

C. 企业管理费 　　　　　　　　　　D. 二次搬运费

【答案】A

【解析】按造价形成划分，建安费用由分部分项工程费、措施项目费、其他项目费、规费、增值税组成，其中大型机械设备进出场及安拆费属于措施项目费。

◆考法2：按造价形成划分的建安费用组成

【例题2·2016年真题·单选题】施工过程中，施工测量放线和复测工作发生的费用应计入（　　　）。

A. 分部分项工程费 　　　　　　　　B. 措施项目费
C. 其他项目费 　　　　　　　　　　D. 企业管理费

【答案】B

【解析】本题考核点是按造价形成划分的建筑安装工程费用中措施项目费包括的内容。

措施项目费的内容包括安全文明施工费……工程定位复测费等。其中，工程定位复测费是指工程施工过程中进行全部施工测量放线和复测工作的费用。

【例题3·2020年真题·单选题】将塔式起重机自停放地点运至施工现场的运输、拆卸、安装的费用属于（　　　）。

A. 施工机械使用费 　　　　　　　　B. 二次搬运费
C. 大型机械进出场及安拆费 　　　　D. 固定资产使用费

【答案】C

【解析】本题的考核点是措施项目费包括的内容。

（1）措施项目费中的大型机械进出场及安拆费：是指机械整体或分体自停放场地运至施工现场或由一个施工地点运至另一个施工地点，所发生的机械进出场及转移费用及机械在施工现场进行安装、拆卸所需的各项费用。

（2）注意：施工机械使用费中的安拆费及场外运费：涉及的施工机械（大型设备除外）是指中小型设备。塔式起重机属于大型机械设备。

【例题4·2020年真题·单选题】建筑工人实名制管理费应计入（　　　）。

A. 措施项目费 　　　　　　　　　　B. 规费
C. 其他项目费 　　　　　　　　　　D. 分部分项工程费

【答案】A

【解析】本题的考核点是措施项目费包括的内容。

措施项目费的内容包括安全文明施工费、夜间施工增加费等九项。其中，安全文明施工费包括：环境保护费、文明施工费、安全施工费、临时设施费、建筑工人实名制管理费。

◆考法3：费用组成的否定性选择

【例题5·单选题】下列哪个选项不属于其他项目费（　　　）。

A. 暂列金额 　　　　　　　　　　　B. 计日工
C. 总承包服务费 　　　　　　　　　D. 规费

【答案】D

【解析】掌握建筑安装费用的组成。其他项目费包括暂列金额、计日工、总承包服务费。

1Z103013　建筑安装工程费用计算

核心考点一　各费用构成要素计算方法

1. 人工费

公式一：人工费＝∑（工日消耗量 × 日工资单价）

公式二：人工费＝∑（工程工日消耗量 × 日工资单价）

① 公式一主要适用于施工企业投标报价时自主确定人工费，也是工程造价管理机构编制计价定额确定定额人工单价或发布人工成本信息的参考依据。

② 公式二适用于工程造价管理机构编制计价定额时确定定额人工费，是施工企业投标报价的参考依据。

③ 日工资单价是指施工企业平均技术熟练程度的生产工人在每工作日（国家法定工作时间内）按规定从事施工作业应得的日工资总额。工程造价管理机构确定日工资单价应根据工程项目的技术要求，通过市场调查，参考实物工程量人工单价综合分析确定，最低日工资单价不得低于工程所在地人力资源和社会保障部门所发布的最低工资标准的：普工1.3 倍，一般技工 2 倍，高级技工 3 倍。

2. 材料费

① 材料费

$$材料费＝∑（材料消耗量 × 材料单价）$$

$$材料单价＝\{（材料原价＋运杂费）×［1＋运输损耗率（\%）］\}$$
$$×［1＋采购保管费率（\%）］$$

② 工程设备费

$$工程设备费＝∑（工程设备量 × 工程设备单价）$$

$$工程设备单价＝（设备原价＋运杂费）×［1＋采购保管费率（\%）］$$

3. 施工机具使用费

① 施工机械使用费

$$施工机械使用费＝∑（施工机械台班消耗量 × 机械台班单价）$$

机械台班单价＝台班折旧费＋台班检修费＋台班维护费＋台班安拆费及场外运费
＋台班人工费＋台班燃料动力费＋台班车船税费

$$台班折旧费 ＝ \frac{机械预算价格 ×（1－残值率）}{耐用总台班数}$$

其中，耐用总台班数＝折旧年限 × 年工作台班

$$台班检修费 ＝ \frac{一次检修费 × 检修次数}{耐用总台班数}$$

② 仪器仪表使用费

$$仪器仪表使用费＝工程使用的仪器仪表摊销费＋维修费$$

4. 企业管理费费率

① 施工企业投标报价时自主确定企业管理费费率的计算基础：分部分项工程费；人工费和机械费合计；人工费。

② 工程造价管理机构在确定计价定额中企业管理费时，应以定额人工费或（定额人工费＋定额机械费）作为计算基数，其费率根据历年工程造价积累的数据，辅以调查数据确定，列入分部分项工程和措施项目中。

5. 利润

① 施工企业根据企业自身需求并结合建筑市场实际自主确定，列入报价中。

② 工程造价管理机构在确定计价定额中利润时，应以定额人工费或定额人工费与定额机械费之和作为计算基数，其费率根据历年工程造价积累的资料，并结合建筑市场实际确定，以单位（单项）工程测算，利润在税前建筑安装工程费的比重可按不低于 5% 且不高于 7% 的费率计算。利润应列入分部分项工程和措施项目中。

6. 规费

社会保险费和住房公积金应以定额人工费为计算基础，根据工程所在地省、自治区、直辖市或行业建设主管部门规定费率计算。

社会保险费和住房公积金＝∑（工程定额人工费×社会保险费率和住房公积金费率）

其中，社会保险费率和住房公积金费率可按每万元发承包价的生产工人人工费、管理人员工资含量与工程所在地规定的缴纳标准综合分析取定。

7. 增值税

建筑安装工程费用的税金是指国家税法规定应计入建筑安装工程造价内的增值税销项税额。

◆ 考法 1：各费用要素的计算

【例题 1·2022 年真题·单选题】某施工机械预算价格为 50 万元，假定全部形成固定资产原值，折旧年限为 10 年，年平均工作 225 个台班，残值率为 5%，按年限平均法计算，该机械台班折旧费为（   ）元。

A. 211　　　　　　　　　　　　　　B. 222

C. 2110　　　　　　　　　　　　　D. 2220

【答案】A

【解析】本题的考核点是机械台班折旧费的计算。

$$台班折旧费 = \frac{机械预算价格 \times (1 - 残值率)}{耐用总台班数} = \frac{500000 \times (1 - 5\%)}{10 \times 225} = 211.11 \, 元 / 台班$$

【例题 2·2018 年真题·单选题】施工企业采购的某建筑材料出厂价为 3500 元／吨，运费为 400 元／吨，运输损耗率为 2%，采购保管费率为 5%，则计入建筑安装工程材料费的该建筑材料单价为（   ）元／吨。

A. 3745.0　　　　　　　　　　　　B. 3748.5

C. 4173.0　　　　　　　　　　　　D. 4176.9

【答案】D

【解析】本题的考核点是建筑安装工程费用中材料费的相关计算。

材料单价＝［（材料单价＋运杂费）×（1＋运输损耗率）］×（1＋采购保管费率）

＝［（3500＋400）×（1＋2%）］×（1＋5%）＝4176.9 元／吨

【例题 3·2015 年真题·单选题】某施工企业投标报价时确定企业管理费费率以人工费为基础计算。据统计资料，该施工企业生产工人年平均管理费为 1.2 万元，年有效施工天数为 240 天，人工单价为 300 元／天，人工费占分部分项工程费的比例为 75%。则该企业的企业管理费费率应为（　　　）。

A. 12.15%   B. 12.50%

C. 16.67%   D. 22.22%

【答案】C

【解析】本题考核点是企业管理费费率的计算。

$$以人工费为基础，企业管理费费率＝\frac{生产工人年平均管理费}{年有效施工天数 × 人工单价}×100\%$$

$$＝\frac{12000}{240 × 300}×100\%＝16.67\%$$

【例题 4·2019 年真题·单选题】某施工机械预算价格为 65 万元，预计残值率为 3%，折旧年限为 5 年（年限平均法折旧），每年工作 250 台班。折旧年限内预计每年检修 1 次，每次费用为 3 万元。机械台班人工费为 130 元，台班燃料动力费为 15 元，台班车船税费为 10 元，不计台班安拆费及场外运费和维护费，则该机械台班单价为（　　　）元。

A. 649.40   B. 754.40

C. 779.40   D. 795.00

【答案】C

【解析】本题的考核点是机械台班单价及其相关计算。

机械台班单价＝台班折旧费＋台班检修费＋台班维护费＋台班安拆费及场外运费

＋台班人工费＋台班燃料动力费＋台班车船税费

$$（1）台班折旧费＝\frac{机械预算价格×（1－残值率）}{耐用台班数}＝\frac{650000×（1－3\%）}{5×250}$$

$$＝504.4 元$$

$$（2）台班检修费＝\frac{一次检修费×检修次数}{耐用台班数}＝\frac{30000×5}{5×250}＝120元$$

（3）机械台班单价＝504.4＋120＋130＋15＋10＝779.40 元

◆考法 2：各种费用的计算规定

【例题 5·2019 年真题·多选题】关于建筑安装工程人工费中日工资单价的说法，正确的有（　　　）。

A. 日工资单价是施工企业技术最熟练的生产工人在每工作日应得的工资总额

B. 工程造价管理机构应参考项目实物工程量人工单价综合分析确定日工资单价

C. 最低日工资单价不得低于工程所在地人力资源和社会保障部门发布的最低工资标准

D. 企业投标报价时应自主确定日工资单价

E. 工程计价定额中应根据项目技术要求和工种差别划分多种日工资单价

【答案】B、C、D、E

【解析】本题的考核点是人工费计算的相关内容。

核心考点二　建筑安装工程计价公式

1. 分部分项工程费

$$分部分项工程费 = \Sigma（分部分项工程量 \times 综合单价）$$

其中，综合单价包括人工费、材料费、施工机具使用费、企业管理费和利润以及一定范围的风险费用。

2. 措施项目费

（1）国家计量规范规定应予计量的措施项目，其计算公式为：

$$措施项目费 = \Sigma（措施项目工程量 \times 综合单价）$$

（2）国家计量规范规定不宜计量的措施项目计算方法如下：

① 安全文明施工费

$$安全文明施工费 = 计算基数 \times 安全文明施工费费率（\%）$$

计算基数应为定额基价（定额分部分项工程费 + 定额中可以计量的措施项目费）、定额人工费或（定额人工费 + 定额机械费），其费率由工程造价管理机构根据各专业工程的特点综合确定。

② 夜间施工增加费

$$夜间施工增加费 = 计算基数 \times 夜间施工增加费费率（\%）$$

③ 二次搬运费

$$二次搬运费 = 计算基数 \times 二次搬运费费率（\%）$$

④ 冬雨季施工增加费

$$冬雨季施工增加费 = 计算基数 \times 冬雨季施工增加费费率（\%）$$

⑤ 已完工程及设备保护费

$$已完工程及设备保护费 = 计算基数 \times 已完工程及设备保护费费率（\%）$$

上述②～⑤项措施项目的计费基数应为定额人工费或定额人工费 + 定额机械费，其费率由工程造价管理机构根据各专业工程特点和调查数据综合分析后确定。

3. 其他项目费

（1）暂列金额由发包人根据工程特点，按有关计价规定估算，施工过程中由发包人掌握使用、扣除合同价款调整后如有余额，归发包人。

（2）计日工由发包人和承包人按施工过程中的签证计价。

（3）总承包服务费由发包人在招标控制价中根据总包服务范围和有关计价规定编制，承包人投标时自主报价，施工过程中按签约合同价执行。

4. 规费和税金

发包人和承包人均应按照省、自治区、直辖市或行业建设主管部门发布的标准计算规费和税金，不得作为竞争性费用。

◆考法：建筑安装工程计价公式分析

【例题·2016年真题·单选题】国家计量规范规定不宜计量的措施项目费的通用计算方法是（　　）。

A. Σ（措施项目工程量 × 综合单价）　　B. Σ（直接工程费 × 相应费率）

C. Σ（计算基数 × 相应费率）　　　　　D. Σ（措施项目项数 × 综合单价）

【答案】C

【解析】本题考核点是建筑安装工程计价中措施项目费的计价方法。

核心考点三　建筑安装工程计价程序

1. 发包人最高投标限价计价程序

最高投标限价

＝（分部分项工程费＋措施项目费＋其他项目费＋规费）×［1＋增值税税率（或征收率）］

2. 承包人工程投标报价计价程序

投标报价

＝（分部分项工程费＋措施项目费＋其他项目费＋规费）×［1＋增值税税率（或征收率）］

——分部分项工程费、措施项目费、其他项目费中的计日工和总承包服务费由投标人自主报价；

——措施项目费中的安全文明施工费、规费按规定标准计算；

——其他项目费中的暂列金额、暂估价按招标文件提供金额填列。

◆考法：按建筑安装工程计价程序，招标控制价和投标报价的计算

【例题·2019年真题·单选题】某建设项目分部分项工程的费用为20000万元（其中定额人工费占分部分项工程费的15%），措施项目费为500万元，其他项目费为740万元。以上数据均不含增值税。规费为分部分项工程定额人工费的8%，增值税税率为9%，则该项目的招标控制价为（　　）万元。

A. 23151.60　　　　　　　　　　B. 23413.20

C. 24895.60　　　　　　　　　　D. 26421.60

【答案】B

【解析】本题的考核点是建筑安装工程计价程序中的发包人工程招标控制价的计价程序。

招标控制价

＝（分部分项工程费＋措施项目费＋其他项目费＋规费）×（1＋增值税税率）

＝（20000＋500＋740＋20000×15%×8%）×（1＋9%）

＝23413.20万元

1Z103014　增值税计算

核心考点　增值税计税的原理及相关规定

在中华人民共和国境内销售货物或者加工、修理修配劳务（以下简称劳务），销售服务、无形资产、不动产以及进口货物的单位和个人，为增值税的纳税人，应当缴纳增值税。

1. 增值税应纳税额计算

$$应纳税额 ＝ 当期销项税额 － 当期进项税额$$
$$销项税额 ＝ 销售额 \times 税率$$

销售额为纳税人发生应税销售行为收取的全部价款和价外费用，但是不包括收取的销项税额。

2. 进项税额抵扣规定

纳税人购进货物、劳务、服务、无形资产、不动产支付或者负担的增值税额，为进项税额。下列进项税额准予从销项税额中抵扣：

（1）从销售方取得的增值税专用发票上注明的增值税额。

（2）从海关取得的海关进口增值税专用缴款书上注明的增值税额。

（3）购进农产品，除取得增值税专用发票或者海关进口增值税专用缴款书外，按照农产品收购发票或者销售发票上注明的农产品买价和10%的扣除率计算的进项税额。

（4）自境外单位或者个人购进劳务、服务、无形资产或者境内的不动产，从税务机关或者扣缴义务人取得的代扣代缴税款的完税凭证上注明的增值税额。

3. 不得抵扣的进项税额

下列项目的进项税额不得从销项税额中抵扣：

（1）用于简易计税方法计税项目、免征增值税项目、集体福利或者个人消费的购进货物、劳务、服务、无形资产和不动产；

（2）非正常损失的购进货物，以及相关的劳务和交通运输服务；

（3）非正常损失的在产品、产成品所耗用的购进货物（不包括固定资产）、劳务和交通运输服务；

（4）国务院规定的其他项目。

4. 建筑业增值税计算办法

（1）一般计算方法——适用于增值税一般纳税人，建筑业增值税基本税率为9%。

$$当期应纳增值税税额 ＝ 当期销项税额 － 当期进项税额$$
$$增值税销项税额 ＝ 税前造价 \times 9\%$$

税前造价为人工费、材料费、施工机具使用费、企业管理费、利润和规费之和，各费用项目均不包含增值税可抵扣进项税额的价格计算。

（2）简易计算方法——适用于增值税小规模纳税人，简易征收率为3%。

$$应纳增值税税额 ＝ 税前造价 \times 3\%$$

简易计税方法的应纳税额，是指按照销售额和增值税征收率计算的增值税额，不得抵扣进项税额。

◆考法1：建筑业增值税计算

【例题1·单选题】某建设项目估算的人工费、材料费、施工机具使用费、企业管理费、利润、规费、其他项目费分别为500万元、2000万元、300万元、60万元、100万元、30万元、50万元。若投标人为增值税一般纳税人，则其估算的该工程含税工程造价为（　　）万元。

A. 3344   B. 3289

C. 299   D. 3044

【答案】B

【解析】本题的考核点是建筑业增值税一般纳税人计税方法。

（含税）工程造价＝税前工程造价×（1＋10%）

税前工程造价＝人工费＋材料费＋施工机具使用费＋企业管理费＋利润＋规费

所以，该工程含税造价＝（500＋2000＋300＋60＋100＋30）×（1＋10%）＝3289万元

◆考法2：增值税进项税额抵扣的相关规定

【例题2·2018年真题·单选题】计算一般纳税人增值税应纳税额时，不得从销项税额中抵扣的进项税额有（   ）。

A. 从海关取得的海关进口增值税专用缴款书上注明的增值税额

B. 非正常损失的购进材料的发票上标明的增值税额

C. 非正常损失的在产品耗用的购进材料的进项税额

D. 从销售方取得的增值税专用发票上注明的增值税额

E. 用于集体福利购进货物的专用发票上标明的进项税额

【答案】B、C、E

【解析】本题的考核点是增值税一般纳税人进项税金抵扣的规定。

1Z103015　设备购置费计算

核心考点一　设备购置费组成

1. 设备购置费组成

$$设备购置费＝设备原价或进口设备抵岸价＋设备运杂费$$

$$设备运杂费＝设备原价×设备运杂费率$$

$$进口设备国内运杂费＝进口设备货价×国内运杂费率$$

2. 设备运杂费

（1）设备运杂费是指设备原价中未包括的包装和包装材料费、运输费、装卸费、采购费及仓库保管费、供销部门手续费等。如果设备是由设备成套公司供应的，成套公司的服务费也应计入设备运杂费中。

（2）国产标准设备由设备制造厂交货地点起至工地仓库（或施工组织设计指定的需要安装设备的堆放地点）止所发生的运费和装卸费。

（3）进口设备则由我国到岸港口、边境车站起至工地仓库（或施工组织设计指定的需要安装设备的堆放地点）止所发生的运费和装卸费。

3. 国产标准设备原价

在计算国产标准设备原价时，一般按带有备件的出厂价计算。如设备由设备成套公司供应，则以订货合同价为设备原价。

4. 国产非标准设备原价

方法有：成本计算估价法、系列设备插入估价法、分部组合估价法、定额估价法等。但无论哪种方法都应该使非标准设备计价的准确性接近实际出厂价。

◆ **考法 1：设备原价的相关概念单、多项选择题**

【例题 1·2017 年真题·单选题】编制设计概算时，国产标准设备的原价一般选用（　　）。

A. 不含备件的出厂价　　　　　　　B. 设备制造厂的成本价

C. 带有备件的出厂价　　　　　　　D. 设备制造厂的出厂价加运杂费

【答案】C

【解析】本题考核点是设备购置费计算中的国产标准设备原价的确定方法。

【例题 2·2020 年真题·多选题】关于国产设备原价的说法，正确的有（　　）。

A. 国产标准设备的原价一般是指出厂价

B. 由设备成套公司供应的国产标准设备，原价为订货合同价

C. 国产标准设备在计算原价时，一般按带有备件的出厂价计算

D. 非标准国产设备原价的计算方法应简便，并使估算价接近实际出厂价

E. 非标准国产设备原价中应包含运杂费

【答案】A、B、C、D

【解析】本题的考核点是设备购置费估算中设备原价的确定方法。

设备购置费＝设备原价或进口设备抵岸价＋设备运杂费

设备原价是指国产标准设备、非标准设备的原价，进口设备原价一般采用进口设备抵岸价。

（1）国产标准设备原价一般指的是设备制造厂的交货价，即出厂价。如设备由设备成套公司供应，则以订货合同价为设备原价。在计算设备原价时，一般按带有备件的出厂价计算。

（2）非标准设备原价有多种不同的计算方法，但无论哪种方法都应该使非标准设备计价的准确度接近实际出厂价。

◆ **考法 2：设备运杂费的相关概念**

【例题 3·2015 年真题·单选题】关于国产设备运杂费估算的说法，正确的是（　　）。

A. 国产设备运杂费包括由设备制造厂交货地点运至工地仓库止所发生的运费

B. 国产设备运至工地后发生的装卸费不应包括在运杂费中

C. 运杂费在计取时不区分沿海和内陆，统一按运输距离估算

D. 工程承包公司采购设备的相关费用不应计入运杂费

【答案】A

【解析】本题的考核点是设备运杂费的基本概念。

【例题 4·2016 年真题·单选题】某工程采用的进口设备拟由设备成套公司供应，则成套公司的服务费在估价时应计入（　　）。

A. 建设管理费　　　　　　　　　　B. 设备运杂费

C. 设备原价　　　　　　　　　　　D. 进口设备抵岸价

【答案】C

【解析】本题的考核点是设备购置费组成的相关内容。

如果设备是由设备成套公司供应的,成套公司的服务费也应计入设备运杂费中。

核心考点二　进口设备抵岸价的构成及其计算

1. 进口设备交货方式

进口设备的交货方式可分为内陆交货类、目的地交货类、装运港交货类。

(1)装运港交货类的计价方式

1)装运港船上交货价(FOB),习惯称为离岸价。

2)运费在内价(CFR)。

3)运费、保险费在内价(CIF),习惯称为到岸价。

(2)采用装运港船上交货价时卖方的责任

① 负责在合同规定的装运港口和规定的期限内,将货物装上买方指定的船只,并及时通知买方;② 负责货物装船前的一切费用和风险;③ 负责办理出口手续;④ 提供出口国政府或有关方面签发的证件;⑤ 负责提供有关装运单据。

(3)采用装运港船上交货价时买方的责任

① 负责租船或订舱,支付运费,并将船期、船名通知卖方;② 承担货物装船后的一切费用和风险;③ 负责办理保险及支付保险费,办理在目的港的进口和收货手续;④ 接受卖方提供的有关装运单据,并按合同规定支付货款。

2. 进口设备抵岸价的构成及其计算

进口设备抵岸价=货价+国外运费+国外运输保险费+银行财务费+外贸手续费

+进口关税+增值税+消费税(一般为0)

(1)货价=离岸价(FOB价)×人民币外汇牌价

(2)国外运费=离岸价×运费率　　或:国外运费=运量×单位运价

(3)国外运输保险费=$\dfrac{(离岸价+国际运费)}{1-国外保险费率}$×国外保险费率

(4)银行财务费=离岸价×人民币外汇牌价×银行财务费率

(5)外贸手续费=进口设备到岸价×人民币外汇牌价×外贸手续费率

(6)进口关税=到岸价×人民币外汇牌价×进口关税率

(7)进口产品增值税额=组成计税价格×增值税率

组成计税价格=到岸价×人民币外汇牌价+进口关税+消费税

◆**考法1:进口设备装运港船上交货时买卖方责任**

【例题1·多选题】某建设工程项目购置的进口设备采用装运港船上交货,属于买方责任的有(　　)。

A. 按照合同的约定在规定的期限内将货物装上船只

B. 承担货物装船前的一切费用和风险

C. 负责租船、支付费用,并将船期、船名通知卖方

D. 办理在目的港的进口和收货手续

E. 接受卖方提供的装运单据并按合同约定支付货款

【答案】C、D、E

【解析】掌握装运港船上交货价买方、卖方的责任。

◆**考法2：进口设备抵岸价组成项目的相关计算**

【例题2·2015年真题·单选题】某项目拟从国外进口一套设备，重量1000吨，装运港船上交货价为300万美元，国际运费标准为每吨360美元，海上运输保险费率为0.266%。美元的银行外汇牌价为1美元＝6.1元人民币。则该套设备的国外运输保险费为（　　）万元。

A. 4.868　　　　　　　　　　　　B. 4.881

C. 5.467　　　　　　　　　　　　D. 5.452

【答案】C

【解析】本题的考核点是进口设备抵岸价组成中的国外运输保险费的计算。

$$国外运输保险费 = \frac{（离岸价＋国际运费）}{1-国外保险费率} \times 国外保险费率$$

$$= \frac{3000000 \times 6.1 + 1000 \times 360 \times 6.1}{1-0.266\%} \times 0.266\% = 54665元$$

【例题3·2018年真题·单选题】某企业拟进口一套机电设备，离岸价折合人民币为1830万元，国际运费和国外运输保险费为22.53万元，银行手续费为15万元，关税税率为22%，增值税税率为16%，则该进口设备的增值税为（　　）万元。

A. 362.14　　　　　　　　　　　　B. 361.61

C. 356.86　　　　　　　　　　　　D. 296.40

【答案】B

【解析】本题的考核点是进口设备抵岸价构成中进口设备增值税税额计算。

进口设备增值税税额 ＝ 组成计税价格 × 增值税税率

组成计税价格 ＝ 到岸价 × 人民币外汇牌价＋进口关税＋消费税

到岸价 ＝ 离岸价＋国外运费＋国外运输保险费

则，该进口设备的增值税税额 ＝（1830 ＋ 22.53）×（1 ＋ 22%）×16%

＝ 361.61 万元

【例题4·单选题】某项目进口一批设备，其银行财务费为4.25万元，外贸手续费为18.9万元，关税税率为20%，增值税税率为16%，抵岸价为1792.19万元，无消费税、海关监管手续费，则进口设备的到岸价格为（　　）万元。

A. 1270.86　　　　　　　　　　　　B. 1260

C. 1291.27　　　　　　　　　　　　D. 1405

【答案】A

【解析】本题的考核点是进口设备抵岸价、到岸价的关系。

抵岸价 ＝ 到岸价（离岸价＋国外运费＋国外运输保险费）＋银行财务费

＋外贸手续费＋进口关税＋进口增值税

设到岸价为 x，则有：

$$1792.19 = x + 4.25 + 18.9 + x \times 20\% + x(1 + 20\%) \times 16\%$$

$$x = 1270.86 \text{ 万元}$$

1Z103016 工程建设其他费用项目组成

核心考点 工程建设其他费用项目分类及组成内容

1. 工程建设其他费的分类

工程建设其他费用，按其内容大体可分为三类。

（1）第一类为建设用地费。

（2）第二类是与项目建设有关的费用。

（3）第三类是与未来企业生产和经营活动有关的费用。

2. 与项目建设有关的其他费用

（1）费用项目内容

① 建设管理费；② 可行性研究费；③ 专项评价费；④ 研究试验费；⑤ 勘察设计费；⑥ 场地准备费和临时设施费；⑦ 引进技术和进口设备材料其他；⑧ 特殊设备安全监督检验费；⑨ 市政公用配套设施费；⑩ 工程保险费；⑪ 专利及专有技术使用费。

（2）重点掌握的费用项目详细内容

① 建设管理费

是指为组织完成工程项目建设在建设期内发生的各类管理性质费用。包括建设单位管理费、代建管理费、工程监理费、监造费、招标投标费、设计评审费、特殊项目定额研究及测定费、其他咨询费、印花税等。包括建设单位管理费和工程监理费。

a. 建设单位管理费

包括：工作人员工资、工资性补贴、施工现场津贴、职工福利费、住房基金、基本养老保险费、基本医疗保险费、失业保险费、工伤保险费、办公费、差旅交通费、劳动保护费、工具用具使用费、固定资产使用费、必要的办公及生活用品购置费、必要的通信设备及交通工具购置费、零星固定资产购置费、招募生产工人费、技术图书资料费、业务招待费、合同契约公证费、法律顾问费、咨询费、完工清理费、竣工验收费、印花税和其他管理性质开支。如建设管理采用工程总承包方式，其总包管理费由建设单位与总包单位根据总包工作范围在合同中商定，从建设管理费中支出。

b. 工程监理费

工程监理费是指建设单位委托工程监理单位实施工程监理的费用。

② 专项评价费

专项评价费是指建设单位按照国家规定委托有资质的单位开展专项评价及有关验收工作发生的费用。包括环境影响评价及验收费、安全预评价及验收费、职业病危害预评价及控制效果评价费、地震安全性评价费、地质灾害危险性评价费、水土保持评价及验收费、压覆矿产资源评价费、节能评估费、危险与可操作性分析及安全完整性评价费以及其他专项评价及验收费。

③ 研究试验费不包括以下项目：

a. 应由科技三项费用（即新产品试制费、中间试验费和重要科学研究补助费）开支的项目。

b. 应在建筑安装费用中列支的施工企业对建筑材料、构件和建筑物进行一般鉴定、检查所发生的费用及技术革新的研究试验费。

c. 应由勘察设计费或工程费用中开支的项目。

④ 场地准备费和临时设施费

a. 场地准备费是指为使工程项目的建设场地达到开工条件，由建设单位组织进行的场地平整等准备工作而发生的费用。

b. 临时设施费是指建设单位为满足施工建设需要而提供的未列入工程费用的临时水、电、路、讯、气等工程和临时仓库等建（构）筑物的建设、维修、拆除、摊销费用或租赁费用，以及铁路、码头租赁等费用。此项费用不包括已列入建筑安装工程费用中的施工单位临时设施费用。

场地准备及临时设施应尽量与永久性工程统一考虑。建设场地的大型土石方工程应进入工程费用中的总图运输费用中。

新建项目的场地准备和临时设施费应根据实际工程量估算，或按工程费用的比例计算。改扩建项目一般只计拆除清理费。

$$场地准备和临时设施费＝工程费用 \times 费率＋拆除清理费$$

发生拆除清理费时可按新建同类工程造价或主材费、设备费的比例计算。凡可回收材料的拆除工程采用以料抵工方式冲抵拆除清理费。

3. "与未来企业生产经营有关的其他费用"包括的内容

包括：联合试运转费、生产准备费、办公和生活家具购置费。

（1）联合试运转费

① 概念。联合试运转费是指新建项目或新增加生产能力的项目，在交付生产前按照批准的设计文件所规定的工程质量标准和技术要求，进行整个生产线或装置的负荷联合试运转或局部联动试车所发生的费用净支出（试运转支出大于收入的差额部分费用）。

$$联合试运转费＝联合试运转费用支出－联合试运转收入$$

不发生试运转或试运转收入大于（或等于）费用支出的工程，不列此项费用。

② 包括试运转所需材料、燃料及动力消耗、低值易耗品、其他物料消耗、机械使用费、联合试运转人员工资、施工单位参加试运转人工费、专家指导费，以及必要的工业炉烘炉费。

③ 联合试运转费不包括应由设备安装工程费用开支的调试及试车费用，以及在试运转中暴露出来的因施工原因或设备缺陷等发生的处理费用。

（2）生产准备费

费用内容包括：

① 生产职工培训费。

② 生产单位提前进厂参加施工、设备安装、调试等以及熟悉工艺流程及设备性能等

人员的工资、工资性补贴、职工福利费、差旅交通费、劳动保护费等。

新建项目按设计定员为基数计算，改扩建项目按新增设计定员为基数计算：

$$生产准备费＝设计定员 \times 生产准备费指标（元／人）$$

◆**考法 1：建设其他费包括项目的相关概念**

【例题 1·2020 年真题·单选题】建设单位对设计方案进行评审所发生的费用应计入工程建设其他费用中的（　　）。

A. 建设管理费 　　　　　　　　　　B. 专项评价费

C. 勘察设计费 　　　　　　　　　　D. 工程监理费

【答案】A

【解析】本题的考核点是工程建设其他费包括的内容。

与项目建设有关的其他费用包括建设管理费和工程监理费。其中，建设管理费是指为组织完成工程项目建设在建设期内发生的各类管理性质费用。包括建设单位管理费、代建管理费、工程监理费、监造费、招标投标费、设计评审费、特殊项目定额研究及测定费、其他咨询费、印花税等。

【例题 2·2019 年真题·单选题】某建设项目的工程费用为 1500 万元，工程建设其他费用为 200 万元，场地准备和临时设施费按工程费用的 5% 计算。预计项目完工后拆除工程产生的清理费用为 20 万元，拆除工程可收回材料作价 5 万元。则该项目的场地准备和临时设施费为（　　）万元。

A. 70 　　　　　　　　　　　　　　B. 75

C. 90 　　　　　　　　　　　　　　D. 100

【答案】C

【解析】本题的考核点是与项目建设有关的其他费用中的场地准备与临时设施费的计算。

$$场地准备和临时设施费＝工程费用 \times 费率＋拆除清理费$$

发生拆除清理费时可按新建同类工程造价或主材费、设备费的比例计算。凡可回收材料的拆除工程采用以料抵工方式冲抵拆除清理费。

$$该项目场地准备和临时设施费 = 1500 \times 5\% + 20 - 5 = 90 万元$$

【例题 3·2018 年真题·单选题】关于工程建设其他费用中场地准备费和临时设施费的说法，正确的是（　　）。

A. 场地准备费是由承包人组织进行场地平整等准备工作而发生的费用

B. 临时设施费是承包人为满足工程建设需要搭建临时建筑物的费用

C. 新建项目的场地准备费和临时设施费应根据实际工程量估算或按工程费用比例计算

D. 场地准备费和临时设施费应考虑大型土石方工程费用

【答案】C

【解析】本题的考核点是工程建设其他费中的场地准备及临时设施费内容。

◆**考法 2：联合试运转费**

【例题 4·2019 年真题·单选题】下列费用中，属于工程建设其他费用中的联合试运转费的是（　　）。

  A. 试运转过程中所需的专家指导费

  B. 试运转过程中因施工质量原因发生的处理费用

  C. 单台设备调试及试车费用

  D. 试运转过程中设备缺陷发生的处理费用

【答案】A

【解析】本题的考核点是联合试运转费的内容。

【例题5·2022年真题·多选题】下列费用中，属于工程建设其他费用中联合试运转费的有（　　）。

  A. 施工单位参加试运转人员的人工费

  B. 试运转所需低值易耗品费用

  C. 生产单位提前进厂参加设备调试的人员工资

  D. 交付生产前发生的必要的工业炉烘炉费

  E. 生产职工培训费

【答案】A、B、D

【解析】本题的考核点是联合试运转费用支出的内容。

  ◆考法3：生产准备费

【例题6·2012年真题·多选题】下列费用中，应计入建设工程项目投资中"生产准备费"的有（　　）。

  A. 生产职工培训费   B. 购买原材料、能源的费用

  C. 办公家具购置费   D. 联合试运转费

  E. 提前进厂人员的工资、福利等费用

【答案】A、E

【解析】本题考查的是生产准备费的组成内容。

【例题7·2016年真题·单选题】编制某企业改扩建项目的投资估算时，生产准备费的计算基数应为（　　）。

  A. 新增建筑安装工程费用   B. 原有设计定员

  C. 全部设计定员   D. 新增设计定员

【答案】D

【解析】本题的考核点是生产准备费的计算方法。

新建项目按设计定员为基数计算，改扩建项目按新增设计定员为基数计算：

$$生产准备费 = 设计定员 \times 生产准备费指标（元/人）$$

1Z103017　预备费计算

核心考点一　基本预备费的概念及计算

预备费包括基本预备费和价差预备费。

1. 概念：基本预备费是指在项目实施中可能发生难以预料的支出，需要预先预留的

费用，又称不可预见费，主要指设计变更及施工过程中可能增加工程量的费用。

2. 计算：基本预备费＝（工程费用＋工程建设其他费）×基本预备费率

◆**考法 1：基本预备费的概念**

【例题 1·2017 年真题·单选题】在建设工程项目总投资组成中的基本预备费主要是为（　　）而预留的。

A. 建设期内材料价格上涨增加的费用

B. 因施工质量不合格返工增加的费用

C. 设计变更增加工程量的费用

D. 因业主方拖欠工程款增加的承包商贷款利息

【答案】C

【解析】本题考核点是基本预备费的概念。

◆**考法 2：基本预备费的计算**

【例题 2·2016 年真题·单选题】某建设工程项目建筑安装工程费为 2000 万元，设备及工器具购置费为 800 万元，工程建设其他费为 300 万元，基本预备费率为 8%，该项目的基本预备费为（　　）万元。

A. 160　　　　　　　　　　　　B. 184

C. 224　　　　　　　　　　　　D. 248

【答案】D

【解析】本题的考核点是基本预备费的计算。

基本预备费

＝（设备及工器具购置费＋建筑安装工程费＋工程建设其他费）×基本预备费率

＝（2000 ＋ 800 ＋ 300）×8% ＝ 248 万元

◆**考法 3：建设投资构成与基本预备费的综合计算**

【例题 3·2015 年真题·单选题】某项目建筑安装工程费、设备及工器具购置费合计为 7000 万元，建设期 2 年分别投入 4000 万元和 3000 万元。建设期内预计年平均价格总水平上涨率为 5%，建设期贷款利息为 735 万元，工程建设其他费用为 400 万元，基本预备费率为 10%，流动资金为 800 万元。则该项目的静态投资为（　　）万元。

A. 8140　　　　　　　　　　　B. 8948.5

C. 8940　　　　　　　　　　　D. 9748.5

【答案】A

【解析】本题的考核点是建设投资中静态投资的组成。建设期利息和涨价（价差）预备费属于动态投资。

静态投资＝建筑安装工程费＋设备及工器具购置费＋工程建设其他费＋基本预备费

＝ 7000 ＋ 400 ＋（7000 ＋ 400）×10% ＝ 8140 万元

核心考点二　价差预备费的概念及计算

1. 概念：价差预备费是指为在建设期内利率、汇率或价格等因素的变化而预留的可能增加的费用，亦称为价格变动不可预见费。

价差预备费的内容包括：人工、设备、材料、施工机具的价差费，建筑安装工程费及工程建设其他费用调整，利率、汇率调整等增加的费用。

2. 计算：

$$P=\sum_{t=1}^{n} I_t \left[(1+f)^m (1+f)^{0.5} (1+f)^{t-1}-1\right]$$

1Z103018　资金筹措费计算

核心考点　建设期利息的计算

1. 资金筹措费的内容

资金筹措费包括各类借款利息、债券利息、贷款评估费、国外借款手续费及承诺费、汇兑损益、债券发行费用及其他债务利息支出或融资费用。

2. 建设期利息的计算

为了简化计算，在编制投资估算时通常假定借款均在每年的年中支用，借款第一年按半年计息，其余各年份按全年计息。

建设期某一年应计利息＝（年初借款本息累计金额＋本年借款额/2）×年利率

◆**考法：建设期利息的计算单项选择题**

【例题1·2020年真题·单选题】某新建项目，建设期为3年，共向银行借款1300万元，其中第一年借款700万元，第二年借款600万元，借款在各年内均衡使用，年利率为6%，建设期每年计息，但不还本付息，则第3年应计的借款利息为（　　）万元。

A. 0　　　　　　　　　　　　　B. 82.94

C. 85.35　　　　　　　　　　　D. 104.52

【答案】B

【解析】本题的考核点是建设期利息的计算。

第1年应计利息＝1/2×700×6%＝21万元

第2年应计利息＝（700＋21＋1/2×600）×6%＝61.26万元

第3年应计利息＝（700＋21＋600＋61.26）×6%＝82.94万元

【例题2·2022年真题·单选题】某项目建设期为2年，共向银行借款20000万元，借款年有效利率为6%。第1年和第2年借款比例分别为45%和55%。借款在各年内均衡使用，建设期内只计息不付息。则编制设计概算时该项目建设期利息总和为（　　）万元。

A. 600.0　　　　　　　　　　　B. 886.2

C. 1156.2　　　　　　　　　　 D. 1772.4

【答案】C

【解析】本题的考核点是建设期利息的计算。

某年应计利息＝（本年初借款本息累计金额＋本年借款额/2）×年利率

第1年应计利息＝20000×45%×$\frac{1}{2}$×6%＝270万元

第 2 年应计利息 $= \left[(20000 \times 45\% + 27) + 20000 \times 55\% \times \dfrac{1}{2} \right] \times 6\% = 886.2$ 万元

则，该项目建设期利息总和 $= 270 + 886.2 = 1156.2$ 万元

1Z103019　流动资金计算

流动资金的估算方法有扩大指标估算法和分项详细估算法两种。

1Z103020　建设工程定额

核心内容提纲

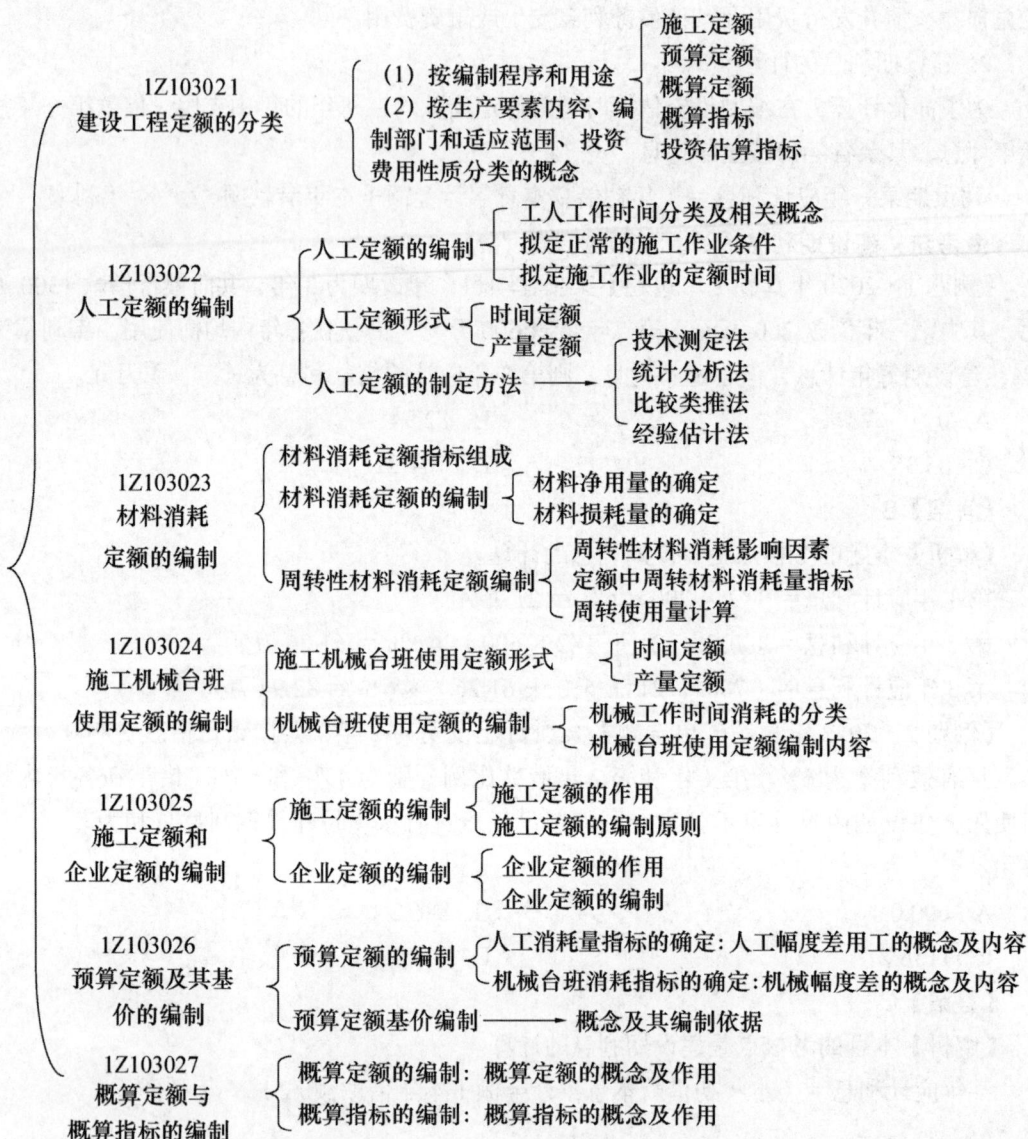

核心考点剖析

1Z103021 建设工程定额的分类

核心考点 建设工程定额的分类

1. 按生产要素内容分类，建设工程定额包括：（1）人工定额；（2）材料消耗定额；（3）施工机械台班使用定额。

2. 按编制程序和用途分类（见下表）

建设工程定额按编制程序和用途分类

分类 内容	施工定额	预算定额	概算定额	概算指标	投资估算指标
1. 研究对象	以同一性质的施工过程——工序作为研究对象，表示生产产品数量与时间消耗综合关系的定额	以建筑物或构筑物各个分部分项工程为对象编制	以扩大的分部分项工程为对象编制	以整个建筑物和构筑物为对象，以更为扩大的计量单位来编制	以独立的单项工程或完整的工程项目为对象编制
2. 定额关系	施工是编制预算定额的基础	是以施工定额为基础综合扩大编制的，也是编制概算定额的基础	是在预算定额的基础上综合扩大而成的，每一综合分项概算定额都包括了数项预算定额	一般是在概算定额和预算定额的基础上编制的；也可作为编制估算指标的基础	
3. 相关概念	属于企业内部定额性质；是建设工程定额中的基础性定额，是分项最细、定额子目最多的一种定额	预算定额是社会性的；综合程度大于施工定额；是编制施工图预算的主要依据	是编制扩大初步设计概算、确定建设项目投资额的依据	概算指标的设定和初步设计的深度相适应，是设计单位编制设计概算或建设单位编制年度投资计划的依据	是在项目建议书和可行性研究阶段编制投资估算、计算投资需要量使用的一种指标，是合理确定建设工程项目投资的基础

3. 按编制部分和适用范围分类，建设工程定额包括：（1）国家定额；（2）行业定额；（3）地区定额；（4）企业定额。

4. 按投资的费用性质分类，建设工程定额包括：（1）建筑工程定额；（2）设备安装工程定额；（3）建筑安装工程费用定额；（4）工具器具定额；（5）工程建设其他费用定额。

◆**考法：**建设工程定额按编制程序和用途分类的相关概念

【例题1·2020年真题·单选题】下列定额中，属于施工企业内部使用的、以工序为对象编制的定额是（　　）。

A. 施工定额
B. 预算定额
C. 概算定额
D. 费用定额

【答案】A

【解析】本题的考核点是施工定额的相关概念。

施工定额是以同一性质的施工过程——工序作为研究对象，表示生产产品数量与时间消耗综合关系的定额。施工定额是企业为组织生产和加强管理在企业内部使用的一种定额，属于企业定额的性质。

【例题2·单选题】在建设工程项目可行性研究阶段，计算投资需要量应依据的定额或指标是（　　　）。

A. 投资估算指标
B. 预算定额
C. 概算定额
D. 概算指标

【答案】A

【解析】掌握投资估算指标的内容。

1Z103022　人工定额的编制

核心考点一　人工定额的编制内容

1. 人工定额的概念

人工定额反映生产工人在正常施工条件下的劳动效率，表明每个工人在单位时间内为生产合格产品所必需消耗的劳动时间，或者在一定的劳动时间中所生产的合格产品数量。

2. 编制人工定额包括的两项主要工作

（1）拟定正常的施工条件。

（2）拟定定额时间。

拟定定额时间的前提是对工人工作时间按其消耗性质进行分类研究。

3. 工人工作时间消耗分类（见下图）

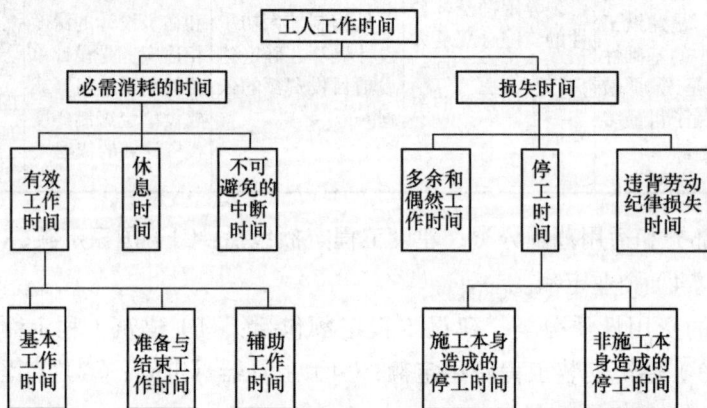

工人工作时间消耗分类

4. 必需消耗的工作时间相关概念

（1）有效工作时间

包括基本工作时间、辅助工作时间、准备与结束工作时间。

① 基本工作时间：基本工作时间的长短和工作量大小成正比例。

② 辅助工作时间：是指为保证基本工作能顺利完成所消耗的时间。在辅助工作时间

里，不能使产品的形状大小、性质或位置发生变化。辅助工作时间的结束，往往就是基本工作时间的开始。辅助工作一般是手工操作，但如果在机手并动的情况下，辅助工作是在机械运转过程中进行的，为避免重复则不应再计辅助工作时间的消耗。

③ 准备与结束工作时间：如工作地点、劳动工具和劳动对象的准备工作时间，工作结束后的整理工作时间等。

准备和结束工作时间的长短与所担负的工作量大小无关，但往往和工作内容有关。准备与结束工作时间可以分为班内的准备与结束工作时间和任务的准备与结束工作时间。

（2）不可避免的中断时间

是指由于施工工艺特点引起的工作中断所必需的时间。与施工过程、工艺特点有关的工作中断时间，应包括在定额时间内，但应尽量缩短此项时间消耗。与工艺特点无关的工作中断所占用时间，是由于劳动组织不合理引起的，属于损失时间，不能计入定额时间。

（3）休息时间

是工人在工作过程中为恢复体力所必需的短暂休息和生理需要的时间消耗。这种时间是为了保证工人精力充沛地进行工作，所以在定额时间中必须进行计算。休息时间的长短和劳动条件有关，劳动越繁重紧张、劳动条件越差（如高温），则休息时间越长。

5. 编制人工定额时的损失时间

（1）多余工作：多余工作的工时损失，一般都是由于工程技术人员和工人的差错而引起的，因此，不应计入定额时间。

（2）偶然工作：由于偶然工作能获得一定产品，拟定定额时要适当考虑它的影响。

（3）停工时间：停工时间按其性质可分为施工本身造成的停工时间和非施工本身造成的停工时间两种。前一种情况在拟定定额时不应该计算，后一种情况定额中则应给予合理的考虑。

（4）违背劳动纪律损失时间：此项工时损失不应允许存在。因此，在定额中是不能考虑的。

6. 施工的正常作业条件

拟定施工的正常条件包括：（1）拟定施工作业的内容；（2）拟定施工作业的方法；（3）拟定施工作业地点的组织；（4）拟定施工作业人员的组织等。

7. 施工作业的定额时间

施工作业的定额时间，是在拟定基本工作时间、辅助工作时间、准备与结束时间、不可避免的中断时间以及休息时间的基础上编制的。

上述各项时间是以时间研究为基础，通过时间测定方法，得出相应的观测数据，经加工整理计算后得到的。计时测定的方法有许多种，如测时法、写实记录法、工作日写实法等。

8. 人工定额形式

（1）人工定额按表现形式的分类

人工定额按表现形式的不同，可以分为时间定额和产量定额两种形式。

$$单位产品时间定额（工日）= \frac{1}{每工产量}$$

$$或单位产品时间定额（工日）= \frac{小组成员工日数总和}{机械台班产量}$$

$$每工日产量 = \frac{1}{单位产品时间定额（工日）}$$

$$时间定额 \times 产量定额 = 1$$

（2）人工定额按标定对象的分类

按定额的标定对象不同，人工定额又分为单项工序定额和综合定额两种。

◆考法1：工人工作时间的分类

【例题1·2016年真题·单选题】编制人工定额时，基本工作结束后的整理劳动工具时间应计入（　　）。

A. 休息时间　　　　　　　　　　B. 不可避免的中断时间

C. 损失时间　　　　　　　　　　D. 有效工作时间

【答案】D

【解析】本题的考核点是人工定额编制中工人工作时间分类的相关概念。

【例题2·2020年真题·多选题】编制人工定额时，下列时间属于工人在工作班内必需消耗的时间有（　　）。

A. 辅助工作时间　　　　　　　　B. 准备与结束工作时间

C. 材料供应不及时引起的停工时间　D. 施工组织不善造成的停工时间

E. 工人在工作过程中恢复体力所必需的休息时间

【答案】A、B、E

【解析】本题的考核点是人工定额编制中工人工作时间分类的相关概念。

工人在工作班内消耗的工作时间，按其消耗的性质，基本可以分为两大类：必需消耗的时间和损失时间。必需消耗的工作时间，包括有效工作时间、休息时间和不可避免的中断时间。有效工作时间是从生产效果来看与产品生产直接有关的时间消耗，包括基本工作时间、辅助工作时间、准备与结束工作时间。

【例题3·2018年真题·单选题】编制人工定额时，工人定额工作时间中应予以合理考虑的情况是（　　）。

A. 由于工程技术人员和工人差错引起的工时损失

B. 由于劳动组织不合理导致工作中断所占用的时间

C. 由于水源或电源中断引起的停工时间

D. 由于材料供应不及时引起的停工时间

【答案】C

【解析】本题的考核点是人工定额编制中工人工作时间分类的相关内容。

◆考法2：人工定额的编制内容

【例题4·2015年真题·多选题】编制人工定额时需拟定施工的正常条件，其内容包括拟定（　　）。

    A. 施工作业内容   B. 施工作业方法

    C. 施工作业地点组织   D. 施工作业人员组织

    E. 施工企业技术水平

【答案】A、B、C、D

【解析】本题的考核点是编制人工定额时拟定正常的施工作业条件的内容。

【例题5·2019年真题·单选题】在进行施工作业时间研究时，下列方法中，属于计时测定方法的是（　　）。

    A. 写实记录法   B. 图纸分析法

    C. 比较类推法   D. 经验估计法

【答案】A

【解析】本题的考核点是人工定额编制的拟定施工作业的定额时间方法。

计时测定的方法有许多种，如测时法、写实记录法、工作日写实法等。

核心考点二　人工定额的编制方法

制定人工定额，常用的方法有四种：技术测定法、统计分析法、比较类推法、经验估计法。

（1）技术测定法：是根据生产技术和施工组织条件，对施工过程中各工序采用测时法、写实记录法、工作日写实法，测出各工序的工时消耗等资料，再对所获得的资料进行科学的分析，制定出人工定额的方法。

（2）统计分析法：是把过去施工生产中的同类工程或同类产品的工时消耗的统计资料，与当前生产技术和施工组织条件的变化因素结合起来，进行统计分析的方法。这种方法简单易行，适用于施工条件正常、产品稳定、工序重复量大和统计工作制度健全的施工过程。但是，过去的记录只是实耗工时，不反映生产组织和技术的状况。所以，在这样条件下求出的定额水平，只是已达到的劳动生产率水平，而不是平均水平。

（3）比较类推法：对于同类型产品规格多、工序重复、工作量小的施工过程，常用比较类推法。

（4）经验估计法：经验估计法通常作为一次性定额使用。

◆**考法：人工定额制定方法的原理及适用情况**

【例题1·2014年真题·单选题】对于同类型产品规格多、工序复杂、工作量小的施工过程，若已有部分产品施工的人工定额，则其他同类型产品施工人工定额的制定适宜采用的方法是（　　）。

    A. 比较类推法   B. 技术测定法

    C. 统计分析法   D. 经验估计法

【答案】A

【解析】对于同类型产品规格多、工序复杂、工作量小的施工过程，常用比较类推法。采用此法制定定额是以同类型工序和同类型产品的耗时工时为标准，类推出相似项目定额水平的方法。

【例题 2·2015 年真题·单选题】某施工企业编制砌砖墙人工定额，该企业有近 5 年同类工程的施工工时消耗资料，则制定人工定额适合选用的方法是（ ）。

A. 技术测定法
B. 统计分析法
C. 比较类推法
D. 经验估计法

【答案】B

【解析】本题的考核点是人工定额制定方法的适用情况。

1Z103023 材料消耗定额的编制

核心考点一 材料消耗定额的编制

材料消耗定额按其使用性质、用途和用量大小划分为四类：① 主要材料；② 辅助材料；③ 周转性材料；④ 零星材料。

编制材料消耗定额，主要包括确定直接使用在工程上的材料净用量和在施工现场内运输及操作过程中的不可避免的废料和损耗。

1. 材料净用量的确定方法

（1）理论计算法；（2）测定法；（3）图纸计算法；（4）经验法。

2. 材料损耗量的确定

材料的损耗一般以损耗率表示。材料损耗率可以通过观察法或统计法计算确定。

$$损耗率＝损耗量／净用量$$
$$总消耗量＝净用量＋损耗量＝净用量×（1＋损耗率）$$

◆**考法：材料净用量的确定方法**

【例题·多选题】材料净用量的确定方法有（ ）。

A. 理论计算法
B. 测定法
C. 图纸计算法
D. 经验法
E. 对比分析法

【答案】A、B、C、D

【解析】本题考查的是材料净用量的确定方法。

核心考点二 周转性材料消耗定额的编制

1. 周转性材料消耗一般与下列四个因素有关

（1）第一次制造时的材料消耗（一次使用量）。

（2）每周转使用一次材料的损耗（第二次使用时需要补充）。

（3）周转使用次数。

（4）周转材料的最终回收及其回收折价。

2. 定额中周转材料消耗量指标的表示

（1）一次使用量：是指周转材料在不重复使用时的一次使用量，供施工企业组织施工用。

（2）摊销量：是指周转材料退出使用，应分摊到每一计量单位的结构构件的周转材料消耗量，供施工企业成本核算或投标报价使用。

3. 周转使用量计算：周转使用量 $= \dfrac{\text{一次使用量} \times [1 + (\text{周转次数} - 1) \times \text{补损率}]}{\text{周转次数}}$

$$\text{一次使用量} = \text{净用量} \times (1 + \text{操作损耗率})$$

◆**考法1：周转材料消耗的影响因素及相关概念**

【例题1·2017年真题·多选题】编制工程周转性材料消耗定额时，影响周转性材料消耗的因素主要有（　　）。

A. 周转材料的制造工艺　　　　　　B. 周转使用次数

C. 周转材料补损的难易程度　　　　D. 周转材料的最终回收及其回收折价

E. 每周转使用一次材料的损耗

【答案】B、D、E

【解析】本题的考核点是周转性材料消耗的影响因素。

【例题2·2018年真题·单选题】关于周转性材料消耗及其定额的说法，正确的是（　　）。

A. 周转性材料消耗量只与周转性材料一次使用量和周转次数相关

B. 定额中周转材料消耗量应采用一次性使用量和摊销量两个指标表示

C. 施工企业成本核算或投标报价时应采用周转性材料的一次使用量指标

D. 周转性材料的周转使用次数越多，则每周转使用一次材料的损耗越大

【答案】B

【解析】本题的考核点是周转性材料消耗定额编制的相关内容。

（1）周转材料消耗一般与四个因素有关：一次使用量，第二次使用时需要的补充，周转使用次数和最终回收及回收折价。

（2）定额中周转材料消耗量指标的表示，应当用一次使用量和摊销量两个指标表示。一次使用量供施工企业组织施工用；摊销量供施工企业成本核算或投标报价使用。

（3）周转使用次数越多，使用一次的损耗越小。

◆**考法2：周转材料周转使用量计算**

【例题3·2016年真题·单选题】某混凝土构件采用木模板施工，木模板一次净用量为200m²，现场制作安装不可避免的损耗率为2%，木模板可周转使用5次，每次补损率为5%，则木模板的周转使用量为（　　）m²。

A. 48.00　　　　　　　　　　　　B. 48.96

C. 49.44　　　　　　　　　　　　D. 51.00

【答案】B

【解析】本题的考核点是周转材料消耗量指标的计算。

$$\text{周转使用量} = \dfrac{\text{一次使用量} \times [1 + (\text{周转次数} - 1) \times \text{补损率}]}{\text{周转次数}}$$

$$\text{一次使用量} = \text{净用量} \times (1 + \text{操作损耗率}) = 200 \times (1 + 2\%) = 204\text{m}^2$$

$$\text{周转使用量} = \dfrac{204 \times [1 + (5-1) \times 5\%]}{5} = 48.96\text{m}^2$$

1Z103024　施工机械台班使用定额的编制

核心考点一　机械台班使用定额的形式及计算

1. 施工机械时间定额

$$单位产品机械时间定额（台班）=\frac{1}{台班产量}$$

$$单位产品人工时间定额（工日）=\frac{小组成员总人数}{台班产量}$$

2. 机械产量定额

机械产量定额和机械时间定额互为倒数关系。

◆**考法：机械台班使用定额的计算**

【例题·2013年真题·单选题】某机械台班产量为 4m³，与之配合的工人小组由 5 人组成，则单位产品的人工时间定额为（　　）工日。

A. 0.50　　　　　　　　　　　　　B. 0.80

C. 120　　　　　　　　　　　　　D. 1.25

【答案】D

【解析】本题考核点是施工机械台班使用定额的计算。

单位产品的人工时间定额＝小组成员工日数总和／机械台班产量＝5/4＝1.25 工日。

核心考点二　机械台班使用定额的编制

1. 机械工作时间消耗分类（见下图）

机械工作时间消耗分类

机械工作时间的消耗，按其性质可分为必需消耗的时间和损失时间两大类。

（1）必需消耗的工作时间，包括有效工作、不可避免的无负荷工作和不可避免的中断三项时间消耗。而在有效工作的时间消耗中又包括正常负荷下、有根据地降低负荷下的工时消耗。

① 正常负荷下的工作时间，是指机械在与机械说明书规定的计算负荷相符的情况下进行工作的时间。

② 有根据地降低负荷下的工作时间，是指在个别情况下由于技术上的原因，机械在低于其计算负荷下工作的时间。例如，汽车运输重量轻而体积大的货物时，不能充分利用汽车的载重吨位因而不得不降低其计算负荷。

③ 不可避免的无负荷工作时间，是指由施工过程的特点和机械结构的特点造成的机械无负荷工作时间。例如筑路机在工作区末端调头等，都属于此项工作时间的消耗。

④ 不可避免的中断工作时间，是与工艺过程的特点、机械的使用和保养、工人休息有关的中断时间。

a. 与工艺过程的特点有关的不可避免中断工作时间，有循环的和定期的两种。循环的不可避免中断，是在机械工作的每一个循环中重复一次。如汽车装货和卸货时的停车。定期的不可避免中断，是经过一定时期重复一次。比如把灰浆泵由一个工作地点转移到另一工作地点时的工作中断。

b. 与机械有关的不可避免中断工作时间，是由于工人进行准备与结束工作或辅助工作时，机械停止工作而引起的中断工作时间。它是与机械的使用与保养有关的不可避免中断时间。

c. 工人休息时间前面已经作了说明。要注意的是应尽量利用与工艺过程有关的和与机械有关的不可避免中断时间进行休息，以充分利用工作时间。

（2）损失的工作时间，包括多余工作、停工、违背劳动纪律所消耗的工作时间和低负荷下的工作时间。

① 机械的多余工作时间，是机械进行任务内和工艺过程内未包括的工作而延续的时间。如工人没有及时供料而使机械空运转的时间。

② 机械的停工时间，按其性质也可分为施工本身造成和非施工本身造成的停工。前者是由于施工组织得不好而引起的停工现象，如由于未及时供给机械燃料而引起的停工。后者是由于气候条件所引起的停工现象，如暴雨时压路机的停工。上述停工中延续的时间，均为机械的停工时间。

③ 违反劳动纪律引起的机械的时间损失，是指由于工人迟到早退或擅离岗位等引起的机械停工时间。

④ 低负荷下的工作时间，是由于工人或技术人员的过错所造成的施工机械在降低负荷的情况下工作的时间。例如，工人装车的砂石数量不足引起的汽车在降低负荷的情况下工作所延续的时间。此项工作时间不能作为计算时间定额的基础。

2. 机械台班使用定额的编制内容

（1）拟定机械作业的正常施工条件，包括：工作地点的合理组织、施工机械作业方法的拟定、配合机械作业的施工小组的组织、机械工作班制度。（2）确定机械净工作生产率，即机械工作一小时的正常生产率。（3）确定机械利用系数。（4）计算机械台班定额。

（5）拟定工人小组的定额时间。

◆**考法 1：机械工作时间消耗的分类**

【例题 1·2016 年真题·单选题】汽车运输重量轻而体积大的货物时，不能充分利用载重吨位因而不得不在低于其计算负荷下工作的时间应计入（　　）。

A. 正常负荷下的工作时间 　　B. 有根据地降低负荷下的工作时间

C. 不可避免的中断时间 　　D. 损失的工作时间

【答案】B

【解析】本题的考核点是机械台班使用定额编制中机械工作时间消耗分类的相关概念。

有根据地降低负荷下的工作时间，是指在个别情况下由于技术上的原因，机械在低于其计算负荷下工作的时间。例如，汽车运输重量轻而体积大的货物时，不能充分利用汽车的载重吨位因而不得不降低其计算负荷。

【例题 2·2017 年真题·单选题】编制压路机台班使用定额时，属于必需消耗的时间的是（　　）。

A. 施工组织不好引起的停工时间

B. 压路机在工作区末端调头时间

C. 压路机操作人员擅离岗位引起的停工时间

D. 暴雨时压路机的停工时间

【答案】B

【解析】本题的考核点是机械工作时间的相关概念。

【例题 3·2019 年真题·多选题】下列机械工作时间中，属于机械工作必需消耗的时间有（　　）。

A. 不可避免的无负荷工作时间 　　B. 有效工作时间

C. 多余工作时间 　　D. 低负荷下工作时间

E. 非施工本身造成的停工时间

【答案】A、B

【解析】本题的考核点是机械工作时间消耗的分类。

机械工作时间也分为必需消耗的时间和损失时间两大类。在必需消耗的工作时间里，包括有效工作、不可避免的无负荷工作和不可避免的中断三项时间消耗。而在有效工作的时间消耗中又包括正常负荷下、有根据地降低负荷下的工时消耗。损失的工作时间，包括多余工作、停工、违背劳动纪律所消耗的工作时间和低负荷下的工作时间。

◆**考法 2：机械台班使用定额的编制内容**

【例题 4·2018 年真题·多选题】机械台班使用定额的编制内容包括（　　）。

A. 拟定机械作业的正常施工条件 　　B. 确定机械纯工作一小时的正常生产率

C. 拟定机械的停工时间 　　D. 确定机械的利用系数

E. 计算机械台班定额

【答案】A、B、D、E

【解析】本题的考核点是机械台班使用定额的编制内容。

1Z103025 施工定额和企业定额的编制

核心考点一 施工定额的编制

1. 施工定额的作用

施工定额是施工企业管理工作的基础，也是建设工程定额体系的基础。施工定额在企业管理工作中的基础作用主要表现在以下几个方面。

（1）施工定额是企业计划管理的依据。表现为施工定额是企业编制施工组织设计的依据，也是企业编制施工工作计划的依据。

（2）施工定额是组织和指挥施工生产的有效工具。企业通过下达施工任务书和限额领料单来实现组织管理和指挥施工生产。

（3）施工定额是计算工人劳动报酬的依据。

（4）施工定额有利于推广先进技术。施工定额水平中包含着某些已成熟的先进的施工技术和经验，工人要达到和超过定额，就必须掌握和运用这些先进技术，如果工人想大幅度超过定额，他就必须创造性地劳动。

（5）施工定额是编制施工预算，加强企业成本管理和经济核算的基础。

2. 施工定额的编制原则

（1）施工定额水平必须遵循平均先进的原则。通常，平均先进水平低于先进水平，略高于平均水平。

（2）定额的结构形式简明适用的原则。

◆**考法1：施工定额的作用**

【例题1·2016年真题·单选题】施工企业可以直接用来编制施工作业计划、签发施工任务单的定额是（　　）。

A. 预算定额　　　　　　　　　　B. 施工定额

C. 概算定额　　　　　　　　　　D. 工器具定额

【答案】B

【解析】本题的考核点是施工定额的概念及其作用。

◆**考法2：施工定额的编制原则的应用分析**

【例题2·2018年真题·单选题】在合理的劳动组织和正常的施工条件下，完成某单位合格分项工程的时间消耗为：所有班组完成时间均不超过1个工日，其中个别班组可以在0.50工日完成，多数班组经过努力可以在0.80工日完成。则编制施工定额时，人工消耗宜为（　　）工日。

A. 0.50　　　　　　　　　　　　B. 0.77

C. 0.80　　　　　　　　　　　　D. 1.00

【答案】C

【解析】本题的考核点是施工定额的编制原则。

施工定额水平必须遵循平均先进的原则。所谓平均先进水平，是指在正常的生产条件下，多数施工班组或生产者经过努力可以达到，少数班组或劳动者可以接近，个别班组或劳动者可以超过的水平。

【例题 3·2022 年真题·多选题】关于施工定额的说法，正确的有（　　　）。

A. 施工定额水平必须遵循平均先进的原则

B. 编制施工定额前应拟定编制方案，确定定额水平和步距等

C. 施工定额是施工企业进行成本管理的基础

D. 施工定额是编制施工预算，加强企业成本核算的基础

E. 施工定额的人工价格一般按照地区人力资源和社会保障部门所发布的最低工资标准确定

【答案】A、B、C、D

【解析】本题的考核点是施工定额编制的作用及其编制方法。

核心考点二　企业定额的编制

1. 企业定额的作用

企业定额是施工企业进行施工管理和投标报价的基础和依据，也是企业核心竞争力的具体表现。其作用为：（1）企业定额是施工企业计算和确定工程施工成本的依据，是施工企业进行成本管理、经济核算的基础。（2）企业定额是施工企业进行工程投标、编制工程投标价格的基础和主要依据。（3）企业定额是施工企业编制施工组织设计的依据。企业定额可以应用于工程的施工管理，用于签发施工任务单、签发限额领料单以及结算计件工资或计量奖励工资等。

2. 企业定额的编制原则

目前，为适应国家推行的工程量列表计价办法，企业定额可采用基础定额的形式，按统一的工程量计算规则、统一划分的项目、统一的计量单位进行编制。

3. 企业定额的编制方法

（1）编制企业定额最关键的工作是确定人工、材料和机械台班的消耗量，以及计算分项工程单价或综合单价。

（2）人、料、机消耗量的确定

1）人工消耗量的确定，首先是根据企业环境，拟定正常的施工作业条件，分别计算测定基本用工和其他用工的工日数，进而拟定施工作业的定额时间。

2）确定材料消耗量，是通过企业历史数据的统计分析、理论计算、实验试验、实地考察等方法计算确定材料包括周转材料的净用量和损耗量，从而拟定材料消耗的定额指标。

3）机械台班消耗量的确定，同样需要按照企业的环境，拟定机械工作的正常施工条件，确定机械净工作效率和利用系数，据此拟定施工机械作业的定额台班和与机械作业相关的工人小组的定额时间。

（3）人、料、机价格的确定

1）人工价格也即劳动力价格，一般情况下就按地区劳务市场价格计算确定。

2）材料价格按市场价格计算确定，其应是供货方将材料运至施工现场堆放地或工地仓库后的出库价格。

3）施工机械使用价格最常用的是台班价格。应通过市场询价，根据企业和项目的具体情况计算确定。

◆考法1：企业定额的作用

【例题1·2013年真题·单选题】关于企业定额作用的说法，正确的是（　　　）。

A. 企业定额是编制施工组织设计的依据

B. 企业定额能反映在不同项目上的最高管理水平

C. 依据企业定额可以计算出施工企业完成投标工程的实际成本

D. 企业定额不能直接反映本企业的施工技术水准

【答案】A

【解析】本题考核点是企业定额的作用。

◆考法2：企业定额的编制方法

【例题2·2019年真题·单选题】关于企业定额编制方法和定额水平的说法，正确的是（　　　）。

A. 人工消耗量应依据行业平均水平，分别测定基本用工和其他用工的工日数

B. 材料消耗量应依据历史数据统计分析计算，只计算净用量

C. 机械台班使用量应按照项目作业环境和非正常施工条件，确定机械净工作效率和利用系数

D. 企业定额应反映本企业的施工生产力水平

【答案】D

【解析】本题的考核点是企业定额编制的相关内容。

【例题3·2020年真题·单选题】关于编制企业定额时人、料、机消耗量和价格的说法，正确的是（　　　）。

A. 确定人工消耗量时，首先根据企业环境，拟定非正常状况下的施工作业条件

B. 确定材料消耗量时，应根据特定项目的数据计算主要材料净用量和损耗量

C. 人工价格一般情况下依据企业自身的经济状况和不同的技术等级分别计算

D. 施工机械使用价格通常根据市场询价、企业和项目的具体情况确定

【答案】D

【解析】本题考核点是企业定额编制方法的相关内容。

1Z103026　预算定额及其基价的编制

核心考点一　预算定额的编制

1. 人工消耗量指标的确定

预算定额中人工消耗量水平和技工、普工比例，以人工定额为基础，通过有关图纸规定，计算定额人工的工日数。

（1）人工消耗量指标的组成

预算定额中人工消耗量指标包括完成该分项工程必需的各种用工量，包括：基本用工和其他用工两部分。

其中，其他用工是辅助基本用工消耗的工日。按其工作内容不同又分以下三类：

1）超运距用工，指超过人工定额规定的材料、半成品运距的用工。

2）辅助用工，指材料需在现场加工的用工，如筛砂子、淋石灰膏等增加的用工量。

3）人工幅度差用工，指人工定额中未包括的，而在一般正常施工情况下又不可避免的一些零星用工，其内容如下：

① 各种专业工种之间的工序搭接及土建工程与安装工程的交叉、配合中不可避免的停歇时间。

② 施工机械在场内单位工程之间变换位置及在施工过程中移动临时水电线路引起的临时停水、停电所发生的不可避免的间歇时间。

③ 施工过程中水电维修用工。

④ 隐蔽工程验收等工程质量检查影响的操作时间。

⑤ 现场内单位工程之间操作地点转移影响的操作时间。

⑥ 施工过程中工种之间交叉作业造成的不可避免的剔凿、修复、清理等用工。

⑦ 施工过程中不可避免的直接少量零星用工。

（2）人工幅度差用工数量计算

人工幅度差用工数量＝Σ（基本用工＋超运距用工＋辅助用工）×人工幅度差系数

2. 材料耗用量指标的确定

材料耗用量指标是以材料消耗定额为基础，按预算定额的定额项目，综合材料消耗定额的相关内容，经汇总后确定。

3. 机械幅度差

预算定额中的机械台班消耗量按合理的施工方法取定并考虑增加了机械幅度差。

机械幅度差是指在施工定额中未曾包括的，而机械在合理的施工组织条件下所必需的停歇时间，在编制预算定额时应予以考虑。其内容包括：

（1）施工机械转移工作面及配套机械互相影响损失的时间。

（2）在正常的施工情况下，机械施工中不可避免的工序间歇。

（3）检查工程质量影响机械操作的时间。

（4）临时水、电线路在施工中移动位置所发生的机械停歇时间。

（5）工程结尾时，工作量不饱满所损失的时间。

由于垂直运输用的塔吊、卷扬机及砂浆、混凝土搅拌机是按小组配合，应以小组产量计算器械台班产量，不另增加机械幅度差。

◆考法 1：预算定额编制时人工幅度差用工的计算

【例题 1·2019 年真题·单选题】按照单位工程量和劳动定额中的时间定额计算出的基本用工数量为 15 工日，超运距用工量为 3 工日，辅助用工为 2 工日，人工幅度差系数为 10%，则人工幅度差用工数量为（　　）工日。

A. 1.5　　　　　　　　　　　　B. 1.7

C. 1.8　　　　　　　　　　　　D. 2.0

【答案】D

【解析】本题的考核点是预算定额编制中人工消耗指标的计算。

人工幅度差用工数量

＝Σ（基本用工＋超运距用工＋辅助用工）×人工幅度差系数

＝Σ（15＋3＋2）×10％＝2工日

◆考法2：预算定额编制时人工幅度差用工的内容

【例题2·2017年真题·单选题】施工过程中对隐蔽工程质量检查验收影响工人操作的时间，属于预算定额人工消耗量指标组成中的（　　　）。

A. 基本用工   B. 辅助用工

C. 人工幅度差用工   D. 超运距用工

【答案】C

【解析】本题的考核点是人工幅度差用工的内容。

核心考点二　预算定额基价的编制

1. 概念：预算定额基价就是预算定额分项工程或结构构件的单价，只包括人工费、材料费和施工机具使用费，也称工料单价。这一过程也称为单位估价表的编制。

2. 定额基价的编制依据

通常，定额基价是以一个城市或一个地区为范围进行编制，在该地区范围内适用。因此定额基价的编制依据如下：

① 全国统一或地区通用的预算定额或基础定额，以确定人工、材料、机械台班的消耗量。

② 本地区或市场上的资源实际价格或市场价格，以确定人工、材料、机械台班价格。

◆考法：预算定额基价的编制依据

【例题·2017年真题·单选题】关于单位估价表（预算定额基价）的说法，正确的是（　　　）。

A. 单位估价表是由单位工程单价构成的单价表

B. 工料单价单位估价表以施工定额为基本依据编制

C. 单位估价表应以全国为范围进行编制

D. 编制单位估价表时，材料价格应以本地区市场价格为依据

【答案】D

【解析】本题的考核点是单位估价表（预算定额基价）编制的相关概念。

1Z103027　概算定额与概算指标的编制

核心考点　概算定额与概算指标的编制

1. 概算定额的作用

概算定额是在初步设计时间编制设计概算或技术设计时间编制修正概算的依据，是确定建设工程项目投资额的依据。概算定额可用于进行设计方案的技术经济比较。概算定额也是编制概算指标的基础。

2. 概算指标的编制

（1）概念：概算指标是概算定额的扩大与合并，它是以整个房屋或构筑物为对象，以更为扩大的计量单位来编制的，也包括劳动力、材料和机械台班定额三个基本部分。同时，还列出了各结构分部的工程量及单位工程（以体积计或以面积计）的造价。

（2）作用：概算指标的作用与概算定额类似，在设计深度不够的情况下，往往用概算指标来编制初步设计概算。

因为概算指标比概算定额进一步扩大与综合，所以依据概算指标来估算投资就更为简便，但精确度也随之降低。

◆ **考法：概算定额与概算指标的作用**

【例题·多选题】关于概算定额的说法，正确的有（　　　　）。

A. 概算定额和预算定额的项目划分相同

B. 概算定额是人工、材料、机械台班消耗量的数量标准

C. 概算定额是在初步设计阶段确定投资额的依据

D. 概算定额是在概算指标的基础上综合而成的

E. 概算定额水平的确定应与预算定额的水平基本一致

【答案】B、C、E

【解析】掌握概算定额的作用。

1Z103030　建设工程项目设计概算

核 心 内 容 提 纲

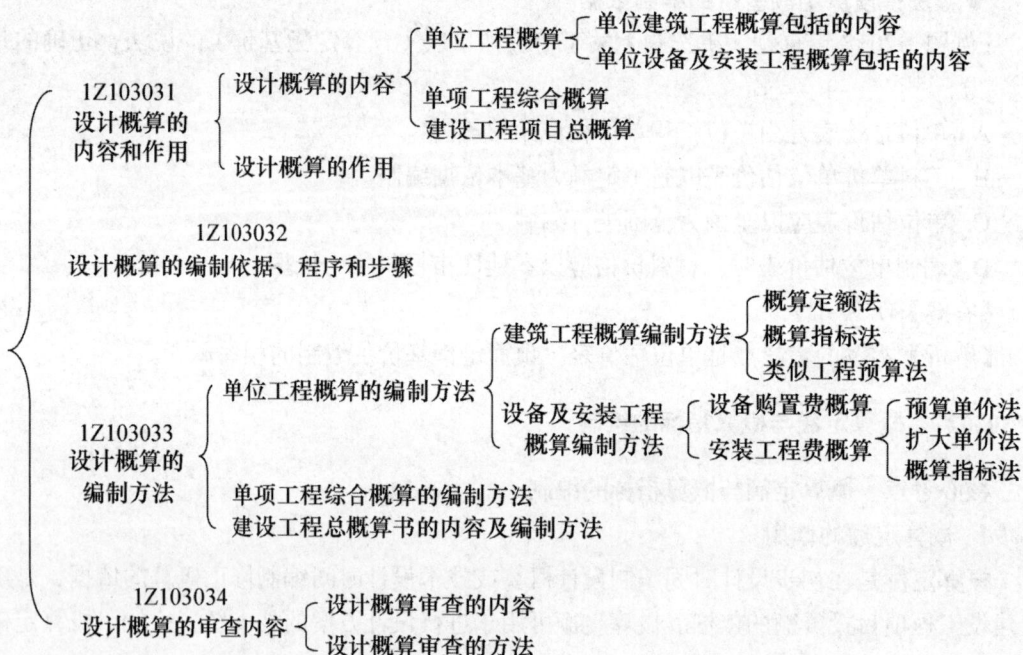

1Z103031　设计概算的内容和作用

核心考点　设计概算的内容和作用

1. 设计概算的基本概念

（1）设计概算是在投资估算的控制下由设计单位根据初步设计或扩大初步设计的图纸及说明，利用国家或地区颁发的概算指标、概算定额、综合指标预算定额、各项费用定额或取费标准、建设地区自然、技术经济条件和设备材料预算价格等资料，按照设计要求，对建设项目从筹建至竣工交付使用所需全部费用进行的概略计算。

（2）设计概算的成果文件称作设计概算书，是逐步设计文件的重要组成部分。其特点是编制工作相对简略，无需达到施工图预算的准确程度。

（3）采用两阶段设计的建设项目，初步设计阶段必须编制设计概算；采用三阶段设计的，扩大初步设计阶段必须编制修正概算。

2. 设计概算的组成内容

设计概算可分为单位工程概算、单项工程综合概算和建设工程项目总概算三级。各级概算之间的相互关系如下图所示。

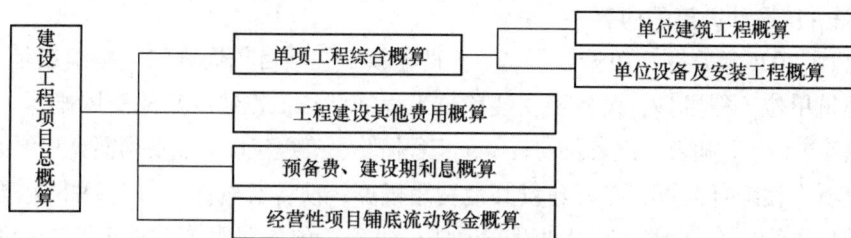

各级概算之间的相互关系

（1）单位工程概算

对于一般工业与民用建筑工程而言，单位工程概算按其工程性质分为建筑工程概算和设备及安装工程概算两大类。

① 建筑工程概算包括土建工程概算、给排水采暖工程概算、通风空调工程概算、电气照明工程概算、弱电工程概算、特殊构筑物工程概算等。

② 设备及安装工程概算包括机械设备及安装工程概算、电气设备及安装工程概算、热力设备及安装工程概算以及工器具及生产家具购置费概算等。

单位工程概算只包括单位工程的工程费用，由人、料、机费用和企业管理费、利润、规费、税金组成。

（2）单项工程综合概算

单项工程综合概算是确定一个单项工程所需建设费用的文件，是由单项工程中的各单位工程概算汇总编制而成的，是建设工程项目总概算的组成部分。

（3）建设工程项目总概算

建设工程项目总概算是确定整个建设工程项目从筹建开始到竣工验收、交付使用所需的全部费用的文件，它由各单项工程综合概算、工程建设其他费用概算、预备费、建设期利息概算和经营性项目铺底流动资金概算等汇总编制而成。

3. 设计概算的作用

（1）设计概算是制定和控制建设投资的依据。对于使用政府资金的建设项目按照规定报请有关部门或单位批准初步设计及总概算，一经上级批准，总概算就是总造价的最高限额，不得任意突破，如有突破须报原审批部门批准。

（2）设计概算是编制建设计划的依据。建设工程项目年度计划的安排、其投资需要量的确定、建设物资供应计划和建筑安装施工计划等，都以主管部门批准的设计概算为依据。若实际投资超出了总概算，设计单位和建设单位需要共同提出追加投资的申请报告，经上级计划部门批准后，方能追加投资。

（3）设计概算是进行贷款的依据。银行根据批准的设计概算和年度投资计划进行贷款，并严格监督控制。

（4）设计概算是编制招标控制价和投标报价的依据。

（5）设计概算是签订工程总承包合同的依据。

（6）设计概算是考核设计方案的经济合理性和控制施工图预算和施工图设计的依据。

（7）设计概算是考核和评价建设工程项目成本和投资效果的依据。

◆考法 1：设计概算的内容

【例题 1·2020 年真题·单选题】非经营性建设工程项目总概算的完整组成是（   ）。

A. 建筑单位工程概算、设备及安装单位工程概算和工程建设其他费用概算

B. 建筑单位工程概算、设备及安装单位工程概算、工程建设其他费用概算和预备费概算

C. 单项工程综合概算、工程建设其他费用概算、预备费概算、资金筹措费概算

D. 单项工程综合概算、工程建设其他费用概算、预备费概算、资金筹措费概算和铺底流动资金概算

【答案】C

【解析】本题考核点是非经营性（非生产性）建设项目总投资（总概算）的构成。

非生产性建设项目总投资只包括建设投资。建设投资由工程费用（包括设备及工器具购置费和建筑安装工程费）、工程建设其他费、预备费和资金筹措费。所以，非经营性建设项目总概算包括单项工程综合概算（即工程费用概算，单项工程综合概算＝单位建筑工程概算＋单位设备及安装工程概算）、工程建设其他费用概算、预备费概算和资金筹措费概算。

◆考法 2：设计概算的概念、内容及作用的综合分析

【例题 2·2014 年真题·单选题】关于设计概算的说法，错误的是（   ）。

A. 设计概算是确定和控制建设工程项目全部投资的文件

B. 编制设计概算不需考虑建设地区自然和技术经济条件等因素

C. 使用政府资金的项目总概算，一经批准就不得任意突破，如有突破必须报原审批部门批准

D. 设计概算由项目设计单位负责编制，并对其编制质量负责

【答案】B

【解析】本题的考核点是设计概算的概念等。

【例题3·2016年真题·多选题】关于建设工程项目设计概算的内容与作用的说法，正确的有（　　　）。

A. 设计概算是制定和控制建设投资的依据

B. 设计概算是考核设计方案的经济合理性和控制施工图预算的依据

C. 项目总概算是反映项目从设计至竣工交付使用所需全部费用的文件

D. 政府投资项目经主管部门审批的总概算是总造价的最高限额，不得任意突破

E. 单位工程概算中应包括工程建设其他费用概算

【答案】A、B、D

【解析】本题的考核点是设计概算的概念及其作用。

总概算是以整个建设工程项目为对象，确定项目从筹建开始，到竣工交付使用整个过程的全部建设费用的文件。当建设工程项目只有一个单项工程时，单项工程综合概算还应该包括工程建设其他费用概算。单位工程概算不包括其他费用概算。

1Z103032　设计概算的编制依据、程序和步骤

设计概算编制的程序和步骤：① 收集原始资料；② 确定有关资料；③ 各项费用计算；④ 单位工程概算书编制；⑤ 单项工程综合概算书的编制；⑥ 建设项目总概算的编制。

1Z103033　设计概算的编制方法

核心考点一　单位工程概算的编制方法

单位工程概算分建筑工程概算和设备及安装工程概算两大类。建筑工程概算的编制方法有概算定额法、概算指标法、类似工程预算法；设备及安装工程概算的编制方法有预算单价法、扩大单价法、设备价值百分比法和综合吨位指标法等。

1. 单位建筑工程概算编制方法

（1）概算定额法

又称为扩大单价法或扩大结构定额法。它与利用预算定额编制单位建筑工程施工图预算的方法基本相同。其不同之处在于编制概算所采用的依据是概算定额，所采用的工程量计算规则是概算工程量计算规则。该方法要求初步设计达到一定深度，建筑结构比较明确时方可采用。

（2）概算指标法

当初步设计深度不够，不能准确地计算工程量，但工程设计采用的技术比较成熟而又有类似工程概算指标可以利用时，可以采用概算指标法编制工程概算。概算指标法计算精度较低，但由于其编制速度快，因此对一般附属、辅助和服务工程等项目，以及住宅和文化福利工程项目或投资比较小、比较简单的工程项目投资概算有一定实用价值。

概算指标法的应用：

1）拟建工程结构特征与概算指标相同时，可直接套用概算指标编制概算。

根据选用的概算指标内容，可选用两种套算方法：

① 以指标中规定的每平方米（或立方米）的人、料、机费用单价，乘以拟建单位工程建筑面积或体积，得出单位工程人、料、机费用，在计算其他费用，即可求出单位工程的概算造价。

② 先计算每 $1m^2$ 的概算单价，再乘以拟建单位工程的建筑面积，即可得到单位工程概算造价。

2）拟建工程结构特征与概算指标有局部差异时的调整

① 调整概算指标中的概算单价

第一步，结构变化修正每 $1m^2$ 人、料、机费用概算指标

＝原概算指标＋换入结构的人料机单价－换出结构的人、料、机单价

第二步，计算修正后拟建工程概算单价

＝修正后人、料、机单价×（1＋管理费率）×（1＋规费费率）×（1＋利润率）
　×（1＋税率）

② 调整概算指标中的人、料、机数量

结构变化修正概算指标（元 $/m^2$）

＝原概算指标＋换入结构工程量 × 换入结构单价－换出结构工程量 × 换出结构单价

（3）类似工程预算法

是利用技术条件与设计对象相类似的已完工程或在建工程的工程造价数据来编制拟建工程设计概算的方法。该方法适用于拟建工程初步设计与已完工程或在建工程的设计相类似且没有可用的概算指标的情况，但必须对建筑结构差异和价差进行调整。

2. 设备安装工程概算的编制方法

设备及安装工程概算费用由设备购置费和安装工程费组成。

（1）设备购置费概算

设备购置费概算＝Σ（设备清单中的设备数量 × 设备原价）×（1＋运杂费率）

（2）设备安装工程概算的编制方法

1）预算单价法

当初步设计有详细设备清单时，可直接按预算单价（预算定额单价）编制设备安装工程概算。根据计算的设备安装工程量，乘以安装工程预算单价，经汇总求得。用预算单价法编制概算，计算比较具体，精确性较高。

2）扩大单价法

当初步设计的设备清单不完备，或仅有成套设备的重量时，可采用主体设备、成套设备或工艺线的综合扩大安装单价编制概算。

3）概算指标法

当初步设计的设备清单不完备，或安装预算单价及扩大综合单价不全，无法采用预算单价法和扩大单价法时，可采用概算指标编制概算。概算指标形式较多，概括起来主要可按以下几种指标进行计算。

① 按占设备价值的百分比（安装费率）的概算指标计算。

$$设备安装费＝设备原价 × 设备安装费率$$

② 按每吨设备安装费的概算指标计算。

$$设备安装费＝设备总吨数 × 每吨设备安装费（元／吨）$$

③ 按座、台、套、组、根或功率等为计量单位的概算指标计算。

④ 按设备安装工程每平方米建筑面积的概算指标计算。

◆ 考法 1：单位工程概算的编制方法

【例题 1·2018 年真题·多选题】设备安装工程概算的编制方法有（　　）。

A. 预算单价法

B. 概算指标法

C. 扩大单价法

D. 类似工程预算法

E. 单位估价表法

【答案】A、B、C

【解析】本题的考核点是设备安装工程概算编制方法的概念。

【例题 2·2019 年真题·多选题】采用概算指标法计算设备安装工程费时，可采用的概算指标有（　　）。

A. 按占总投资百分比的概算指标

B. 按占设备价值百分比的概算指标

C. 按每吨设备安装费的概算指标

D. 按设备台、套等单位计量的概算指标

E. 按设备安装工程每平方米建筑面积的概算指标

【答案】B、C、D、E

【解析】本题的考核点是采用概算指标法计算设备安装工程费的方法。

【例题 3·2020 年真题·单选题】利用概算定额编制单位工程概算的工作有：① 计算单位工程的人、料、机费用；② 列出分项工程并计算工程量；③ 计算企业管理费、利润、规费和税金；④ 确定分部分项工程的概算定额单价；⑤ 计算单位工程概算造价。编制步骤正确的是（　　）。

A. ④②①⑤③

B. ①②③④⑤

C. ②④①③⑤

D. ④①②③⑤

【答案】C

【解析】本题考核点是概算定额法编制单位建筑工程概算的步骤。

（1）按照概算定额分部分项顺序，列出各分项工程名称；（2）确定各分部分项工程项目的概算定额单价；（3）计算单位工程的人、料、机费用；（4）根据人、料、机费用，结合其他各项取费标准，分别计算企业管理费、利润、规费和税金；（5）计算单位工程概算造价。

◆ 考法 2：各种单位工程概算编制方法的适用条件

【例题 4·2018 年真题·单选题】某拟建单位工程初步设计深度不够，不能准确地计算工程量，但工程设计采用的技术比较成熟而又有类似工程概算指标可以利用时，编制该单位工程概算宜采用的方法是（　　）。

A. 概算指标法

B. 概算定额法

C. 预算单价法 D. 类似工程预算法

【答案】A

【解析】本题的考核点是单位工程设计概算编制方法的适用情况。

◆考法3：单位工程概算编制方法的计算

【例题5·2017年真题·单选题】某工程项目所需设备原价400万元，运杂费率为5%，安装费率为10%，则该项目的设备及安装工程概算为（   ）万元。

A. 400 B. 440

C. 460 D. 462

【答案】C

【解析】本题的考核点是设备及安装工程概算的计算。

设备及安装工程概算费用＝设备购置费＋安装工程费

设备购置费概算＝∑（设备清单中的设备数量 × 设备原价）×（1＋运杂费率）

＝400×（1＋5%）＝420 万元

设备安装费＝设备原价 × 设备安装费率

＝400×10%＝40 万元

故，设备及安装工程概算＝420＋40＝460 万元

【例题6·2016年真题·单选题】某建设工程项目拟订购 5 台国产设备，订货价格为 50 万元 / 台，设备运杂费率为8%，设备安装费率为20%，采用概算指标法确定该项目的设备安装费为（   ）万元。

A. 54 B. 50

C. 24 D. 20

【答案】B

【解析】本题的考核点是采用概算指标法编制设备安装工程概算。

概算指标形式较多，其中有按占设备价值的百分比（安装费率）的概算指标计算：

设备安装费＝设备原价 × 设备安装费率

＝（50×5）×20%＝50 万元

注意：本题中的设备原价不包括设备运杂费。

【例题7·2022年真题·单选题】某拟建砖混结构工程，结构特征与概算指标相比，仅外墙装饰面不同。概算指标中，外墙面为水泥砂浆抹面，单价为 8.75 元 /m²，每平方米建筑面积消耗量为 0.62m²；拟建工程外墙为贴釉面砖，单价为 41.50 元 /m²，每平方米建筑面积消耗量为 0.84m²。已知概算指标为 508 元 /m²，则该拟建工程修正后的概算指标为（   ）元 /m²。

A. 467.72 B. 502.58

C. 537.44 D. 542.86

【答案】C

【解析】本题的考核点是概算指标法在编制单位建筑工程概算的应用。

结构变化修正概算指标（元 /m²）＝原概算指标＋换入结构工程量 × 换入结构单价－

换出结构工程量 × 换出结构单价 ＝ 508 ＋ 0.84 × 41.50 － 0.62 × 8.75 ＝ 537.44 元 /m²

【例题 8·2019 年真题·单选题】某建设项目的建筑面积为 10000m²，按类似工程概算指标计算的一般土建工程单位概算造价为 1158.84 元 /m²（其中人、料、机费用为 800 元 /m²），项目所在地建筑安装工程企业管理费率为 8%，按人、料、机和企业管理费计算的规费费率为 15%，利润率为 7%，增值税税率为 9%。与类似工程概算指标规定的结构特征比较，该项目结构有部分变更，换出结构构件中每 100m² 的人、料、机费用为 12450 元，换入结构构件中每 100m² 的人、料、机费用为 15800 元，人、料、机费用均不包含增值税可抵扣进项税额。则该项目一般土建工程修正后的概算单价为（　　）元 /m²。

A. 833.50
B. 1192.34
C. 1207.36
D. 1316.84

【答案】C

【解析】本题的考核点是概算指标法编制单位建筑工程概算——拟建工程结构特征与概算指标有局部差异时的调整计算。

（1）结构变化修正（每 1m² 人、料、机费用）概算指标（元 /m²）

＝原概算指标＋换入结构的人、料、机单价－换出结构的人、料、机单价

＝ 800 ＋ 15800/100 － 12450/100 ＝ 833.5 元 /m²

（2）修正后土建工程概算单价

＝ 833.5 ×（1 ＋ 8%）×（1 ＋ 15%）×（1 ＋ 7%）×（1 ＋ 9%）＝ 1207.36 元 /m²

核心考点二　单项工程综合概算的编制方法

1. 单项工程综合概算是以其所包含的建筑工程概算表和设备及安装工程概算表为基础汇总编制的。

2. 当建设工程项目只有一个单项工程时，单项工程综合概算（实为总概算）还应包括工程建设其他费用概算（含建设期利息、预备费）。

3. 单项工程综合概算文件一般包括编制说明和综合概算表两部分。

（1）编制说明

主要包括编制依据、编制方法、主要设备和材料的数量及其他有关问题。

（2）综合概算表

综合概算表是根据单项工程所辖范围内的各单位工程概算等基础资料，按照国家规定的统一表格进行编制。

核心考点三　建设工程项目总概算的编制方法

1. 总概算书的内容

总概算是设计文件的重要组成部分。它由各单项工程综合概算、工程建设其他费用、建设期利息、预备费和经营性项目的铺底流动资金组成，并按主管部门规定的统一表格编制而成。

设计概算文件一般包括 6 部分：

①封面、签署页及目录；②编制说明（工程概况、资金来源、编制依据原则及方法、投资分析）；③总概算表（反映静态投资和动态投资两部分）；④工程建设其他费用概算

表；⑤ 单项工程综合概算表；⑥ 单位工程概算表。

2. 总概算由四部分组成：① 工程费用；② 其他费用；③ 预备费；④ 应列入项目概算总投资的其他费用，包括资金筹措费和铺底流动资金。

3. 总概算价值

总概算价值＝工程费用＋其他费用＋预备费＋资金筹措费＋铺底流动资金－回收金额

回收金额是指在整个基本建设过程中所获得的各种收入。如原有房屋拆除所回收的材料和旧设备等的变现收入；试车收入大于支出部分的价值等。

◆考法1：建设工程项目总概算书的构成

【例题1·2015年真题·多选题】建设项目总概算书的内容有编制说明和（　　　）。

A. 分部分项工程概算表　　　　　　B. 单位工程概算表

C. 单项工程综合概算表　　　　　　D. 工程建设其他费用概算表

E. 总概算表

【答案】B、C、D、E

【解析】本题的考核点是建设项目总概算书包括的内容。

总概算书的内容：（1）封面、签署页及目录；（2）编制说明；（3）总概算表；（4）工程建设其他费用概算表；（5）单项工程综合概算表；（6）单位工程概算表；（7）附录：补充估价表。

【例题2·2017年真题·单选题】编制设计概算文件时，各项投资的比重及各专业投资的比重等经济分析指标应放在项目总概算文件的（　　　）中。

A. 编制说明　　　　　　　　　　　B. 总概算表

C. 单项工程综合概算表　　　　　　D. 单位工程概算表

【答案】A

【解析】本题的考核点是总概算书的内容。

总概算书一般由6部分组成。其中，编制说明的内容包括工程概况、资金来源及投资方式、编制依据及原则、编制方式、投资分析等。投资分析主要分析各项投资的比重、各专业投资的比重等经济指标。

◆考法2：建设工程项目总概算价值计算

【例题3·2015年真题·单选题】某建设工程项目的工程费用6800万元，其他费用1200万元，预备费500万元，建设期贷款利息370万元，铺底流动资金710万元。预计在建设过程中原房屋拆除变现收入100万元，试车收入大于支出金额150万元，则该项目总概算价值为（　　　）万元。

A. 9580　　　　　　　　　　　　　B. 9680

C. 9430　　　　　　　　　　　　　D. 9330

【答案】D

【解析】本题的考核点是总概算价值的计算。

总概算价值＝工程费用＋其他费用＋预备费＋资金筹措费＋铺底流动资金－回收金额
＝6800＋1200＋500＋370＋710－（100＋150）＝9330万元

1Z103034　设计概算的审查内容

核心考点一　设计概算审查的内容

1. 单位工程设计概算构成的审查

（1）建筑工程概算的审查。其中，材料预算价格的审查以耗用量最大的主要材料作为审查的重点，同时着重审查材料原价、运输费用及节约材料运输费用的措施。

（2）设备及安装工程概算的审查。

1）设备及安装工程概算审查的重点是设备清单与安装费用的计算。

2）标准设备原价，应根据设备被管辖的范围，审查各级规定的价格标准。

3）非标准设备原价，除审查价格的估算依据、估算方法外还要分析研究非标准设备估价准确度的有关因素及价格变动规律。

4）设备运杂费审查，需注意：① 设备运杂费率应按主管部门或省、自治区、直辖市规定的标准执行；② 若设备价格中已包括包装费和供销部门手续费时不应重复计算，应相应降低设备运杂费率。

2. 综合概算和总概算的审查

审查概算的投资规模、生产能力、设计标准、建设用地、建筑面积、主要设备、配套工程、设计定员等是否符合原批准可行性研究报告或立项批文的标准。如概算总投资超过原批准投资估算 10% 以上，应进一步审查超估算的原因。

3. 财政部对设计概算评审的要求

根据《财政投资项目评审操作规程（试行）》（财力建［2002］619 号）的规定，对建设工程项目概算的评审包括以下内容。

（1）项目概算评审包括对项目建设程序、建筑安装工程概算、设备投资概算、待摊投资概算和其他投资概算等的评审。

（2）项目概算应由项目建设单位提供，项目建设单位委托其他单位编制项目概算的，由项目单位确认后报送评审机构进行评审。项目建设单位没有编制项目概算的，评审机构应督促项目建设单位尽快编制。

◆**考法：设计概算审查的内容**

【例题·2015年真题·单选题】根据现行规定，在审查概算的投资规模、生产能力等是否符合原批准的可行性研究报告或者立项批文时，若发现概算总投资超过原批准投资估算的（　　）以上，需要进一步审查超估算的原因。

A. 5%　　　　　　　　　　　　　　B. 10%

C. 3%　　　　　　　　　　　　　　D. 8%

【答案】B

【解析】本题的考核点是设计概算审查的相关要求。

核心考点二　设计概算审查的方法

1. 对比分析法。对比分析法主要是指通过建设规模、标准与立项批文对比，工程数量与设计图纸对比，综合范围、内容与编制方法、规定对比，各项取费与规定标准对比，材料、人工单价与统一信息对比，技术经济指标与同类工程对比等等。通过以上对比分析，容易发现设计概算存在的主要问题和偏差。

2. 查询核实法。查询核实法是对一些关键设备和设施、重要装置、引进工程图纸不全、难以核算的较大投资进行多方查询核对，逐项落实的方法。

3. 联合会审法。联合会审前，可先采取多种形式分头审查，经层层审查把关后，由有关单位和专家进行联合会审。

◆考法：设计概算审查方法原理及适用情况

【例题1·单选题】在对某建设项目设计概算审查时，找到了与其关键技术基本相同、规模相近的同类项目的设计概算和施工图预算材料，则该建设项目的设计概算最适宜的审查方法是（　　　）。

A. 标准审查法　　　　　　　　　　B. 分组计算审查法

C. 对比分析法　　　　　　　　　　D. 查询核实法

【答案】C

【解析】本题的考核点是设计概算审查方法的相关概念。

【例题2·2016年真题·单选题】审查设计概算时，对一些关键设备和设施、重要装置、引进工程图纸不全、难以核算的较大投资宜采用的审查方法是（　　　）。

A. 对比分析法　　　　　　　　　　B. 查询核实法

C. 筛选审查法　　　　　　　　　　D. 标准预算审查法

【答案】B

【解析】本题的考核点是设计概算审查方法的适用情况。

1Z103040　建设工程项目施工图预算

核心内容提纲

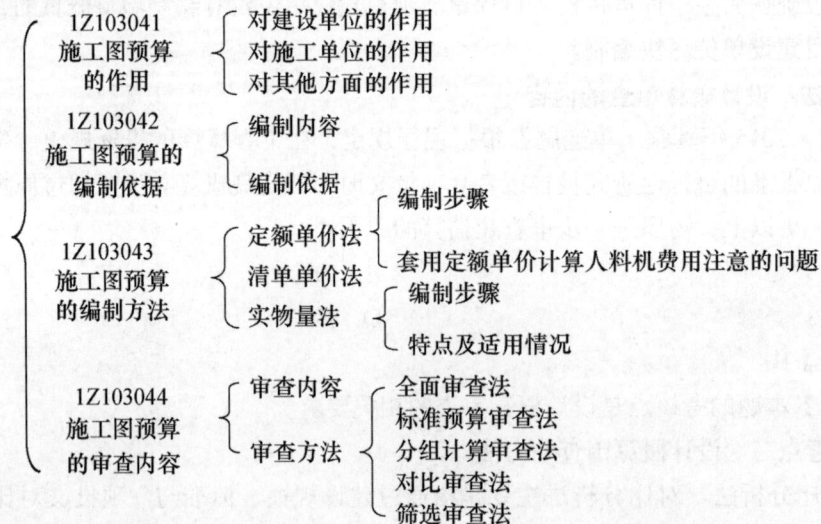

1Z103041　施工图预算的作用

核心考点　施工图预算的作用

1. 施工图预算对建设单位的作用

（1）是施工图设计阶段确定建设工程项目造价的依据，是设计文件的组成部分。

（2）是建设单位在施工期间安排建设资金计划和使用建设资金的依据。

（3）是确定工程招标控制价的依据。在设置招标控制价的情况下，建筑安装工程的招标控制价可按照施工图预算来确定。招标控制价通常是在施工图预算的基础上考虑工程的特殊施工措施、工程质量要求、目标工期、招标工程范围以及自然条件等因素进行编制的。

（4）可以作为确定合同价款、拨付工程进度款及办理工程结算的基础。

2. 施工图预算对施工单位的作用

（1）施工图预算是确定投标报价的依据。

（2）施工图预算是施工单位进行施工准备的依据，是施工单位在施工前组织材料、机具、设备及劳动力供应的重要参考，是施工单位编制进度计划、统计完成工作量、进行经济核算的参考依据。

（3）施工图预算是控制施工成本的依据。

（4）施工图预算是进行"两算"对比的依据。

3. 施工图预算对其他方面的作用

（1）工程咨询单位，尽可能客观、准确地为委托方做出施工图预算，是其业务水平、素质和信誉的体现。

（2）工程造价管理部门，施工图预算是监督检查执行定额标准、合理确定工程造价、测算造价指数及审定招标控制价的重要依据。

（3）如在履行合同的过程中发生经济纠纷，施工图预算还是有关仲裁、管理、司法机关按照法律程序处理、解决问题的依据。

◆**考法：施工图预算的作用**

【例题 1·2020 年真题·多选题】施工图预算对于工程造价管理部门的作用主要有（　　）。

　　A. 是监督检查执行定额标准的依据　　B. 是项目立项审批的依据

　　C. 是合理确定工程造价的依据　　　　D. 是审定招标控制价的依据

　　E. 是测算造价指数的依据

【答案】A、C、D、E

【解析】本题的考核点是施工图预算的作用。

对于工程造价管理部门而言，施工图预算是监督检查执行定额标准、合理确定工程造价、测算造价指数及审定招标控制价的重要依据。

【例题 2·2018 年真题·多选题】关于施工图预算对建设单位作用的说法，正确的有（　　）。

A. 是施工图设计阶段确定建设工程项目造价的依据

B. 是确定建设项目筹资方案的依据

C. 是编制进度计划，统计完成工程量的依据

D. 是确定工程招标控制价的依据

E. 可以作为拨付工程进度款及办理结算的基础

【答案】A、D、E

【解析】本题的考核点是施工图预算对建设单位的作用。

1Z103042　施工图预算的编制依据

核心考点一　施工图预算的编制内容

1. 施工图预算文件的组成

（1）建设工程项目施工图预算由总预算、单项工程综合预算和单位工程预算组成。

（2）建设工程项目总预算由单项工程综合预算汇总而成。

（3）综合预算由组成本单项工程的单位工程预算汇总而成。

（4）单位工程预算包括建筑工程预算和设备及安装工程预算。

当建设项目有多个单项工程时，应采用三级预算编制形式；当建设项目只有一个单项工程时，应采用二级预算编制形式，由建设项目总预算和单位工程预算组成。

2. 施工图预算的内容

（1）建设项目总预算是反映施工图设计阶段建设项目投资总额的造价文件，是施工图预算文件的主要组成部分。具体包括：建筑安装工程费、设备及工器具购置费、工程建设其他费用、预备费、建设期利息及铺底流动资金。

施工图总预算应控制在已批准的设计总概算投资范围以内。

（2）单项工程综合预算是反映施工图设计阶段一个单项工程（设计单元）造价的文件，是总预算的组成部分，由构成该单项工程的各个单位工程施工图预算组成。其编制的费用项目是各单项工程的建筑安装工程费和设备及工器具购置费总和。

（3）单位工程预算是依据单位工程施工图设计文件、现行预算定额以及人工、材料和施工机械台班价格等，按照规定的计价方法编制的工程造价文件。

◆ 考法：施工图预算编制内容的理解分析

【例题·2020 年真题·单选题】某建设项目只有一个单项工程。关于该项目施工图预算编制要求的说法，正确的是（　　）。

A. 应采用三级预算编制形式

B. 应采用二级预算编制形式

C. 不需编制施工图预算

D. 编制建设项目总预算和单项工程综合预算

【答案】B

【解析】本题考核点是施工图预算文件的组成。

当建设项目只有一个单项工程时，应采用二级预算编制形式，二级预算编制形式由建设项目总预算和单位工程预算组成。

核心考点二　施工图预算的编制依据

（1）国家、行业、地方有关规定。

（2）相应工程造价管理机构发布的预算定额。

（3）施工图设计文件及相关标准图集和规范。

（4）项目相关文件、合同和协议等。

（5）工程所在地的人工、材料、设备、施工机械的市场价格。

（6）施工组织设计和施工方案。

（7）项目的管理模式、发包模式和施工条件。

（8）其他应提供的资料。

◆**考法：施工图预算的编制依据**

【例题·多选题】施工图预算的编制依据有（　　　）。

A. 建设单位的资金到位情况　　　　　B. 施工投标单位的资质等级

C. 项目相关的合同和协议　　　　　　D. 工程所在地人、料、机市场价格

E. 施工投标单位的施工组织设计

【答案】C、D、E

【解析】本题的考核点是施工图预算的编制依据。

1Z103043　施工图预算的编制方法

核心考点　施工图预算的编制方法

单位工程预算的编制方法有单价法和实物量法，其中单价法分为定额单价法和工程量清单单价法。

1. 定额单价法

（1）概念：定额单价法是用事先编制好的分项工程的单位估价表来编制施工图预算的方法。

（2）编制步骤，如下图所示。

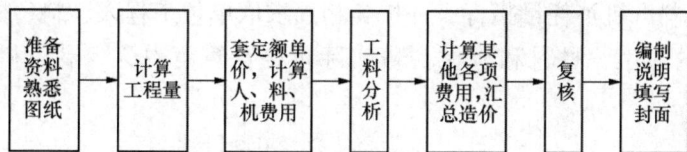

准备资料熟悉图纸 → 计算工程量 → 套定额单价，计算人、料、机费用 → 工料分析 → 计算其他各项费用，汇总造价 → 复核 → 编制说明填写封面

定额单价法的编制步骤

（3）套用定额单价计算人、料、机费用时需注意以下几项内容：

1）分项工程的名称、规格、计量单位与定额单价或单位估价表中所列内容完全一致时，可以直接套用定额单价。

2）分项工程的主要材料品种与定额单价或单位估价表中规定材料不一致时，不可以

直接套用定额单价；需要按实际使用材料价格换算定额单价。

3）分项工程施工工艺条件与定额单价或单位估价表不一致而造成人工、机械的数量增减时，一般调量不换价。

4）分项工程不能直接套用定额、不能换算和调整时，应编制补充单位估价表。

2. 工程量清单单价法

3. 实物量法

（1）概念：实物量法是依据施工图纸和预算定额的项目划分及工程量计算规则，先计算出分部分项工程量，然后套用预算定额（实物量定额）来编制施工图预算的方法。

（2）编制步骤，如下图所示。

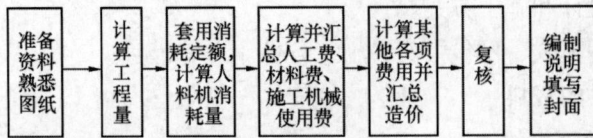

实物量法的编制步骤

（3）特点：实物量法编制施工图预算的步骤与定额单价法基本相似，但在具体计算人工费、材料费和机械使用费及汇总二种费用之和方面有一定区别。

实物量法编制施工图预算所用人工、材料和机械台班的单价都是当时当地的实际价格，编制出的预算可较准确地反映实际水平，误差较小，适用于市场经济条件波动较大的情况。由于采用该方法需要统计人工、材料、机械台班消耗量，还需搜集相应的实际价格，因而工作量较大、计算过程繁琐。

◆考法1：施工图预算编制方法原理

【例题1·2018年真题·单选题】实物量法编制施工图预算时采用的人工、材料、机械的单价应为（　　）。

A. 项目所在地定额基价中的价格　　　B. 预测的项目建设期的市场价格

C. 定额编制时的市场价格　　　D. 当时当地的实际价格

【答案】D

【解析】本题的考核点是实物量法编制施工图预算的特点。

【例题2·2019年真题·单选题】编制施工图预算时，按各分项工程的工程量套取预算定额中人、料、机消耗量指标，并按类相加求取单位工程人、料、机总消耗量，再采用当时当地的人工、材料和机械台班实际价格计算汇总人、料、机费用的方法是（　　）。

A. 定额单价法　　　B. 实物量法

C. 工程量清单综合单价法　　　D. 全费用综合单价法

【答案】B

【解析】本题的考核点是实物量法编制施工图预算的原理。

【例题3·2022年真题·单选题】采用定额单价法编制施工图预算时，若分项工程的主要材料品种与定额单价中规定的不一致，正确的处理方法是（　　）。

A. 编制补充定额单价   B. 直接套用定额单价

C. 调量不换价   D. 按照实际使用材料价格换算定额单价

【答案】D

【解析】本题的考核点是定额单价法编制施工图预算的方法。

◆ 考法 2：施工图预算编制步骤

【例题 4·2014 年真题·单选题】实物量法编制施工图预算时，计算并复核工程量后紧接着进行的工作是（   ）。

A. 套用定额单价，计算人、料、机费用   B. 套用定额，计算人、料、机消耗量

C. 汇总人、料、机费用   D. 计算管理费等其他各项费用

【答案】B

【解析】本题考核点是实物量法编制施工图预算的步骤。

【例题 5·2017 年真题·单选题】定额单价法编制施工图预算的工作主要有：① 计算工程量；② 套用定额单价，计算人、料、机费用；③ 按计价程序计取其他费用，并汇总造价；④ 编制工料分析表；⑤ 准备资料，熟悉施工图纸。正确的步骤是（   ）。

A. ④－⑤－①－②－③   B. ⑤－①－④－②－③

C. ⑤－①－②－④－③   D. ⑤－②－①－④－③

【答案】C

【解析】本题的考核点是施工图预算编制方法中的定额单价法的编制步骤。

1Z103044   施工图预算的审查内容

核心考点   施工图预算审查的内容和方法

1. 施工图预算审查的内容

施工图预算审查的重点是工程量计算是否准确，定额套用、各项取费标准是否符合现行规定或单价计算是否合理等方面。

2. 施工图预算审查的方法（见下表）

施工图预算审查的方法

方法 \\ 内容	概念	优点	缺点	适用情况
全面审查法	又称逐项审查法，即按定额顺序或施工顺序，对各项工程细目逐项全面详细审查	全面、细致，审查质量高、效果好	工作量大，时间较长	适合于一些工程量较小、工艺比较简单的工程
标准预算审查法	对利用标准图纸或通用图纸施工的工程，先集中力量编制标准预算，以此为准来审查工程预算	时间短、效果好、易定案	适用范围小	仅适用采用标准图纸的工程
分组计算审查法	把预算中有关项目按类别划分若干组，利用同组中的一组数据审查分项工程量	审查速度快、工作量小		

方法＼内容	概念	优点	缺点	适用情况
对比审查法	当工程条件相同时，用已完工程的预算或未完但已经过审查修正的工程预算对比审查拟建工程的同类工程预算			1. 采用同一施工图，但基础部分和现场施工条件不同； 2. 工程设计相同，但建筑面积不同； 3. 工程面积相同，但设计图纸不完全相同
筛选审查法	先归纳工程量、价格、用工三个单方基本指标及其适用范围。用基本指标筛选各分部分项工程，对不符合条件的应进行详细审查	简单易懂，便于掌握，审查速度快，便于发现问题	问题出现的原因尚需继续审查	适用于审查住宅工程或不具备全面审查条件的工程
重点审查法	抓住施工图预算中的重点进行审核的方法	突出重点，审查时间短、效果好		审查的重点一般是工程量大或者造价较高的各种工程、补充定额、计取的各项费用（计费基础、取费标准）等

◆ **考法 1：施工图预算审查内容**

【例题 1·2017 年真题·多选题】施工图预算审查的重点包括（ ）。

A. 审查工程量计算是否准确

B. 审查相关的技术规范是否有错误

C. 审查施工图设计方案是否合理

D. 审查施工图预算编制中定额套用是否恰当

E. 审查各项收费标准是否符合现行规定

【答案】A、D、E

【解析】本题的考核点是施工图预算审查的内容。

施工图预算审查的重点是工程量计算是否准确，定额套用、各项取费标准是否符合现行规定或单价计算是否合理等方面。

◆ **考法 2：施工图预算审查方法适用情况**

【例题 2·2014 年真题·单选题】施工图预算审查时，利用房屋建筑工程标准层建筑面积数，从而得知楼面找平层、顶棚抹灰等工程量进行审查的方法，属于（ ）。

A. 分组计算审查法　　　　　B. 重点审查法

C. 筛选审查法　　　　　　　D. 对比审查法

【答案】A

【解析】本知识点考查的是施工图预算审查的方法适用情况。

【例题 3·2019 年真题·单选题】拟建工程与已完工程预算采用同一施工图，但基础部分和现场施工条件不同，则施工图预算审查时对相同部分审查宜采用的方法是（ ）。

A. 筛选审查法　　　　　　　B. 重点审查法

C. 对比审查法   D. 分组计算审查法

【答案】C

【解析】本知识点考查的是施工图预算审查的方法适用情况。

【例题4·2018年真题·单选题】拟建工程与在建工程采用同一施工图，但二者基础部分和现场施工条件不同。则审查拟建工程施工图预算时，为提高审查效率，对其与在建工程相同部分宜采用的方法是（　　）。

A. 全面审查法   B. 对比审查法

C. 分组计算审查法   D. 标准预算审查法

【答案】B

【解析】本题的考核点是施工图预算审查方法中的对比审查法适用的情况。

【例题5·2019年真题·多选题】运用筛选审查法审查建筑工程施工图预算时，需要先确定有关分部分项工程的单位建筑面积基本数值指标，其指标包括（　　）。

A. 工程量   B. 单价

C. 能耗   D. 占地

E. 用工量

【答案】A、B、E

【解析】本题的考核点是施工图预算审查的方法。

"筛选"是能较快发现问题的一种方法。建筑工程虽面积和高度不同，但其各分部分项工程的单位建筑面积指标变化却不大。将这样的分部分项工程加以汇集、优选，找出其单位建筑面积工程量、单价、用工的基本数值，归纳为工程量、价格、用工三个单方基本指标，并注明基本指标的适用范围。

1Z103050　工程量清单编制

核心内容提纲

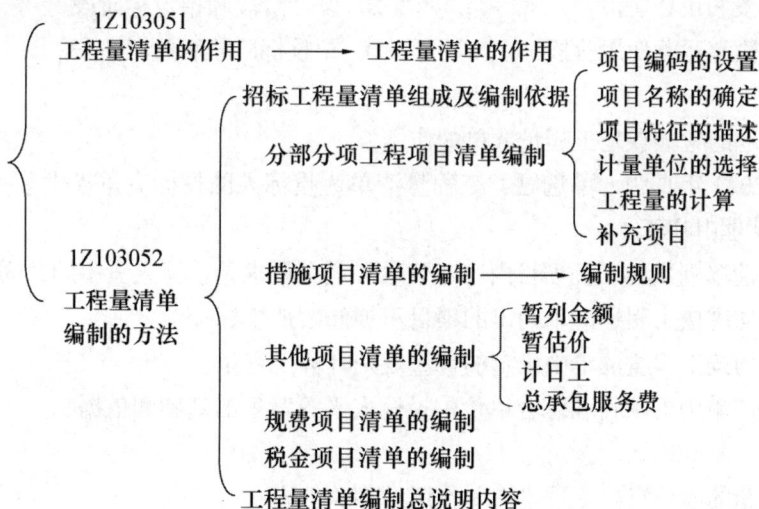

281

核心考点剖析

1Z103051　工程量清单的作用

核心考点　工程量清单的作用

工程量清单计价是一种主要由市场定价的计价模式。使用国有资金投资的建设工程发承包，必须采用工程量清单计价；非国有资金投资的建设工程，宜采用工程量清单计价。《建设工程工程量清单计价规范》GB 50500—2013 包括规范条文和附录两部分。规范条文共 16 章；附录共有 11 个。工程量清单是工程量清单计价的基础，贯穿于建设工程的招投标阶段和施工阶段，是编制最高投标限价、投标报价、计算工程量、支付工程款、调整合同价款、办理竣工结算以及工程索赔等的依据。

工程量清单的作用：

（1）工程量清单为投标人的投标竞争提供了一个平等和共同的基础。工程量清单是由招标人负责编制，将要求投标人完成的工程项目及其相应工程实体数量全部列出，为投标人提供拟建工程的基本内容、实体数量和质量要求等的基础信息。这样，在建设工程的招标投标中，投标人的竞争活动就有了一个共同基础，投标人机会均等，受到的待遇是公正和公平的。

（2）工程量清单是建设工程计价的依据。在招标投标过程中，招标人根据工程量清单编制招标工程的招标控制价；投标人按照工程量清单所表述的内容，依据企业定额计算投标价格，自主填报工程量清单所列项目的单价与合价。

（3）工程量清单是工程付款和结算的依据。

（4）工程量清单是调整工程价款、处理工程索赔的依据。

◆**考法：工程量清单的作用**

【例题 1·2021 年真题·单选题】工程量清单作为清单计价的基础，主要用于建设工程的（　　）。

A. 决策阶段和设计阶段　　　　　　　B. 设计阶段和招投标阶段

C. 施工阶段和运营使用阶段　　　　　D. 招投标阶段和施工阶段

【答案】D

【解析】本题的考核点是工程量清单的作用。

【例题 2·2022 年真题·单选题】工程量清单为投标人的投标竞争提供了一个平等和共同的基础，其理由在于（　　）。

A. 工程量清单列出的工程项目内容、数量和质量要求是投标人竞争的共同基础

B. 投标人均应按工程量清单列出的项目不加修改地投标

C. 投标人均按工程量清单中确定的计量规则计算工程量

D. 工程量清单中的项目和综合单价是投标人平等竞争的基础和依据

【答案】A

【解析】本题的考核点是工程量清单作用的相关内容。

1Z103052　工程量清单编制的方法

核心考点一　招标工程量清单的组成及编制依据

1. 招标工程量清单概念

（1）招标工程量清单必须作为招标文件的组成部分，由招标人提供，并对其准确性和完整性负责。

（2）招标工程量清单应由具有编制能力的招标人或受其委托、具有相应资质的工程造价咨询人进行编制。

（3）招标工程量清单应以单位（项）工程为单位编制。

2. 招标工程量清单的组成

① 分部分项工程量清单；② 措施项目清单；③ 其他项目清单；④ 规费项目清单；⑤ 税金项目清单。

3. 招标工程量清单编制的依据

（1）《建设工程工程量清单计价规范》GB 50500—2013 和相关工程的国家工程量计算标准。

（2）国家或省级、行业建设主管部门颁发的工程量计量计价规定。

（3）建设工程设计文件及相关材料。

（4）与建设工程有关的标准、规范、技术资料。

（5）拟定的招标文件。

（6）施工现场情况、地勘水文资料、工程特点及常规施工方案。

（7）其他相关资料。

◆**考法：招标工程量清单的概念及组成**

【例题·2014 年真题·单选题】采用工程量清单招标时，提供招标工程量清单并对其完整性和准确性负责的单位是（　　　）。

A. 发布招标文件的招标人　　　　　B. 发放招标文件的招标代理人

C. 编制清单的工程造价咨询人　　　D. 招标人的上级管理单位

【答案】A

【解析】招标工程量清单必须作为招标文件的组成部分，由招标人提供，并对其准确性和完整性负责。

核心考点二　工程量清单编制的方法

1. 分部分项工程量清单的编制

分部分项工程量清单由招标人负责编制，包括项目编码、项目名称、项目特征、计量单位、工程量和工作内容。

（1）项目编码的设置

分部分项工程量清单项目编码以五级编码设置，采用十二位阿拉伯数字表示。

其中，1～9 位应按《房屋建筑与装饰工程计量规范》GB 50854—2013、《通用安装工程量计算规范》GB 50856—2013、《市政工程工程量计算规范》GB 50857—2013 等计量规范设置——① 1、2 位为相关工程国家计量规范代码；② 3、4 位为专业工程顺序码；③ 5、

6位为分部工程顺序码；④7、8、9位为分项工程项目名称顺序码。

10～12位为清单项目编码，应根据拟建工程的工程量清单项目名称设置，同一招标工程编码不得有重号，这三位清单项目编码由招标人针对招标工程项目具体编制，并应自001起顺序编制。

（2）项目名称的确定

1）分部分项工程量清单的项目名称应根据《计量规范》的项目名称结合拟建工程的实际确定。应以附录中的项目名称为基础，考虑该项目的规格、型号、材质等特征要求，并结合拟建工程的实际情况，对其进行适当的调整或细化，使其能够反映影响工程造价的主要因素。

2）《计量规范》中规定的"项目名称"为分项工程项目名称，一般以工程实体命名。

（3）项目特征描述

1）项目特征是指构成分部分项工程量清单项目、措施项目自身价值的本质特征。分部分项工程量清单项目特征应按GB 50500—2013的项目特征，结合拟建工程项目的实际予以描述。

2）工程量清单项目特征描述的重要意义在于：项目特征是区分清单项目的依据；项目特征是确定综合单价的前提；项目特征是履行合同义务的基础。

3）清单项目特征主要涉及项目的自身特征（材质、型号、规格、品牌）、项目的工艺特征以及对项目施工方法可能产生影响的特征。

4）对清单项目特征不同的项目应分别列项，如基础工程，仅混凝土强度等级不同，足以影响投标人的报价，故应分开列项。

（4）计量单位的选择

1）以"t"为计量单位的应保留小数点后三位数字，第四位小数四舍五入。

2）以"m³""m²""m""kg"为计量单位的应保留小数点后二位数字，第三位小数四舍五入。

3）以"项""个"等为计量单位的应取整数。

（5）工程量的计算

除另有说明外，所有清单项目的工程量以实体工程量为准，并以完成后的净值来计算。因此，在计算综合单价时应考虑施工中的各种损耗和需要增加的工程量，或在措施费清单中列入相应的措施费用。

采用工程量清单计算规则，工程实体的工程量是唯一的。

（6）补充项目

编制工程量清单时如果出现GB 50500—2013附录中未包括的项目，编制人应做补充，并报省级或行业工程造价管理机构备案。

补充项目的编码由对应计量规范的代码×（即01～09）与B和三位阿拉伯数字组成，并应从×B001起顺序编制，同一招标工程的项目不得重码。

2. 措施项目清单的编制

（1）措施项目清单是指为完成工程项目施工，发生于该工程施工准备和施工过程中的技术、生活、安全、环境保护等方面的项目清单。

（2）《建设工程工程量清单计价规范》GB 50500—2013 将措施项目分为能计量和不能计量的两类。

1）对能计量的措施项目（即单价措施项目），同分部分项工程量一样，编制措施项目清单时应列出项目编码、项目名称、项目特征、计量单位，并按现行计量规范规定，采用对应的工程量计算规则计算其工程量。

2）对不能计量的措施项目（即总价措施项目），措施项目清单中仅列出了项目编码、项目名称，但未列出项目特征、计量单位的项目，编制措施项目清单时，应按现行计量规范附录（措施项目）的规定执行。

（3）由于工程建设施工特点和承包人组织施工生产的施工装备水平、施工方案及其管理水平的差异，同一工程、不同承包人组织施工采用的施工措施有时并不完全一致，因此，《建设工程工程量清单计价规范》GB 50500—2013 规定：措施项目清单应根据拟建工程的实际情况列项。

（4）措施项目清单的编制应考虑多种因素，除了工程本身的因素外，还要考虑水文、气象、环境、安全和施工企业的实际情况。措施项目清单的设置，需要：

1）参考拟建工程的常规施工组织设计，以确定环境保护、安全文明施工、临时设施、材料的二次搬运等项目；

2）参考拟建工程的常规施工技术方案，以确定大型机械设备进出场及安拆、混凝土模板及支架、脚手架、施工排水、施工降水、垂直运输机械、组装平台等项目；

3）参阅相关的施工规范与工程验收规范，以确定施工方案没有表述的但为实现施工规范与工程验收规范要求而必须发生的技术措施；

4）确定设计文件中不足以写进施工方案，但要通过一定的技术措施才能实现的内容；

5）确定招标文件中提出的某些需要通过一定的技术措施才能实现的要求。

3. 其他项目清单的编制

（1）概念：其他项目清单是指分部分项工程量清单、措施项目清单所包含的内容以外，因招标人的特殊要求而发生的与拟建工程有关的其他费用项目和相应数量的清单。

（2）影响其他项目清单具体内容的因素。

① 工程建设标准的高低；② 工程的复杂程度；③ 工程的工期长短；④ 工程的组成内容；⑤ 发包人对工程管理的要求等。

（3）其他项目清单的内容。其他项目清单应根据拟建工程的具体情况，参照《建设工程工程量清单计价规范》GB 50500—2013 提供的下列 4 项内容列项：

1）暂列金额。暂列金额是招标人暂定并包括在合同中的一笔款项。用于施工合同签订时尚未确定或者不可预见的所需材料、设备、服务的采购，施工中可能发生的工程变更、合同约定调整因素出现时的工程价款调整以及发生的索赔、现场签证确认等的费用。

2）暂估价。暂估价是指招标人在工程量清单中提供的用于支付必然发生但暂时不能确定价格的材料价款、工程设备价款以及专业工程金额。

3）计日工。计日工是为了解决现场发生的零星工作的计价而设立的。计日工以完成零星工作所消耗的人工工时、材料数量、机械台班进行计量，并按照计日工表中填报的适用项目的单价进行计价支付。计日工适用的所谓零星工作一般是指合同约定之外的或者因变更而产生的、工程量清单中没有相应项目的额外工作，尤其是那些时间不允许事先商定价格的额外工作。

编制工程量清单时，计日工表中的人工应按工种，材料和机械应按规格、型号详细列项。其中人工、材料、机械数量，应由招标人根据工程复杂程度，工程设计质量的优劣及设计深度等因素，按照经验来估算一个比较贴近实际的数量，并作为暂定量写到计日工表中，纳入有效投标竞争，以期获得合理的计日工单价。

4）总承包服务费。总承包服务费是为了解决招标人在法律、法规允许的条件下进行专业工程发包以及自行采购供应材料、设备时，要求总承包人对发包的专业工程提供协调和配合服务（如分包人使用总包人的脚手架、水电接驳等）；对供应的材料、设备提供收、发和保管服务以及对施工现场进行统一管理；对竣工资料进行统一汇总整理等发生并向总承包人支付的费用。招标人应当预计该项费用并按投标人的投标报价向投标人支付该项费用。

4. 规费项目清单编制

出现《建设工程工程量清单计价规范》GB 50500—2013 未列的项目，应根据省级政府或省级有关部门的规定列项。

5. 税金项目清单的编制

（1）税金是指国家税法规定的应计入建筑安装工程造价的增值税销项税额。

（2）出现《建设工程工程量清单计价规范》GB 50500—2013 未列的项目，应根据税务部门的规定列项。

6. 工程量清单总说明的编制

工程量清单编制总说明包括的内容：（1）工程概况。（2）工程招标及分包范围。（3）工程量清单编制依据。（4）工程质量、材料、施工等的特殊要求。（5）其他需要说明事项。

◆ **考法 1：分部分项工程项目清单的组成及编制方法**

【例题 1·2015 年真题·单选题】根据《建设工程工程量清单计价规范》GB 50500—2013，分部分项工程量清单由招标人编制，包括项目名称、项目编码、计量单位、工程量和工作内容以及（　　　）。

A. 填表须知　　　　　　　　　　B. 项目特征

C. 项目总说明　　　　　　　　　D. 项目工程内容

【答案】B

【解析】本题的考核点是分部分项工程量清单的组成。

【例题 2·2017 年真题·单选题】根据《建设工程工程量清单计价规范》GB 50500—2013，某分部分项工程的项目编码为：01-02-03-004-005，其中"004"这一级编码的含义是（　　　）。

A. 工程分类顺序码　　　　　　　B. 清单项目顺序码

C. 分部工程顺序码　　　　　　　D. 分项工程顺序码

【答案】D

【解析】本题的考核点是分部分项工程项目编码设置规则。

分部分项工程项目编码十二位中的 7、8、9 位为分项工程项目名称顺序码。

【例题 3·2016 年真题·单选题】根据《建设工程工程量清单计价规范》GB 50500—2013，关于分部分项工程量清单中项目名称的说法，正确的是（　　　）。

A.《计量规范》中的项目名称是分项工程名称，以工程主要材料命名

B.《计量规范》中的项目名称是分部工程名称，以工程实体命名

C. 编制清单时，项目名称应根据《计量规范》的项目名称结合拟建工程实际确定

D. 编制清单时，《计量规范》中的项目名称不能变化，但应补充项目规格、材质

【答案】C

【解析】本题的考核点是分部分项工程项目名称确定的规则。

【例题 4·2019 年真题·单选题】根据专业工程《计量规范》编制招标工程量清单时，有两种不同截面的现浇混凝土矩形柱，一种是 400mm×400mm，另一种是 600mm×400mm，混凝土强度均为 C30，其余特征相同。则在编制清单时这两种矩形柱的清单项应（　　　）。

A. 合并列项，项目名称为"矩形柱"，在项目特征中注明混凝土强度

B. 分别列项，一个项目名称为"C30 现浇混凝土矩形柱 400×400"，另一个项目名称为"C30 现浇混凝土矩形柱 600×400"

C. 分别列项，项目名称均为"现浇混凝土矩形柱"，在项目特征中注明截面尺寸

D. 合并列项，项目名称为"矩形柱（400×400，600×400）"，工程数量一栏给出合并后的工程量

【答案】B

【解析】本题的考核点是分部分项工程量清单编制中项目名称和项目特征描述的规则。

编制工程量清单时，应以附录中的项目名称为基础，考虑项目的规格、型号、材质等特征要求，并结合拟建工程的实际情况，对其进行适当的调整或细化，是其能够反映影响工程造价的主要因素。清单项目特征不同的项目应分别列项。题中两种不同界面的现浇混凝土矩形柱，规格尺寸不同，应分别列项。

【例题 5·2020 年真题·多选题】根据《建设工程工程量清单计价规范》GB 50500—2013，关于项目特征的说法，正确的有（　　　）。

A. 分部分项工程量清单的项目特征是确定综合单价的重要依据

B. 项目特征主要涉及项目的自身特征、工艺特征及对项目施工方法可能产生影响的特征

C. 项目特征应根据《计量规范》的项目特征进行统一描述，招标人不应根据拟建项目实际情况更改项目特征的描述

D. 项目名称相同、项目特征不同的清单项目应分别列项

E. 项目特征是指构成分部分项工程量清单项目、措施项目自身价值的本质特征

【答案】A、B、D、E

【解析】本题的考核点是分部分项工程项目清单编制中项目特征描述的内容。

项目特征是指构成分部分项工程量清单项目、措施项目自身价值的本质特征。

（1）项目特征是指构成分部分项工程量清单项目、措施项目自身价值的本质特征。分

部分项工程量清单的项目特征是确定一个清单项目综合单价的重要依据。

（2）工程量清单项目特征描述的重要意义在于：① 项目特征是区分清单项目的依据。② 项目特征是确定综合单价的前提。由于工程量清单项目的特征决定了工程实体的实质内容，必然直接决定了工程实体的自身价值。③ 项目特征是履行合同义务的基础。

（3）清单项目特征主要涉及项目的自身特征（材质、型号、规格、品牌）、项目的工艺特征以及对项目施工方法可能产生影响的特征。对清单项目特征不同的项目应分别列项。

◆考法2：措施项目清单的编制方法

【例题6·2020年真题·多选题】根据《建设工程工程量清单计价规范》GB 50500—2013，关于措施项目清单编制的说法，正确的有（　　）。

A. 编制单价措施项目清单时应列出项目编码、项目名称、项目特征和计量单位，并按现行计量规范的规定计算其工程量

B. 编制总价措施项目清单时应列出项目编码、项目名称，并按照现行计量规范的规定计算其工程量，不需要列出计量单位和项目特征

C. 不同承包人对于同一工程可能采用的施工措施不完全一致，因此措施项目清单应允许承包人根据拟建工程的实际情况列项

D. 环境保护、安全文明施工和材料的二次搬运等措施项目清单应根据工程本身的因素列项，不需考虑不同施工企业的实际情况

E. 参考拟建工程的常规施工技术方案以确定大型机械设备进出场及安拆、混凝土模板和脚手架等措施项目

【答案】A、C、E

【解析】本题的考核点是措施项目清单的编制方法及列项依据。

【例题7·2022年真题·单选题】关于招标工程量清单中措施项目清单设置的说法，正确的是（　　）。

A. 可参考拟建工程的常规施工组织设计和施工技术方案

B. 需适应投标企业的资质等级、规模和采取的特殊施工方案

C. 需考虑拟建工程施工现场可能出现的零星工作

D. 不考虑设计文件中不足以写进施工方案但要通过技术措施才能实现的内容

【答案】A

【解析】本题的考核点是措施项目清单设置的依据。

◆考法3：其他工程项目清单的编制方法

【例题8·2018年真题·多选题】按照造价形成划分的建筑安装工程费用中，暂列金额主要用于（　　）。

A. 施工中可能发生的工程变更的费用

B. 总承包人为配合发包人进行专业工程发包产生的服务费用

C. 施工合同签订时尚未确定的工程设备采购的费用

D. 在高海拔特殊地区施工增加的费用

E. 工程施工中合同约定调整因素出现时工程价款调整的费用

【答案】A、C、E

【解析】本题的考核点是暂列金额的概念及其内容。

【例题9·2022年真题·单选题】根据《建设工程工程量清单计价规范》GB 50500—2013，关于其他项目清单编制的说法，正确的是（　　）。

A. 暂估价应列出材料暂估价和工程设备暂估价，不考虑专业工程暂估价

B. 暂列金额一般应尽可能列高，以避免在实际中超出该数量

C. 其他项目清单中应列出总承包服务费

D. 计日工应按照招标工程的复杂程度估算一个数量，该数量一般要比实际低

【答案】C

【解析】本题的考核点是其他项目清单的构成内容。

（1）其他项目清单应提供暂列金额、暂估价、计日工和总承包服务费4项内容列项。（2）投标人进行投标报价时，对暂列金额和暂估价不能进行变更和调整。（3）暂估价是指招标人在工程量清单中提供的用于支付必然发生但暂时不能确定价格的材料价款、工程设备价款以及专业工程金额。（4）计日工表中的人工、材料、机械数量，应由招标人根据工程的复杂程度、工程设计质量的优劣及设计深度等因素，按照经验来估算一个比较贴近实际的数量，并作为暂定量写到计日工表中。

【例题10·2019年真题·单选题】根据《建设工程工程量清单计价规范》GB 50500—2013，总承包人为配合协调业主进行专业工程分包所需的费用，在投标报价时应计入（　　）。

A. 企业管理费　　　　　　　　　B. 措施项目费

C. 暂列金额　　　　　　　　　　D. 总承包服务费

【答案】D

【解析】本题的考核点是其他项目清单编制的内容。

◆考法4：规费、税金项目清单的编制方法

【例题11·2019年真题·单选题】根据《建设工程工程量清单计价规范》GB 50500—2013，施工企业为从事危险作业的建筑安装施工人员缴纳的工伤保险费应计入建筑安装工程造价的（　　）。

A. 人工费　　　　　　　　　　　B. 措施费

C. 规费　　　　　　　　　　　　D. 企业管理费

【答案】C

【解析】本题的考核点是规费项目清单编制的内容。

【例题12·2020年真题·单选题】根据《建设工程工程量清单计价规范》GB 50500—2013，施工企业为建筑安装施工人员支付的失业保险费属于建筑安装工程费中的（　　）。

A. 人工费　　　　　　　　　　　B. 措施费

C. 规费　　　　　　　　　　　　D. 企业管理费

【答案】C

【解析】本题的考核点是规费包括的内容。

规费包括：社会保险费和住房公积金。其中，社会保险费包括：养老保险费、事业保

险费、医疗保险费、生育保险费和工伤保险费。

◆ **考法 5：工程量清单编制总说明的内容**

【例题 13 · 2018 年真题 · 单选题】根据《建设工程工程量清单计价规范》GB 50500—2013，在编制工程量清单时，招标人对施工中噪声污染提出防护要求的描述应列在（　　）中。

A. 其他项目清单的暂列金额

B. 工程量清单编制总说明

C. 措施项目清单的项目特征

D. 可能导致噪声污染的分部分项工程量清单的项目特征

【答案】B

【解析】本题的考核点是工程量清单总说明编制的相关内容。

【例题 14 · 2022 年真题 · 单选题】采用工程量清单计价时，招标人要求拟建工程的质量达到优良标准，该要求通常应列在（　　）中。

A. 分部分项工程量清单   B. 工程量清单编制总说明

C. 其他项目清单   D. 工程量清单编制依据

【答案】B

【解析】本题的考核点是工程量清单总说明的编制内容。

工程量清单总说明包括：（1）工程概况；（2）工程招标及分包范围；（3）工程量清单编制依据；（4）工程质量、材料、施工等的特殊要求；（5）其他需要说明的事项。

其中，工程质量的要求，是指招标人要求拟建工程的质量应达到合格或优良标准；对材料的要求，是指招标人根据工程的重要性、使用功能及装饰装修标准提出；施工要求，一般是指建设项目中对单项工程的施工顺序等的要求。

1Z103060　工程量清单计价

核 心 内 容 提 纲

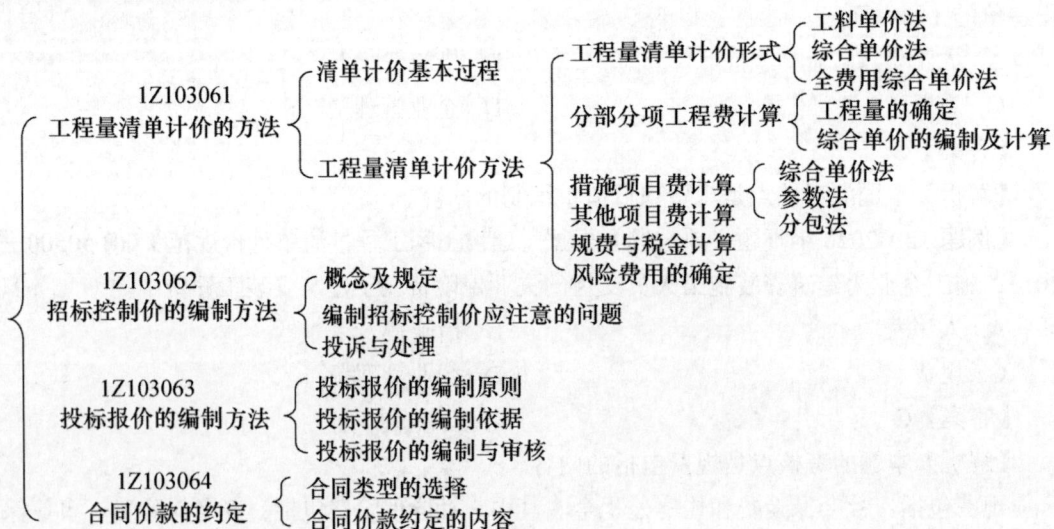

```
                                              ┌ 工料单价法
                       ┌ 清单计价基本过程      工程量清单计价形式 ┤ 综合单价法
           1Z103061    │                      │               └ 全费用综合单价法
           工程量清单计价的方法 ┤                  分部分项工程费计算 ┬ 工程量的确定
                       │                                        └ 综合单价的编制及计算
                       └ 工程量清单计价方法      措施项目费计算 ┬ 综合单价法
                                              其他项目费计算  ┤ 参数法
                                              规费与税金计算  └ 分包法
                                              风险费用的确定

           1Z103062    ┬ 概念及规定
           招标控制价的编制方法 ┤ 编制招标控制价应注意的问题
                       └ 投诉与处理

           1Z103063    ┬ 投标报价的编制原则
           投标报价的编制方法 ┤ 投标报价的编制依据
                       └ 投标报价的编制与审核

           1Z103064    ┬ 合同类型的选择
           合同价款的约定    └ 合同价款约定的内容
```

1Z103061　工程量清单计价的方法

工程量清单计价过程可以分为两个阶段：工程量清单编制和工程量清单应用。

——了解工程清单编制程序及工程量清单计价应用过程。

核心考点　工程量清单计价的方法

1. 工程造价的计算

（1）在工程量清单计价中，如按分部分项工程单价组成来分，工程量清单计价主要有三种形式：

① 工料单价＝人工费＋材料费＋施工机具使用费

② 综合单价＝人工费＋材料费＋施工机具使用费＋管理费＋利润

③ 全费用综合单价＝人工费＋材料费＋施工机具使用费＋管理费＋利润＋规费＋税金

（2）工程总造价计算步骤

《计价规范》规定，分部分项工程量清单应采用综合单价法计价。利用综合单价法计价需分项计算清单项目，再汇总得到工程总造价。

2. 分部分项工程费计算

利用综合单价法计算分部分项工程费需要解决两个核心问题，即确定各分部分项工程的工程量及其综合单价。

（1）分部分项工程量的确定

1）招标文件中的工程量清单标明的工程量是招标人编制招标控制价和投标人投标报价的共同基础，它是工程量清单编制人按施工图图示尺寸和清单工程量计算规则计算得到的工程净量。

2）但该工程量不能作为承包人在履行合同义务中应予完成的实际和准确的工程量，发承包双方进行工程竣工结算时的工程量应按发承包双方在合同中约定应予计量且实际完成的工程量确定，当然该工程量的计算也应严格遵照清单工程量计算规则，以实体工程量为准。

（2）分部分项综合单价的确定

1）《建设工程工程量清单计价规范》GB 50500—2013 中的工程量清单综合单价是指完成一个规定清单项目所需的人工费、材料和工程设备费、施工机具使用费和企业管理费、利润以及一定范围内的风险费用。

2）该定义并不是真正意义上的全费用综合单价，而是一种狭义上的综合单价，规费和税金等不可竞争的费用并不包括在项目单价中。

3）综合单价的计算步骤：

① 确定组合定额子目；② 计算定额子目工程量；③ 测算人、料、机消耗量；④ 确定人、料、机单价；⑤ 计算清单项目的人、料、机总费用；⑥ 计算清单项目的管理费和利润；⑦ 计算清单项目的综合单价。

4）综合单价＝（人、料、机总费用＋管理费＋利润）／清单工程量注意问题：由于一个清单项目可能对应几个定额子目，而清单工程量计算的是主项工程量，与各定额子目的工程量可能并不一致。清单工程量不能直接用于计价，在计价时必须考虑施工方案等各种影响因素，根据所采用的计价定额及相应的工程量计算规则重新计算各定额子目的施工工程量。

3. 措施项目费的计算方法及其适用情况

（1）措施项目清单中的安全文明施工费应按照国家或省级、行业建设主管部门的规定计价，不得作为竞争性费用。

（2）措施项目费的计算方法：综合单价法、参数法、分包法。

1）综合单价法：适用于可以计算工程量的措施项目，主要是指一些与工程实体有紧密联系的项目，如混凝土模板、脚手架、垂直运输等。

2）参数法：这种方法简单明了，但最大的难点是公式的科学性、准确性难以把握。这种方法主要适用于施工过程中必须发生，但在投标时很难具体分项预测，又无法单独列出项目内容的措施项目，如夜间施工费、二次搬运费、冬雨季施工、安全文明施工费、已完工程及设备保护费的计价均可以采用该方法。

3）分包法：在分包价格的基础上增加投标人的管理费及风险费进行计价的方法，这种方法适合可以分包的独立项目，如室内空气污染测试、大型机械设备进出场及安拆费等。

4. 其他项目费的计算方法

（1）暂列金额和暂估价由招标人按估算金额确定。招标人在工程量清单中提供的暂估价的材料、工程设备和专业工程：① 若属于依法必须招标的，由承包人和招标人共同通过招标确定材料、工程设备单价与专业工程分包价；② 若材料、工程设备不属于依法必须招标的，经发承包双方协商确认单价后计价。

（2）计日工和总承包服务费由承包人根据招标人提出的要求，按估算的费用确定。

5. 规费与税金的计算方法

规费和税金应按国家或省级、行业建设主管部门的规定计算，不得作为竞争性费用。

6. 风险费用的确定

（1）这里的风险具体指工程建设施工阶段承发包双方在招投标活动和合同履约及施工中所面临的涉及工程计价方面的风险。

（2）建设工程发承包，必须在招标文件、合同中明确计价中的风险内容及其范围，不得采用无限风险、所有风险或类似语句规定计价中的风险内容及范围。

◆考法 1：分部分项工程费的计价内容及计算

【例题 1·2020 年真题·多选题】与全费用综合单价相比，现行《建设工程工程量清单计价规范》GB 50500—2013 中分部分项工程的综合单价中没有涵盖的项目有（　　）。

A. 管理费　　　　　　　　　　B. 利润

C. 税金　　　　　　　　　　　D. 规费

E. 风险费用

【答案】C、D

【解析】本题的考核点是工程量清单计价形式的费用构成。

在工程量清单计价中，如按分部分项工程单价组成来分，工程量清单计价主要有三种形式：

（1）工料单价＝人工费＋材料费＋施工机具使用费

（2）综合单价＝人工费＋材料费＋施工机具使用费＋管理费＋利润

（3）全费用综合单价＝人工费＋材料费＋施工机具使用费＋管理费＋利润＋规费＋税金

【例题2·2020年真题·单选题】关于分部分项工程清单工程量和定额子目工程量的说法，正确的是（　　）。

　　A. 一个清单项目只对应一个定额子目时，清单工程量和定额工程量完全相同

　　B. 定额子目工程量应严格按照与所采用的定额相对应的工程量计算规则计算

　　C. 清单工程量计算的是主项工程量，应与定额子目的工程量一致

　　D. 清单工程量通常可以用于直接计价

【答案】B

【解析】本题的考核点是工程清单计价中定额子目工程量的确定方法及其应用。

（1）由于一个清单项目可能对应几个定额子目，而清单工程量计算的是主项工程量，与各定额子目的工程量可能并不一致。

（2）即便一个清单项目对应一个定额子目，也可能由于清单工程量计算规则与所采用的定额工程量计算规则之间的差异，而导致二者的计价单位和计算出来的工程量不一致。因此，清单工程量不能直接用于计价，在计价时必须考虑施工方案等各种影响因素，根据所采用的计价定额及相应的工程量计算规则重新计算各定额子目的施工工程量。

（3）定额子目工程量的具体计算方法，应严格按照与所采用的定额相对应的工程量计算规则计算。

【例题3·2022年真题·单选题】综合单价的计算步骤有：① 计算定额子目工程量；② 确定人、料、机单价；③ 测算人、料、机消耗量；④ 确定组合定额子目；⑤ 计算清单项目的管理费和利润；⑥ 计算清单项目的人、料、机总费用。正确的顺序是（　　）。

　　A. ④→②→③→⑥→①→⑤　　　　　　B. ④→②→③→①→⑤→⑥

　　C. ④→①→③→②→⑥→⑤　　　　　　D. ④→①→②→③→⑥→⑤

【答案】A

【解析】本题的考核点是分部分项工程综合单价的计算步骤。

【例题4·2017年真题·单选题】根据《建设工程工程量清单计价规范》GB 50500—2013，招标工程量清单中挖土方工程量为20000m³。定额子目工程量为35000m³，挖土方定额人工费7元/m³，材料费1元/m³，机械使用费2元/m³，管理费取人、料、机费用之和的14%，利润率取人、料、机费用与管理费之和的8%。不考虑其他因素，该挖土方工程的综合单价为（　　）元/m³。

　　A. 21.55　　　　　　　　　　　　　　B. 21.35

　　C. 12.31　　　　　　　　　　　　　　D. 11.40

【答案】A

【解析】本题的考核点是分部分项工程综合单价的计算。

综合单价＝（人、料、机总费用＋管理费＋利润）/清单工程量

由于清单工程量与定额子目工程量不一致，清单工程量不能直接用于计价，应按照定额子目工程量来计算各项费用。

人、料、机总费用＝（7＋1＋2）×35000＝350000 元

管理费＝人、料、机总费用×14%＝350000×14%＝49000 元

利润＝（人、料、机总费用＋管理费）×8%＝（350000＋49000）×8%＝31920 元

故，综合单价＝（350000＋49000＋31920）/20000＝21.55 元/m³

【例题5·2019年真题·单选题】根据《建设工程工程量清单计价规范》GB 50500—2013，某招标工程量清单中挖沟槽土方的工程量为 2600m³，投标人在考虑工作面和放坡后，预计开挖土方量为 5090m³，运输土方量为 1925m³，人、料、机及管理费、利润合价为 118200 元。不考虑其他因素，则该分项工程的工程量清单综合单价为（　　）元/m³。

A. 16.85
B. 23.22

C. 45.46
D. 61.40

【答案】C

【解析】本题的考核点是分部分项工程综合单价的编制。

综合单价＝（人、料、机总费用＋管理费＋利润）/ 清单工程量

　　　＝118200/2600＝45.46 元/m³

◆考法2：措施项目费计算方法原理及适用范围

【例题6·2015年真题·多选题】适宜用参数法计价的措施项目费有（　　）。

A. 混凝土模板费
B. 二次搬运费

C. 安全文明施工费
D. 垂直运输费

E. 已完工程及设备保护费

【答案】B、C、E

【解析】本题的考核点是参数法计价措施项目费的适用范围。

【例题7·2022年真题·单选题】根据《建设工程工程量清单计价规范》GB 50500—2013，下列措施项目费中，宜采用综合单价计价的是（　　）。

A. 材料二次搬运费
B. 已完工程及设备保护费

C. 安全文明施工费
D. 混凝土模板及支架费

【答案】B

【解析】本题的考核点是措施项目费计算方法的适用范围。

【例题8·2022年真题·多选题】根据《建设工程工程量清单计价规范》GB 50500—2013，下列费用中，属于措施项目综合单价组成的有（　　）。

A. 人工费
B. 施工机械使用费

C. 企业管理费
D. 规费

E. 一定范围内的风险费用

【答案】A、B、C、E

【解析】本题的考核点是工程量清单计价中综合单价的构成。

我国目前实行的工程量清单计价采用的综合单价是部分费用综合单价，分部分项工

程、措施项目、其他项目单价中综合了人、料、机费用、管理费、利润，以及一定范围内的风险费用，单价中未包括规费和税金，是不完全费用综合单价。

◆**考法3：工程量清单计价的综合分析与运用**

【例题9·2018年真题·单选题】某工程的招标工程量清单中人工挖土方工程数量为5800m³。投标单位根据己方施工方案确定的挖方工程量为11200m³，人工、材料、机械费用之和为50元/m³，综合单价确定为80元/m³，则在人工挖土方分项工程的综合单价分析表中（见下表），"*"位置对应的数量应为（　　　　）。

项目编号				项目名称		人工挖土方	计量单位		m³
清单综合单价组成明细									
定额编号	定额名称	定额单位	数量	单价				合计	
				人工费	材料费	机械费	管理费和利润	人工费	材料费	机械费	管理费和利润
	人工挖土	m³	*	…	…	…	…	…	…	…	…
	…	…	…	…	…	…	…	…	…	…	…

A. 0.52
B. 0.63
C. 1.60
D. 1.93

【答案】D

【解析】本题的考核点是分部分项工程费计算的相关内容。

在工程量清单综合单价分析表中的"数量"——表示单位清单工程量。

单位清单工程量＝施工方案的工程量/清单工程量＝11200/5800＝1.93m³

【例题10·2018年真题·单选题】根据《建设工程工程量清单计价规范》GB 50500—2013，招标人对土方开挖清单项目的项目特征描述一般有挖方深度、基坑底宽、场内运距、弃土运距和（　　　　）。

A. 放坡的坡度系数
B. 槽底钎探
C. 排地表水的方式
D. 土壤类别

【答案】D

【解析】本题的考核点是分部分项工程项目清单特征描述的相关内容。

根据分部分项工程量清单与计价表，如多层砖混住宅工程中的挖沟槽土方项目特征描述应包括土类别、挖土深度、弃土运距等。

【例题11·2017年真题·多选题】施工企业拟投标一个单独招标的分部分项工程项目，清单工程量为10000m³。企业经测算，完成该分部分项工程施工直接消耗的人、料、机费用为200万元（不含增值税进项税额）。估计管理费为16万元，风险费用2万元，利润30万元。为完成该分部分项工程的措施项目费估计为24万元（其中安全文明施工费18万元）（不含增值税进项税额）。估计全部规费20万元，税金9万元。不考虑其他因素，关于该分部分项工程的说法，正确的有（　　　　）。

A. 全费用综合单价为292元/m³

B. 工料单价为200元/m³

C. 按现行清单计价规范综合单价为 248 元 /m^3

D. 按现行清单计价规范，为了中标，规费、税金可降至 20 万元

E. 按现行清单计价规范，措施项目费报价不能低于 18 万元

【答案】B、C、E

【解析】本题的考核点是投标报价的综合分析。

（1）工料单价＝（人、料、机总费用）/ 清单工程量＝200/1＝200 元 /m^3

（2）综合单价＝（人、料、机总费用＋管理费＋利润＋风险费用）/ 清单工程量

$$＝（200＋16＋30＋2）/1＝248 元 /m^3$$

（3）全费用综合单价＝（人、料、机总费用＋管理费＋利润＋风险费用＋规费＋税金）/

清单工程量

$$＝（200＋16＋30＋2＋20＋9）/1＝277 元 /m^3$$

（4）规费和税金属于不可竞争的费用，必须按照有关规定加价。

（5）措施项目中的安全文明施工费应按照国家或省级、行业主管部门的规定计算确定。

1Z103062　招标控制价的编制方法

核心考点一　最高投标限价的规定及编制方法

1. 最高投标限价的概念

（1）最高投标限价是招标人根据国家以及当地有关规定的计价依据和计价办法、招标文件、市场行情，并按工程项目设计施工图纸等具体条件调整编制的，对招标工程项目限定的最高工程造价，也可称其为拦标价、预算控制价或最高报价等。

（2）对于最高投标限价及其规定，应注意从以下方面理解：

1）国有资金投资的建设工程招标，招标人必须编制最高投标限价，作为投标人的最高投标限价，招标人能够接受的最高交易价格。

2）最高投标限价超过批准的概算时，招标人应将其报原概算审批部门审核。

3）投标人的投标报价高于最高投标限价的，其投标应予以拒绝。

4）最高投标限价应由具有编制能力的招标人或受其委托具有相应资质的工程造价咨询人编制和复核。工程造价咨询人不得同时接受招标人和投标人对同一工程的招标控制价和投标报价的编制。

5）最高投标限价应在招标文件中公布，不应上调或下浮，招标人应将招标控制价及有关资料报送工程所在地工程造价管理机构备查。

2. 最高投标限价的编制内容

采用工程量清单计价时，招标控制价的编制内容包括：分部分项工程费、措施项目费、其他项目费、规费和税金。

（1）分部分项工程费的编制

——分部分项工程费采用综合单价的方法编制。

——采用的分部分项工程量应是招标文件中工程量清单提供的工程量。

——综合单价应根据招标文件中的分部分项工程量清单的特征描述及有关要求、行业

建设主管部门颁发的计价定额和计价办法等编制依据进行编制。

（2）措施项目费的编制

1）措施项目费应依据招标文件中提供的措施项目清单和拟建工程项目的施工组织设计进行确定。

2）可以计算工程量的措施项目，应按分部分项工程量清单的方式采用综合单价计价。

3）其余的措施项目可以以"项"为单位的方式计价，应包括除规费、税金外的全部费用。

4）措施项目费中的安全文明施工费应当按照国家或地方行业建设主管部门的规定标准计价。

（3）其他项目费

1）暂列金额。应按招标工程量清单中列出的金额填写。

2）暂估价。暂估价中的材料、工程设备单价、控制价应按招标工程量清单列出的单价计入综合单价；暂估价专业工程金额应按招标工程量清单中列出的金额填写。

3）计日工。

① 对计日工中的人工单价和施工机械台班单价应按省级、行业建设主管部门或其授权的工程造价管理机构公布的单价计算。

② 材料应按工程造价管理机构发布的工程造价信息中的材料单价计算。

③ 工程造价信息未发布材料单价的材料，其价格应按市场调查确定的单价计算。

4）总承包服务费。编制招标控制价时，总承包服务费应按照省级或行业建设主管部门的规定，并根据招标文件列出的内容和要求估算。

（4）规费和税金。规费和税金必须按国家或省级、行业建设主管部门规定的标准计算，不得作为竞争性费用。

3. 编制最高投标限价应注意的问题

（1）编制最高投标限价采用的市场价格应通过调查、分析确定，有可靠的信息来源。

（2）施工机械设备的选型直接关系到基价综合单价水平，应根据工程项目特点和施工条件，本着经济实用、先进高效的原则确定。

（3）不可竞争的措施项目和规费、税金等费用的计算均属于强制性条款，编制招标控制价时应该按国家有关规定计算。

（4）不同工程项目、不同施工单位会有不同的施工组织方法，所发生的措施费也会有所不同。因此，对于竞争性的措施费用的编制，应该首先编制施工组织设计或施工方案，然后依据经过专家论证后的施工方案，合理地确定措施项目与费用。

◆ 考法 1：招标控制价规定及编制方法

【例题 1·2022 年真题·多选题】关于工程项目最高投标限价的说法，正确的有（　　　）。

A. 使用国有资金的工程项目招标时，招标人必须编制最高投标限价

B. 国有资金投资的工程项目其最高投标限价原则上不能超过批准的投资概算

C. 最高投标限价在开标现场公布，不能上浮或下调

D. 最高投标限价应由具有编制能力的招标人自行编制，不得委托第三方编制

E. 投标人的投标报价高于最高投标限价的，其投标应予否决

【答案】A、B、E

【解析】本题的考核点是最高投标限价的概念及其规定。

◆ **考法 2：招标控制价的编制依据**

【例题 2·2019 年真题·多选题】下列资料中，属于编制招标控制价和投标报价的共同依据的有（　　）。

A. 国家、地区或行业定额　　　　B. 造价管理部门发布的工程造价信息

C. 企业定额　　　　　　　　　　D. 投标人拟采用的施工方案

E. 施工现场自然条件

【答案】A、B、E

【解析】本题的考核点是招标控制价和投标报价的依据。

核心考点二　投诉与处理

《建设工程工程量清单计价规范》GB 50500—2013 新增了投标人对招标人不按规范的规定编制最高投标限价进行投诉的权利，具体规定如下：

（1）投标人经复核认为招标人公布的最高投标限价未按照《建设工程工程量清单计价规范》GB 50500—2013 的规定进行编制的，应在最高投标限价公布后 5 天内向招投标监督机构和工程造价管理机构投诉。

（2）投诉人投诉时，应当提交由单位盖章和法定代表人或其委托人签名或盖章的书面投诉书。投诉书包括的内容：① 投诉人与被投诉人的名称、地址及有效联系方式；② 投诉的招标工程名称、具体事项及理由；③ 投诉依据及有关证明材料；④ 相关的请求及主张。

（3）工程造价管理机构在接到投诉书后应在 2 个工作日内进行审查。

（4）工程造价管理机构应当在受理投诉的 10 天内完成复查。

（5）当最高投标限价复查结论与原公布的招标控制价误差大于 ±3% 的，应当责成招标人改正。

（6）招标人根据最高投标限价复查结论需要重新公布招标控制价的，其最终公布的时间至招标文件要求提交投标文件截止时间不足 15 天的，应相应延长提交投标文件截止时间。

◆ **考法：对招标控制价的投诉与处理**

【例题 1·2015 年真题·单选题】根据《建设工程工程量清单计价规范》GB 50500—2013，工程造价管理机构受理投标人对招标控制价投诉并组织复查后，发现招标控制价复查结论与招标人原公布的招标控制价误差超过（　　）以上时，应当责成招标人改正。

A. ±2%　　　　　　　　　　　B. ±3%

C. ±4%　　　　　　　　　　　D. ±5%

【答案】B

【解析】本题的考核点是对招标控制价编制投诉与处理的相关规定。

受理投诉的工程造价管理机构对招标控制价复查结论与原公布的招标控制价误差＞ ±3% 的，应当责成招标人改正。

【例题 2·2019 年真题·单选题】根据《建设工程工程量清单计价规范》GB 50500—2013，关于投标人投诉招标人不按规范编制招标控制价的说法，正确的是（　　）。

A. 投诉期为招标控制价公布后的 15 天内

B. 投标人应向政府投资管理部门投诉

C. 投诉书应明确投诉人的相关请求及主张

D. 投诉时，应当提交只加盖投标单位公章的书面投诉书

【答案】C

【解析】本题的考核点是投标人对招标控制价的投诉与处理的相关规定。

【例题 3·2018 年真题·单选题】根据《建设工程工程量清单计价规范》GB 50500—2013，某工程在 2018 年 5 月 15 日发布招标公告，规定投标文件提交截止日期为 2018 年 6 月 15 日。在 2018 年 6 月 6 日招标人公布了修改后的招标控制价（没有超过批准的投资概算）。对此情况招标人应采取的做法是（　　）。

A. 将投标文件提交的截止日期仍确定为 2018 年 6 月 15 日

B. 将投标文件提交的截止日期延长到 2018 年 6 月 18 日

C. 将投标文件提交的截止日期延长到 2018 年 6 月 21 日

D. 宣布此次招标失败，重新组织招标

【答案】C

【解析】本题的考核点是招标控制价编制中投诉与处理的相关规定。

本题中最终发布招标控制价时间是 2018 年 6 月 6 日至原规定投标文件提交截止日 6 月 15 日不足 15 天，所以投标文件提交截止日应从 6 月 6 日起延长 15 天至 6 月 21 日。

1Z103063 投标报价的编制方法

核心考点一　投标价的概念及编制原则

1. 投标报价的概念

投标价是指在工程招标发包过程中，由投标人或受其委托具有相应资质的工程造价咨询人按照招标文件的要求以及有关计价规定，依据发包人提供的工程量清单、施工设计图纸，结合工程项目特点、施工现场情况及企业自身的施工技术、装备和管理水平等，自主确定的工程造价。作为投标计算的必要条件，应预先确定施工方案和施工进度；投标计算必须与采用的合同形式相一致。

2. 投标价的编制原则

（1）投标报价由投标人自主确定，但必须执行《建设工程工程量清单计价规范》GB 50500—2013 的强制性规定。投标价应由投标人或受其委托具有相应资质的工程造价咨询人编制。

（2）投标人的投标报价不得低于工程成本。

（3）投标人必须按招标工程量清单填报价格。填写的项目编码、项目名称、项目特征、计量单位、工程量必须与招标工程量清单一致。

（4）投标报价要以招标文件中设定的承发包双方责任划分，作为设定投标报价费用项目和费用计算的基础。

（5）应该以施工方案、技术措施等作为投标报价计算的基本条件。企业定额反映企业

技术和管理水平，是计算人工、材料和机械台班消耗量的基本依据。

（6）报价计算方法要科学严谨，简明适用。

3. 投标价的编制依据

（1）《建设工程工程量清单计价规范》GB 50500—2013。

（2）国家或省级、行业建设主管部门颁发的计价办法。

（3）企业定额，国家或省级、行业建设主管部门颁发的计价定额和计价办法。

（4）招标文件、招标工程量清单及其补充通知、答疑纪要。

（5）建设工程设计文件及相关资料。

（6）施工现场情况、工程特点及投标时拟定的施工组织设计或施工方案。

（7）与建设项目相关的标准、规范等技术资料。

（8）市场价格信息或工程造价管理机构发布的工程造价信息。

（9）其他的相关资料。

◆考法：投标报价的编制原则

【例题1·2015年真题·多选题】关于工程量清单计价下施工企业投标报价原则的说法，正确的有（　　　）。

A. 投标报价由投标人自主确定

B. 投标报价不得低于工程成本

C. 投标人应该以施工方案、技术措施等作为投标报价计算的基本条件

D. 投标报价要以招标文件中设定的发承包双方责任划分作为基础

E. 确定投标报价时不需要考虑发承包模式

【答案】A、B、C、D

【解析】本题的考核点是投标报价的原则。

【例题2·2019年真题·多选题】根据《建设工程工程量清单计价规范》GB 50500—2013，投标人按照招标工程量清单填报投标价格时，必须与招标工程量清单保持一致的有（　　　）。

A. 项目编码　　　　　　　　　　B. 项目名称

C. 工程内容　　　　　　　　　　D. 计量单位

E. 工程量

【答案】A、B、D、E

【解析】本题的考核点是投标报价的编制原则。

核心考点二　投标报价的编制与审核

1. 综合单价

（1）在编制投标报价之前，需要先对清单工程量进行复核。

（2）综合单价中应包括招标文件中划分的应由投标人承担的风险范围及其费用，招标文件中没有明确的，应提请招标人明确。

2. 单价项目

（1）工程量清单项目特征描述

1）确定分部分项工程和措施项目中的单价项目综合单价的最重要依据之一是该清单

项目的特征描述，投标人投标报价时应依据招标工程量清单项目的特征描述确定清单项目的综合单价。

2）在招投标过程中，若出现工程量清单特征描述与设计图纸不符，投标人应以招标工程量清单的项目特征描述为准，确定投标报价的综合单价。

3）若施工中施工图纸或设计变更与招标工程量清单项目特征描述不一致，发承包双方应按实际施工的项目特征依据合同约定重新确定综合单价。

（2）企业管理费费率、利润率

1）企业管理费费率可由投标人根据本企业近年的企业管理费核算数据自行测定，当然也可以参照当地造价管理部门发布的平均参考值。

2）利润率可由投标人根据本企业当前盈利情况、施工水平、拟投标工程的竞争情况以及企业当前经营策略自主确定。

（3）风险费用

1）招标文件中要求投标人承担的风险费用，投标人应在综合单价中给予考虑，通常以风险费率的形式进行计算。

2）在施工过程中，当出现的风险内容及其范围（幅度）在招标文件规定的范围（幅度）内时，综合单价不得变动，合同价款不作调整。

（4）材料、工程设备暂估价

招标工程量清单中提供了暂估单价的材料、工程设备，按暂估的单价计入综合单价。

3. 总价项目

投标人应根据自身编制的投标施工组织设计或施工方案确定措施项目，投标人根据投标施工组织设计或施工方案调整和确定的措施项目应通过评标委员会的评审。

措施项目中的总价项目应采用综合单价方式报价，包括除规费、税金外的全部费用。

4. 其他项目费

1）暂列金额应按照招标工程量清单中列出的金额填写，不得变动。

2）暂估价不得变动和更改。暂估价中的材料、工程设备必须按照暂估单价计入综合单价；专业工程暂估价必须按照招标工程量清单中列出的金额填写。

3）计日工应按照招标工程量清单列出的项目和估算的数量，自主确定各项综合单价并计算费用。

4）总承包服务费应根据招标工程量列出的专业工程暂估价内容和供应材料、设备情况，按照招标人提出协调、配合与服务要求和施工现场管理需要自主确定。

5. 投标总价

投标人在进行工程项目工程量清单招标的投标报价时，不能进行投标总价优惠（或降价、让利），投标人对投标报价的任何优惠（或降价、让利）均应反映在相应清单项目的综合单价中。

◆考法 1：投标报价的编制内容和方法

【例题 1·2020 年真题·单选题】投标过程中，投标人发现招标工程量清单项目特征描述与设计图纸的描述不符时，报价时应以（   ）为准。

A. 投标人按规范修正后的项目特征　　B. 招标工程量清单的项目特征

C. 实际施工项目的具体特征　　D. 招标文件中的设计图纸及其说明

【答案】B

【解析】本题的考核点是招投标时单价项目综合单价确定方法。

【例题2·2016年真题·多选题】工程量清单招标时，投标人编制投标报价前应认真复核工程量清单中的分部分项工程量，因为该工程量会影响（　　）。

A. 施工方法选择　　B. 劳动力和机具安排

C. 投标综合单价报价　　D. 投标总价的计算

E. 结算工程量的确定

【答案】A、B、C

【解析】本题的考核点是投标价编制与审核的相关要求。

在编制投标报价之前，需要先对清单工程量进行复核。因为工程量清单中的各分部分项工程量并不十分准确，若设计深度不够则可能有较大的误差，而工程量的多少是选择施工方法、安排人力和机械、准备材料必须考虑的因素，自然也影响分项工程的单价，因此一定要对工程量进行复核。

【例题3·2020年真题·单选题】根据《建设工程工程量清单计价规范》GB 50500—2013，投标人可以根据需要自行增加列项的清单是（　　）。

A. 分部分项工程量清单　　B. 措施项目清单

C. 其他项目清单　　D. 规费、税金清单

【答案】B

【解析】本题的考核点是措施项目清单编制的内容和方法。

由于工程建设施工特点和承包人组织施工生产的施工措施有时并不完全一致，因此，《建设工程工程量清单计价规范》GB 50500—2013规定：措施项目清单应根据拟建工程的实际情况列项。

【例题4·2018年真题·多选题】根据《建设工程工程量清单计价规范》GB 50500—2013，关于投标人其他项目费编制的说法，正确的有（　　）。

A. 专业工程暂估价必须按照招标工程量清单中列出的金额填写

B. 暂列金额应按照招标工程量清单中列出的金额填写，不得变动

C. 计日工应按照招标工程量清单列出的项目和数量自主确定各项综合单价

D. 总承包服务费应根据招标人要求提供的服务和现场管理需要自主确定

E. 材料暂估价由投标人根据市场价格变化自主测算确定

【答案】A、B、C、D

【解析】本题的考核点是投标报价编制时其他项目费编制规则。

【例题5·2018年真题·多选题】根据《建设工程工程量清单计价规范》GB 50500—2013，关于单价项目中风险及其费用的说法，正确的有（　　）。

A. 对于招标文件中要求投标人承担的风险，投标人应在综合单价中给予考虑

B. 投标人在综合单价中考虑风险费时通常以风险费率的形式进行计算

C. 对于风险范围和风险费用的计算方法应在专用合同条款中做出约定

D. 招标文件中没有提到的风险，投标人在综合单价中不予考虑

E. 施工中出现的风险内容及其范围在招标文件规定的范围内时，综合单价不得变动

【答案】A、B、C、E

【解析】本题的考核点是投标报价编制时对单价项目中风险费用的规定。

【例题 6 · 2018 年真题 · 单选题】根据《建设工程工程量清单计价规范》GB 50500—2013，关于投标人的投标总价编制的说法，正确的是（　　　）。

A. 为降低投标总价，投标人可以将暂列金额降至零

B. 投标人对投标报价的任何优惠均应反映在相应清单项目的综合单价中

C. 投标总价可在分部分项工程费、措施项目费、其他项目费和规费、税金合计金额上做出优惠

D. 开标前投标人来不及修改标书时，可在投标者致函中给出优惠比例，并将优惠后的总价作为新的投标价

【答案】B

【解析】本题的考核点是投标报价编制与审核的相关内容。

◆ 考法 2：投标报价的编制内容和方法的理解分析

【例题 7 · 2014 年真题 · 单选题】根据《建设工程工程量清单计价规范》GB 50500—2013，关于投标报价的说法，错误的是（　　　）。

A. 暂列金额应按照招标工程量清单中列出的金额填写，不得变动

B. 专业工程暂估价必须按照招标工程量清单中列出的金额填写

C. 计日工应按照招标文件中的数量和单价计算总费用

D. 总承包服务费应按照招标人的要求和现场管理需要自主确定

【答案】C

【解析】本题的考核点是对其他项目费投标报价规则的理解分析。

【例题 8 · 2018 年真题 · 单选题】根据《建设工程工程量清单计价规范》GB 50500—2013，某工程项目的钢筋由发包人在施工合同签订后与承包人一起招标采购。编制招标工程量清单时，招标人将 HRB335 钢筋暂估价定为 4200 元 / 吨，已知市场平均价格为 3650 元 / 吨。若甲投标人自行采购，其采购单价低于市场平均价格，则甲投标人在投标报价时 HR335 钢筋应采用的单价是（　　　）。

A. 甲投标人自行采购价格　　　　　　　B. 4200 元 / 吨

C. 3650 元 / 吨　　　　　　　　　　　　D. 预计招标采购价格

【答案】B

【解析】本题的考核点是投标报价编制时暂估价确定方法的应用分析。

1Z103064　合同价款的约定

核心考点　合同价款约定的原则及内容

1. 合同价款确定的原则

（1）实行招标的工程合同价款应由发承包双方依据招标文件和中标人的投标文件在书面合同中约定。

招标文件与中标人投标文件不一致的地方，以投标文件为准。

（2）不实行招标的工程合同价款，在发承包双方认可的合同价款基础上，由发承包双方在合同中约定。

2. 合同类型的选择

发包人和承包人应在合同协议书中选择下列一种合同价格形式：

（1）单价合同

单价合同是指合同当事人约定以工程量清单及其综合单价进行合同价格计算、调整和确认的建设工程施工合同，在约定的范围内合同单价不作调整。

（2）总价合同

总价合同是指合同当事人约定以施工图、已标价工程量清单或预算书及有关条件进行合同价格计算、调整和确认的建设工程施工合同，在约定的范围内合同总价不作调整。

（3）其他价格形式。

3. 合同价款的约定

（1）实行招标的工程合同价款应在中标通知书发出之日起30天内，由发承包双方依据招标文件和中标人的投标文件在书面合同中约定。

（2）合同约定不得违背招、投标文件中关于工期、造价、质量等方面的实质性内容。招标文件与中标人投标文件不一致的地方应以投标文件为准。

（3）承发包双方在合同条款中，对下列事项进行约定：

① 预付工程款的数额、支付时间及抵扣方式；② 安全文明施工费；③ 工程计量与支付工程进度款的方式、数额及时间；④ 工程价款的调整因素、方法、程序、支付及时间；⑤ 施工索赔与现场签证的程序、金额确定与支付时间；⑥ 承担计价风险的内容、范围以及超出约定内容、范围的调整办法；⑦ 工程竣工价款结算编制与核对、支付时间；⑧ 工程质量保证金的数额、预留方式及时间；⑨ 违约责任以及发生合同价款争议的解决方法及时间；⑩ 与履行合同、支付价款有关的其他事项等。

◆ **考法 1：合同价款确定的原则**

【例题 1·2019 年真题·单选题】发承包双方在进行招标工程合同价款约定时，若出现中标人投标文件与招标文件不一致的情况，正确的做法是（　　）。

　　A. 以中标人投标文件为准　　　　　　B. 以招标文件为准

　　C. 由双方重新商定不一致的条款　　　D. 选择有利于招标人的条款

【答案】A

【解析】本题的考核点是合同价款约定的相关规则。

◆ **考法 2：合同价款约定的内容**

【例题 2·2015 年真题·多选题】根据《建设工程价款结算暂行办法》，发承包双方应在施工合同中约定的合同价款事项有（　　）。

　　A. 工程价款的调整因素、方法、程序、支付方式及时间

B. 承担计价风险的内容、范围以及超出约定内容、范围的调整方法

C. 投标保证金的数额、支付方式及时间

D. 工程竣工价款结算编制与核对、支付方式及时间

E. 违约责任以及发生合同价款争议的解决方法及时间

【答案】A、B、D、E

【解析】本题的考核点是承发包合同条款约定的内容。

1Z103070 计量与支付

核心内容提纲

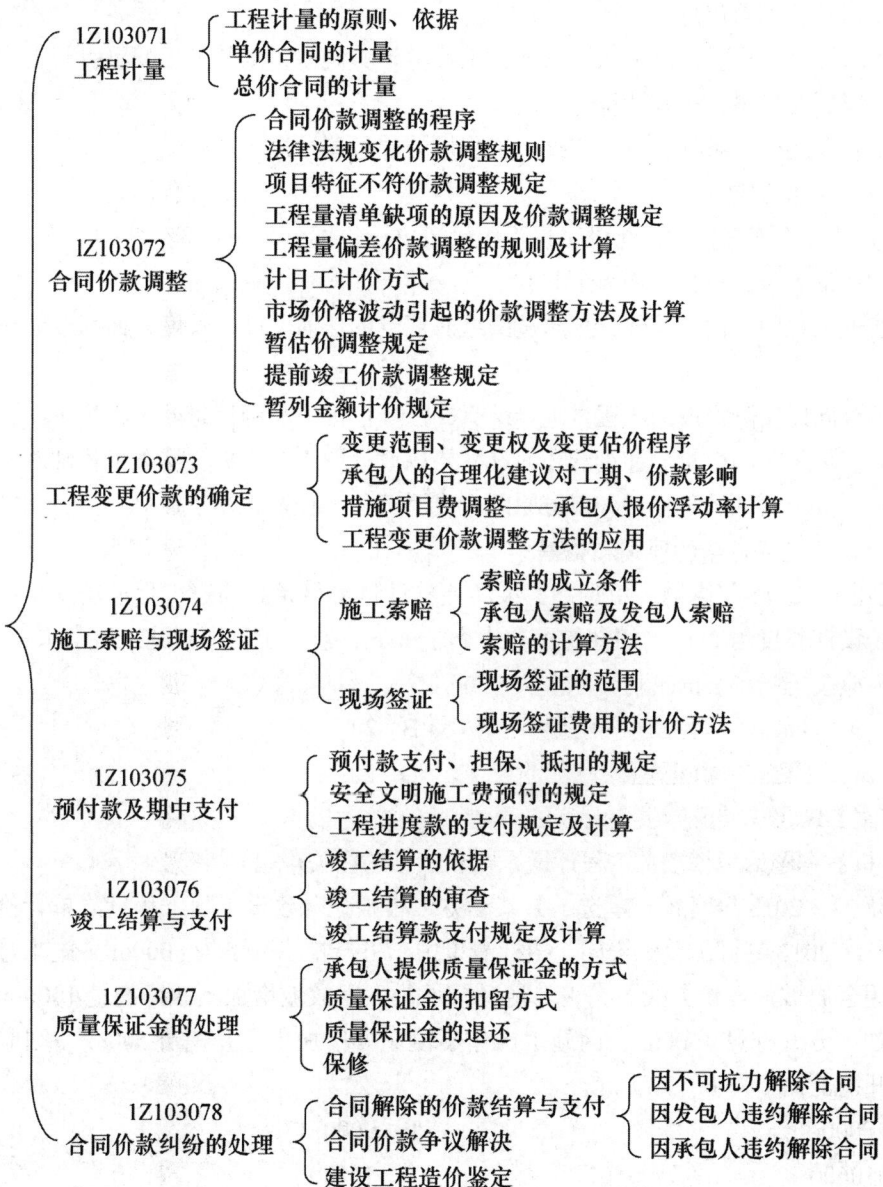

1Z103071 工程计量	{	工程计量的原则、依据 单价合同的计量 总价合同的计量

1Z103072
合同价款调整
{
合同价款调整的程序
法律法规变化价款调整规则
项目特征不符价款调整规定
工程量清单缺项的原因及价款调整规定
工程量偏差价款调整的规则及计算
计日工计价方式
市场价格波动引起的价款调整方法及计算
暂估价调整规定
提前竣工价款调整规定
暂列金额计价规定

1Z103073
工程变更价款的确定
{
变更范围、变更权及变更估价程序
承包人的合理化建议对工期、价款影响
措施项目费调整——承包人报价浮动率计算
工程变更价款调整方法的应用

1Z103074
施工索赔与现场签证
{
施工索赔 { 索赔的成立条件
承包人索赔及发包人索赔
索赔的计算方法

现场签证 { 现场签证的范围
现场签证费用的计价方法

1Z103075
预付款及期中支付
{
预付款支付、担保、抵扣的规定
安全文明施工费预付的规定
工程进度款的支付规定及计算

1Z103076
竣工结算与支付
{
竣工结算的依据
竣工结算的审查
竣工结算款支付规定及计算

1Z103077
质量保证金的处理
{
承包人提供质量保证金的方式
质量保证金的扣留方式
质量保证金的退还
保修

1Z103078
合同价款纠纷的处理
{
合同解除的价款结算与支付 { 因不可抗力解除合同
因发包人违约解除合同
因承包人违约解除合同

合同价款争议解决
建设工程造价鉴定

核心考点剖析

1Z103071 工程计量

核心考点一 工程计量的原则和依据

1. 工程计量的原则

（1）工程量的正确计量是发包人向承包人支付合同价款的前提和依据。

（2）无论采用何种计价方式，其工程量必须按照相关工程现行国家计量规范规定的工程量计算规则为依据，由合同当事人在专用合同条款中约定。

（3）对于不符合合同文件要求的工程，承包人超出施工图纸范围或因承包人原因造成返工的工程量，不予计量。

（4）若发现工程量清单中出现漏项、工程量计算偏差，以及工程变更引起工程量的增减变化，应据实调整，正确计量。

（5）除专用合同条款另有约定外，工程量的计量按月进行。

2. 工程计量依据

① 质量合格证书；②《建设工程工程量清单计价规范》GB 50500—2013；③ 技术规范中的"计量支付"条款；④ 设计图纸。

除监理工程师书面批准外，凡超过图纸所规定的任何宽度、长度、面积或体积均不予计量。

单价合同以实际完成的工程量进行结算，但被监理工程师计量的工程数量，并不一定是承包人实际施工的数量。计量的几何尺寸要以设计图纸为依据，监理工程师对承包人超出设计图纸要求增加的工程量和自身原因造成返工的工程量，不予计量。

◆ **考法：工程计量的原则和依据**

【例题1·2015年真题·单选题】某灌注桩计量支付条款约定工程量按图示尺寸以米计算，若设计长度为20m的灌注桩承包人做了21m，监理工程师对施工质量未表示异议，则发包人应按（　　）m支付价款。

A. 19   B. 20

C. 21   D. 22

【答案】B

【解析】本题的考核点是工程计量原则和依据的相关规定。

【例题2·2018年真题·单选题】某土方工程根据《建设工程工程量清单计价规范》GB 50500—2013签订了单价合同，招标清单中土方开挖工程量为8000m³。施工过程中承包人采用了放坡的开挖方式。完工计量时，承包人因放坡增加土方开挖量1000m³，因工作面增加土方开挖量1600m³，因施工操作不慎塌方增加土方开挖量500m³，则应予结算的土方开挖工程量为（　　）m³。

A. 8000   B. 9000

C. 10600   D. 11100

【答案】A

【解析】本题的考核点是工程计量的原则和依据。

工程量计量的几何尺寸要以设计图纸为依据，监理工程师对承包人超出设计图纸要求增加的工程量和自身原因造成返工的工程量，不予计量。

核心考点二　单价合同和总价合同的计量

1. 单价合同工程量的计量

（1）工程量必须以承包人完成合同工程应予计量的工程量确定。施工中进行工程量计量时，当发现招标工程量清单中出现缺项、工程量偏差，或因工程变更引起工程量增减时，应按承包人在履行合同义务中完成的工程量计量。

（2）计量程序

按《建设工程施工合同（示范文本）》（GF—2017—0201），除专用合同条款另有约定外，单价合同的计量按照如下约定执行：

1）承包人应于每月25日向监理人报送上月20日至当月19日已完成的工程量报告，并附具进度付款申请单、已完成工程量报表和有关资料。

2）监理人应在收到承包人提交的工程量报告后7天内完成对承包人提交的工程量报表的审核并报送发包人，以确定当月实际完成的工程量。监理人对工程量有异议的，有权要求承包人进行共同复核或抽样复测。承包人应协助监理人进行复核或抽样复测，并按监理人要求提供补充计量资料。承包人未按监理人要求参加复核或抽样复测的，监理人复核或修正的工程量视为承包人实际完成的工程量。

3）监理人未在收到承包人提交的工程量报表后的7天内完成审核的，承包人报送的工程量报告中的工程量视为承包人实际完成的工程量，据此计算工程价款。

（3）监理工程师计量工程的范围

监理工程师一般只对以下三方面的工程项目进行计量：1）工程量清单中的全部项目；2）合同文件中规定的项目；3）工程变更项目。

（4）工程计量的方法：均摊法、凭据法、估价法、断面法、图纸法、分解计量法。

2. 总价合同的计量

除专用合同条款另有约定外，按月计量支付的总价合同，按照如下约定执行：

（1）承包人应于每月25日向监理人报送上月20日至当月19日已完成的工程量报告，并附具进度付款申请单、已完成工程量报表和有关资料。

（2）监理人应在收到承包人提交的工程量报告后7天内完成对承包人提交的工程量报表的审核并报送发包人，以确定当月实际完成的工程量。监理人对工程量有异议的，有权要求承包人进行共同复核或抽样复测并按监理人要求提供补充计量资料。承包人未按监理人要求参加复核或抽样复测的，监理人审核或修正的工程量视为承包人实际完成的工程量。

（3）监理人未在收到承包人提交的工程量报表后的7天内完成复核的，承包人提交的工程量报告中的工程量视为承包人实际完成的工程量。

总价合同采用支付分解表计量支付的，可以按照〔总价合同的计量〕约定进行计量，但合同价款按照支付分解表进行支付。

◆**考法：工程计量的方法**

【例题1·2020年真题·单选题】单价合同在执行过程中，发现招标工程量清单中出现工程量偏差引起工程量增加，则该合同工程量应按（ ）计量。

　　A. 原招标工程量清单中的工程量

　　B. 承包人在履行合同义务中完成的工程量

　　C. 招标文件中所附的施工图纸的工程量

　　D. 承包人提交的已完工程量报告中的数量

【答案】B

【解析】本题的考核点是单价合同工程计量的原则和方法。

工程量必须以承包人完成合同工程应予计量的工程量确定。施工中进行工程量计量时，当发现招标工程量清单中出现缺项、工程量偏差，或因工程变更引起工程量增减时，应按承包人在履行合同义务中完成的工程量计量。

【例题2·2021年真题·单选题】监理工程师对承包人按照合同约定购买第三者责任险支付的保险费，宜采用的计量方法是（ ）。

　　A. 均摊法　　　　　　　　　　　B. 凭据法

　　C. 估价法　　　　　　　　　　　D. 图纸法

【答案】B

【解析】本题的考核点是单价合同工程计量的方法。

单价合同工程计量的方法有：均摊法、凭据法、估价法、断面法、图纸法和分解计量法。其中，凭据法是按照承包人提供的凭据进行计量支付。如建筑工程保险费、第三方责任险保险费、履约保证金等项目，一般按照凭据法进行计量支付。

【例题3·2021年真题·单选题】根据《建设工程施工合同（示范文本）》（GF—2017—0201），关于单价合同计量的说法，正确的是（ ）。

　　A. 监理人未在收到承包人提交的工程量报表后的7天内完成审核的，则该工程量视为承包人实际完成的工程量

　　B. 发包人可以在任何方便的时候计量，其计量结果有效

　　C. 承包人收到计量的通知后不派人参加，则发包人的计量结果无效

　　D. 承包人为保证施工质量超出施工图纸范围实施的工程量，应该予以计量

【答案】A

【解析】本题的考核点是单价合同工程量计量的规定。

【例题4·2022年真题·单选题】根据《建设工程施工合同（示范文本）》（GF—2017—0201），关于单价合同计量的说法，正确的是（ ）。

　　A. 监理人应在收到承包人提交的工程量报告后14天内完成对承包人提交的工程量报表的审核并报送发包人

　　B. 监理人未在收到承包人提交的工程量报表后的5天内完成复核的，承包人提交的工程量报告中的工程量视为承包人实际完成的工程量

C. 承包人为保证施工质量超出施工图纸范围施工的工程量，监理人应该予以计量

D. 承包人未按监理人要求参加工程量复核或抽样复测的，监理人复核或修正的工程量视为承包人实际完成的工程量

【答案】D

【解析】本题的考核点是单价合同计量程序的相关规定。

1Z103072　合同价款调整

核心考点一　合同价款调整的程序

1. 出现合同价款调增事项（不含工程量偏差、计日工、现场签证、索赔）后的14天内，承包人应向发包人提交合同价款调增报告并附上相关资料；承包人在14天内未提交合同价款调增报告的，应视为承包人对该事项不存在调整价款请求。

2. 出现合同价款调减事项（不含工程量偏差、施工索赔）后的14天内，发包人应向承包人提交合同价款调减报告并附上相关资料；发包人在14天内未提交合同价款调减报告的，应视为发包人对该事项不存在调整价款请求。

3. 发（承）包人应在收到承（发）包人合同价款调增（减）报告及相关资料之日起14天内对其核实，予以确认的应书面通知承（发）包人。发（承）包人在收到合同价款调增（减）报告之日起14天内未确认也未提出协商意见的，应视为承（发）包人提交的合同价款调增（减）报告已被发（承）包人认可。发（承）包人提出协商意见的，承（发）包人应在收到协商意见后的14天内对其核实，予以确认的应书面通知发（承）包人。承（发）包人在收到发（承）包人的协商意见后14天内既不确认也未提出不同意见的，应视为发（承）包人提出的意见已被承（发）包人认可。

如果发包人与承包人对合同价款调整的不同意见不能达成一致，只要对承发包双方履约不产生实质影响，双方应继续履行合同义务，直到其按照合同约定的争议解决方式得到处理。

核心考点二　法律法规变化的价款调整

1. 招标工程以投标截止日前28天，非招标工程以合同签订前28天为基准日。

1）基准日期后，法律变化导致承包人在合同履行过程中所需要的费用发生〔市场价格波动引起的调整〕约定以外的增加时，由发包人承担由此增加的费用；

2）减少时，应从合同价格中予以扣减。

3）基准日期后，因法律变化造成工期延误时，工期应予以顺延。

2. 因法律变化引起的合同价格和工期调整，合同当事人无法达成一致的，由总监理工程师按〔商定或确定〕的约定处理。

3. 因承包人原因造成工期延误

1）在工期延误期间出现法律变化的，由此增加的费用和（或）延误的工期由承包人承担。

2）但因承包人原因导致工期延误的，按上述规定的调整时间，在合同工程原定竣工时间之后，合同价款调增的不予调整，合同价款调减的予以调整。

◆**考法：法律法规变化价款调整的应用**

【**例题 1·2018 年真题·单选题**】某工程项目施工合同约定竣工日期为 2018 年 6 月 30 日，在施工中因天气持续下雨导致甲供材料未能及时到货，使工程延误至 2018 年 7 月 30 日竣工。但由于 2018 年 7 月 1 日起当地计价政策调整，导致承包人额外支付了 300 万元工人工资。关于这 300 万元的责任承担的说法，正确的是（　　　）。

　　A. 发包人原因导致的工期延误，因此政策变化增加的 300 万元应由发包人承担

　　B. 增加的 300 万元因政策变化造成，属于承包人的责任，应由承包人承担

　　C. 因不可抗力原因造成工期延误，增加的 300 万元应由承包人承担

　　D. 工期延误是承包人原因，增加的 300 万元是政策变化造成，应由双方共同承担

【**答案**】A

【**解析**】本题的考核点是不可抗力和法律法规变化导致价款调整的相关规定。

基准日后，政策法规变化导致承包人费用发生的，由发包人承担。

【**例题 2·2020 年真题·单选题**】某工程施工时处于当地正常的雨季，导致工期延误，在工期延误期间又出现政策变化。根据《建设工程工程量清单计价规范》GB 50500—2013，对由此增加的费用和延误的工期，正确的处理方式是（　　　）。

　　A. 费用、工期均由承包人承担

　　B. 费用、工期均由发包人承担

　　C. 费用由发包人承担，工期由承包人承担

　　D. 费用由承包人承担、工期由发包人承担

【**答案**】A

【**解析**】本题的考核点是法律法规变化导致价款调整的应用分析。

不可抗力是指合同当事人在签订合同时不可预见的自然灾害和社会性突发事件。而施工当地正常雨季不属于不可抗力因素，导致工期延误属于承包人原因造成的，在工期延误期间出现法律法规变化的，由此增加的费用和延误的工期由承包人承担。

核心考点三　项目特征不符的价款调整

《建设工程工程量清单计价规范》GB 50500—2013 中规定：

（1）发包人在招标工程量清单中对项目特征的描述，应被认为是准确的和全面的，并且与实际施工要求相符合。承包人应按照发包人提供的招标工程量清单，根据其项目特征描述的内容及有关要求实施合同工程，直到项目被改变为止。

（2）承包人应按照发包人提供的设计图纸实施工程合同，若在合同履行期间出现设计图纸（含设计变更）与招标工程量清单任一项目的特征描述不符，且该变化引起该项目工程造价增减变化的，应按照实际施工的项目特征，按规范中工程变更相关条款的规定重新确定相应工程量清单项目的综合单价，并调整合同价款。

核心考点四　工程量清单缺项的价款调整

1. 导致工程量清单缺项的原因：① 设计变更；② 施工条件改变；③ 工程量清单编制错误。

2. 《建设工程工程量清单计价规范》GB 50500—2013 对工程清单缺项导致价款调整

的规定如下：

（1）合同履行期间，由于招标工程量清单中缺项，新增分部分项工程量清单项目的，应按照规范中工程变更相关条款确定单价，并调整合同价款。

（2）新增分部分项工程量清单项目后，引起措施项目发生变化的，应按照规范中工程变更相关规定，在承包人提交的实施方案被发包人批准后调整合同价款。

（3）由于招标工程量清单中措施项目缺项，承包人应将新增措施项目实施方案提交发包人批准后，按照规范相关规定调整合同价款。

◆**考法1：导致工程量清单缺项的原因**

【例题1·2015年真题·多选题】施工合同履行过程中，导致工程量清单缺项并应调整合同价款的原因有（　　　）。

A. 承包人投标漏项　　　　　　　　B. 设计变更

C. 施工条件改变　　　　　　　　　D. 施工技术进步

E. 工程量清单编制错误

【答案】B、C、E

【解析】本题的考核点是工程量清单缺项的原因。

◆**考法2：工程量清单缺项价款调整方法**

【例题2·2016年真题·单选题】根据《建设工程工程量清单计价规范》GB 50500—2013，在合同履行期间，由于招标工程量清单缺项，新增了分部分项工程量清单项目，关于其合同价款确定的说法，正确的是（　　　）。

A. 新增清单项目的综合单价应由监理工程师提出

B. 新增清单项目的综合单价应由承包人提出，但相关措施项目费不能再做调整

C. 新增清单项目应按额外工作处理，承包人可选择做或者不做

D. 新增清单项目导致新增措施项目的，承包人应将新增措施项目实施方案提交发包人批准

【答案】D

【解析】本题的考核点是工程量清单缺项导致价款调整的相关规定。

核心考点五　工程量偏差的价款调整

1. 《建设工程工程量清单计价规范》GB 50500—2013对工程量偏差价款调整的规定

（1）对于任一招标工程量清单项目，如果因工程量偏差和工程变更等原因导致工程量偏差超过15%时，可进行调整。当工程量增加15%以上时，增加部分的工程量的综合单价应予调低；当工程量减少15%以上时，减少后剩余部分的工程量的综合单价应予调高。

（2）如果工程量出现超过15%的变化，且该变化引起相关措施项目相应发生变化时，按系数或单一总价方式计价的，工程量增加的措施项目费调增，工程量减少的措施项目费调减。

2. 工程量偏差价款调整的方法

（1）当最终完成的实际工程量 > 1.15倍的招标清单列出的工程量时

结算的工程价款 = 1.15倍的招标清单工程量 × 承包人投标报价的综合单价

　　　　　　　　+（实际完成工程量−1.15倍招标清单工程量）×调整后综合单价

（2）当实际完成的工程量＜0.85倍的招标清单列出的工程量时

结算的工程价款＝实际完成的工程量×调整后的综合单价

（3）调整后综合单价的确定方法

1）合同中有约定的，按合同约定的调整后综合单价计算

2）发承包双方协商确定

3）与招标控制价相联系

当工程量偏差项目出现承包人在工程量清单中填报的综合单价与发包人招标控制价相应清单项目的综合单价偏差超过15%时，工程量偏差项目综合单价的调整可参考以下方法：

① 当承包人投标报价的综合单价＜发包人招标控制价中相应项目的综合单价×（1－投标报价浮动率）×（1－15%）时，调整后综合单价按后者计算。

② 当承包人投标报价的综合单价＞发包人招标控制价中相应项目综合单价×（1＋15%）时，调整后综合单价按后者计算。

③ 当承包人投标报价的综合单价＞发包人招标控制价中相应项目的综合单价×（1－投标报价浮动率）×（1－15%），或承包人投标报价的综合单价＜发包人招标控制价中相应项目综合单价×（1＋15%）时，综合单价不调整。

◆**考法：工程量偏差价款调整的计算**

【例题1·2019年真题·单选题】某混凝土工程招标清单工程量为200m³，合同约定的综合单价为600元/m³，当实际完成并经监理工程师确认的工程量超过清单工程量15%时可调整综合单价，调价系数为0.9。施工过程中，因设计变更导致实际工程量为250m³。则该混凝土工程的工程价款为（　　）万元。

A. 12.00 　　　　　　　　　　B. 14.74

C. 14.88 　　　　　　　　　　D. 15.00

【答案】C

【解析】本题的考核点是工程量偏差导致价款调整的计算。

当合同中有约定，且最终完成的实际工程量＞1.15倍的招标清单列出的工程量时：

结算的工程价款＝1.15倍的招标清单工程量×合同约定的综合单价

　　　　　　　＋（实际完成工程量－1.15倍招标清单工程量）×调整后综合单价

　　　　　＝200×（1＋15%）×600＋［250－200（1＋15%）］×600×0.9

　　　　　＝138000＋10800＝148800元

【例题2·2016年真题·单选题】根据《建设工程工程量清单计价规范》GB 50500—2013，采用清单计价的某分部分项工程，招标控制价的综合单价为350元，承包人投标报价的综合单价为300元，该工程投标报价总的下浮率为5%。结算时，该分部分项工程工程量比清单工程量增加了16%，且合同未确定综合单价调整方法，则对该综合单价的正确处理方式是（　　）。

A. 不做任何调整 　　　　　　　B. 调整为257元

C. 调整为282.63元 　　　　　　D. 调整为345元

【答案】A

【解析】本题的考核点是当合同中没有约定时，工程量偏差导致价款调整的方法。

300/350 ＝ 85.7%，偏差为 14.3%；

350×（1－5%）×（1－15%）＝ 282.63 元

由于 300 元＞282.63 元，所以该项目变更后的综合单价可不予调整。

核心考点六　计日工的计价方法

1. 需要采用计日工方式的，经发包人同意后，由监理人通知承包人以计日工计价方式实施相应的工作，其价款按列入已标价工程量清单或预算书中的计日工计价项目及其单价进行计算。

2. 已标价工程量清单或预算书中无相应的计日工单价的，按照合理的成本与利润构成的原则，由合同当事人确定计日工的单价。

◆**考法：计日工的计价方法**

【例题 1·2015 年真题·单选题】根据《建设工程工程量清单计价规范》GB 50500—2013，施工过程中发生的计日工，应按照（　　）计价。

A. 已标价工程量清单中的计日工单价

B. 计日工发生时承包人提出的综合单价

C. 计日工发生当月市场人工工资单价

D. 计日工发生当月造价管理部门发布的人工指导价

【答案】A

【解析】本题的考核点是合同价款调整中的计日工计价方法。

【例题 2·2021 年真题·单选题】编制其他项目清单时，关于计日工表中的材料和机械列项要求的说法，正确的是（　　）。

A. 材料和机械应按规格、型号详细列项

B. 材料和机械仅按实际使用数量列项

C. 材料应按使用数量详细列项，机械应按类别粗略列项

D. 材料应按供应厂商详细列项，机械应按型号粗略列项

【答案】A

【解析】本题的考核点是其他项目清单的编制内容和方法。

编制其他项目清单时，计日工表中的人工应按工种，材料和机械应按规格、型号详细列项。

核心考点七　市场价格波动引起的价款调整

除专用合同条款另有约定外，市场价格波动超过合同当事人约定的范围，合同价格应当调整。合同当事人可以在专用合同条款中约定选择以下三种方式中的一种方式对合同价格进行调整。

1. 采用价格指数进行价格调整

（1）价格调整公式

因人工、材料和设备等价格波动影响合同价格时，根据专用合同条款中约定的数据，

按以下公式计算差额并调整合同价格：

$$\Delta P = P_0 \left[A + \left(B_1 \times \frac{F_{t1}}{F_{01}} + B_2 \times \frac{F_{t2}}{F_{02}} + B_3 \times \frac{F_{t3}}{F_{03}} + \cdots + B_n \times \frac{F_{tm}}{F_{0n}} \right) - 1 \right]$$

（2）因承包人原因未按期竣工的，对合同约定的竣工日期后继续施工的工程，在使用价格调整公式时，应采用计划竣工日期与实际竣工日期的两个价格指数中较低的一个作为现行价格指数。

2. 采用造价信息进行价格调整

（1）人工单价发生变化且符合省级或行业建设主管部门发布的人工费调整规定，合同当事人应按省级或行业建设主管部门或其授权的工程造价管理机构发布的人工费等文件调整合同价格，但承包人对人工费或人工单价的报价高于发布价格的除外。

（2）材料、工程设备价格变化的价款调整按照发包人提供的基准价格，按以下风险范围规定执行：

1）承包人在已标价工程量清单或预算书中载明材料单价低于基准价格的：除专用合同条款另有约定外，合同履行期间材料单价涨幅以基准价格为基础超过 5% 时，或材料单价跌幅以在已标价工程量清单或预算书中载明材料单价为基础超过 5% 时，其超过部分据实调整。

2）承包人在已标价工程量清单或预算书中载明材料单价高于基准价格的：除专用合同条款另有约定外，合同履行期间材料单价跌幅以基准价格为基础超过 5% 时，或材料单价涨幅以在已标价工程量清单或预算书中载明材料单价为基础超过 5% 时，其超过部分据实调整。

3）承包人在已标价工程量清单或预算书中载明材料单价等于基准价格的：除专用合同条款另有约定外，合同履行期间材料单价涨跌幅以基准价格为基础超过 ±5% 时，其超过部分据实调整。

4）承包人应在采购材料前将采购数量和新的材料单价报发包人核对，发包人确认用于工程时，发包人应确认采购材料的数量和单价。发包人在收到承包人报送的确认资料后 5 天内不予答复的视为认可，作为调整合同价格的依据。未经发包人事先核对，承包人自行采购材料的，发包人有权不予调整合同价格。发包人同意的，可以调整合同价格。

基准价格是由发包人在招标文件或专用合同条款中给定的材料、工程设备的价格，该价格原则上应当按照省级或行业建设主管部门或其授权的工程造价管理机构发布的信息价编制。

（3）施工机械台班单价或施工机械使用费发生变化超过省级或行业建设主管部门或其授权的工程造价管理机构规定的范围时，按规定调整合同价格。

3. 专用合同条款约定的其他方式。

◆ **考法 1：市场价格波动引起价款调整方法**

【例题 1·单选题】根据《建设工程施工合同（示范文本）》（GF—2017—0201），承包人在已标价工程量清单或预算书中载明材料单价低于基准价格的：除专用合同条款另有约定外，合同履行期间材料单价涨幅以基准价格为基础超过（   ）时，其超过部分据实调整。

A. 3%   B. 4%

C. 5%   D. 10%

【答案】C

【解析】本题的考核点是市场价格波动导致价款调整方法的有关规定。

【例题2·2019年真题·单选题】根据《建设工程工程量清单计价规范》GB 50500—2013，某工程采用价格调整公式进行价格调整。施工中由于承包人返工的原因导致工期延误，则约定竣工日期后继续施工的工程，在使用价格调整公式时，应采用的价格指数是（   ）。

A. 原约定竣工日期的价格指数

B. 实际竣工日期的价格指数

C. 原约定竣工日期与实际竣工日期的两个价格指数中较低者

D. 原约定竣工日期与实际竣工日期的两个价格指数中较高者

【答案】C

【解析】本题的考核点是市场价格波动引起合同价款调整的相关规则。

【例题3·2018年真题·单选题】某工程施工合同约定采用造价信息进行价格调整。施工期间，项目所在地省级造价管理机构发布了工人工资指导价上调10%的通知并即时生效，该工程在颁布通知当月完成的合同价款为300万元，其中人工费为60万元（已知该人工费单价比发布的指导价高出30%）。则该工程当月人工费结算的做法是（   ）。

A. 按照通知要求上调10%   B. 由总监理工程师确定新的单价

C. 由发承包双方协商后适当调整   D. 不予上调

【答案】D

【解析】本题的考核点是市场价格波动引起的价款调整的确定。

采用造价信息进行价格调整时，人工单价发生变化且符合省级或行业建设主管部门发布的人工费调整规定，合同当事人应按省级或行业建设主管部门或其授权的工程造价管理机构发布的人工费等文件调整合同价格，但承包人对人工费或人工单价的报价高于发布价格的除外。

◆考法2：市场价格波动引起价款调整计算

【例题4·2018年真题·单选题】某工程施工合同约定根据价格调整公式调整合同价。已知不调值部分占合同总价的比例为15%，可参与调值部分的费用类型、占合同总价的比例和相关价格指数见下表。若结算当月完成的合同额为1000万元，则调整后的合同金额为（   ）万元。

	占合同总价的比例	基准日期价格指数	合同签订时价格指数	结算时价格指数
人工	30%	101	103	106
钢筋	20%	101	110	105
混凝土	25%	105	109	115
木材	10%	102	102	105

A. 1000   B. 1017
C. 1034   D. 1050

【答案】D

【解析】本题的考核点是采用价格指数进行价格调整的计算。

$$\Delta P = P_0 \left[A + \left(B_1 \times \frac{F_{t1}}{F_{01}} + B_2 \times \frac{F_{t2}}{F_{02}} + B_3 \times \frac{F_{t3}}{F_{03}} + \cdots + B_n \times \frac{F_{tn}}{F_{0n}} \right) - 1 \right]$$

$$= 1000 \times \left[15\% + \left(30\% \times \frac{106}{101} + 20\% \times \frac{105}{101} + 25\% \times \frac{115}{105} + 10\% \times \frac{105}{102} \right) - 1 \right]$$

$$= 50 \text{ 万元}$$

所以，调整后的合同金额 = 1000 + 50 = 1050 万元

核心考点八　暂估价的计价方法

1. 依法必须招标的暂估价项目

可以采用两种方式确定：

（1）由承包人招标

1）承包人应当根据施工进度计划，在招标工作启动前 14 天将招标方案通过监理人报送发包人审查。发包人应当在收到承包人报送的招标方案后 7 天内完成批准或提出修改意见；承包人应当按照经过发包人批准的招标方案开展招标工作；发包人有权确定招标控制价并按照法律规定参加评标。

2）承包人与供应商、分包人在签订暂估价合同前，应当提前 7 天将确定的中标候选供应商或中标候选分包人的资料报送发包人，发包人应在收到资料后 3 天内与承包人共同确定中标人；承包人应当在签订合同后 7 天内，将暂估价合同副本报送发包人留存。

（2）由发包人和承包人共同招标确定暂估价供应商或分包人

承包人应按照施工进度计划，在招标工作启动前 14 天通知发包人，并提交暂估价招标方案和工作分工。发包人应在收到后 7 天内确认。确定中标人后，由发包人、承包人与中标人共同签订暂估价合同。

2. 不属于依法必须招标的暂估价项目

（1）承包人应根据施工进度计划，在签订暂估价项目的采购合同、分包合同前 28 天向监理人提出书面申请。监理人应当在收到申请后 3 天内报送发包人，发包人应当在收到申请后 14 天内给予批准或提出修改意见，发包人逾期未予批准或提出修改意见的，视为该书面申请已获得同意。

发包人认为承包人确定的供应商、分包人无法满足工程质量或合同要求的，发包人可以要求承包人重新确定暂估价项目的供应商、分包人。

（2）承包人也可以通过招标方式确定暂估价项目，或直接实施暂估价项目。

3. 责任

因发包人原因导致暂估价合同订立和履行迟延的，由此增加的费用和（或）延误的工期由发包人承担，并支付承包人合理的利润。

因承包人原因导致暂估价合同订立和履行迟延的，由此增加的费用和（或）延误的工

期由承包人承担。

暂估材料或工程设备的单价确定后,在综合单价中只应取代原暂估单价,不应再在综合单价中涉及企业管理费或利润等其他费的变动。

◆ **考法：暂估价计价方法**

【例题1·2019年真题·单选题】根据《建设工程工程量清单计价规范》GB 50500—2013,工程量清单计价的某分部分项工程综合单价为 500 元 /m³,其中暂估材料单价 300 元,管理费率 5%,利润率 7%。工程实施后,暂估材料的单价确定为 350 元。结算时该分部分项工程综合单价为（   ）元 /m³。

A. 350.00
B. 392.00
C. 550.00
D. 556.18

【答案】C

【解析】本题的考核点是合同价款调整中暂估价的调整方法。

暂估材料或工程设备的单价确定后,在综合单价中只应取代原暂估单价,不应再在综合单价中涉及企业管理费或利润等其他费的变动。

本题中只需要用工程实施后确定的暂估材料单价 350 元取代原综合单价中暂估材料单价 300 元即可,管理费和利润不得变动,结算时的该分部分项工程综合单价为 550 元 /m³。

【例题2·单选题】某工程招标,将现浇混凝土构件钢筋作为暂估价,为 3600 元 / 吨。工程实施后,根据市场价格波动,将各规格现浇钢筋加权平均认定为 4185 元 / 吨,此时,对该暂估价项目正确的计价方法是（   ）。

A. 仍应按 3600 元 / 吨计价
B. 应在综合单价中以 4185 元取代 3600 元
C. 按价格指数变动计算确定
D. 按造价管理信息确定

【答案】B

【解析】本题的考核点是工程价款调整中暂估价调整的方法。

核心考点九　不可抗力导致价款调整的方法

不可抗力导致的人员伤亡、财产损失、费用增加和（或）工期延误等后果,由合同当事人按以下原则承担：

（1）永久工程、已运至施工现场的材料和工程设备的损坏,以及因工程损坏造成的第三人人员伤亡和财产损失由发包人承担；

（2）承包人施工设备的损坏由承包人承担；

（3）发包人和承包人承担各自人员伤亡和财产的损失；

（4）因不可抗力影响承包人履行合同约定的义务,已经引起或将引起工期延误的,应当顺延工期,由此导致承包人停工的费用损失由发包人和承包人合理分担,停工期间必须支付的工人工资由发包人承担；

（5）因不可抗力引起或将引起工期延误,发包人要求赶工的,由此增加的赶工费用由发包人承担；

（6）承包人在停工期间按照发包人要求照管、清理和修复工程的费用由发包人承担。

因合同一方迟延履行合同义务，在迟延履行期间遭遇不可抗力的，不免除其违约责任。

◆**考法 1：不可抗力后果的承担原则**

【例题 1·2021 年真题·多选题】根据《建设工程施工合同（示范文本）》（GF—2017—0201），下列因不可抗力事件导致的损失或增加的费用中，应由承包人承担的有（   ）。

A. 停工期间承包人按照发包人要求照管工程的费用

B. 承包人施工设备的损坏

C. 承包人的人员伤亡和财产损失

D. 因工程损坏造成的第三方人员伤亡和财产损失

E. 合同工程本身的损坏

【答案】B、C

【解析】本题的考核点是不可抗力后果的承担原则。

◆**考法 2：不可抗力后果承担原则的应用分析**

【例题 2·2020 年真题·单选题】某施工项目因 80 年一遇的特大暴雨停工 10 天，承包人在停工期间按照发包人要求照管工程发生费用 2 万元，承包人施工机具损坏损失 10 万元，已经建成的永久工程损坏损失 20 万元，之后应发包人要求修复被暴雨冲毁的道路花费 2.5 万元，修复道路时因施工质量问题发生返工费用 1 万元。根据《建设工程施工合同（示范文本）》（GF—2017—0201），以上事件产生的费用和损失中，承包人应承担（   ）万元。

A. 10.0

B. 11.0

C. 13.5

D. 21.0

【答案】B

【解析】本题的考核点是不可抗力后果的承担原则的应用分析。

（1）不可抗力导致停工，承包人在停工期间按照发包人要求照管、清理和修复工程的费用由发包人承担。照管费用 2 万元和修复道路费用 2.5 万元由发包人承担。

（2）承包人施工设备的损坏损失 10 万元由承包人承担。

（3）永久工程、已运至施工现场的材料和工程设备的损坏由发包人承担。

（4）修复道路时因施工质量问题发生返工的费用 1 万元，由承包人承担。

所以，本题中由承包人承担的费用共计 11 万元（10 ＋ 1）。

【例题 3·2022 年真题·单选题】某施工项目因新冠疫情停工两个月，承包人在停工期间发生如下费用和损失：按照发包人要求照管工程发生费用 5 万元，承包人施工机具损坏损失 2 万元，已经建成的永久工程损坏损失 3 万元，疫情过后发包人要求赶工增加的赶工费用 10 万元。根据《建设工程施工合同（示范文本）》（GF—2017—0201），上述产生的费用和损失中，发包人应承担（   ）万元。

A. 5

B. 8

C. 18

D. 20

【答案】C

【解析】本题的考核点是不可抗力后果的承担原则。

不可抗力导致人员伤亡、财产损失、费用增加和工期延误等后果，由发包人承担的共计 18 万元，包括：（1）承包人在停工期间按照发包人要求照管工程发生的费用 5 万元；（2）永久工程损坏损失 3 万元；（3）引起工期延误，发包人要求赶工的，由此增加的赶工费用 10 万元。

核心考点十　提前竣工导致价款调整的相关规定

1.《建设工程工程量清单计价规范》GB 50500—2013 作了以下规定：

（1）工程发包时，招标人应当依据相关工程的工期定额合理计算工期，压缩的工期天数不得超过定额工期的 20%，将其量化。超过者，应在招标文件中明示增加赶工费用。

（2）工程实施过程中，发包人要求合同工程提前竣工的，应征得承包人同意后与承包人商定采取加快工程进度的措施，并应修订合同工程进度计划。发包人应承担承包人由此增加的提前竣工（赶工补偿）费用。

（3）发承包双方应在合同中约定提前竣工每日历天应补偿额度，此项费用应作为增加合同价款列入竣工结算文件中，应与结算款一并支付。

2. 赶工费用主要包括：① 人工费的增加，例如，新增加投入人工的报酬，不经济使用人工的补贴等；② 材料费的增加，例如，可能造成不经济使用材料而损耗过大，材料提前交货可能增加的费用、材料运输费的增加等；③ 机械费的增加，例如，可能增加机械设备投入，不经济的使用机械等。

◆**考法：提前竣工价款调整的方法**

【例题 1·2020 年真题·单选题】根据《建设工程工程量清单计价规范》GB 50500—2013，工程实施过程中，发包人要求合同工程提前竣工的，应采取的做法是（　　）。

A. 征得承包人同意后，与承包人商定采取加快工程进度的措施，并承担由此增加的提前竣工费用

B. 下达变更指令要求承包人必须提前竣工，并支付由此增加的赶工费用

C. 增加合同补充条款要求承包人采取加快工程进度措施，不承担赶工费用

D. 自行将工期压缩到合同工期的 80% 并要求承包人按期完工

【答案】A

【解析】本题的考核点是提前竣工导致价款调整的相关规定。

【例题 2·2018 年真题·单选题】根据《建设工程工程量清单计价规范》GB 50500—2013，某工程定额工期为 25 个月，合同工期为 20 月。合同实施中，发包人要求该工程提前 1 个月竣工，征得承包人同意后，调整了合同工期。则关于该工程工期和赶工费用的说法，正确的是（　　）。

A. 发包人要求合同工期比定额工期提前 6 个月竣工，应承担提前竣工 6 个月的赶工费用

B. 发包人要求压缩的工期天数超过定额工期的 20%，应承担提前竣工 5 个月的赶工费用

C. 发包人要求压缩的工期天数未超过定额工期的 30%，不支付赶工费用

D. 发包人要求合同工程提前 1 个月竣工，应承担提前竣工 1 个月的赶工费用

【答案】D

【解析】本题的考核点是合同价款调整中提前竣工的相关规定。

本题中合同工期 20 个月，压缩的工期天数未超过额定工期 25 个月的 20%。发包人要求合同工程提前 1 个月工期，这个月超过定额工期 20% 以上。因此，发包人应承担提前竣工 1 个月的赶工费用。

核心考点十一　暂列金额的计价方法

已签约合同价中的暂列金额由发包人掌握使用。发包人按照合同的规定作出支付后，如有剩余，则暂列金额余额归发包人所有。

1Z103073　工程变更价款的确定

核心考点一　变更范围、变更权及变更估价程序

1. 工程变更的内容

工程变更包括：① 工程量变更；② 工程项目的变更（如发包人提出增加或者删减原项目内容）；③ 进度计划的变更；④ 施工条件的变更等。

2. 变更的范围

除专用合同条款另有约定外，合同履行过程中发生以下情形的，均属于工程变更。

（1）增加或减少合同中任何工作，或追加额外的工作；

（2）取消合同中任何工作，但转由他人实施的工作除外；

（3）改变合同中任何工作的质量标准或其他特性；

（4）改变工程的基线、标高、位置和尺寸；

（5）改变工程的时间安排或实施顺序。

3. 变更权

（1）发包人和监理人均可以提出变更。

（2）变更指示均通过监理人发出，监理人发出变更指示前应征得发包人同意。

（3）承包人收到经发包人签认的变更指示后，方可实施变更。未经许可，承包人不得擅自对工程的任何部分进行变更。

（4）涉及设计变更的，应由设计人提供变更后的图纸和说明。如变更超过原设计标准或批准的建设规模时，发包人应及时办理规划、设计变更等审批手续。

4. 变更估价

（1）变更估价原则

除专用合同条款另有约定外，变更估价按照本款约定处理：

① 已标价工程量清单或预算书有相同项目的，按照相同项目单价认定；

② 已标价工程量清单或预算书中无相同项目，但有类似项目的，参照类似项目的单价认定；

③ 变更导致实际完成的变更工程量与已标价工程量清单或预算书中列明的该项目工

程量的变化幅度超过 15% 的，或已标价工程量清单或预算书中无相同项目及类似项目单价的，按照合理的成本与利润构成的原则，由合同当事人协商确定变更工作的单价。

（2）变更估价程序

① 承包人应在收到变更指示后 14 天内，向监理人提交变更估价申请。

② 监理人应在收到承包人提交的变更估价申请后 7 天内审查完毕并报送发包人。

监理人对变更估价申请有异议，通知承包人修改后重新提交。

③ 发包人应在承包人提交变更估价申请后 14 天内审批完毕。

发包人逾期未完成审批或未提出异议的，视为认可承包人提交的变更估价申请。

因变更引起的价格调整应计入最近一期的进度款中支付。

◆ 考法 1：变更估价的方法

【例题 1·2020 年真题·单选题】根据《建设工程施工合同（示范文本）》（GF—2017—0201），因设计单位提出设计变更，变更后已标价工程量清单中没有相同及类似变更项目单价的，变更估价申请应由（   ）提出。

A. 监理人
B. 承包人
C. 发包人
D. 设计人

【答案】B

【解析】本题的考核点是工程变更估价方法。

承包人应在收到监理人变更指示后 14 天内，向监理人提交变更估价申请。

【例题 2·2022 年真题·单选题】根据《建设工程施工合同（示范文本）》（GF—2017—0201），当合同履行期间出现工程变更时，该变更在已标价的工程量清单中无相同项目，但有类似项目的，其变更估价的原则是（   ）。

A. 参照类似项目的单价认定
B. 按照直接成本加适当利润的原则，由发包人确定变更单价
C. 按照合理成本加利润的原则，由承包人确定变更工作的单价
D. 按照合理成本加适当利润的原则，由监理人确定新的变更单价

【答案】A

【解析】本题的考核点是变更估价的原则。

◆ 考法 2：变更范围及变更权

【例题 3·2018 年真题·多选题】根据《建设工程施工合同（示范文本）》（GF—2017—0210），关于变更权的说法，正确的有（   ）。

A. 承包人可以根据施工的需要对工程非重要的部分做出适当变更
B. 监理人发出变更指示一般无需征得发包人的同意
C. 发包人和监理人均可以提出变更
D. 设计变更超过原批准的建设规模时，承包人应先办理规划变更审批手续
E. 变更指示均通过监理人发出

【答案】C、E

【解析】本题的考核点是工程变更中变更权的相关规定。

核心考点二　承包人的合理化建议对工期和价款的影响

1. 承包人提出合理化建议的，应向监理人提交合理化建议说明，说明建议的内容和理由，以及实施该建议对合同价格和工期的影响。

2. 监理人应在收到承包人提交的合理化建议后 7 天内审查完毕并报送发包人，发现其中存在技术上的缺陷，应通知承包人修改。

3. 发包人应在收到监理人报送的合理化建议后 7 天内审批完毕。

4. 合理化建议经发包人批准的，监理人应及时发出变更指示，由此引起的合同价格调整按"变更估价"约定执行。

5. 合理化建议降低了合同价格或者提高了工程经济效益的，发包人可对承包人给予奖励，奖励的方法和金额在专用合同条款中约定。

核心考点三　措施项目费调整——承包人报价浮动率计算

工程变更引起施工方案改变并使措施项目发生变化时，承包人提出调整措施项目费的，应事先将拟实施的方案提交发包人确认，并应按照下列规定调整措施项目费：

（1）安全文明施工费应按照实际发生变化的措施项目调整，不得浮动。

（2）采用单价计算的措施项目费，应按照实际发生变化的措施项目按照前述已标价工程量清单项目的规定确定单价。

（3）按总价（或系数）计算的措施项目费，按照实际发生变化的措施项目调整，但应考虑承包人报价浮动因素，即调整金额按照实际调整金额乘以承包人报价浮动率计算。

承包人报价浮动率可按下列公式计算：

1）招标工程：

$$承包人报价浮动率 L =（1-中标价 / 招标控制价）\times 100\%$$

2）非招标工程：

$$承包人报价浮动率 L =（1-报价值 / 施工图预算）\times 100\%$$

如果承包人未事先将拟实施的方案提交给发包人确认，则视为工程变更不引起措施项目费的调整或承包人放弃调整措施项目费的权利。

◆**考法：报价浮动率的计算**

【例题·2018 年真题·单选题】某工程采用工程量清单招标，招标人公布的招标控制价为 1 亿元。中标人的投标报价为 8900 万元，经调整计算错误后的中标价为 9100 万元。所有合格投标人的报价平均为 9200 万元，则该中标人的报价浮动率为（　　）。

A. 8.0%

B. 8.5%

C. 9.0%

D. 11.0%

【答案】C

【解析】本题的考核点是工程变更价款中报价浮动率的计算。

对于招标工程，

$$承包人报价浮动率 =（1-中标价 / 招标控制价）\times 100\%$$
$$=（1-9100/10000）\times 100\% = 9.0\%$$

核心考点四　工程变更价款调整方法的应用

1. 直接采用适用的项目单价的前提是其采用的材料、施工工艺和方法相同，也不因此增加关键线路上工程的施工时间。

2. 采用适用的项目单价的前提是其采用的材料、施工工艺和方法基本类似，不增加关键线路上工程的施工时间，可仅就其变更后的差异部分，参考类似的项目单价由承发包双方协商新的项目单价。

3. 无法找到适用和类似的项目单价时，应采用招投标时的基础资料和工程造价管理机构发布的信息价格，按成本加利润的原则由发承包双方协商新的综合单价。

4. 无法找到适用赫尔类似的项目单价、工程造价管理机构也没有发布此类信息价格，由发承包双方协商确定。

◆**考法：工程变更价款调整的应用**

【例题 1 · 2017 年真题 · 单选题】某工程采用工程量清单计价，施工过程中，业主将屋面防水变更为 PE 高分子防水卷材（1.5mm），清单中无类似项目，工程所在地造价管理机构发布该卷材单价为 18 元 /m^2，该地区定额人工费为 3.5 元 /m^2，机械使用费为 0.3 元 /m^2，除卷材外的其他材料费为 0.6 元 /m^2，管理费和利润为 1.2 元 /m^2。若承包人报价浮动率为 6%，则发承包双方协商确定该项目综合单价的基础为（　　）元 /m^2。

A. 25.02　　　　　　　　　　　　B. 22.18

C. 23.60　　　　　　　　　　　　D. 21.06

【答案】B

【解析】本题的考核点是工程变更价款调整方法的应用

该项目综合单价＝（人、料、机总费用单价＋管理费单价＋利润单价）×（1－报价浮动率）

$$＝（18＋3.5＋0.3＋0.6＋1.2）×（1－6\%）＝22.18 元 /m^2$$

【例题 2 · 2020 年真题 · 多选题】根据《建设工程工程量清单计价规范》GB 50500—2013，因工程变更引起措施项目发生变化导致措施项目费调整，在措施项目拟实施方案得到发承包双方确认后，措施项目费调整的正确做法有（　　）。

A. 对采用总价计算的措施项目费，按实际发生变化的措施项目并考虑承包人报价浮动因素进行调整

B. 除非措施项目费变动超过一定幅度，一般采用总价计算的措施项目费不能进行调整

C. 采用单价计算的措施项目费，应按实际发生变化的措施项目和已标价工程量清单项目确定单价

D. 安全文明施工费应按实际发生的措施项目计算，并考虑承包人报价浮动因素进行调整

E. 安全文明施工费应按实际发生变化的措施项目调整，不得浮动

【答案】A、C、E

【解析】本题的考核点是因工程变更引起措施项目发生变化导致措施项目费调整方法。

1Z103074 施工索赔与现场签证

核心考点一 施工索赔

1. 施工索赔成立应满足的要素

① 正当的索赔理由；② 有效的索赔证据；③ 在合同约定的时间内提出。

索赔证据应满足的基本要求：① 真实性；② 全面性；③ 关联性；④ 及时性并具有法律证明效力。

2. 承包人索赔

（1）索赔程序

① 承包人应在知道或应当知道索赔事件发生后 28 天内，向监理人递交索赔意向通知书，并说明发生索赔事件的事由；承包人未在前述 28 天内发出索赔意向通知书的，丧失要求追加付款和（或）延长工期的权利。

② 承包人应在发出索赔意向通知书后 28 天内，向监理人正式递交索赔报告——详细说明索赔理由以及要求追加的付款金额和（或）延长的工期，并附必要的记录和证明材料。

③ 索赔事件具有持续影响的，承包人应按合理时间间隔继续递交延续索赔通知，说明持续影响的实际情况和记录，列出累计的追加付款金额和（或）工期延长天数。

④ 在索赔事件影响结束后 28 天内，承包人影响监理人递交最终索赔报告，说明最终要求索赔的追加付款金额和（或）延长的工期，并附必要的记录和证明材料。

（2）处理程序

① 发包人应在收到索赔通知书或有关索赔的进一步证明材料后的 28 天内，将索赔处理结果答复承包人，如果发包人逾期未做出答复，视为承包人索赔要求已被发包人认可。

② 承包人接受索赔处理结果的，索赔款项应作为增加合同价款，在当期进度款中进行支付；承包人不接受索赔处理结果的，应按合同约定的争议解决方式办理。

③ 承包人索赔的赔偿方式：延长工期、要求发包人支付实际发生的额外费用、要求发包人支付合理的逾期利润、要求发包人按合同约定支付违约金。

3. 发包人索赔

（1）索赔程序

① 发包人应在确认索赔事件后的 28 天内向承包人发出索赔通知，否则，承包人免除该索赔的全部责任。

② 承包人应在收到发包人索赔通知报告后 28 天内做出回应，表示同意或不同意并附具体意见，如在收到索赔报告后的 28 天内未向发包人做出答复，视为该项索赔报告已经被认可。

（2）发包人索赔的赔偿方式：延长质量缺陷修复期限、要求承包人支付实际发生的额外费用、要求承包人按合同约定支付违约金。

承包人应付给发包人的索赔金额可从拟支付给承包人的合同价款中扣除或延长缺陷责任期。发包人不接受索赔处理结果的，按"争议解决"约定处理。

4. 提出索赔的期限

（1）承包人按"竣工结算审核"约定接收竣工付款证书后，应被视为已无权再提出在工程接收证书颁发前所发生的任何索赔。

（2）承包人按"最终结清"提交的最终结清申请单中，只限于提出工程接收证书颁发后发生的索赔。提出索赔的期限自接受最终结清证书时终止。

5. 索赔费用的组成

（1）分部分项工程量清单费用

1）人工费。人工费包括增加工作内容的人工费、停工损失费和工作效率降低的损失费等累计，其中：① 增加工作内容的人工费应按照计日工费计算；② 停工损失费和工作效率降低的损失费按窝工费计算，窝工费的标准双方应在合同中约定。

2）设备费。① 当工作内容增加引起设备费索赔时，设备费的标准按照机械台班费计算。② 因窝工引起的设备费索赔，当施工机械属于施工企业自有时，按照机械折旧费计算索赔费用；当施工机械是施工企业从外部租赁时，索赔费用的标准按照设备租赁费计算。

3）材料费。材料费包括索赔事件引起的材料用量增加、材料价格大幅度上涨、非承包人原因造成的工期延误而引起的材料价格上涨和材料超期存储费用。

4）管理费。此项又可分为现场管理费和企业管理费两部分。

5）利润。对工程范围、工作内容变更等引起的索赔，承包人可按原报价单中的利润百分率计算利润。

6）迟延付款利息。

（2）措施项目费用。

（3）其他项目费。

（4）规费与税金。

除工程内容的变更或增加，承包人可以列入相应增加的规费与税金。其他情况一般不能索赔。索赔规费与税金的款额计算通常是与原报价单中的百分率保持一致。

6.《标准施工招标文件》中承包人索赔可引用的条款（见下表）

《标准施工招标文件》中承包人索赔可引用的条款

序号	条款号	主要内容	可补偿内容		
			工期	费用	利润
1	1.6.1	提供图纸延误	√	√	√
2	1.10.1	施工过程发现文物、古迹以及其他遗迹、化石、钱币或物品	√	√	
3	2.3	延迟提供施工场地	√	√	√
4	4.11.2	承包人遇到不利物质条件	√	√	
5	5.2.4	发包人要求向承包人提前交付材料和工程设备		√	
6	5.2.6	发包人提供的材料和工程设备不符合合同要求	√	√	√

続表

序号	条款号	主要内容	可补偿内容		
			工期	费用	利润
7	8.3	发包人提供资料错误导致承包人的返工或造成工程损失	√	√	
8	9.2.5	采取合同未约定的安全作业环境及安全施工措施		√	
9	9.2.6	因发包人原因造成承包人人员工伤事故		√	
10	11.3	发包人的原因造成工期延误	√	√	√
11	11.4	异常恶劣的气候条件	√		
12	11.6	发包人要求承包人提前竣工		√	√
13	12.2	发包人原因引起的暂停施工	√	√	√
14	12.4.2	发包人原因造成暂停施工后无法按时复工	√	√	√
15	13.1.3	发包人原因造成工程质量达不到合同约定验收标准的	√	√	√
16	13.5.3	监理人对隐蔽工程重新检查，经检验证明工程质量符合合同要求的	√	√	√
17	13.6.2	因发包人提供的材料、工程设备造成工程不合格	√	√	√
18	14.1.3	承包人应监理人要求对材料、工程设备和工程重新检验且检验结果合格	√	√	√
19	16.2	基准日后法律变化引起的价格调整		√	
20	18.4.2	发包人在全部工程竣工前，使用已接收的单位工程导致承包人费用增加的	√	√	√
21	18.6.2	发包人的原因导致试运行失败的	√	√	√
22	19.2	发包人原因导致的工程缺陷和损失	√	√	√
23	19.4	工程移交后因发包人原因出现的缺陷修复后的试验和试运行		√	
24	21.3.1	不可抗力	√	部分费用√	
25	22.2.2	因发包人违约导致承包人暂停施工	√	√	√

7. 索赔费用的计算方法

索赔费用的计算方法主要有：实际费用法、总费用法和修正总费用法。

◆**考法1：《标准施工招标文件》中索赔条款的内容**

【例题1·2022年真题·多选题】.根据《标准施工招标文件》，下列导致承包人工期延误和费用增加的情形中，承包人可以同时索赔工期、费用和利润的有（　　）。

A. 承包人遇到不利物质条件　　　B. 不可抗力

C. 发包人原因引起的暂停施工　　D. 延期提供施工场地

E. 发包人提供的材料和设备不符合合同要求

【答案】C、D、E

【解析】本题的考核点是《标准施工招标文件》中承包人索赔可引用条款的内容。

【例题2·2019年真题·多选题】根据《标准施工招标文件》，承包人可同时索赔工期和费用的情形有（　　　）。

A. 法律变化引起价格调整　　　B. 承包人遇到不利物质条件

C. 施工过程发现文物　　　　　D. 发包人要求向承包人提前交付工程设备

E. 承包人遇到异常恶劣的气候条件

【答案】B、C

【解析】本题的考核点是《标准施工招标文件》中承包人索赔可引用条款的内容。

◆ **考法2：索赔费用的构成及确定**

【例题3·2022年真题·单选题】某建设工程施工过程中，由于发包人设计变更导致承包人暂停施工，致使承包人自有机械窝工10个台班，该机械的台班单价为400元/台班，台班折旧费为300元/台班；承包人的租赁机械窝工10个台班，台班租赁费用为500元，工作时每台班燃油动力费100元；人员窝工20个工作日，人工工资单价300元/工日，人工窝工补贴100元/工日。不考虑其他因素，则承包人可以索赔的费用为（　　　）元。

A. 10000　　　　　　　　　　B. 14000

C. 15000　　　　　　　　　　D. 16000

【答案】A

【解析】本题的考核点是分部分项工程量清单费用索赔的确定原则。

（1）索赔的设备费：$10 \times 300 + 10 \times 500 = 8000$元。

（2）索赔的人工费：$20 \times 100 = 2000$元。

则，承包人可以索赔的费用为：$8000 + 2000 = 10000$元。

【例题4·2020年真题·单选题】某建设工程施工过程中，由于发包人提供的材料没有及时到货，导致承包人自有的一台机械窝工4个台班，每台班折旧费500元，工作时每台班燃油动力费100元。另外，承包人租赁的一台机械窝工3个台班，台班租赁费为300元，工作时每台班燃油动力费80元。不考虑其他因素，则承包人可以索赔的费用为（　　　）元。

A. 2900　　　　　　　　　　B. 3140

C. 3300　　　　　　　　　　D. 3540

【答案】A

【解析】本题的考核点是索赔的计算方法。

因窝工引起设备费索赔：

（1）施工机械属于施工企业自由的，按照机械折旧费计算索赔费用：

$$4 \times 500 = 2000 元$$

（2）当施工机械是施工企业从外部租赁时，索赔费用的标准按照设备租赁费计算：

$$3 \times 300 = 900 元$$

故，承包人可以索赔的费用为：$2000 + 900 = 2900$元

核心考点二　现场签证

1. 现场签证的范围

（1）适用于施工合同范围以外零星工程的确认。

（2）在工程施工过程中发生变更后需要现场确认的工程量。

（3）非承包人原因导致的人工、设备窝工及有关损失。

（4）符合施工合同规定的非承包人原因引起的工程量或费用增减。

（5）确认修改施工方案引起的工程量或费用增减。

（6）工程变更导致的工程施工措施费增减等。

2. 现场签证费用的计算

现场签证费用的计价方式包括两种：

第一种是完成合同以外的零星工作时，按计日工作单价计算。

第二种是完成其他非承包人责任引起的事件，应按合同中的约定计算。

1Z103075　预付款及期中支付

核心考点一　《保障农民工工资支付条例》的相关规定

1. 农民工工资应当以货币形式，通过银行转账或者现金支付给农民工本人，不得以实物或有价证券等其他形式替代。

2. 实行月、周、日、小时工资制的，按照月、周、日、小时为周期支付工资；实行计件工资制的，工资支付周期由双方依法约定。具体支付日期，可以在农民工提供劳动的当期或者次期；遇节假日或者休息日的，应当在法定节假日或者休息日前支付。用人单位因不可抗力未能在支付日期支付工资的，应当在不可抗力消除后及时支付。

3. 用人单位应当按照工资支付周期编制书面工资支付台账，并至少保存 3 年。用人单位向农民工支付工资时，应当提供农民工本人的工资清单。

4. 建设单位与施工总承包单位依法订立书面施工合同，应当约定工程款计量周期、工程款进度结算办法以及人工费用拨付周期。人工费用拨付周期不得超过一个月。

5. 施工总承包单位应当按照有关规定开设农民工工资专用账户。开设、使用农民工工资专用账户有关资料应当由施工总承包单位妥善保存备查。

1）金融机构发现资金未按约定拨付等情况，及时通知施工总承包单位，由施工总承包单位报告人力资源社会保障部门和相关行业工程建设主管部门，并纳入欠薪预警系统。

2）工程完工且未拖欠农民工工资的，施工总承包单位公示 30 日后，可以申请注销农民工工资专用账户内余额归施工总承包单位。

3）施工总承包单位按照规定存储工资保证金，工资保证金实行差异化存储办法。

6. 因建设单位未按照合同约定及时拨付工程款导致农民工工资拖欠的，建设单位应当以未结清的工程款为限先行垫付被拖欠的农民工工资。

7. 分包单位对所招用农民工的实名制管理和工资支付负直接责任。

分包单位（及转包单位）拖欠农民工工资的，由施工总承包单位先行清偿，再依法进行追偿。推行分包单位农民工工资委托施工总承包单位代发制度。

8. 建设单位或施工总承包单位将建设工程发包或分包给个人或者不具备合法经营资格的单位，导致拖欠农民工工资的，由建设单位或施工总承包单位清偿。

——施工单位允许其他单位或个人以施工单位名义对外承包工程，导致拖欠农民工工资的，由施工单位清偿。

9. 工程建设项目违反国土空间规划、工程建设等法律法规，导致拖欠农民工工资的，由建设单位清偿。

10. 除依法设立的投标保证金、履约保证金、工程质量保证金、农民工工资保证金外，工程建设中不得收取其他保证金。

◆考法：《保障农民工工资支付条例》的相关规定内容

【例题1·2021年真题·单选题】根据《保障农民工工资支付条例》，关于农民工工资的说法，正确的是（   ）。

A. 农民工工资可以以部分实物或者有价证券的方式发放给农民工本人

B. 开设和使用农民工工资专用账户的有关资料应当由建设单位保存备查

C. 施工总承包单位应对分包单位所招用农民工的实名制管理和工资支付负直接责任

D. 施工总承包单位应按照规定存储工资保证金

【答案】D

【解析】本题的考核点是《保障农民工工资支付条例》（国务院令第724号）相关内容。

【例题2·2022年真题·多选题】根据《保障农民工工资支付条例》，关于农民工工资的说法，正确的有（   ）。

A. 农民工工资应当以货币形式，通过银行转账或者现金支付给农民工本人

B. 用人单位应当按照工资支付周期编制书面工资支付台账，并至少保存2年

C. 工程建设项目违反国土空间规划、工程建设等法律法规，导致拖欠农民工工资的，由建设单位清偿

D. 建设单位应当向施工单位提供工程款支付担保，人工费用拨付周期不得超过1个月

E. 工程建设项目实行分包，分包单位拖欠农民工工资的，由施工总承包单位先行清偿，再依法进行追偿

【答案】A、C、D、E

【解析】本题的考核点是《保障农民工工资支付条例》相关内容。

核心考点二 预付款的支付、担保、抵扣

1. 预付款的支付

（1）预付款的支付按照专用合同条款约定执行，但至迟应在开工通知载明的开工日期7天前支付。

（2）预付款应当用于材料、工程设备、施工设备的采购及修建临时工程、组织施工队伍进场等。

（3）发包人逾期支付预付款超过7天的，承包人有权向发包人发出要求预付的催告通

知，发包人收到通知后 7 天内仍未支付的，承包人有权暂停施工。

2. 预付款担保

（1）发包人要求承包人提供预付款担保的，承包人应在发包人支付预付款 7 天前提供预付款担保。

（2）预付款担保可采用银行保函、担保公司担保等形式，具体由合同当事人在专用合同条款中约定。

（3）发包人在工程款中逐期扣回预付款后，预付款担保额度应相应减少，但剩余的预付款担保金额不得低于未被扣回的预付款金额。

3. 工程预付款的抵扣

（1）除专用合同条款另有约定外，预付款在进度付款中同比例扣回。

（2）在颁发工程接收证书前，提前解除合同的，尚未扣完的预付款应与合同价款一并结算。

◆ **考法：预付款的相关规定**

【例题 1·2021 年真题·单选题】根据《建设工程施工合同（示范文本）》（GF—2017—0201），预付款支付的至迟时间为（　　）。

A. 签署合同后的第 15 天

B. 开工通知载明的开工日期 7 天前

C. 承包人的材料、设备、人员进场 7 天前

D. 预付款担保提供后的第 7 天

【答案】B

【解析】本题的考核点是预付款支付的相关规定。

【例题 2·2022 年真题·单选题】根据《建设工程施工合同（示范文本）》（GF—2017—0201），关于预付款的说法，正确的是（　　）。

A. 预付款担保不宜采用银行保函和担保公司担保形式

B. 发包人在中期扣回预付款后，剩余的预付款担保金额可低于未被扣回的预付款金额

C. 在颁发工程接收证书前，提前解除合同的，尚未扣回的预付款应与合同价款一并结算

D. 发包人逾期支付预付款超过 7 天的，承包人有权暂停施工

【答案】C

【解析】本题的考核点是预付款支付及扣回的相关规定。

核心考点三　安全文明施工费

（1）安全文明施工费由发包人承担，发包人不得以任何形式扣减该部分费用。

（2）因基准日期后合同所适用的法律或政府有关规定发生变化，增加的安全文明施工费由发包人承担。

（3）承包人经发包人同意采取合同约定以外的安全措施所产生的费用，由发包人承担。未经发包人同意的，如果该措施避免了发包人的损失，则发包人在避免损失的额度内

承担该措施费。如果该措施避免了承包人的损失，由承包人承担该措施费。

（4）发包人应在开工后 28 天内预付安全文明施工费总额的 50%，其余部分与进度款同期支付。发包人逾期支付安全文明施工费超过 7 天的，承包人有权向发包人发出要求预付的催告通知，发包人收到通知后 7 天内仍未支付的，承包人有权暂停施工。

承包人对安全文明施工费用应专款专用。承包人应在财务账目中单独列项备查，不得挪作他用。

◆**考法：安全文明施工费的预付及使用规定**

【例题·2016 年真题·多选题】根据《建设工程施工合同（示范文本）》，关于安全文明施工费的说法，正确的有（　　　）。

A. 发包人应在开工后 28 天内预付不低于当年施工进度计划的安全文明施工费总额的 50%

B. 发包人没有按时支付安全文明施工费的，承包人可以直接停工

C. 承包人对安全文明施工费应专款专用，不得挪作他用

D. 发包人在付款期满后 7 天内仍未支付安全文明施工费的，若发生安全事故，发包人承担全部责任

E. 承包人应将安全文明施工费在财务账目中单独列项备查

【答案】A、C、E

【解析】本题的考核点是安全文明施工费的相关规定。

核心考点四　工程进度款的支付规定与计算

1. 付款周期

付款周期应按照"计量周期"的约定与计量周期保持一致。

2. 进度付款申请单的编制

除专用合同条款另有约定外，进度付款申请单应包括下列内容：① 截至本次付款周期已完成工作对应的金额；② 根据"变更"应增加和扣减的变更金额；③ 根据"预付款"约定应支付的预付款和扣减的返还预付款；④ 根据"质量保证金"约定应扣减的质量保证金；⑤ 根据"索赔"应增加和扣减的索赔金额；⑥ 对已签发的进度款支付证书中出现错误的修正，应在本次进度付款中支付或扣除的金额；⑦ 根据合同约定应增加和扣减的其他金额。

3. 进度付款申请单的提交

（1）单价合同进度付款申请单的提交

单价合同的进度付款申请单，按照"单价合同的计量"约定的时间按月向监理人提交，并附上已完成工程量报表和有关资料。

单价合同中的总价项目按月进行支付分解，并汇总列入当期进度付款申请单。

（2）总价合同进度付款申请单的提交

总价合同按月计量支付的，承包人按照"总价合同的计量"约定的时间按月向监理人提交进度付款申请单，并附上已完成工程量报表和有关资料。

总价合同按支付分解表支付的，承包人应按照〔支付分解表〕及〔进度付款申请单的

编制〕的约定向监理人提交进度付款申请单。

4. 进度款审核和支付

（1）监理人应在收到承包人进度付款申请单以及相关资料后7天内完成审查并报送发包人。

（2）发包人应在收到后7天内完成审批并签发进度款支付证书。

发包人逾期未完成审批且未提出异议的，视为已签发进度款支付证书。

（3）发包人和监理人对承包人的进度付款申请单有异议的，有权要求承包人修正和提供补充资料，承包人应提交修正后的进度付款申请单。监理人应在收到承包人修正后的进度付款申请单及相关资料后7天内完成审查并报送发包人，发包人应在收到监理人报送的进度付款申请单及相关资料后7天内，向承包人签发无异议部分的临时进度款支付证书。存在争议的部分，按照〔争议解决〕的约定处理。

（4）发包人应在进度款支付证书或临时进度款支付证书签发后14天内完成支付。

发包人逾期支付进度款的，应按照中国人民银行发布的同期同类贷款基准利率支付违约金。

发包人签发进度款支付证书或临时进度款支付证书，不表明发包人已同意、批准或接受了承包人完成的相应部分的工作。

5. 进度付款的修正

在对已签发的进度款支付证书进行阶段汇总和复核中发现错误、遗漏或重复的，发包人和承包人均有权提出修正申请。

经发包人和承包人同意的修正，应在下期进度付款中支付或扣除。

◆**考法：工程进度款的结算与支付的计算**

【例题·2018年真题·单选题】某工程合同价6000万元。合同约定：工期6个月；预付款120万元，每月进度款按实际完成工程价款的80%支付；每月再单独支付安全文明施工费50万元；质量保证金按进度款的3%逐月扣留；预付款在最后两个月等额扣回。承包人每月实际完成工程价款金额如下表，则第2个月发包人实际应支付的工程款金额为（　　）万元。

月份	1	2	3	4	5	6
实际完成工程价款金额（万元）	800	1000	1000	1200	1200	800

A. 776.0　　　　　　　　　　　　B. 824.5

C. 826.0　　　　　　　　　　　　D. 850.0

【答案】C

【解析】本题的考核点是工程进度款的结算与支付的计算。

（1）第2个月应支付的进度款 = $1000 \times 80\%$ = 800万元

（2）第2个月应支付的安全文明施工费 = 50万元

（3）第2个月应扣留的质量保证金 = $800 \times 3\%$ = 24万元

（4）第2个月发包人应支付的工程款 = $800 + 50 - 24$ = 826万元

1Z103076　竣工结算与支付

核心考点一　竣工结算的编制

工程竣工结算应由承包人或受其委托具有相应资质的工程造价咨询人编制，并应由发包人或受其委托具有相应资质的工程造价咨询人核对。

1. 竣工结算的依据

工程竣工结算的主要依据有：

（1）《建设工程工程量清单计价规范》GB 50500—2013；

（2）工程施工合同及补充协议；

（3）发承包双方已确认的施工过程结算价款；

（4）发承包双方实施过程中已确认的工程量及其结算的合同价款；

（5）发承包双方实施过程中已确认调整后追加（减）的合同价款；

（6）建设工程设计文件及相关资料；

（7）工程招投标文件；

（8）其他依据。

2. 竣工结算的编制方法

（1）采用总价合同的，应在合同价基础上对设计变更、工程洽商以及工程索赔等合同约定可以调整的内容进行调整；

（2）采用单价合同的，应计算或核定竣工图或施工图以内的各个分部分项工程量，依据合同约定的方式确定分部分项工程项目价格，并对设计变更、工程洽商、施工措施以及工程索赔等内容进行调整；

（3）采用成本加酬金合同的，应依据合同约定的方法计算各个分部分项工程以及设计变更、工程洽商、施工措施等内容的工程成本，并计算酬金及有关税费。

3. 竣工结算的编制内容

采用工程量清单计价，竣工结算编制的主要内容有：

（1）工程项目的所有分部分项工程量，以及实施工程项目采用的措施项目工程量；为完成所有工程量并按规定计算的人工费、材料费、设备费、机具费、企业管理费、利润和税金；

（2）分部分项工程和措施项目以外的其他项目所需计算的各项费用；

（3）工程变更费用、索赔费用、合同约定的其他费用。

4. 竣工结算的计算方法

工程量清单计价法通常采用单价合同的合同计价方式，竣工结算的编制是采取合同价加变更签证的方式进行。

● 工程项目竣工结算价＝∑单项工程竣工结算价

● 单项工程竣工结算价＝∑单位工程竣工结算价

● 单位工程竣工结算价＝分部分项工程费＋措施费＋其他项目费＋规费＋税金

《建设工程工程量清单计价规范》GB 50500—2013 中对计价原则有如下规定：

（1）分部分项工程和措施项目中的单价项目应依据双方确认的工程量与已标价工程量清单的综合单价计算；发生调整的，应以发承包双方确认调整的综合单价计算。

（2）措施项目中的总价项目应依据已标价工程量清单的项目和金额计算；发生调整的，应以发承包双方确认调整的金额计算，其中安全文明施工费应按国家或省级、行业建设主管部门的规定计算。

（3）其他项目应按下列规定计价：

1）计日工应按发包人实际签证确认的事项计算。

2）暂估价应按计价规范相关规定计算。

3）总承包服务费应依据已标价工程量清单的金额计算；发生调整的，应以发承包双方确认调整的金额计算。

4）索赔费用应依据发承包双方确认的索赔事项和金额计算。

5）现场签证费用应依据发承包双方签证资料确认的金额计算。

6）暂列金额应减去合同价款调整（包括索赔、现场签证）金额计算，如有余额归发包人。

（4）规费和税金按国家或省级、建设主管部门的规定计算。

（5）发承包双方在合同工程实施过程中已经确认的工程计量结果和合同价款，在竣工结算办理中应直接进入结算。

◆**考法：竣工结算规则**

【例题·2019年真题·单选题】工程竣工结算书编制与核对的责任分工是（　　）。

A. 发包人编制，承包人核对　　　　　B. 承包人编制，发包人核对

C. 监理人编制，发包人核对　　　　　D. 工程造价咨询机构编制，承包人核对

【答案】B

【解析】本题的考核点是工程竣工决算编制规则。

核心考点二　竣工结算的审查

监理人应在收到竣工结算申请单后14天内完成核查并报送发包人。发包人应在收到监理人提交的经审核的竣工结算申请单后14天内完成审批，并由监理人向承包人签发经发包人签认的竣工付款证书。

（1）采用总价合同的，应在合同价的基础上对设计变更、工程洽商以及工程索赔等合同约定可以调整的内容进行审查。

（2）采用单价合同的，应审查施工图以内的各个分部分项工程量，依据合同约定的方式审查分部分项工程价格，并对设计变更、工程洽商、工程索赔等调整内容进行审查。

（3）采用成本加酬金合同的，应依据合同约定的方法审查各个分部分项工程以及设计变更、工程洽商等内容的工程成本，并审查酬金及有关税费的取定。

除非已有约定，竣工结算应采用全面审查的方法，严禁采用抽样审查、重点审查、分析对比审查和经验审查的方法，避免审查疏漏现象发生。

◆**考法：竣工结算的审查方法**

【例题·2018年真题·单选题】一般情况下竣工结算审查应采用的方法是（　　）。

A. 抽样审查   B. 重点审查

C. 对比审查   D. 全面审查

【答案】D

【解析】本题的考核点是竣工结算审查方法的基本概念。

核心考点三　竣工结算款支付规定及计算

1. 竣工结算款支付

（1）承包人应在工程竣工验收合格后 28 天内向发包人和监理人提交竣工结算申请单，并提交完整的结算资料。

除专用合同条款另有约定外，竣工结算申请书应包括以下内容：

① 竣工结算合同价格；

② 发包人已支付承包人的款项；

③ 应扣留的质量保证金——已缴纳履约保证金或提供其他工程质量担保方式的除外；

④ 发包人应支付承包人的合同价款。

（2）发包人在收到承包人提交竣工结算申请书后 28 天内未完成审批且未提出异议的，视为发包人认可承包人提交的竣工结算申请单，并自发包人收到承包人提交的竣工结算申请单后第 29 天起视为已签发竣工付款证书。

（3）除专用合同条款另有约定外，发包人应在签发竣工付款证书后的 14 天内，完成对承包人的竣工付款。发包人逾期支付的，按照中国人民银行发布的同期同类贷款基准利率支付违约金；逾期支付超过 56 天的，按照中国人民银行发布的同期同类贷款基准利率的两倍支付违约金。

（4）承包人对发包人签认的竣工付款证书有异议的，对于有异议部分应在收到发包人签认的竣工付款证书后 7 天内提出异议，并由合同当事人按照专用合同条款约定的方式和程序进行复核，或按照第〔争议解决〕约定处理。对于无异议部分，发包人应签发临时竣工付款证书。承包人逾期未提出异议的，视为认可发包人的审批结果。

2. 甩项竣工协议

发包人要求甩项竣工的，合同当事人应签订甩项竣工协议。

3. 最终清算

（1）承包人应在缺陷责任期终止证书颁发后 7 天内，按专用合同条款约定的份数向发包人提交最终结清申请单，并提供相关证明材料。

最终结清申请单应列明质量保证金、应扣除的质量保证金、缺陷责任期内发生的增减费用。

（2）发包人应在收到承包人提交的最终结清申请单后 14 天内完成审批并向承包人颁发最终结清证书。

发包人逾期未完成审批，又未提出修改意见的，视为发包人同意承包人提交的最终结清申请单，且自发包人收到承包人提交的最终结清申请单后 15 天起视为已颁发最终结清证书。

（3）发包人应在颁发最终结清证书后 7 天内完成支付。

发包人逾期支付的，按照中国人民银行发布的同期同类贷款基准利率支付违约金；逾期支付超过 56 天的，按照中国人民银行发布的同期同类贷款基准利率的两倍支付违约金。

◆ **考法：竣工结算支付的规定**

【例题·2020 年真题·多选题】根据《建设工程施工合同（示范文本）》（GF—2017—0201），对已缴纳履约保证金的承包人，其提交的竣工结算申请单的内容应包括（　　）。

A. 已经处理完的索赔资料　　　　　B. 竣工结算合同价格

C. 发包人已支付承包人的款项　　　D. 应扣留的质量保证金

E. 发包人应支付承包人的合同价款

【答案】B、C、E

【解析】本题的考核点是竣工结算支付的相关规定内容。

1Z103077　质量保证金的处理

核心考点　质量保证金的处理规定

经合同当事人协商一致扣留质量保证金的，应在专用合同条款中予以明确。在工程项目竣工前，承包人已经提供履约担保的，发包人不得同时预留工程质量保证金。

1. 承包人提供质量保证金的方式

承包人提供质量保证金有以下三种方式：（1）质量保证金保函；（2）相应比例的工程款；（3）双方约定的其他方式。

2. 质量保证金的扣留

质量保证金的扣留有以下三种方式：

（1）在支付工程进度款时逐次扣留，在此情形下，质量保证金的计算基数不包括预付款的支付、扣回以及价格调整的金额；

（2）工程竣工结算时一次性扣留质量保证金；

（3）双方约定的其他扣留方式。

发包人累计扣留的质量保证金不得超过工程价款结算总额的 3%。如承包人在发包人签发竣工付款证书后 28 天内提交质量保证金保函，发包人应同时退还扣留的作为质量保证金的工程价款；保函金额不得超过工程价款结算总额的 3%。

发包人在退还质量保证金的同时按照中国人民银行发布的同期同类贷款基准利率支付利息。

3. 质量保证金的退还

（1）缺陷责任期内，承包人认真履行合同约定的责任，到期后，承包人可向发包人申请返还保证金。

（2）发包人在接到承包人返还保证金申请后，应于 14 天内会同承包人按照合同约定的内容进行核实。如无异议，发包人应当按照约定将保证金返还给承包人。

（3）对返还期限没有约定或者约定不明确的，发包人应当在核实后 14 天内将保证金返还承包人，逾期未返还的，依法承担违约责任。

发包人在接到承包人返还保证金申请后 14 天内不予答复，经催告后 14 天内仍不予答复，视同认可承包人的返还保证金申请。

4. 保修

保修期内，修复的费用按照以下约定处理：

（1）保修期内，因承包人原因造成工程的缺陷、损坏，承包人应负责修复，并承担修复的费用以及因工程的缺陷、损坏造成的人身伤害和财产损失；

（2）保修期内，因发包人使用不当造成工程的缺陷、损坏，可以委托承包人修复，但发包人应承担修复的费用，并支付承包人合理利润；

（3）因其他原因造成工程的缺陷、损坏，可以委托承包人修复，发包人应承担修复的费用，并支付承包人合理的利润，因工程的缺陷、损坏造成的人身伤害和财产损失由责任方承担。

◆**考法：质量保证金处理的相关规定**

【例题 1·2019 年真题·单选题】根据《建设工程施工合同（示范文本）》（GF—2017—0201）通用合同条款，关于工程保修的说法，正确的是（   ）。

A. 保修期内因特大地震造成工程的缺陷和损坏，可以委托承包人修复，发包人承担修复的费用并支付承包人合理的利润

B. 保修期内因发包人使用不当造成工程的缺陷和损坏，可以委托承包人修复，发包人承担修复的费用但不用支付承包人利润

C. 保修期内因承包人原因造成工程的缺陷和损坏，承包人应负责修复并承担修复的费用，但不承担因工程缺陷和损坏造成的人身及财产损失

D. 保修期内发包人发现已接收的工程存在任何缺陷应书面通知承包人修复，承包人接到通知后应在 48 小时内到工程现场修复缺陷

【答案】A

【解析】本题的考核点是工程保修的相关规定。

【例题 2·2020 年真题·单选题】根据《建设工程施工合同（示范文本）》（GF—2017—0201），质量保证金扣留的方式原则上采用（   ）。

A. 工程竣工结算时一次性扣留   B. 按照里程碑扣留

C. 签订合同后一次性扣留   D. 在支付工程进度款时逐次扣留

【答案】D

【解析】本题的考核点是质量保证金的扣留方式。

质量保证金的扣留方式有以下三种：（1）在支付工程进度款时逐次扣留；（2）工程竣工结算时一次性扣留；（3）双方约定的其他扣留方式。

除专用合同条款另有约定外，质量保证金的扣留原则上采用（1）。

【例题 3·2020 年真题·单选题】根据《建设工程施工合同（示范文本）》（GF—2017—0201），关于工程保修期的说法，正确的是（   ）。

A. 各分部工程的保修期应该是相同的

B. 工程保修期从工程完工之日起计算

C. 工程保修期可以根据具体情况适当低于法定最低保修年限

D. 发包人未经竣工验收擅自使用工程的，保修期自转移占有之日起算

【答案】D

【解析】本题的考核点是工程保修责任的相关规定。

1Z103078 合同价款纠纷的处理

核心考点一 合同解除的价款结算与支付

1. 因不可抗力解除合同

因不可抗力导致合同无法履行连续超过 84 天或累计超过 140 天的，发包人和承包人均有权解除合同。

合同解除后，由双方当事人按照"商定或确定"条款商定或确定发包人应支付的款项，该款项包括：

（1）合同解除前承包人已完成工作的价款；

（2）承包人为工程订购的并已交付给承包人，或承包人有责任接受交付的材料、工程设备和其他物品的价款；

（3）发包人要求承包人退货或解除订货合同而产生的费用，或因不能退货或解除合同而产生的损失；

（4）承包人撤离施工现场以及遣散承包人人员的费用；

（5）按照合同约定在合同解除前应支付给承包人的其他款项；

（6）扣减承包人按照合同约定应向发包人支付的款项；

（7）双方商定或确定的其他款项。

合同解除后，发包人应在商定或确定上述款项后 28 天内完成上述款项的支付。

2. 因发包人违约解除合同

（1）发包人违约的情形

① 因发包人原因未能在计划开工日期前 7 天内下达开工通知的；

② 因发包人原因未能按合同约定支付合同价款的；

③ 发包人违反"变更的范围"第（2）项约定，自行实施被取消的工作或转由他人实施的；

④ 发包人提供的材料、工程设备的规格、数量或质量不符合合同约定，或因发包人原因导致交货日期延误或交货地点变更等情况的；

⑤ 因发包人违反合同约定造成暂停施工的；

⑥ 发包人无正当理由没有在约定期限内发出复工指示，导致承包人无法复工的；

⑦ 发包人明确表示或者以其行为表明不履行合同主要义务的；

⑧ 发包人未能按照合同约定履行其他义务的。

（2）承包人有权解除合同情形

① 发包人发生除上述第⑦目以外的违约情况时，承包人可向发包人发出通知，要求发包人采取有效措施纠正违约行为。

发包人收到承包人通知后 28 天内仍不纠正违约行为的，承包人有权暂停相应部位工程施工，并通知监理人。

② 承包人按"发包人违约的情形"约定暂停施工满 28 天后，发包人仍不纠正其违约行为并致使合同目的不能实现的，或承包人明确表示或者以其行为表明不履行合同主要义务的；承包人有权解除合同，发包人应承担由此增加的费用，并支付承包人合理的利润。

（3）因发包人违约解除合同后的付款

承包人按照本款约定解除合同的，发包人应在解除合同后 28 天内支付下列款项，并解除履约担保：

① 合同解除前所完成工作的价款；

② 承包人为工程施工订购并已付款的材料、工程设备和其他物品的价款；

③ 承包人撤离施工现场以及遣散承包人人员的款项；

④ 按照合同约定在合同解除前应支付的违约金；

⑤ 按照合同约定应当支付给承包人的其他款项；

⑥ 按照合同约定应退还的质量保证金；

⑦ 因解除合同给承包人造成的损失。

3. 因承包人违约解除合同

（1）承包人违约的情形

在合同履行过程中发生的下列情形，属于承包人违约：

① 承包人违反合同约定进行转包或违法分包的；

② 承包人违反合同约定采购和使用不合格的材料和工程设备的；

③ 因承包人原因导致工程质量不符合合同要求的；

④ 承包人违反"材料与设备专用要求"的约定，未经批准，私自将已按照合同约定进入施工现场的材料或设备撤离施工现场的；

⑤ 承包人未能按施工进度计划及时完成合同约定的工作，造成工期延误的；

⑥ 承包人在缺陷责任期及保修期内，未能在合理期限对工程缺陷进行修复，或拒绝按发包人要求进行修复的；

⑦ 承包人明确表示或者以其行为表明不履行合同主要义务的；

⑧ 承包人未能按照合同约定履行其他义务的。

（2）发包人有权解除合同情形

① 承包人发生除本项上述第⑦目约定以外的其他违约情况时，监理人可向承包人发出整改通知，要求其在指定的期限内改正。

② 出现"承包人违约的情形"上述第⑦目约定的违约情况时，或监理人发出整改通知后，承包人在指定的合理期限内仍不纠正违约行为并致使合同目的不能实现的，发包人有权解除合同。

（3）因承包人违约解除合同后的处理

① 因承包人原因导致合同解除的，则合同当事人应在合同解除后 28 天内完成估价、付款和清算。

② 因承包人违约解除合同的，发包人有权要求承包人将其为实施合同而签订的材料和设备的采购合同的权益转让给发包人，承包人应在收到解除合同通知后 14 天内，协助发包人与采购合同的供应商达成相关的转让协议。

◆ **考法：合同解除的价款结算与支付规定**

【例题 1 · 多选题】由于不可抗力致使合同无法履行解除合同的，发包人应向承包人支付合同解除之日前已完成工程但尚未支付的合同价款，此外，还应支付的金额包括（　　）。

A. 按照合同约定应退还的质量保证金

B. 发包人要求承包人退货而产生的费用

C. 承包人为合同工程合理订购且已交付的材料和工程设备货款

D. 承包人撤离施工现场的费用

E. 承包人遣散相关人员的费用

【答案】A、B、C、E

【解析】掌握因不可抗力解除合同的价款结算与支付的规定。

【例题 2 · 2018 年真题 · 单选题】根据《建设工程施工合同（示范文本）》（GF—2017—0201），下列可能引起合同解除的事件中，属于发包人违约的情形是（　　）。

A. 因发包人所在国发生动乱导致合同无法履行连续超过 100 天

B. 因罕见暴雨导致合同无法履行连续超过了 20 天

C. 承包人未按进度计划及时完成合同约定工作

D. 因发包人原因未能在计划开工日期前 7 天下达开工通知

【答案】D

【解析】本题的考核点是合同解除的价款结算与支付。

因发包人违约解除合同，发包人违约的情形有：（1）因发包人原因未能在计划开工日期前 7 天内下达开工通知；（2）因发包人原因未能按合同约定支付合同价款；……

核心考点二　合同价款争议解决

1. 合同价款争议解决方式

（1）和解；（2）调解；（3）争议评审；（4）仲裁或诉讼。

2. 建设工程造价鉴定

按《建设工程造价鉴定规范》GB/T 51262—2017，在诉讼或仲裁案件中，需要对工程造价进行鉴定的，必须执行该规范。了解以下各项争议鉴定的方法。

（1）计量争议的鉴定；

（2）计价争议的鉴定；

（3）索赔争议的鉴定；

（4）签证争议的鉴定；

（5）合同解除争议的鉴定。

◆ **考法：建设工程造价鉴定的相关规定**

【例题 1 · 2019 年真题 · 单选题】根据《建设工程造价鉴定规范》GB/T 51262—2017，

由于承包人违约导致合同解除的费用争议，鉴定人出具的鉴定意见应包括的费用是
（　　）。

  A. 完成永久工程的价款

  B. 遣散人员的费用

  C. 撤离现场的费用

  D. 已付款的材料等物品金额（归承包人所有）

【答案】A

【解析】本题的考核点是建设工程造价鉴定的相关规定。

  因承包人违约导致合同解除的费用争议，鉴定意见应包括以下费用：（1）完成永久工程的价款；（2）已付款的材料设备等物品的金额（付款后归发包人所有）；（3）临时设施的摊销费用；（4）现场签证、索赔及其他应支付的费用；（5）赔偿发包人的违约费用。

  【例题2·2019年真题·多选题】根据《建设工程造价鉴定规范》GB/T 51262—2017，关于计量争议鉴定的说法，正确的有（　　）。

  A. 在鉴定项目图纸完备，当事人对计量依据存在争议，合同专用条款没有明确约定且无国家标准的，鉴定人应以相关工程行业标准或地方标准规定计量

  B. 当事人一方对另一方的计量结果提出异议但未提供具体证据的，鉴定人应按原计量结果进行鉴定

  C. 当事人签订的总价合同对工程计量没有约定的，鉴定人应对整个工程的工程量进行鉴定

  D. 当事人一方对另一方的计量结果提出异议又提出具体证据的，鉴定人应复核并依据复核结果进行鉴定

  E. 合同当事人签订的总价合同对工程计量有约定的，鉴定人应按约定进行鉴定

【答案】A、B、D、E

【解析】本题的考核点是建设工程造价鉴定的相关内容。

  按《建设工程造价鉴定规范》GB/T 51262—2017，在诉讼或仲裁案件中，需要对工程造价进行鉴定的，必须执行该规范。其中，关于计量争议的鉴定规定：

  （1）在鉴定项目图纸完备，当事人就计量依据发生争议，鉴定人应以现行相关工程国家计量规范规定的工程量计算规则计量；无国家标准的，按行业标准或地方标准计量。但当事人在合同专用条款中明确约定了计量规则的除外。

  （2）一方当事人对双方当事人已经签认的某一工程项目的计量结果有异议的，鉴定人应按以下规定进行鉴定：① 当事人一方仅提出异议未提供具体证据的，按原计量结果进行鉴定；② 当事人一方既提出异议又提出具体证据的，应复核或进行现场勘验，按复核后的计量结果进行鉴定。

  （3）当事人就总价合同计量发生争议的，总价合同对工程计量有约定的，按约定进行鉴定，没有约定的，仅就工程变更部分进行鉴定。

  【例题3·2020年真题·单选题】根据《建设工程造价鉴定规范》GB/T 51262—2017，下列现场签证争议鉴定的做法，正确的是（　　）。

A. 现场签证只有总价而无明细表述的，按总价款计算

B. 现场签证明确了人工、材料、机械台班数量及其价格的，按签证的数量和计日工的价格计算

C. 现场签证只有用工数量没有人工单价的，其人工单价比照鉴定项目相应工程人工单价计算

D. 现场签证只有材料和机械台班用量没有价格的，其材料和台班价格按照鉴定项目相应工程的材料和台班单价适当上浮计算

【答案】A

【解析】本题的考核点是建设工程造价鉴定的相关规定。

根据《建设工程造价鉴定规范》GB/T 51262—2017，当事人因现场签证费用发生争议，鉴定人应按以下规定进行鉴定：

（1）现场签证明确了人工、材料、机械台班数量及其价格的，按签证的数量和价格计算；（2）现场签证只有用工数量没有人工单价的，其人工单价按照工作技术要求比照鉴定项目相应工程人工单价适当上浮计算；（3）现场签证只有材料和机械台班用量没有价格的，其材料和台班价格按照鉴定项目相应工程材料和台班价格计算；（4）现场签证只有总价款而无明细表述的，按总价款计算。

1Z103080 国际工程投标报价

核 心 内 容 提 纲

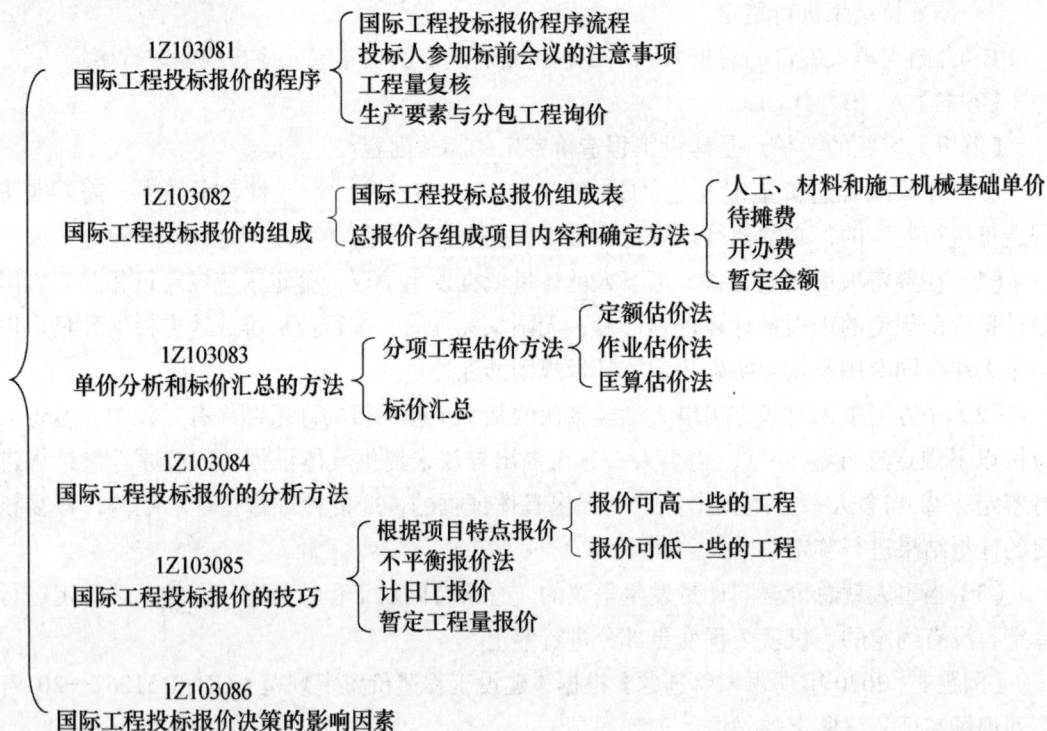

1Z103081
国际工程投标报价的程序
{
  国际工程投标报价程序流程
  投标人参加标前会议的注意事项
  工程量复核
  生产要素与分包工程询价
}

1Z103082
国际工程投标报价的组成
{
  国际工程投标总报价组成表
  总报价各组成项目内容和确定方法
  {
    人工、材料和施工机械基础单价
    待摊费
    开办费
    暂定金额
  }
}

1Z103083
单价分析和标价汇总的方法
{
  分项工程估价方法
  {
    定额估价法
    作业估价法
    匡算估价法
  }
  标价汇总
}

1Z103084
国际工程投标报价的分析方法

1Z103085
国际工程投标报价的技巧
{
  根据项目特点报价
  {
    报价可高一些的工程
    报价可低一些的工程
  }
  不平衡报价法
  计日工报价
  暂定工程量报价
}

1Z103086
国际工程投标报价决策的影响因素

核 心 考 点 剖 析

1Z103081 国际工程投标报价的程序

核心考点一 国际工程投标报价程序流程

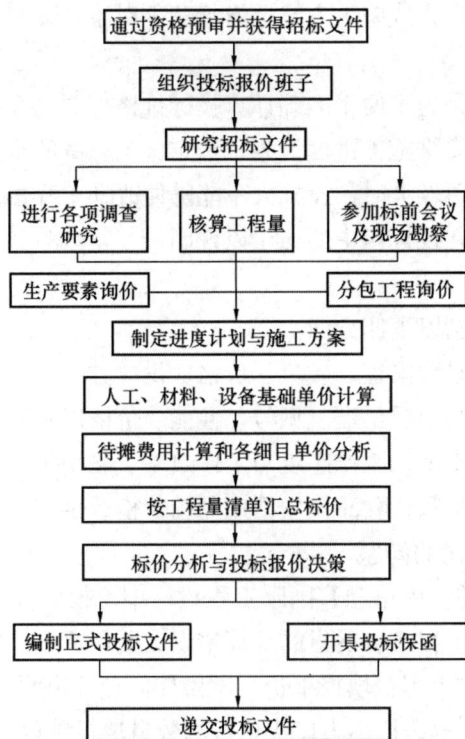

```
                  通过资格预审并获得招标文件
                           ↓
                      组织投标报价班子
                           ↓
                       研究招标文件
                           ↓
        ┌──────────────────┼──────────────────┐
   进行各项调查          核算工程量          参加标前会议
     研究                                  及现场勘察
        ↓                                      ↓
    生产要素询价 ──────────────────────── 分包工程询价
                           ↓
                   制定进度计划与施工方案
                           ↓
               人工、材料、设备基础单价计算
                           ↓
               待摊费用计算和各细目单价分析
                           ↓
                   按工程量清单汇总标价
                           ↓
                   标价分析与投标报价决策
                           ↓
        ┌──────────────────┴──────────────────┐
   编制正式投标文件                        开具投标保函
        └──────────────────┬──────────────────┘
                           ↓
                      递交投标文件
```

◆**考法：工作的顺序**

【例题·2014 年真题·单选题】按照国际工程投标报价的程序，投标人在标前会议之前应该进行的工作是（   ）。

A. 分包工程询价 　　　　　　　　　B. 人工、材料、机械基础单价计算

C. 生产要素询价 　　　　　　　　　D. 进行各项调查研究

【答案】D

【解析】本题的考核点是国际工程投标报价的程序。

核心考点二 在国际工程投标报价程序中投标人应注意的问题

1. 组织投标报价班子。一个好的投标报价班子的成员应由经济管理类人才、专业技术类人才、商务金融类人才、合同管理类人才组成。

2. 标前会议。参加标前会议应注意以下几点：

（1）对工程内容范围不清的问题应当提请说明，但不要表示或提出任何修改设计方案的要求。

（2）对招标文件中图纸与技术说明互相矛盾之处，可请求说明应以何者为准，但不要轻易提出修改技术要求。如果自己确实能提出对业主有利的修改方案，可在投标报价时提

出，并做出相应的报价供业主选择而不必在会议中提出。

（3）对含糊不清、容易产生歧义理解的合同条件，可以请求给予澄清、解释，但不要提出任何改变合同条件的要求。

（4）投标人应注意提问的技巧，不要批评或否定业主在招标文件中的有关规定，提问的问题应是招标文件中比较明显的错误或疏漏，不要将对己方有利的错误或疏漏提出来，也不要将己方机密的设计方案或施工方案透露给竞争对手。

3. 工程量复核。

（1）工程量复核不仅是为了便于准确计算投标价格，更是今后在实施工程中测量每项工程量的依据，同时也是安排施工进度计划、选定施工方案的重要依据。

（2）当发现遗漏或相差较大时，投标人不能随便改动工程量，仍应按招标文件的要求填报自己的报价，但可另在投标函中适当予以说明。

4. 生产要素询价

生产要素询价主要包括以下四方面：

（1）主要建筑材料的采购渠道、质量、价格、供应方式。

（2）施工机械的采购与租赁渠道、型号、性能、价格以及零配件的供应情况。

（3）当地劳务的技术水平、工作态度与工作效率、雇用价格与手续。

（4）当地的生活费用指数、食品及生活用品的价格、供应情况。

◆ 考法：投标人应注意的问题

【例题1·2019年真题·单选题】国际工程投标中，投标人在投标截止日前一天发现招标工程量清单中某分项工程量有明显的计算错误，则最适宜采取的做法是（　　）。

A. 按照施工中可能的工程量填报单价，不做任何额外说明

B. 电话咨询招标人，根据招标人口头认可的数量填报单价

C. 按照投标人修正的工程量填报单价，另在投标致函中予以说明

D. 按照原招标文件的工程量填报单价，另在投标致函中予以说明

【答案】D

【解析】本题的考核点是国际工程投标报价时工程量复核的处理技巧。

在进行工程量复核时，发现遗漏或相差较大时，投标人不能随便改动工程量，仍应按招标文件的要求填报自己的报价，但可另在投标函中适当予以说明。

【例题2·2017年真题·多选题】投标人在国际工程投标的标前会议上的做法，正确的有（　　）。

A. 对招标文件中图纸与技术说明矛盾之处，提出己方的修改建议

B. 提出对业主有利的设计方案修改建议

C. 对工程内容范围不清的问题请业主做出说明

D. 对容易产生歧义理解的合同条件，请业主给予解释

E. 详细阐述己方施工方案的优势和竞争力

【答案】C、D

【解析】本题的考核点是国际工程投标报价的程序中投标人参加标前会议应注意的问题。

1Z103082 国际工程投标报价的组成

核心考点一 国际工程投标报价的组成

国际工程投标总报价组成			
	人工费		
	材料费		
	施工机具使用费		
	待摊费	现场管理费	工作人员费
			办公费
			差旅交通费
			文体宣教费
			固定资产使用费
			国外生活设施使用费
			工具用具使用费
			劳动保护费
			检验试验费
			其他费用
		其他待摊费	临时设施工程费
			保险费
			税金
			保函手续费
			经营业务费
			工程辅助费
			贷款利息
			总部管理费
			利润
			风险费
	开办费		
	分包工程费	分包报价	
		总包管理费和利润	
	暂定金额（招标人备用金）		

国际工程投标报价要准确划分报价项目和待摊费用项目。报价项目就是工程量清单上所列的项目。待摊费用项目不在工程量清单上出现，而是作为报价项目的价格组成因素隐含在每项综合单价之内。

◆**考法：国际工程投标报价的组成**

【例题 1·2020 年真题·单选题】国际工程投标报价时，下列施工现场办公费的处理方式，正确的是（　　）。

A. 按照其费用性质分别计入相应分项工程的人工费、材料费或机具费

B. 作为待摊费分摊到工程量清单的各个报价分项中

C. 作为待摊费用单列并计入投标总报价

D. 作为开办费单列并计入投标总报价

【答案】B

【解析】本题的考核点是国际工程投标总报价组成中相关项目的计价方法。

施工现场办公费属于国际工程投标总报价中的待摊费。国际工程投标报价要准确划分报价项目和待摊费用项目。待摊费用项目不在工程量清单上出现，而是作为报价项目的价格组成因素分摊到工程量清单的各个报价分项中去。

【例题 2·2016 年真题·单选题】国际工程投标报价时，对于预计施工现场发生的办公费，正确的做法是（　　）。

A. 作为待摊费用摊入到工程量表的各计价分项价格中

B. 作为待摊费用单列并计入投标总标价

C. 作为开办费单列并计入投标总报价

D. 按照其费用性质分别计入相应分项工程的人工费、材料费或机具费

【答案】A

【解析】本题的考核点是国际工程投标报价组成内容。

施工现场发生的办公费属于待摊费用。

核心考点二　国际工程投标报价组成项目的相关内容

1. 工日基价。工日基价是指国内派出的工人和在工程所在国招募的工人，每个工作日的平均工资。一般来说，在分别计算这两类工人的工资单价后，再考虑功效和其他一些有关因素以及人数，加权平均即可算出工日工资基价。

2. 材料、半成品和设备预算价格的计算。

（1）当地采购。在工程所在国当地采购的材料设备，其预算价格应为施工现场交货价格。通常按下式计算：

$$预算价格＝市场价＋运输费＋采购保管损耗$$

（2）国内供应。通常按下式计算：

$$材料、设备价格＝到岸价＋海关税＋港口费＋运杂费＋保管费$$
$$＋运输保管损耗＋其他费用$$

（3）从第三国采购。从第三国采购的材料、设备价格，其预算价格的计算方法类似于国内供应材料、设备价格的计算。

3. 暂定金额。暂定金额是业主在招标文件中明确规定了数额的一笔资金，标明用于工程施工，或供应货物与材料，或提供服务，或以应付意外情况，亦称待定金额或备用金。每个承包商在投标报价时均应将此暂定金额数计入工程总报价，但承包商无权做主使用此金额，这些项目的费用将按照业主工程师的指示与决定，全部或部分使用。

◆考法：国际工程投标总报价组成项目的相关内容

【例题 1·2019 年真题·单选题】某国际工程，业主方在施工招标文件中规定了 500

万元的暂定金额，则承包商对该笔暂定金额的正确处理方式是（　　）。

　　A. 不计入投标总价，发生时由工程师决定是否使用

　　B. 计入投标总报价，并有权自主使用

　　C. 计入投标总报价，但无权自主决定使用

　　D. 不计入投标总价，在实际发生时由业主支付

【答案】C

【解析】本题的考核点是国际工程投标报价时暂定金额的报价规则。

【例题2·2018年真题·单选题】国际工程投标报价时，在工程所在国当地采购的材料设备，其预算价格应包括材料设备市场价、运输费和（　　）。

　　A. 采购保管损耗费　　　　　　　　　B. 港口费

　　C. 样品费　　　　　　　　　　　　　D. 银行手续费

【答案】A

【解析】本题的考核点是国际工程投标总报价组成的相关内容。

　　在工程所在国当地采购的材料设备，其预算价格应为施工现场交货价格。通常按下式计算：预算价格＝市场价＋运输费＋采购保管损耗

【例题3·多选题】关于国际工程招标中暂定金额的说法，正确的有（　　）。

　　A. 承包商在投标报价时应将暂定金额在总报价之外单列

　　B. 暂定金额的数量一般由业主在招标文件中明确

　　C. 承包商在施工中无权做主使用暂定金额

　　D. 暂定金额应按照业主工程师的指令与决定，全部或部分使用

　　E. 暂定金额只能用于应对意外情况引起的损失

【答案】B、C、D

【解析】本题的考核点是暂定金额的相关规定。

1Z103083　单价分析和标价汇总的方法

核心考点　单价分析和标价汇总的方法

1. 分项工程单价的概念

（1）也称为工程量单价，是指工程量清单上所列项目的单价。

（2）分项工程单价的计算是工程估价中最重要的基础工作。

（3）分项工程单价通常为综合单价。

2. 分项工程人、料、机费用的估价方法

（1）定额估价法。使用定额估价法时，应具备较准确的人工、材料、机械台班的消耗定额以及人工、材料和机械台班的使用单价。一般拥有较可靠定额标准的企业，定额估价法应用较为广泛。

　　应用定额估价法是以定额消耗标准为依据，并不考虑作业的持续时间

（2）作业估价法。当机械设备所占比重较大，适用均衡性较差，机械设备搁置时间过长而使其费用增大，而这种机械搁置而又无法在定额估价中给予恰当的考虑时，这时就应

采用作业估价法进行计算更为合适。

为保证估价的正确和合理性，作业估价法应包括：制定施工计划，计算各项作业的资源费用等。

（3）匡算估价法。采用这种方法，估价师的实际经验直接决定了估价的准确程度。因此，往往适用于工程量不大，所占费用比例较小的那部分分项工程。

3. 标价汇总

$$总标价＝分项工程合价＋分包工程总价＋暂定金额$$

◆**考法：分项工程单价分析的方法多项选择题**

【例题·2018年真题·多选题】关于国际工程投标报价中分项工程单价分析的说法，正确的有（   ）。

A. 具有可靠定额标准的企业必须采用定额估价法进行单价分析计算

B. 机械搁置时间过长又无法在定额估价中给予恰当考虑时，采用作业估价法计算机械费用更合适

C. 匡算估价法适合于工程量较大并且所占费用比例较大的分项工程

D. 为保证估价的正确与合理性，作业估价法的内容应包括制定施工计划和计算各项作业的资源费用等

E. 采用作业估价法进行单价分析，估价师的实际经验直接决定估价的准确程度

【答案】B、D

【解析】本题的考核点是国际工程投标报价时分项工程单价分析方法。

1Z103084　国际工程投标报价的分析方法

核心考点　国际工程投标报价的分析方法

1. 对比分析

标价的对比分析是依据在长期的工程实践中积累的大量的经验数据，用类比的方法，从宏观上判断计算标价（结构）的合理性。

2. 动态分析

标价的动态分析是假定某些因素发生变化，测算标价的变化幅度，特别是这些变化对目标利润的影响。

该项分析类似于项目投资的敏感性分析，主要考虑工期延误、物价和工资上涨以及其他可变因素（如汇率、贷款利率的变化、政策法规的变化等）的影响，通过对于各项价格构成因素的浮动幅度进行综合分析，从而为选定投标报价的浮动方向和浮动幅度提供一个科学的、符合客观实际的范围，并为盈亏分析提供量化依据，明确投标项目预期利润的受影响水平。

◆**考法：国际工程投标报价的动态分析**

【例题·多选题】国际工程投标报价前，对估价人员算出的暂时标价进行动态分析时要考虑的因素有（   ）。

A. 工期延误的影响　　　　　　　　B. 分项工程量变化的影响

C. 地质勘察资料错误的影响　　　　　D. 物价和工资上涨的影响

E. 汇率、贷款利率变化的影响

【答案】A、D、E

【解析】本题考查国际工程投标报价的动态分析。

1Z103085　国际工程投标报价的技巧

核心考点　国际工程投标报价的技巧

1. 报价可高一些的工程

（1）施工条件差的工程。

（2）专业要求高的技术密集型工程，而本公司在这方面有专长，声望也较高。

（3）总价低的小型工程以及自己不愿做、又不方便不投标的工程。

（4）特殊的工程，如港口码头、地下开挖工程等。

（5）工期要求急的工程。

（6）竞争对手少的工程。

（7）支付条件不理想的工程。

2. 报价可低一些的工程

（1）施工条件好的工程。

（2）工作简单、工程量大而一般公司都可以做的工程。

（3）本公司目前急于打入某一市场、某一地区，或在该地区面临工程结束，机械设备等无工地转移时。

（4）本公司在附近有工程，而本项目又可利用该工地的设备、劳务，或有条件短期内突击完成的工程。

（5）竞争对手多，竞争激烈的工程。

（6）非急需工程。

（7）支付条件好的工程。

3. 不平衡报价法的运用

（1）能够早日结账收款的项目（如开办费、土石方工程、基础工程等）可以报得高一些，以利资金周转，后期工程项目（如机电设备安装工程，装饰工程等）可适当降低。

（2）经过工程量核算，预计今后工程量会增加的项目，单价适当提高，这样在最终结算时可获得超额利润，而将工程量可能减少的项目单价降低，工程结算时损失不大。

（3）设计图纸不明确，估计修改后工程量要增加的，可以提高单价，而工程内容说明不清的，则可降低一些单价。

4. 计日工的报价技巧

（1）如果是单纯对计日工报价，可以报高一些，以便在日后业主用工或使用机械时可以多盈利。

（2）但如果招标文件中有一个假定的"名义工程量"时，则需要具体分析是否报高价，以免提高总报价。

总之，要分析业主在开工后可能使用的计日工数量确定报价方针。

5. 暂定工程量的报价技巧

（1）暂定工程量有三种：

1）第一种是业主规定了暂定工程量的分项内容和暂定总价款，并规定所有投标人都必须在总报价中加入这笔固定金额，但由于分项工程量不很准确，允许将来按投标人所报单价和实际完成的工程量付款。

2）第二种是业主列出了暂定工程量的项目和数量，但并没有限制这些工程量的估价总价款，要求投标人既列出单价，也应按暂定项目的数量计算总价，当将来结算付款时可按实际完成的工程量和所报单价支付。

3）第三种是只有暂定工程的一笔固定总金额，将来这笔金额做什么用，由业主确定。

（2）报价技巧

1）第一种情况，由于暂定总价款是固定的，对各投标人的总报价水平竞争力没有任何影响，因此，投标时应当对暂定工程量的单价适当提高。

2）第二种情况，投标人必须慎重考虑。如果单价定高了，同其他工程量计价一样，将会增大总报价，影响投标报价的竞争力；如果单价定低了，将来这类工程量增大，将会影响收益。一般来说，这类工程量可以采用正常价格。如果承包商估计今后实际工程量肯定会增大，则可适当提高单价，使将来可增加额外收益。

3）第三种情况对投标竞争没有实际意义，按招标文件要求将规定的暂定款列入总报价即可。

◆ **考法：国际工程投标报价的技巧**

【例题1·2013年真题·单选题】国际工程项目招标中，如果业主规定了暂定工程量的分项内容和暂定总价款，且规定所有投标人都必须在总报价中加入这笔固定金额，则投标人对该暂定工程的报价策略是（   ）。

A. 单价可适当降低　　　　　　　　B. 总价应适当降低

C. 单价可适当提高　　　　　　　　D. 总价可适当提高

【答案】C

【解析】掌握国际招标项目暂定金额的报价技巧。

【例题2·2018年真题·单选题】国际工程投标报价时，考虑工程项目的不同特点、类别、施工条件等情况宜采用低价策略的情形是（   ）。

A. 支付条件好的工程　　　　　　　B. 专业要求高的技术密集型工程

C. 竞争对手少的工程　　　　　　　D. 工期要求急的工程

【答案】A

【解析】本题的考核点是国际工程投标报价技巧的相关内容。

【例题3·2013年真题·单选题】关于工程量清单招标中计日工报价技巧的说法，正确的是（   ）。

A. 单纯对计日工报价应保底价

B. 招标文件中有名义工程量的计日工应报高价

C. 招标文件中有名义工程量的计日工应报低价

D. 单纯对计日工报价应报高价

【答案】D

【解析】本题的考核点是国际工程投标报价中计日工的报价技巧。

【例题4·2019年真题·多选题】在国际工程报价中，投标人为了既不提高总报价，又能在结算中获得更理想的经济效益，运用不平衡报价法时，可以适当偏高报价的有（　　）。

A. 能早日结账收款的工程项目

B. 经核算预计今后工程量会增加较多的项目

C. 因设计图纸不明确可能导致工程量增加的项目

D. 预计不可能完全实施的早期工程项目

E. 预计工程量可能减少的后期工程项目

【答案】A、B、C

【解析】本题的考核点是国际工程报价技巧的不平衡报价法的运用。

1Z103086　国际工程投标报价决策的影响因素

核心考点　国际工程投标报价决策影响因素

（1）成本估算的准确性；（2）期望利润；（3）市场条件；（4）竞争程度；（5）风险偏好。

◆考法：国际工程投标报价决策的影响因素

【例题·2013年真题·多选题】影响国际工程投标报价决策的因素主要有（　　）。

A. 竞争程度　　　　　　　　　　B. 风险偏好

C. 成本估算的准确性　　　　　　D. 市场条件

E. 评标人员组成

【答案】A、B、C、D

【解析】本题考查国际工程投标报价决策的影响因素。

本章模拟强化练习

1Z103010　建设项目总投资

1. 在下列各项中，属于工程项目建设投资的有（　　）。

A. 建设期利息　　　　　　　　　B. 设备及工器具购置费

C. 预备费　　　　　　　　　　　D. 流动资产投资

E. 工程建设其他费

2. 按人民币计算，某进口设备离岸价为1000万元，到岸价1050万元，银行财务费5万元，外贸手续费15万元，进口关税70万元，增值税税率13%，不考虑消费税，则该设备的抵岸价为（　　）万元。

A. 1285.60   B. 1271.90

C. 1321.90   D. 1330.40

3. 某采用装运港船上交货价的进口设备，货价为 1000 万元人民币，国外运费为 90 万元人民币，国外运输保险费为 10 万元人民币，进口关税为 150 万元人民币。则该设备的到岸价为（   ）万元人民币。

A. 1090   B. 1100

C. 1150   D. 1250

4. 下列建设投资中，属于项目静态投资的是（   ）。

A. 基本预备费   B. 建设期间新增税费

C. 价差预备费   D. 建设期利息

5. 估算设备工器具购置费时，国产标准设备运杂费的构成包括（   ）。

A. 交货地点至工地仓库的运费和装卸费   B. 设备出厂价格中未包含的包装材料费

C. 供销部门手续费   D. 采购与仓库保管费

E. 设备进场费

6. 下列建设工程项目相关费用中，属于工程建设其他费用的是（   ）。

A. 专项评价费   B. 建筑安装工程费

C. 设备及工器具购置费   D. 预备费

7. 某建设工程项目的设备及工器具购置费为 2500 万元，建筑安装工程费为 2000 万元，工程建设其他费为 1500 万元，基本预备费率为 10%，则该项目的基本预备费为（   ）万元。

A. 200   B. 400

C. 600   D. 450

8. 编制建设项目投资估算时，考虑项目在实施中可能会发生设计变更增加工程量，投资计划中需要事先预留的费用是（   ）。

A. 涨价预备费   B. 铺底流动资金

C. 基本预备费   D. 工程建设其他费用

9. 根据现行《建筑安装工程费用项目组成》（建标〔2013〕44 号），企业按规定为职工缴纳的基本养老保险属于（   ）。

A. 规费   B. 企业管理费

C. 措施费   D. 人工费

10. 某施工材料采购原价为 190 元／吨，运杂费为 40 元／吨，运输损耗率为 1%，采购保管费率为 3%，则该材料的单价为（   ）元／吨。

A. 234.28   B. 237.66

C. 239.20   D. 239.27

11. 某施工机械购置费为 120 万元，折旧年限为 6 年，年平均工作 250 个台班，预计净残值率为 3%，按工作台班法提取折旧，该机械台班折旧费为（   ）元。

A. 800   B. 776

C. 638

D. 548

12. 施工企业按照规定标准对采购的建筑材料进行一般性鉴定，检查发生的费用应计入（　　）。

A. 材料费

B. 企业管理费

C. 人工费

D. 措施项目费

13. 下列费用中，属于建筑安装工程费中措施项目费的是（　　）。

A. 施工机具使用费

B. 暂列金额

C. 工程定位复测费

D. 工程排污费

14. 根据《建筑安装工程费用项目组成》（建标〔2013〕44号）下列费用中，属于规费的有（　　）。

A. 工伤保险费

B. 安全施工费

C. 环境保护费

D. 住房公积金

E. 劳动保护费

15. 按照费用构成要素划分，下列各项中不应归入建筑安装工程费用中的人工费的一项是（　　）。

A. 生产工人停工学习期间的工资

B. 生产工人劳动保护费

C. 节约奖和劳动竞赛奖

D. 计时工资或计件工资

16. 按照费用构成要素划分，下列各项中应属于建筑安装工程费用中的企业管理费的项目是（　　）。

A. 劳动保护费

B. 职工福利费

C. 劳动保险费

D. 城市维护建设税

E. 法律顾问费

17. 在施工过程中，承包人完成发包人提出的施工图纸以外的零星项目或工作所需的费用是指（　　）。

A. 暂列金额

B. 措施费

C. 暂估价

D. 计日工

18. 下列建设工程投资费用中，属于工程建设其他费用中的场地准备及临时设施费的有（　　）。

A. 施工单位场地平整费

B. 建设单位临时设施费

C. 环境影响评价费

D. 遗留设施拆除清理费

E. 施工单位临时设施费

19. 某施工企业投标报价时确定企业管理费费率以人工费为基础计算。据统计资料，该施工企业生产工人年平均管理费为1.2万元，年有效施工天数为240天，人工单价为300元/天，人工费占分部分项工程费的比例为75%。则该企业的企业管理费费率应为（　　）。

A. 12.15%

B. 12.50%

C. 16.67%

D. 22.22%

20. 根据《建筑安装工程费用项目组成》（建标〔2013〕44号），工程施工中所使用的仪器仪表的维修费用应计入（　　　　）。

A. 工具用具使用费　　　　　　　　B. 固定资产使用费

C. 企业管理费　　　　　　　　　　D. 施工机具使用费

21. 根据《建筑安装工程费用项目组成》（建标〔2013〕44号），以定额人工费为计费基础的规费有（　　　　）。

A. 养老保险费　　　　　　　　　　B. 医疗保险费

C. 劳动保险费　　　　　　　　　　D. 工伤保险费

E. 住房公积金

22. 估算建设项目设备购置费时，可直接作为设备原价的有（　　　　）。

A. 国产标准设备出厂价　　　　　　B. 国产标准设备订货合同价

C. 国产非标准设备成本价　　　　　D. 进口设备抵岸价

E. 进口设备出厂价

23. 下列费用中，可计入联合试运转费的是（　　　　）。

A. 单台设备安装时的调试费

B. 支付给参加试运转专家的指导费

C. 建设单位参加试运转人员的工资

D. 建设单位招募试运转的生产工人发生的招聘费用

24. 某工程项目，建设期为2年，共向银行借款5000万元，其中第1年借入2000万元，第2年借入3000万元，年利率均为6%，借款在各年内均衡使用，建设期内只计息不付息，则建设期第2年应计利息为（　　　　）万元。

A. 300.00　　　　　　　　　　　　B. 273.60

C. 213.60　　　　　　　　　　　　D. 180.00

25. 下列费用中，属于建筑安装工程人工费的有（　　　　）。

A. 生产工人的技能培训费用　　　　B. 生产工人的流动施工津贴

C. 生产工人的增收节支奖金　　　　D. 生产工人在法定节假日的加班工资

E. 项目部管理人员的计时工资

26. 关于建设项目场地准备及临时设施费的说法，正确的有（　　　　）。

A. 场地准备及临时设施费包括建设场地的大型土石方工程费

B. 场地准备及临时设施费包括建设单位临时设施费和施工单位临时设施费

C. 扩建项目的场地准备及临时设施费一般只计拆除清理费

D. 新建项目的场地准备及临时设施费可根据实际工程量估算

E. 场地准备及临时设施费属于建筑安装工程费用

27. 某项目建设期为2年，共向银行借款10000万元，借款年利率为6%。第1和第2年借款比例均为50%。借款在各年内均衡使用，建设期内只计息不付息。则编制投资估算时该项目建设期利息总和为（　　　　）万元。

A. 300　　　　　　　　　　　　　　B. 450

C. 459   D. 609

28. 下列建设项目总投资中，属于动态投资部分的是（　　）。

A. 预备费和铺底流动资金   B. 价差预备费和建设期利息

C. 工程建设其他费和铺底流动资金   D. 建设期利息和铺底流动资金

29. 施工企业按规定标准发放的工作服、手套、防暑降温饮料等发生的费用，应计入建筑安装工程费中的（　　）。

A. 津贴补贴   B. 特殊情况下支付的工资

C. 劳动保护费   D. 劳动保险费

30. 发包人为验证某结构构件的安全性，要求承包人对结构构件进行破坏性试验发生的费用属于（　　）。

A. 固定资产使用费   B. 研究试验费

C. 施工机具校验费   D. 检验试验费

31. 下列施工中发生的与材料有关的费用，属于建筑安装工程费中材料费的是（　　）。

A. 对原材料进行一般鉴定、检查所发生的费用

B. 原材料在运输装卸过程中不可避免的损耗费

C. 施工机械场外运输所需的辅助材料费

D. 机械设备日常保养所需的材料费用

32. 关于联合试运转费的说法，正确的有（　　）。

A. 联合试运转费包括在试运转中暴露出来的因施工原因发生的处理费用

B. 不发生试运转或试运转收入大于费用支出的工程，不列联合试运转费

C. 当联合试运转收入小于试运转支出时，联合试运转费＝联合试运转费用支出－联合试运转收入

D. 联合试运转费包括单台设备的调试费

E. 联合试运转支出包括施工单位参加试运转的人工费、专家指导费

33. 采用简易计税方法计算建筑业增值税应纳税额时，增值税征收率为（　　）。

A. 6%   B. 9%

C. 13%   D. 3%

1Z103020　建设工程定额

1. 建筑安装工程材料损耗率一般采用（　　）计算确定。

A. 技术测定法   B. 比较类推法

C. 观察法或统计法   D. 经验估计法

2. 国家定额是由（　　）综合全国工程建设中技术和施工组织管理的状况编制和发布。

A. 国家建设行政主管部门   B. 行业建设行政主管部门

C. 地区建设行政主管部门   D. 施工企业

3. 在人工定额编制时，不属于计时测定的方法的有（　　）等。

A. 写实记录法　　　　　　　　　　　B. 测时法

C. 背诵法　　　　　　　　　　　　　D. 工作日写实法

4. 材料消耗定额是在合理和节约使用材料的条件下，生产单位质量（　　）产品所必须消耗的一定规格的材料、成品、半成品和水、电等资源的数量标准。

A. 低劣　　　　　　　　　　　　　　B. 合格

C. 高档　　　　　　　　　　　　　　D. 低档

5. 关于建设工程定额，下列各选项中正确的有（　　）。

A. 行业定额一般只在本行业的范围内使用

B. 国家定额在全国范围内执行

C. 地区定额仅在本地区范围内使用

D. 企业定额只在本企业内部使用

E. 补充定额只能在指定的范围内使用

6. 关于人工定额形式，下列各选项正确的有（　　）。

A. 每工产量＝1/ 单位产品时间定额（工日）

B. 时间定额 × 产量定额＝1

C. 综合时间定额＝Σ各单项（工序）时间定额

D. 综合产量定额＝1/ 综合时间定额（工日）

E. 时间定额＋产量定额＝1

7. 材料消耗定额中不可避免的消耗一般以损耗率表示：（　　）。

A. 损耗率＝损耗量 / 材料消耗定额 ×100%

B. 损耗率＝损耗量 / 净用量 ×100%

C. 损耗率＝损耗量 /（净用量＋损耗量）×100%

D. 损耗率＝损耗量 /（净用量－损耗量）100%

8. 编制人工定额时，工人在工作班内消耗的工作时间属于损失时间的是（　　）。

A. 停工时间　　　　　　　　　　　　B. 休息时间

C. 准备与结束工作时间　　　　　　　D. 不可避免中断时间

9. 预算定额是以（　　）为对象编制的。

A. 同一性质的施工过程工序　　　　　B. 建筑物或构筑物各个分部分项工程

C. 扩大的部分分项工程　　　　　　　D. 独立的单项工程或完整的工程项目

10. 测定材料消耗定额时，定额中的损耗量是指操作过程中不可避免的废料和损耗以及不可避免的（　　）。

A. 施工现场内运输损耗和场外运输损耗　　B. 采购过程中的计量误差

C. 保管过程中的损耗　　　　　　　　D. 施工现场内运输损耗

11. 施工企业成本核算或投标报价时，周转性材料消耗量指标应根据（　　）来确定。

A. 第二次使用时需要的补充量　　　　B. 摊销量

C. 最终回收量　　　　　　　　　　　D. 一次使用量

12. 根据生产技术和施工组织条件，对施工过程中各工序采用一定的方法测出其工时消耗等数据，再对所获得的数据进行分析，制定出人工定额的方法是（　　　）。

A. 统计分析法
B. 比较类推法
C. 经验估计法
D. 技术测定法

13. 关于施工定额作用的说法，正确的有（　　　）。

A. 施工定额是企业编制施工组织设计的依据

B. 施工定额是计算工人计件工资的基础

C. 施工定额是编制施工预算的基础

D. 施工定额是组织和指挥施工生产的有效工具

E. 施工定额是编制竣工结算的依据

14. 关于概算定额的说法，正确的有（　　　）。

A. 概算定额是人工、材料、机械台班消耗量的数量标准

B. 概算定额和预算定额的项目划分相同

C. 概算定额是在概算指标的基础上综合而成的

D. 概算定额是在初步设计时间确定投资额的依据

E. 概算定额水平的确定应与预算定额的水平基本一致

15. 编制和应用施工定额之所以有利于推广先进技术是因为（　　　）。

A. 施工定额是强制实施的

B. 施工定额是工程定额体系的基础

C. 施工定额水平本身包含成熟先进的施工技术

D. 施工定额是用先进的技术方法测定出来的

16. 以建筑物或构筑物各个分部分项工程为对象编制的定额是（　　　）。

A. 施工定额
B. 材料消耗定额
C. 预算定额
D. 概算定额

17. 编制预算定额人工消耗量时，人工额度差用工是指人工定额中未包括的，而在一般正常施工情况下又不可避免的一些（　　　）。

A. 返工用工
B. 低效率用工
C. 用工浪费
D. 零星用工

18. 编制机械台班使用定额时，机械工作必需消耗的时间包括（　　　）。

A. 不可避免的中断时间
B. 不可避免的无负荷工作时间
C. 有效工作时间
D. 低负荷下工作时间

E. 由于劳动组织不当引起的中断时间

19. 在机械工作时间消耗分类中，由于工人装料数量不足引起的机械不能满负荷工作的时间属于（　　　）。

A. 有根据地降低负荷下的工作时间
B. 机械的多余工作时间
C. 正常负荷下的有效工作时间
D. 低负荷下的工作时间

20. 编制预算定额人工消耗指标时，下列人工消耗量属于人工幅度差用工的有（　　　）。

A. 施工过程中水电维修用工
B. 隐蔽工程验收影响的操作时间

C. 现场材料水平搬运工   D. 现场材料加工用工

E. 现场筛沙子增加的用工量

21. 某施工企业编制砌砖墙人工定额，该企业有近5年同类工程的施工工时消耗资料，则制定人工定额适合选用的方法是（   ）。

     A. 技术测定法   B. 统计分析法

     C. 比较类推法   D. 经验估计法

22. 下列机械工作时间消耗中，属于机械台班使用定额中不可避免的无负荷工作时间的是（   ）。

     A. 筑路机在工作区末端掉头的时间

     B. 汽车在运送土方时没有装满导致的延长时间

     C. 未及时供给机械燃料而导致的停工时间

     D. 暴雨时压路机被迫停工时间

23. 编制人工定额时需拟定施工的正常条件，其内容包括拟定（   ）。

     A. 施工作业内容   B. 施工作业方法

     C. 施工作业地点组织   D. 施工作业人员组织

     E. 施工企业技术水平

24. 施工企业可以直接用来编制施工作业计划、签发施工任务单的定额是（   ）。

     A. 预算定额   B. 施工定额

     C. 概算定额   D. 国家定额

25. 下列施工机械工作时间中，属于必需消耗的时间是（   ）。

     A. 不可避免的无负荷工作时间   B. 低负荷下工作时间

     C. 多余工作和停工的时间   D. 施工本身造成的停工时间

26. 编制人工定额时，工人必需消耗的工作时间包括（   ）。

     A. 休息时间   B. 多余和偶然工作时间

     C. 施工本身造成的停工时间   D. 辅助工作时间

     E. 准备与结束工作时间

27. 筑路机在工作区末端调头所消耗的时间，属于施工机械工作时间中的（   ）。

     A. 有效工作时间   B. 多余工作时间

     C. 低负荷下的工作时间   D. 不可避免的无负荷工作时间

28. 某现浇混凝土结构施工采用的木模板，一次净用量为 $200m^2$，现场制作安装不可避免的损耗率为 2%，可周转使用 5 次，每次补损率为 5%。该模板的周转使用量为（   ）m^2。

     A. 48.96   B. 48.00

     C. 49.44   D. 51.00

29. 施工定额的平均先进水平是指在正常的生产条件下（   ）的水平。

     A. 个别班组可以接近   B. 多数班组经过努力可以达到

     C. 少数班组经过努力可以达到   D. 多数施工班组可以接近

1Z103030　建设工程项目设计概算

1. 建设工程项目投资控制的最高限额是指经批准的（　　　）。

A. 项目建议书中的投资估算　　　B. 可行性研究报告中的投资估算

C. 设计概算　　　D. 修正概算

2. 某单位建筑工程初步设计已达到一定深度，建筑结构明确，能够计算出概算工程量，则编制该单位建筑工程概算最适合的方法是（　　　）。

A. 类似工程预算法　　　B. 概算预算法

C. 概算定额法　　　D. 生产能力指数法

3. 单位建筑工程概算的常用编制方法有（　　　）。

A. 概算定额法　　　B. 预算定额法

C. 概算指标法　　　D. 类似工程预算法

E. 生产能力指标法

4. 某非生产性建设工程项目只有一个单项工程，则该单项工程综合概算包括建筑单位工程概算、设备及安装单位工程概算以及（　　　）概算。

A. 电气照明工程　　　B. 工程建设其他费用

C. 生产家具购置费用　　　D. 给排水及采暖工程

5. 当初步设计有详细设备清单时，编制设备及安装工程概算宜采用的编制方法是（　　　）。

A. 扩大单价法　　　B. 概算指标法

C. 预算单价法　　　D. 类似工程预算法

6. 编制设备安装工程概算，当初步设计的设备清单不完善，可供采用的安装预算单价及扩大综合单价不全，宜采用的概算编制方法是（　　　）。

A. 概算定额法　　　B. 扩大单价法

C. 类似工程预算法　　　D. 概算指标法

7. 某单位建筑工程初步设计深度不够，不能准确地计算工程量，但工程采用的技术比较成熟而又有类似指标可以利用时，编制该工程设计概算适宜采用的方法是（　　　）。

A. 扩大单价法　　　B. 概算指标法

C. 类似工程预算法　　　D. 生产能力指数法

8. 设计概算审查时，对图纸不全的复杂建筑安装工程投资，通过向同类工程的建设、施工企业征求意见判断其合理性，这种审查方法属于（　　　）。

A. 对比分析法　　　B. 专家意见法

C. 联合会审法　　　D. 查询核实法

9. 审查设计概算时，对一些关键设备和设施、重要装置、引进工程图纸不全、难以核算的较大投资宜采用的审查方法是（　　　）。

A. 对比分析法　　　B. 查询核实法

C. 筛选审查法　　　D. 标准预算审查法

10. 下列单位工程概算中，属于设备及安装工程概算的是（　　　）。

A. 通风空调工程概算

B. 电气照明工程概算

C. 弱电工程概算

D. 工器具及生产家具购置费用概算

11. 非经营性建设工程项目总概算的完整组成是（　　　）。

A. 建筑单位工程概算、设备及安装单位工程概算和工程建设其他费用概算

B. 建筑单位工程概算、设备及安装单位工程概算、工程建设其他费用概算和预备费
   概算

C. 单项工程综合概算、工程建设其他费用概算、预备费概算、资金筹措费概算

D. 单项工程综合概算、工程建设其他费用概算、预备费概算、资金筹措费概算和铺
   底流动资金概算

12. 当设备清单不完备时，编制设备安装工程概算宜采用的方法有（　　　）。

A. 生产能力指数法

B. 扩大单价法

C. 预算单价法

D. 类似工程预算法

E. 概算指标法

13. 某新建住宅的建筑面积为 4000m²，按概算指标和地区材料预算价格计算出一般
土建工程单位造价为 1304 元 /m²（其中人、料、机费用为 900 元 /m²）。按照当地造价管
理部门规定，企业管理费费率为 8%；规费以人、料、机和企业管理费之和为计算基础，
规费费率为 15%；利润以人、料、机、企业管理费和规费之和为计算基础，利润率为 7%；
增值税税率为 9%。由于土建工程与概算指标相比结构构件有部分变更，变更后每 100m²
土建工程的人、料、机费用比概算指标对应部分的费用增加 3000 元。则修正后的土建工
程单位造价为（　　　）元 /m²。

A. 1070

B. 1155

C. 1347

D. 1236

14. 关于设备安装工程概算审查内容的说法，正确的有（　　　）。

A. 审查编制依据的合法性、时效性以及适用范围

B. 审查设备采购流程及运输方式是否合理合规

C. 审查采用预算单价计算安装费时的单价是否合适、工程量计算是否符合规则要求

D. 审查采用概算指标计算安装费时的指标是否合理、计算结果是否达到精度要求

E. 审查需计算安装费的设备数量及种类是否符合设计要求

15. 设计概算是设计单位编制和确定建设工程项目从筹建至（　　　）所需全部费用的
文件。

A. 竣工结算

B. 项目报废

C. 竣工交付使用

D. 施工保修期满

1Z103040　建设工程项目施工图预算

1. 对施工单位而言，施工图预算是（　　　）的依据。

A. 确定投标报价

B. 控制施工成本

C. 进行贷款　　　　　　　　　　　D. 编制工程概算

E. 进行施工准备

2. 具有审查全面、审查效果好等优点，但只适宜于规模小、工艺较简单的施工图预算审查的方法是（　　　）。

A. 分组计算审查法　　　　　　　　B. 逐项审查法

C. 对比审查法　　　　　　　　　　D. 标准预算审查法

3. 采用定额单价法编制施工图预算过程中，工料分析表的编制依据有（　　　）。

A. 分部分项实物工程量　　　　　　B. 投标企业的企业定额

C. 预算定额项目中所列的用工数量　D. 当时当地的市场价格信息

E. 预算定额项目中所列的材料数量

4. 施工图预算审查时，将分部分项工程的单位建筑面积指标总结归纳为工程量、价格、用工三个单方基本指标，然后利用这些基本指标对拟建项目分部分项工程预算进行审查的方法称为（　　　）。

A. 筛选审查法　　　　　　　　　　B. 对比审查法

C. 分组计算审查法　　　　　　　　D. 逐项审查法

5. 在进行施工图预算审查时，当建设工程条件相同时，用同类已完工程的预算或未完但已经过审查修正的工程预算审查拟建工程的方法是（　　　）。

A. 标准预算审查法　　　　　　　　B. 对比审查法

C. 筛选审查法　　　　　　　　　　D. 全面审查法

6. 实物量法和定额单价法在编制施工图预算的主要区别在于（　　　）不同。

A. 依据的定额　　　　　　　　　　B. 工程量的计算规则

C. 人、料、机费用的计算过程和方法　D. 确定利润的方法

7. 对采用通用图纸的多个工程施工图预算进行审查时，为节省时间，宜采用的审查方法是（　　　）。

A. 全面审查法　　　　　　　　　　B. 筛选审查法

C. 对比审查法　　　　　　　　　　D. 标准预算审查法

8. 采用定额单价法计算工程费用时，若分项工程施工工艺条件与定额单价不一致而造成人工、机械的数量增减时，对定额的处理方法一般是（　　　）。

A. 编制补充单价表　　　　　　　　B. 直接套用定额单价

C. 调量不换价　　　　　　　　　　D. 按实际价格换算定额单价

9. 关于定额单价法编制施工图预算的说法，正确的有（　　　）。

A. 当分项工程的名称、规格、计量单位与定额单价中所列内容完全一致时，可直接套用定额单价

B. 当分项工程的主要材料的品种与定额单价中规定材料不一致时，应该按实际使用材料价格换算定额单价

C. 当分项工程施工工艺条件与定额单价不一致造成人工、机械数量增减时，应调价不换量

D. 当本地区的定额单价表中没有与本项目分项工程相应的内容时，可套用临近地区的单价估算表

E. 当分项工程不能直接套用定额、不能换算和调整时，应编制补充定额单价

10. 实物量法编制施工图预算所用的材料单价应采用（　　）。

A. 当时当地的实际价格   B. 网上咨询厂家的报价

C. 编制预算定额时采用的单价   D. 预算定额中采用的单价加上运杂费

11. 采用定额单价法编制施工图预算时，如果分项工程的某一种主要材料品种与定额单价中规定的材料品种不完全一致，该分项工程单价的确定方法是（　　）。

A. 直接套用同类材料的定额单价   B. 按实际使用材料价格换算定额单价

C. 调整工程量而不换算定额单价   D. 编制补充定额单价

12. 对于设计方案比较特殊，无同类工程可比，且审查精度要求高的施工图预算，适宜采用的审查方法是（　　）。

A. 标准预算审查法   B. 对比审查法

C. 重点审查法   D. 全面审查法

13. 当拟建工程与已完工程的建设条件和工程设计相同时，用已完工程的预算审查拟建工程的同类工程预算的方法是（　　）。

A. 标准预算审查法   B. 分组审查法

C. 重点审查法   D. 对比审查法

14. 关于施工图预算编制内容和要求的说法，正确的是（　　）。

A. 当建设项目只有一个单项工程时，则不需要编制建设项目总预算

B. 施工图总预算应控制在已批准的设计总概算投资范围以内

C. 单位工程预算编制依据的定额应为企业定额

D. 建设项目总预算是反映建设项目施工阶段投资总额的造价文件

15. 编制施工图预算时，按各分项工程的工程量套取预算定额中人、料、机消耗量指标，并按类相加求取单位工程人、料、机总消耗量，再采用当时当地的人工、材料和机械台班实际价格计算汇总人、料、机费用的方法是（　　）。

A. 定额单价法   B. 实物量法

C. 工程量清单综合单价法   D. 全费用综合单价法

16. 采用定额单价法编制施工图预算时，若分项工程采用的主要材料品种与定额单价中规定的材料品种不一致，正确的做法是（　　）。

A. 直接套用定额单价并通过系数调整   B. 编制补充定额

C. 按实际使用材料价格换算定额单价   D. 调整材料数量，不换价

17. 施工图预算审查中，若工程条件相同，用已完工程的预算审查拟建工程的同类工程预算的方法属于（　　）。

A. 标准预算审查法   B. 对比审查法

C. 筛选审查法   D. 分组计算审查法

18. 关于采用定额单价法编制施工图预算时套用定额单价的说法，错误的是（　　）。

A. 当分项工程的名称、规格、计量单位与定额单价中所列内容完全一致时，可直接套用定额单价

B. 当分项工程的主要材料品种与定额单价中规定材料不一致时，应按实际使用材料价格换算定额单价

C. 当分项工程施工工艺条件与定额单价不一致而造成人工、机械的数量增减时，应调价不换量

D. 当分项工程不能直接套用定额、不能换算和调整时，应编制补充定额单价

19. 有 10 项采用通用图纸施工的单位工程，上部结构和做法完全相同，但因地质条件差异其基础部分均有局部改变。审查这些工程上部结构的施工图预算时，宜采用的方法是（   ）。

A. 分组计算审查法   B. 标准预算审查法

C. 对比审查法   D. 重点审查法

1Z103050　工程量清单编制

1. 根据《建设工程工程量清单计价规范》GB 50500—2013，分部分项工程量清单项目编码以五级编码设置，采用十二位阿拉伯数字表示，应根据拟建工程的工程量清单项目名称设置的是第（   ）位。

A. 三至四   B. 五至六

C. 七至九   D. 十至十二

2. 招标工程量清单是（   ）的依据。

A. 进行工程索赔   B. 编制项目投资估算

C. 编制招标控制价   D. 支付工程进度款

E. 办理竣工结算

3. 根据《建设工程工程量清单计价规范》GB 50500—2013 编制的工程量清单中，某分部分项工程的项目编码 010302004005，则 "01" 的含义是（   ）。

A. 分项工程顺序码   B. 分部工程顺序码

C. 专业工程顺序码   D. 工程分类顺序码

4. 根据《建设工程工程量清单计价规范》GB 50500—2013，关于工程量清单编制的说法，正确的是（   ）。

A. 同一招标工程的项目编码不能重复

B. 措施项目都应该以 "项" 为计量单位

C. 所有清单项目的工程量都应以实际施工的工程量为准

D. 暂估价是用于施工中可能发生工程变更时的工程价款调整的费用

5. 某分部分项工程的清单编号为 010302004014，则该分部分项工程的清单项目顺序码为（   ）。

A. 01   B. 014

C. 03   D. 004

6. 招标人编制工程量清单时，对各专业工程现行《计量规范》中未包括的项目应作补充，则关于该补充项目及其编码的说法，正确的是（　　）。

A. 该项目编码应由对应《计量规范》的代码和三位阿拉伯数字组成

B. 清单编制人在最后一个清单项目后面自行补充该项目，不需编码

C. 该项目按《计量规范》中相近或相似的清单项目编码

D. 清单编制人应将补充项目报省级或行业工程造价管理机构备案

7. 施工现场设立的安全警示标志、现场围挡等所需的费用应计入（　　）费用。

A. 分部分项工程　　　　　　　　B. 规费项目

C. 其他项目　　　　　　　　　　D. 措施项目

8. 根据《建设工程工程量清单计价规范》GB 50500—2013，编制工程量清单时，计日工表中的人工应按（　　）列项。

A. 职称　　　　　　　　　　　　B. 工种

C. 职务　　　　　　　　　　　　D. 技术等级

9. 根据《建设工程工程量清单计价规范》GB 50500—2013，编制措施项目清单时，措施项目设置的依据有（　　）。

A. 投标企业的资质等级与规模

B. 拟建工程的常规施工组织设计

C. 拟建工程的常规施工技术方案

D. 实施中因变更可能产生的零星工作

E. 招标文件中需要通过一定技术措施才能实现的要求

10. 关于分部分项工程量清单中项目特征描述的作用的说法，错误的是（　　）。

A. 项目特征是进行概算审查的依据　　B. 项目特征是履行合同义务的基础

C. 项目特征是确定综合单价的前提　　D. 项目特征是区分清单项目的依据

11. 工程总承包人按照合同的约定对招标人依法单独发包的专业工程承包人提供了现场垂直运输设备，由此发生的费用属于（　　）。

A. 现场管理费　　　　　　　　　B. 企业管理费

C. 暂列金额　　　　　　　　　　D. 总承包服务费

12. 根据《建设工程工程量清单计价规范》GB 50500—2013，某工程项目设计文件中部分工作内容不足以写进施工方案，但要通过一定的技术手段才能实现。此情况在编制工程量清单时，应列入（　　）。

A. 分部分项工程项目清单　　　　B. 其他项目清单

C. 措施项目清单　　　　　　　　D. 规费项目清单

13. 根据《建设工程工程量清单计价规范》GB 50500—2013，关于招标工程量清单中项目特征的说法，正确的有（　　）。

A. 项目特征是确定一个清单项目综合单价的重要依据

B. 项目特征主要涉及项目的自身特征，不涉及项目的工艺特征

C. 项目特征是区分清单项目的重要依据

D. 项目特征决定了工程实体的实质内容，直接决定工程实体的自身价值

E. 仅有分部分项工程量清单项目需要进行项目特征描述

14. 根据《建设工程工程量清单计价规范》GB 50500—2013，关于暂列金额的说法，正确的是（　　）。

A. 暂列金额应根据招标工程量清单列出的内容和要求估算

B. 暂列金额包括在签约合同价内，属承包人所有

C. 已签约合同价中的暂列金额由发包人掌握使用

D. 用于必然发生但暂时不能确定价格的材料、工程设备及专业工程的费用

15. 分部分项工程项目清单中项目特征描述通常包括（　　）。

A. 项目的管理模式　　　　　　　　　B. 项目的材质、规格

C. 项目的组织方式　　　　　　　　　D. 项目的工艺特征

E. 可能对项目施工方法产生影响的特征

16. 根据《建设工程工程量清单计价规范》GB 50500—2013，关于暂列金额的说法，正确的是（　　）。

A. 暂列金额应由投标人根据招标工程量清单列出的内容和要求估算

B. 暂列金额应包括在签约合同价中，属承包人所有

C. 暂列金额可用于施工过程中索赔、现场签证确认的费用支付

D. 暂列金额不能用于施工中发生的工程变更的费用支付

17. 工程量清单作为清单计价的基础，主要用于建设工程的（　　）。

A. 决策阶段和设计阶段　　　　　　　B. 设计阶段和招投标阶段

C. 施工阶段和运营使用阶段　　　　　D. 招投标阶段和施工阶段

18. 编制其他项目清单时，关于计日工表中的材料和机械列项要求的说法，正确的是（　　）。

A. 材料和机械应按规格、型号详细列项

B. 材料和机械仅按实际使用数量列项

C. 材料应按使用数量详细列项，机械应按类别粗略列项

D. 材料应按供应厂商详细列项，机械应按型号粗略列项

1Z103060　工程量清单计价

1. 根据《建设工程工程量清单计价规范》GB 50500—2013，发承包双方进行工程竣工结算时的工程量应按（　　）计算确定。

A. 招标文件中标明的工程量

B. 发承包双方在合同中约定应予计量且实际完成的工程量

C. 发承包双方在合同中约定的工程量

D. 工程实体量与耗损量之和

2. 根据《建设工程工程量清单计价规范》GB 50500—2013，编制投标文件时，招标文件中已提供暂估价的材料价格应根据（　　）计入综合单价。

A. 投标人自主确定价格   B. 投标时当地的市场价格

C. 招标文件列出的单价   D. 政府主管部门公布的价格

3. 若施工招标文件和中标人投标文件对工程质量标准的定义不一致，则商签施工合同时，工程质量标准约定应以（   ）为准。

A. 中标人投标文件   B. 双方重新协商的结果

C. 招标文件   D. 中标通知书

4. 招标人编制招标控制价与投标人报价的共同基础是（   ）。

A. 工料单价   B. 综合单价

C. 按拟采用施工方案计算的工程量   D. 工程量清单标明的工程量

5. 根据《建设工程工程量清单计价规范》GB 50500—2013，投标时可由投标企业根据其施工组织设计自主报价的是（   ）。

A. 安全文明施工费   B. 大型机械设备进出场及安拆费

C. 规费   D. 税金

6. 在招投标过程中，若招标文件某分部分项工程量清单项目特征描述与设计图纸不符，投标人报价时应按（   ）确定综合单价。

A. 设计图纸   B. 预算定额

C. 企业定额   D. 招标工程量清单

7. 根据《建设工程工程量清单计价规范》GB 50500—2013，投标企业可以根据拟建工程的具体施工方案进行列项的清单是（   ）。

A. 分部分项工程量清单   B. 措施项目清单

C. 其他项目清单   D. 规费项目清单

8. 根据《建设工程工程量清单计价规范》GB 50500—2013，关于投标报价的说法，错误的是（   ）。

A. 暂列金额应按照招标工程量清单中列出的金额填写，不得变动

B. 专业工程暂估价必须按照招标工程量清单中列出的金额填写

C. 计日工应按照招标文件中的数量和单价计算总费用

D. 总承包服务费应按照招标人的要求和现场管理需要自主确定

9. 根据《建设工程工程量清单计价规范》GB 50500—2013，工程量清单计价计算公式，正确的有（   ）。

A. 措施项目费＝Σ分部分项工程量×分部分项工程综合单价

B. 分部工程工程费＝Σ分部工程工程量×分部分项工程综合单价

C. 单项工程造价＝Σ单位工程造价

D. 单位工程造价＝Σ分部分项工程费

E. 建设项目总造价＝单项工程造价＋工程建设其他费用＋建设期利息

10. 根据《建设工程工程量清单计价规范》GB 50500—2013，工程造价管理机构受理投标人对招标控制价投诉并组织复查后，发现招标控制价复查结论与招标人原公布的招标控制价误差超过（   ）以上时，应当责成招标人改正。

A. ±2% B. ±3%

C. ±4% D. ±5%

11. 根据《建设工程工程量清单计价规范》GB 50500—2013，关于分部分项工程量清单中工程量计算的说法，正确的是（ ）。

A. 实际施工中的各种损耗应列入措施项目费中

B. 所有招标清单项目工程量按实际施工工程量计算

C. 计算综合单价时需考虑施工方案增加的工程量，但不考虑施工中的材料损耗

D. 采用工程量清单计算规则计算时，工程实体的工程量是唯一的

12. 某土方工程，招标工程量清单中挖土方工程数量为3000m³。投标人依据地质资料和施工方案计算的实际挖土方量为3600m³，挖土方的人、料、机费为65000元；人工运土的人、料、机费用25000元，机械运土的人、料、机费用58000元。企业管理费取人、料、机总费用的14%，利润率取人、料、机总费用与管理费和的8%，不考虑其他因素，则投标人挖土方的投标综合单价为（ ）元。

A. 60.74 B. 60.19

C. 50.62 D. 50.16

13. 根据《建设工程工程量清单计价规范》GB 50500—2013，施工企业综合单价的计算有以下工作：① 确定组合定额子目并计算各子目工程量；② 确定人、料、机单价；③ 测算人、料、机的数量；④ 计算清单项目的综合单价；⑤ 计算清单项目的管理费和利润；⑥ 计算清单项目的人、料、机总费用。正确的步骤是（ ）。

A. ②－③－①－⑤－⑥－④ B. ③－①－②－⑥－⑤－④

C. ①－③－②－⑥－⑤－④ D. ①－③－②－④－⑥－⑤

14. 工程量清单计价模式下，关于分部分项工程量和定额子目工程量的说法，错误的是（ ）。

A. 清单工程量是按施工图图示尺寸和工程量清单计算规则计算得到的工程净量

B. 清单工程量是承包人履行合同义务中应予完成的实际施工的工程量

C. 定额子目工程量应严格按照与所采用的定额相对应的工程量计算规则计算

D. 一个清单项目只对应一个定额子目时，清单工程量和定额工程量也可能不同

15. 施工过程中必须发生，但在投标时很难具体分项预测，又无法单独列出项目内容的措施项目费用，宜采用的计价方法是（ ）。

A. 工料单价法 B. 参数法

C. 全费用综合单价法 D. 分包法

16. 某施工企业投标一个单独招标的分部分项工程项目，招标清单工程量为3000m³。经测算：该分部分项工程直接消耗的人、料、机费用（不含增值税进项税额）为300万元，管理费为45万元，利润为40万元，风险费用为3万元，措施费（不含增值税进项税额）为60万元（其中：安全文明施工费为15万元），规费为30万元，税金为10万元。不考虑其他因素，根据《建设工程工程量清单计价规范》GB 50500—2013，关于该工程投标报价的说法，正确的有（ ）。

A. 为了中标，可将综合单价确定为 990.00 元 /m³

B. 综合单价为 1293.33 元 /m³

C. 安全文明施工费应按国家或省级、行业主管部门的规定计算确定

D. 投标总价为 488.00 万元

E. 若竞争激烈，标书中可将各项费用下调 10%

17. 工程量清单计价模式下，投标人应按照招标工程量清单中列出的金额填写且不得变动的项目是（　　）。

A. 暂列金额和总承包服务费　　　　B. 暂列金额和专业工程暂估价

C. 计日工和总承包服务费　　　　　D. 计日工和专业工程暂估价

18. 根据《建设工程工程量清单计价规范》GB 50500—2013，关于投标人投诉招标人不按规范编制招标控制价的说法，正确的是（　　）。

A. 投诉书中应包括投诉依据及有关证明材料

B. 书面投诉书只需加盖投标单位公章

C. 投标人应向政府投资管理部门投诉

D. 投诉人提出投诉的时间为招标控制价公布后的 10 天内

19.《建设工程工程量清单计价规范》GB 50500—2013 中分部分项工程的综合单价除包括人、料、机费用外，还包括（　　）。

A. 利润　　　　　　　　　　　　　B. 规费

C. 一定范围内的风险费用　　　　　D. 税金

E. 管理费

20. 已知招标工程量清单中土方工程量为 2000m³，某投标人根据施工方案确定的土方工程量为 3800m³。根据测算，完成该土方工程的人工费为 50000 元，机械费为 40000 元，材料费为 10000 元。管理费按照人、料、机费用之和的 10% 计取，利润按人、料、机费用以及管理费之和的 6% 计取。其他因素均不考虑。则该土方工程的投标综合单价为（　　）元 /m³。

A. 58.30　　　　　　　　　　　　B. 30.53

C. 30.68　　　　　　　　　　　　D. 58.00

21. 建设工程采用工程量清单招标模式时，关于投标报价的说法，正确的有（　　）。

A. 投标人应以施工方案、技术措施等作为投标报价计算的基本条件

B. 投标报价只能由投标人编制，不能委托造价咨询机构编制

C. 投标报价不得低于工程成本

D. 招标工程量清单的工程数量与施工图纸不完全一致时，应按照招标人提供的清单工程量填报投标价格

E. 投标报价应以招标文件中设定的发承包责任划分，作为设定投标报价费用项目和费用计算的基础

22. 下列措施项目费中，宜采用参数法计价的是（　　）。

A. 夜间施工增加费　　　　　　　　B. 垂直运输费

C. 混凝土模板及支架费   D. 室内空气污染测试费

23. 根据《建设工程工程量清单计价规范》GB 50500—2013，关于使用国有资金投资的工程项目招标控制价（最高投标限价）的说法，正确的是（   ）。

A. 招标控制价可以根据需要在开标时适当上调或者下浮

B. 招标控制价必须由工程造价咨询人编制，不得由招标人自行编制

C. 招标控制价是所有投标人的最高投标限价

D. 招标控制价性质与标底相同，必须保密

24. 根据《建设工程工程量清单计价规范》GB 50500—2013，下列费用中，必须按照国家或省级行业建设主管部门规定的标准计算，不得作为竞争性费用的是（   ）。

A. 安全文明施工费和企业管理费   B. 规费和税金

C. 规费和企业管理费   D. 措施项目费和规费

1Z103070   计量与支付

1. 因修改设计导致现场停工而引起施工索赔时，承包商自有施工机械的索赔费用宜按机械（   ）计算。

A. 租赁费   B. 台班费

C. 折旧费   D. 大修理费

2. 根据《建设工程工程量清单计价规范》GB 50500—2013，因不可抗力事件导致的损害及其费用增加，应由承包人承担的是（   ）。

A. 工程本身的损害   B. 承包人的施工机械损坏

C. 发包方现场的人员伤亡   D. 工程所需的修复费用

3. 采用清单计价的某部分项目工程，招标控制价的综合单价为 320 元，投标报价的综合单价为 265 元，该工程投标报价下浮率为 5%。结算时，该分项工程工程量比清单增加了 18%，且合同未确定综合单价调整方法，则综合单价的处理方法是（   ）。

A. 上浮 18%   B. 下调 5%

C. 调整为 292.5 元   D. 可不调整

4. 根据《标准施工招标文件》，下列事件中，承包人向发包人既可索赔工期又可索赔费用的有（   ）。

A. 发包人原因导致的工程缺陷和损失

B. 承包人遇到不利物质条件

C. 发包人要求向承包人提前交付工程设备

D. 施工过程发现文物

E. 承包人遇到异常恶劣的气候条件

5. 某工程项目土方工程采用人工挖土方、人工运输和机械运输，招标工程量清单中的挖土方数量为 2000m³，投标人计算的施工挖土方数量为 3500m³，余土外运。投标人计算的人工挖土方费用为 42000 元，人工运土费用为 15000 元，机械运土费用为 38000 元，管理费用取人、料、机之和的 14%，利润取人、料、机与管理费之和的 8%。根据《建设

工程工程量清单计价规范》GB 50500—2013，不考虑其他因素，投标人报价时挖土方综合单价为（　　）元 /m³。

A. 33.41 　　　　　　　　　B. 58.48

C. 61.56 　　　　　　　　　D. 73.10

6. 某工程项目预付款 120 万元。合同约定：每月进度款按结算价的 80% 支付；每月支付安全文明施工费 20 万元；预付款从开工的第 4 个月起分 3 个月等额扣回。开工后前 6 个月结算价如下表，则第 5 个月应支付的款项为（　　）万元。

月份	1	2	3	4	5	6
结算价（万元）	200	210	220	220	220	240

A. 136 　　　　　　　　　B. 160

C. 152 　　　　　　　　　D. 156

7. 根据《建设工程工程量清单计价规范》GB 50500—2013，签约合同中的暂估材料在确定单价以后，其相应项目综合单价的处理方式是（　　）。

A. 在综合单价中用确定单价代替原暂估价，不再调整企业管理费和利润

B. 在综合单价中用确定单价代替原暂估价，并调整企业管理费，不调整利润

C. 在综合单价中用确定单价代替原暂估价，并调整企业管理费和利润

D. 综合单价不做调整

8. 根据《建设工程工程量清单计价规范》GB 50500—2013，工程变更引起施工方案改变并使措施项目发生变化时，承包人提出调整措施项目费用的，应事先将（　　）提交发包人确认。

A. 索赔意向通知 　　　　　　　　　B. 拟申请增加的费用明细

C. 拟实施的施工方案 　　　　　　　　　D. 工程变更的内容

9. 根据《建设工程工程量清单计价规范》GB 50500—2013，工程发包时，招标人要求压缩的工期天数超过定额工期的（　　）时，应当在招标文件中明示增加赶工费用。

A. 5% 　　　　　　　　　B. 10%

C. 15% 　　　　　　　　　D. 20%

10. 根据《建设工程工程量清单计价规范》GB 50500—2013，已标价工程量清单中没有适用也没有类似于变更工程项目的，变更工程项目单价的确定方法是（　　）。

A. 应采用招投标时的基础资料和工程造价管理机构发布的信息价格，按成本加利润的原则由发承包双方协商新的综合单价

B. 由承包人根据市场价格确定，报发包人确认

C. 按照调价公式计算确定

D. 按照工程造价管理机构发布的信息价格直接确定

11. 根据《建设工程工程量清单计价规范》GB 50500—2013，关于合同工期的说法，正确的是（　　）。

A. 招标人压缩的工期天数不得超过定额工期的 30%

B. 招标人压缩的工期天数超过定额工期的 20% 但不超过 30% 时，不额外支付赶工费用

C. 工程实施过程中，发包人要求合同工程提前竣工的，承包人必须采取加快工程进度的措施

D. 发包人要求合同工程提前竣工的，应承担承包人由此增加的提前竣工费用

12. 根据《建设工程工程量清单计价规范》GB 50500—2013，由于承包人原因未在约定的工期内竣工的，则对原约定竣工日期后继续施工的工程，在使用价格调整公式进行价格调整时，应使用的现行价格指数是（　　　）。

A. 原约定竣工日期的价格指数

B. 实际竣工日期的价格指数

C. 原约定竣工日期与实际竣工日期的两个价格指数中较低者

D. 原约定竣工日期与实际竣工日期的两个价格指数中较高者

13. 某建设工程施工过程中，由发包人供应的材料没有及时到货，导致承包人的工人窝工 5 个工日，每个工日单价为 200 元；承包人租赁的一台挖土机窝工 5 个台班，台班租赁费为 500 元；承包人自有的一台自卸汽车窝工 2 个台班，该自卸汽车折旧费每台班 300 元，工作时燃油动力费每台班 80 元。则承包人可以索赔的费用是（　　　）元。

A. 2500　　　　　　　　　　　　　B. 3500

C. 4100　　　　　　　　　　　　　D. 4260

14. 根据《建设工程工程量清单计价规范》GB 50500—2013，关于提前竣工的说法，正确的是（　　　）。

A. 招标人压缩的工期天数不得超过定额工期的 50%

B. 工程实施过程中，发包人要求合同工程提前竣工，可以不征求承包人意见

C. 赶工费用包括人工费、材料费、机械费以及履约保函手续费的增加

D. 发承包双方约定提前竣工每日历天应补偿额度，与结算款一并支付

15. 某独立土方工程，招标工程量清单中的工程数量为 1000m³，承包人投标报价中的综合单价为 30 元 /m³。合同约定：当实际工程量超过清单工程量 15% 时调整单价，调整系数为 0.9。工程结束时承包人实际完成并经监理工程师确认的工程量为 1400m³，则该土方工程的工程量价款为（　　　）元。

A. 42300　　　　　　　　　　　　B. 41250

C. 40800　　　　　　　　　　　　D. 37800

16. 根据《建设工程工程量清单计价规范》GB 50500—2013，因不可抗力事件导致的损失及增加的费用中，应由承包人承担的是（　　　）。

A. 停工期间承包人应发包人要求留在施工现场的必要的管理人员的费用

B. 合同工程本身的损害

C. 工程所需清理和修复费用

D. 承包人的施工机械设备损坏及停工损失

17. 关于工程质量保证金的说法，正确的是（　　　）。

A. 合同约定缺陷责任期终止后，发包人应按照合同中最终结清的相关规定，将剩余的质量保证金返还给承包人

B. 在合同约定的缺陷责任期终止后，发包人退还剩余质量保证金，承包人不再承担质量保修责任

C. 承包人未按照合同约定履行工程缺陷修复义务的，发包人有权从质量保证金中扣除用于各种缺陷修复的支出

D. 最终结清时，如果承包人被预留的质量保证金不足以抵减发包人工程缺陷修复费用的，发包人应承担不足部分

18. 根据《建设工程工程量清单计价规范》GB 50500－2013，关于单价合同工程计量的说法，正确的有（　　）。

A. 承包人应于每月 25 日向监理人报送上月 20 日至当月 19 日已完成的工程量报告，并附具进度付款申请单、已完成工程量报表和有关资料

B. 工程量按承包人在履行合同义务过程中实际完成应予计量的工程量确定

C. 监理人应在收到承包人提交的工程量报告后 7 天内完成对承包人提交的工程量报表的审核并报送发包人，以确定当月实际完成的工程量

D. 对工程变更引起工程量的增减变化，应据实调整，正确计量

E. 监理人对工程量有异议的，有权要求承包人进行共同复核或抽样复测。但承包人有权不参加符合或抽样复测

19. 根据《建设工程施工合同（示范文本）》GF—2017—0201，关于工程保修及保修期的说法，正确的是（　　）。

A. 工程保修期从交付使用之日起计算

B. 发包人未经竣工验收擅自使用工程的，保修期自开始使用之日起算

C. 具体分部分项工程的保修期可在专用条款中约定，但不得低于法定最低保修年限

D. 保修期内的工程损害修复费用应全部由承包人承担

20. 根据《建设工程施工合同（示范文本）》GF—2017—0201，除专用合同条款另有约定外，承包人应提交最终结清申请单及证明材料的最迟时间为（　　）。

A. 竣工验收合格后 7 天　　　　　　　B. 签发竣工付款证书后 14 天

C. 缺陷责任期终止证书颁发后 7 天　　　D. 工程竣工验收合格后 28 天

21. 根据《建设工程工程量清单计价规范》GB 50500－2013，关于单价合同计量的说法，正确的是（　　）。

A. 发包人可以在任何方便的时候计量，计量结果有效

B. 承包人收到计量的通知后不派人参加，则发包人的计量结果无效

C. 承包人为保证施工质量超出施工图纸范围实施的工程量，应该予以计量

D. 发包人应在计量前 24 小时通知到承包人，无论承包人是否参加，计量结果有效

22. 根据《建设工程施工合同（示范文本）》，关于安全文明施工费的说法，正确的是（　　）。

A. 基准日期后合同所适用的法律发生变化，由此增加的安全文明施工费由承包人承担

B. 经发包人同意，承包人采取合同约定以外的安全措施所产生的费用，由承包人承担

C. 承包人对安全文明施工费应专款专用，并在财务账目中单独列项备查

D. 发包人应在开工后 42 天内预付安全文明施工费总额的 60%

23. 根据《建设工程造价鉴定规范》GB/T 51262—2017，鉴定项目的发包人对承包人材料采购价格高于合同约定不予认可的，鉴定应遵循的原则是（　　　）。

A. 材料采购前未报发包人或其代表认质认价的，应按材料实际采购价格进行鉴定

B. 发包人认为承包人采购的原材料不符合质量要求，不予认价的，应在质量鉴定后再进行价格鉴定

C. 材料采购前未报监理人签批的，应按当地材料市场平均价格进行鉴定

D. 材料采购前经发包人或其代表签批认可的，应按签批的材料价格进行鉴定

24. 根据《建设工程施工合同（示范文本）》GF—2017—0201，关于承包人索赔的说法，正确的有（　　　）。

A. 承包人应在知道或应当知道索赔事件发生后 28 天内，向监理人递交索赔意向通知书

B. 具有持续影响的索赔事件，承包人应按合理时间间隔持续递交延续索赔通知

C. 承包人应在发出索赔意向通知书 28 天后，向监理人正式递交索赔报告

D. 监理人应在收到索赔报告后 28 天内完成审查并报送发包人

E. 承包人接受索赔处理结果的，索赔款项应在竣工结算时进行支付

25. 根据《建设工程施工合同（示范文本）》GF—2017—0201，关于工程保修期内修复费用的说法，正确的是（　　　）。

A. 因第三方原因造成的工程损坏，可以委托承包人修复，发包人应承担修复费用，并支付承包人合理利润

B. 因承包人原因造成的工程缺陷，承包人应负责修复，并承担修复费用，但不承担因工程缺陷导致的人身伤害

C. 因发包人不当使用造成的工程损坏，承包人应负责修复，发包人应承担合理的修复费用，但不额外支付利润

D. 因不可抗力造成的工程损坏，承包人应负责修复，并承担相应的修复费用

26. 根据《建设工程施工合同（示范文本）》GF—2017—0201，下列因不可抗力事件导致的损失或增加的费用中，应由承包人承担的有（　　　）。

A. 停工期间承包人按照发包人要求照管工程的费用

B. 承包人施工设备的损坏

C. 承包人的人员伤亡和财产损失

D. 因工程损坏造成的第三方人员伤亡和财产损失

E. 合同工程本身的损坏

27. 根据《建设工程工程量清单计价规范》GB 50500—2013，关于合同履行期间因招标工程量清单缺项导致新增分部分项清单项目的说法，正确的是（　　　）。

A. 新增分部分项清单项目导致新增措施项目的，在承包人提交的新增措施项目实施方案被发包人批准后调整合同价款

B. 新增分部分项清单项目应按额外工作处理，由监理工程师提出，发包人批准

C. 新增分部分项清单项目的综合单价应由监理工程师提出，发包人批准

D. 新增分部分项清单项目的综合单价应由承包人提出，但相关措施项目费不能调整

28. 某土方工程招标文件中清单工程量为 3000m³，合同约定：土方工程综合单价为 80 元 /m³ 当实际工程量增加 15% 以上时，增加部分的工程量综合单价调为 72 元 /m³。工程结束时实际完成并经发包人确认的土方工程量为 3600m³，则该土方工程价款为（　　　）元。

A. 259200   B. 283200

C. 288000   D. 286800

29. 由于发包人设计变更原因导致承包人未按期竣工，需对原约定竣工日期后继续施工的工程进行价格调整时，宜采用的价格指数是（　　　）。

A. 原约定竣工日期与实际竣工日期的两个价格指数中较低的一个

B. 原约定竣工日期与实际竣工日期的两个价格指数的平均值

C. 原约定竣工日期与实际竣工日期的两个价格指数中较高的一个

D. 承包人与发包人协商新的价格指数

1Z103080　国际工程投标报价

1. 在国际工程投标报价中，当机械设备所占比重较大、使用的均衡性较差、搁置时间过长而使其费用增大时，机械使用费一般宜采用（　　　）进行计算。

A. 定额估价法   B. 匡算估价法

C. 作业估价法   D. 概算指标法

2. 国际工程投标报价时，在工程所在国当地采购的材料设备的预算价格应按（　　　）。

A. 材料设备出厂价格   B. 当地市场价格

C. 投标人所在国预算价格   D. 施工现场交货价格

3. 某国际工程投标过程中，投标人员在复核工程量时发现土方部分的工程量计算存在较大误差，其应采取的正确做法是（　　　）。

A. 按自己核算的正确的工程量计算报价，并在投标函中予以说明

B. 按照有利的原则选择招标文件的工程量或自己核算的工程量报价

C. 按招标文件的工程量填报自己的报价，并在投标函中予以说明

D. 按招标文件的工程量和自己核算的工程量分别报价并加以说明

4. 国际工程投标报价程序中，为了便于准确计算投标报价，并为今后在施工中测量每项工程量提供依据，投标人应当进行的工作是（　　　）。

A. 分包工程询价   B. 出席标前会议

C. 对工程项目业主进行调查   D. 工程量复核

5. 国际工程投标报价的组成中，应计入现场管理费的有（　　　）。

A. 贷款利息   B. 现场办公费

C. 保险费　　　　　　　　　　　D. 保函手续费

E. 固定资产使用费

6. 某国际工程，业主方在招标文件中规定了 200 万元的暂定金额。则每一个承包商在投标报价时对该项暂定金额的正确处理方式是（　　）。

A. 计入投标总报价，但承包商无权自主使用

B. 计入投标总报价，并且承包商有权自主使用

C. 不计入投标总价，在实际发生时由业主支付

D. 不计入投标总价，由工程师决定是否使用

7. 国际工程投标报价前，对估价人员算出的暂时标价进行动态分析时要考虑的因素有（　　）。

A. 工期延误的影响　　　　　　　　B. 分项工程量变化的影响

C. 地质勘察资料错误的影响　　　　D. 物价和工资上涨的影响

E. 汇率、贷款利率变化的影响

8. 下列投标人在国际工程标前会议上的做法，正确的是（　　）。

A. 对招标文件中图纸与技术说明矛盾之处，提出己方的修改建议

B. 对工程内容范围不清的问题请业主做出说明

C. 提出对业主有利的设计方案修改建议

D. 详细阐述己方施工方案的优势和竞争力

9. 具有下列特点的国际工程项目中，投标报价适宜采用低价策略的是（　　）。

A. 专业要求高且工期要求急的工程　　B. 工作简单且支付条件好的工程

C. 竞争对手少且施工条件差的工程　　D. 技术复杂且投资规模大的工程

10. 下列国际工程投标报价组成中，属于现场管理费的是（　　）。

A. 检验试验费　　　　　　　　　　B. 工程辅助费

C. 临时设施工程费　　　　　　　　D. 工程保险费

★★模拟强化练习答案及解析★★

1Z103010　建设项目总投资

1. 答案：B、C、E

【解析】建设投资，由设备及工器具购置费、建筑安装工程费、工程建设其他费用、预备费（包括基本预备费和价差预备费）组成。

2. 答案：A

【解析】进口设备抵岸价＝货价＋国外运费＋国外运输保险费＋银行财务费＋外贸手续费＋进口关税＋增值税＋消费税

其中：到岸价（人民币）＝货价＋国外运费（人民币）＋国外运输保险费（人民币）

进口设备增值税税额＝组成计税价格 × 增值税税率

$$= [到岸价（人民币）+ 进口关税 + 消费税] × 增值税税率$$
$$= （1050 + 70）×13\% = 145.6 万元$$

进口设备抵岸价 $= 1050 + 5 + 15 + 70 + 145.6 = 1285.6$ 万元

3. 答案：B

【解析】进口设备到岸价（CIF）= 离岸价（FOB）+ 国外运费 + 国外运输保险费

货价 = 离岸价（FOB 价）× 人民币外汇牌价

故，进口设备到岸价（人民币）$= 1000 + 90 + 10 = 1100$ 万元

4. 答案：A

【解析】静态投资部分由建筑安装工程费、设备及工器具购置费、工程建设其他费和基本预备费构成。动态投资部分，包括价差预备费、建设期利息等。

5. 答案：A、B、C、D

【解析】设备运杂费是指设备原价中未包括的包装和包装材料费、运输费、装卸费、采购费及仓库保管费、供销部门手续费等。如果设备是由设备成套公司供应的，成套公司的服务费也应计入设备运杂费中。

国产标准设备由设备制造厂交货地点起至工地仓库（或施工组织设计指定的需要安装设备的堆放地点）止所发生的运费和装卸费。

6. 答案：A

【解析】本题的考核点是工程建设其他费包括的内容。

7. 答案：C

【解析】基本预备费 =（设备及工器具购置费 + 建筑安装工程费 + 工程建设其他费）
$$× 基本预备费率$$
$$=（2500 + 2000 + 1500）×10\% = 600 万元$$

8. 答案：C

【解析】基本预备费是指在项目实施中可能发生难以预料的支出，需要预先预留的费用，又称不可预见费。主要指设计变更及施工过程中可能增加工程量的费用。

9. 答案：A

【解析】本题考核点按照费用构成要素划分的建筑安装工程费中规费包括的内容。

10. 答案：D

【解析】材料单价 = [（材料单价 + 运杂费）×（1 + 运输损耗率）]×（1 + 采购保管费率）
$$= [（190 + 40）×（1 + 1\%）]×（1 + 3\%）= 239.27 元 / 吨$$

11. 答案：B

【解析】台班折旧费 $= \dfrac{机械预算价格 ×（1 - 残值率）}{耐用总台班数}$

台班折旧费 $= 1200000×（1 - 3\%）/（6×250）= 776 元$

12. 答案：B

【解析】本题考核点是建筑安装工程费中的企业管理费包括的检验试验费的概念。

13. 答案：C

【解析】本题考核点是按照造价形成划分的建筑安装工程费中的措施项目费包括的内容。

14. 答案：A、D

【解析】本题考核点是建筑安装工程费中规费包括的内容。

15. 答案：B

【解析】本题考核点是建筑安装工程费中人工费包括的内容。

16. 答案：A、B、C、E

【解析】本题考核点是建筑安装工程费中企业管理费包括的内容。

17. 答案：D

【解析】计日工是指在施工过程中，承包人完成发包人提出的施工图纸以外的零星项目或工作所需的费用。

18. 答案：B、D

【解析】（1）场地准备费是指建设工程项目为达到工程开工条件所发生的场地平整和对建设场地遗留的有碍于施工建设的设施进行拆除清理的费用。（2）临时设施费是指为满足施工建设需要而供到场地界区的，未列入工程费用的临时水、电、路、信、气等其他工程费用和建设单位的现场临时建筑物的搭设、维修、拆除、摊销或建设期间租赁费用，以及施工期间专用公路或桥梁的加固、养护、维修等费用。此项费用不包括已列入建筑安装工程费用中的施工单位临时设施费用。

19. 答案：C

【解析】以人工费为基础，企业管理费费率 $= \dfrac{\text{生产工人年平均管理费}}{\text{年有效施工天数} \times \text{人工单价}} \times 100\%$

$$= \dfrac{12000}{240 \times 300} \times 100\% = 16.67\%$$

20. 答案：D

【解析】本题考核点是施工机具使用费的概念及内容。

21. 答案：A、B、D、E

【解析】社会保险费和住房公积金应以定额人工费为计算基础，根据工程所在地省、自治区、直辖市或行业建设主管部门规定费率计算。

22. 答案：A、B、D

【解析】本题考核点是设备购置费中设备原价的相关概念。

23. 答案：B

【解析】联合试运转费包括试运转所需材料、燃料及动力消耗、低值易耗品、其他物料消耗、机械使用费、联合试运转人员工资、施工单位参加试运转人工费、专家指导费，以及必要的工业炉烘炉费。

24. 答案：C

【解析】建设期某一年应计利息＝（年初借款本息累计金额＋本年借款额 /2）× 年利率

第 1 年应计利息 $= 2000 \times \dfrac{1}{2} \times 6\% = 60$ 万元

第 2 年应计利息 $= \left(2000 + 60 + 3000 \times \dfrac{1}{2} \right) \times 6\% = 213.60$ 万元

25. 答案：B、C、D

【解析】本题考核点是按费用构成要素划分的建筑安装工程费中人工费的内容。

26. 答案：C、D

【解析】本题考核点是与项目建设有关的其他费用中场地准备和临时设施费的相关概念。

27. 答案：D

【解析】第 1 年应计利息 $= 10000 \times 50\% \times 1/2 \times 6\% = 150$ 万元

第 2 年应计利息 $= （ 5000 + 150 + 5000 \times 1/2 ） \times 6\% = 459$ 万元

建设期利息总和 $= 150 + 459 = 609$ 万元

28. 答案：B

【解析】本题考核点是动态投资的组成。

29. 答案：C

【解析】本题考核点是按费用构成要素划分的建筑安装工程费用项目组成。

按费用构成要素划分，建筑安装工程费由人工费、材料费、施工机具使用费、企业管理费、利润、规费和增值税组成。其中，企业管理费包括管理人员工资、劳动保护费等17项内容。劳动保护费是企业按规定发放的劳动保护用品的支出，如工作服、手套、防暑降温饮料以及在有碍身体健康的环境中施工的保健费用等。

30. 答案：B

【解析】研究试验费是指为建设项目提供和验证设计参数、数据、资料等进行必要的研究和试验，以及设计规定在施工中必须进行试验、验证所需的费用。

31. 答案：B

【解析】材料费的内容包括：材料原价、运杂费、运输损耗费、采购及保管费。

32. 答案：B、C、E

【解析】本题考核点是联合试运转费的概念及相关内容。

33. 答案：D

【解析】本题考核点是增值税小规模纳税人计税方法。

1Z103020　建设工程定额

1. 答案：C

【解析】材料的损耗一般以损耗率表示。材料损耗率可以通过观察法或统计法计算确定。

2. 答案：A

【解析】按编制部分和适用范围分类，建设工程定额包括：（1）国家定额；（2）行业定额；（3）地区定额；（4）企业定额。其中，国家定额是指由国家建设行政主管部门组织，依据有关国家标准和规范，综合全国工程建设的技术与管理状况等编制和发布，在全国范围内使用的定额。

3. 答案：C

【解析】本题考核点是人工定额编制中的拟定施工作业的定额时间的相关概念。计时测定的方法有许多种，如测时法、写实记录法、工作日写实法等。

4. 答案：B

【解析】材料消耗定额是指在合理和节约使用材料的条件下，生产单位合格产品所必须消耗的一定规格的材料、成品、半成品和水、电等资源的数量标准。

5. 答案：A、B、C、D

【解析】本题考核点是按编制部门和适用范围对建设工程定额的分类及其相关定额的概念。

6. 答案：A、B、C、D

【解析】本题考核点是人工定额的形式相关计算。

7. 答案：B

【解析】本题考核点是材料消耗定额编制中材料损耗量的计算。

$$损耗率 = \frac{损耗量}{净用量} \times 100\%$$

8. 答案：A

【解析】工人工作时间消耗的损失时间中包括多余和偶然工作、停工、违背劳动纪律所引起的损失时间。停工时间是工作班内停止工作造成的工时损失。停工时间按其性质可分为施工本身造成的停工时间和非施工本身造成的停工时间两种。

9. 答案：B

【解析】预算定额是以建筑物或构筑物各个分部分项工程为对象编制的定额。预算定额是以施工定额为基础综合扩大编制的，同时也是编制概算定额的基础。

10. 答案：D

【解析】编制材料消耗定额，主要包括：（1）确定直接使用在工程上的材料净用量；（2）确定在施工现场内运输及操作过程中的不可避免的废料和损耗。

11. 答案：B

【解析】定额中周转材料消耗量指标的表示，应当用一次使用量和摊销量两个指标表示。一次使用量供施工企业组织施工用；摊销量供施工企业成本核算或投标报价使用。

12. 答案：D

【解析】人工定额制定方法的技术测定法是根据生产技术和施工组织条件，对施工过程中各工序采用测时法、写实记录法、工作日写实法，测出各工序的工时消耗等数据，再对所获得的数据进行科学的分析，制定出人工定额的方法。

13. 答案：A、B、C、D

【解析】本题考核点是施工定额的作用。

14. 答案：A、D、E

【解析】本题考核点是概算定额的相关概念。

15. 答案：C

【解析】施工定额有利于推广先进技术，作业性定额水平中包含着某些已成熟的先进的施工技术和经验。工人要达到和超过定额，就必须掌握和运用这些先进技术，注意改进工具和改进技术操作方法，注意原材料的节约，避免浪费。

16. 答案：C

【解析】预算定额是以建筑物或构筑物各个分部分项工程为对象编制的定额。

17. 答案：D

【解析】人工幅度差用工，指人工定额中未包括的，而在一般正常施工情况下又不可避免的一些零星用工。

18. 答案：A、B、C

【解析】在必需消耗的工作时间里，包括有效工作、不可避免的无负荷工作和不可避免的中断三项时间消耗。而在有效工作的时间消耗中又包括正常负荷下、有根据地降低负荷下的工时消耗。不可避免的中断工作时间，是与工艺过程的特点、机械的使用和保养、工人休息有关的中断时间。

19. 答案：D

【解析】低负荷下的工作时间，是由于工人或技术人员的过错所造成的施工机械在降低负荷的情况下工作的时间。例如，工人装车的砂石数量不足引起的汽车在降低负荷的情况下工作所延续的时间。

20. 答案：A、B

【解析】人工幅度差用工包括的内容。

21. 答案：B

【解析】统计分析法是把过去施工生产中的同类工程或同类产品的工时消耗的统计资料，与当前生产技术和施工组织条件的变化因素结合起来，进行统计分析的方法。

22. 答案：A

【解析】不可避免的无负荷工作时间，是指由施工过程的特点和机械结构的特点造成的机械无负荷工作时间。例如筑路机在工作区末端掉头等。

23. 答案：A、B、C、D

【解析】拟定施工的正常条件包括：拟定施工作业的内容；拟定施工作业的方法；拟定施工作业的地点组织；拟定施工作业人员的组织等。

24. 答案：B

【解析】施工定额是施工企业进行施工组织、成本管理、经济核算和投标报价的重要依据。施工定额直接应用于施工项目的管理，用来编制施工作业计划、签发施工任务单、签发限额领料单以及结算计件工资或计量奖励工资等。

25. 答案：A

【解析】本题考核点是机械工作时间消耗分类的相关概念。

26. 答案：A、D、E

【解析】本题的考核点是人工定额编制中工人工作时间分类的相关概念。

27. 答案：D

【解析】机械工作时间中的不可避免的无负荷工作时间，是指由施工过程的特点和机械结构的特点造成的机械无负荷工作时间。例如筑路机在工作区末端掉头等。

28. 答案：A

【解析】周转使用量 $= \dfrac{\text{一次使用量} \times [1 + (\text{周转次数} - 1) \times \text{补损率}]}{\text{周转次数}}$

一次使用量 $=$ 净用量 $\times (1 + \text{操作损耗率}) = 200 \times (1 + 2\%) = 204\text{m}^2$

周转使用量 $= \dfrac{204 \times [1 + (5 - 1) \times 5\%]}{5} = 48.96\text{m}^2$

29. 答案：B

【解析】本题的考核点是施工定额的编制原则。

1Z103030 建设工程项目设计概算

1. 答案：C

【解析】设计概算是制定和控制建设投资的依据。对于使用政府资金的建设项目按照规定报请有关部门或单位批准初步设计及总概算，一经上级批准，总概算就是总造价的最高限额，不得任意突破，如有突破须报原审批部门批准。

2. 答案：C

【解析】单位建筑工程设计概算编制方法中的概算定额法要求初步设计达到一定深度，建筑结构比较明确时方可采用。

3. 答案：A、C、D

【解析】单位建筑工程概算的编制方法有概算定额法、概算指标法、类似工程预算法。

4. 答案：B

【解析】当建设工程项目只有一个单项工程时，单项工程综合概算（实为总概算）还应包括工程建设其他费用概算（含建设期利息、预备费）。

5. 答案：C

【解析】当初步设计有详细设备清单时，可直接按预算单价（预算定额单价）编制设备安装工程概算。

6. 答案：D

【解析】当初步设计的设备清单不完备，或安装预算单价及扩大综合单价不全，无法采用预算单价法和扩大单价法时，可采用概算指标编制单位设备安装工程概算。

7. 答案：B

【解析】本题的考核点单位建筑工程概算编制方法。

8. 答案：D

【解析】查询核实法是对一些关键设备和设施、重要装置、引进图纸不全、难以核算的较大投资进行多方查询核对，逐项落实的方法。

9. 答案：B

【解析】本题的考核点设计概算审查方法的适用情况。

10. 答案：D

【解析】对于一般工业与民用建筑工程而言，单位工程概算按其工程性质分为建筑工程概算和设备及安装工程概算两大类。其中，设备及安装工程概算包括机械设备及安装工程概算、电气设备及安装工程概算、热力设备及安装工程概算以及工器具及生产家具购置费概算等。

11. 答案：C

【解析】非生产性建设项目总投资只包括建设投资。建设投资由工程费用（包括设备及工器具购置费和建筑安装工程费）、工程建设其他费、预备费和资金筹措费。所以，非经营性建设项目总概算包括单项工程综合概算（即工程费用概算，单项工程综合概算＝单位建筑工程概算＋单位设备及安装工程概算）、工程建设其他费用概算、预备费概算和资金筹措费概算。

12. 答案：B、E

【解析】本题的考核点是设备安装工程概算编制方法的适用情况。

13. 答案：C

【解析】本题的考核点是概算指标法编制单位建筑工程概算——拟建工程结构特征与概算指标有局部差异时的调整计算。

（1）结构变化修正（每 1m² 人、料、机费用）概算指标（元 /m²）

＝原概算指标＋换入结构的人、料、机单价－换出结构的人、料、机单价

＝ 900 ＋ 3000/100 ＝ 930 元 /m²

（2）修正后土建工程概算单价＝930×（1 ＋ 8%）×（1 ＋ 15%）×（1 ＋ 7%）×（1 ＋ 9%）＝ 1347.15 元 /m²

14. 答案：A、C、D、E

【解析】（1）审查设计概算的编制依据包括：合法性审查、时效性审查、适用范围审查。（2）设备及安装工程概算审查的重点是设备清单与安装费用的计算。标准设备原价，应根据设备被管辖的范围，审查各级规定的价格标准。非标准设备原价，除审查价格的估算依据、估算方法外还要分析研究非标准设备估价准确度的有关因素及价格变动规律。设备运杂费审查，需注意：① 设备运杂费率应按主管部门或省、自治区、直辖市规定的标准执行；② 若设备价格中已包括包装费和供销部门手续费时不应重复计算，应相应降低设备运杂费率。

15. 答案：C

1Z103040　建设工程项目施工图预算

1. 答案：A、B、E

【解析】本题的考核点是施工图预算对施工单位的作用。

2. 答案：B

【解析】全面审查法又称逐项审查法，即按定额顺序或施工顺序，对各项工程细目逐项全面详细审查的一种方法。其优点是全面、细致，审查质量高、效果好。缺点是工作量大，时间较长。这种方法适合于一些工程量较小、工艺比较简单的工程。

3. 答案：A、C、E

【解析】定额单价法编制施工图预算过程中，编制工料分析表应根据各分部分项工程项目实物工程量和预算定额项目中所列的用工及材料数量，计算各分部分项工程所需人工及材料数量，汇总后算出该单位工程所需各类人工、材料的数量。

4. 答案：A

【解析】本题的考核点是施工图预算审查方法的相关概念。

5. 答案：B

【解析】对比审查法是当工程条件相同时，用已完工程的预算或未完但已经过审查修正的工程预算对比审查拟建工程的同类工程预算的一种方法。

6. 答案：C

【解析】实物量法编制施工图预算的步骤与定额单价法基本相似，但在具体计算人工费、材料费和机械使用费及汇总三种费用之和方面有一定区别。

7. 答案：D

【解析】本题的考核点是施工图预算审查方法的相关概念。

8. 答案：C

【解析】本题的考核点是定额单价法编制施工预算步骤的相关内容。套用定额单价计算人、料、机费用时，如果分项工程施工工艺条件与定额单价不一致而造成人工、机械的数量增减时，一般调量不换价。

9. 答案：A、B、E

【解析】本题的考核点是定额单价法编制施工图预算的第3步骤：套用定额单价计算人、料、机费用时需注意的几项内容。

10. 答案：A

【解析】本题的考核点是实物量法编制施工预算的基本方法。

11. 答案：B

【解析】本题的考核点是定额单价法编制施工图预算的基本方法。

12. 答案：D

【解析】本题的考核点是施工图预算审查方法的适用情况。

13. 答案：D

【解析】本题的考核点是施工图预算审查方法的相关概念。

14. 答案：B

【解析】本题的考核点是施工图预算编制内容。

15. 答案：B

【解析】本题的考核点是实物量法编制施工图预算的原理。

16. 答案：C

【解析】本题的考核点是定额单价法编制施工图预算时计算人、料、机费用时需注意的问题。

17. 答案：B

【解析】本题的考核点是施工图预算审查方法的相关概念。

18. 答案：C

【解析】本题的考核点是定额单价法编制施工图预算的第3步骤：套用定额单价计算人、料、机费用时需注意的几项内容。

19. 答案：C

【解析】本题的考核点是施工图预算审查方法中的对比审查法适用的情况。

1Z103050 工程量清单编制

1. 答案：D

【解析】分部分项工程量清单项目编码以五级编码设置，采用十二位阿拉伯数字表示，十至十二位应根据拟建工程的工程量清单项目名称设置，同一招标工程的项目编码不得有重码。

2. 答案：A、C、D、E

【解析】招标工程量清单是工程量清单计价的基础，应作为编制招标控制价、投标报价、计算或调整工程量、索赔、工程付款和结算等的依据之一。

3. 答案：D

【解析】分部分项工程量清单项目编码以五级编码设置，采用十二位阿拉伯数字表示。各级编码代表的含义如下：第一级为工程分类顺序码（分二位），……

4. 答案：A

【解析】本题的考核点是工程量清单编制的相关综合内容。

5. 答案：B

【解析】本题的考核点是分部分项工程量清单项目编码的设置。

6. 答案：D

【解析】编制工程量清单时如果出现《计量规范》附录中未包括的项目，编制人应做补充，并报省级或行业工程造价管理机构备案。补充项目的编码由对应计量规范的代码x（及01-09）与B和三位阿拉伯数字组成，并应从xB001起顺序编制，同一招标工程的项目编码不得重码。

7. 答案：D

【解析】本题的考核点是措施项目清单编制的内容。

8. 答案：B

【解析】编制工程量清单时，计入工表中的人工应按工种，材料和机械应按规格、型号详细列项。

9. 答案：B、C、E

【解析】本题的考核点是措施项目清单编制列项的依据。

10. 答案：A

【解析】工程量清单项目特征描述的重要意义在于：① 项目特征是区分清单项目的依据。② 项目特征是确定综合单价的前提。③ 项目特征是履行合同义务的基础。

11. 答案：D

【解析】本题的考核点是建筑安装工程费中总承包服务费的内容。

12. 答案：C

【解析】本题的考核点是工程量清单编制中关于措施项目清单的设置内容。

13. 答案：A、C、D

【解析】本题的考核点是分部分项工程项目清单编制中项目特征描述的内容。

14. 答案：C

【解析】本题的考核点是其他项目清单中暂列金额包括的内容。

15. 答案：B、D、E

【解析】清单项目特征主要涉及项目的自身特征（材质、型号、规格、品牌）、项目的工艺特征以及对项目施工方法可能产生影响的特征。

16. 答案：C

【解析】暂列金额是招标人暂定并包括在合同中的一笔款项。用于施工合同签订时尚未确定或者不可预见的所需材料、设备、服务的采购，施工中可能发生的工程变更、合同约定调整因素出现时的工程价款调整以及发生的索赔、现场签证确认等的费用。

17. 答案：D

【解析】工程量清单作为清单计价的基础，贯穿于建设工程的招投标阶段和施工阶段。

18. 答案：A

【解析】编制其他项目清单时，计日工表中的人工应按工种，材料和机械应按规格、型号详细列项。

1Z103060 工程量清单计价

1. 答案：B

【解析】招标文件中标明的清单工程量不能作为承包人在履行合同义务中应予完成的实际和准确的工程量，发承包双方进行工程竣工结算时的工程量应按发承包双方在合同中约定应予计量且实际完成的工程量确定。

2. 答案：C

【解析】投标报价时，暂估价不得变动和更改。暂估价中的材料、工程设备必须按照暂估单价计入综合单价；专业工程暂估价必须按照招标工程量清单中列出的金额填写。

3. 答案：A

【解析】合同价款约定不得违背招标投标文件中关于工期、造价、质量等方面的实质性内容。招标文件与中标人投标文件不一致的地方应以投标文件为准。

4. 答案：D

【解析】招标文件中的工程量清单标明的工程量是招标人编制招标控制价和投标人投标报价的共同基础，它是工程量清单编制人按施工图图示尺寸和清单工程量计算规则计算得到的工程净量。

5. 答案：B

【解析】由于各投标人拥有的施工设备、技术水平和采用的施工方法有所差异，因此投标人应根据自身编制的投标施工组织设计或施工方案确定措施项目。大型机械设备进出场及安拆费属于投标人确定的措施项目。

6. 答案：D

【解析】在招投标过程中，若出现工程量清单特征描述与设计图纸不符，投标人应以招标工程量清单的项目特征描述为准，确定投标报价的综合单价。

7. 答案：B

【解析】本题的考核点是投标报价编制中的有关内容。

8. 答案：C

【解析】本题的考核点是投标报价编制中其他项目费的计价方法。

9. 答案：B、C

【解析】本题的考核点是工程量清单计价方法下工程造价的计算方法。

10. 答案：B

【解析】本题的考核点是对招标控制价编制投诉与处理的相关规定。

11. 答案：D

【解析】本题的考核点是工程量清单计价方法中关于分部分项工程量的确定。

12. 答案：A

【解析】综合单价＝（人、料、机总费用＋管理费＋利润）/清单工程量

其中：人、料、机总费用＝65000＋25000＋58000＝148000元

企业管理费＝148000×14%＝20720元

利润＝（148000＋20720）×8%＝13497.60元

故，综合单价＝（148000＋20720＋13497.6）/3000＝60.74元/m³

13. 答案：C

【解析】综合单价的计算可以概括为以下步骤：（1）确定组合定额子目；（2）计算定额子目工程量；（3）测算人、料、机消耗量；（4）确定人、料、机单价；（5）计算清单项目的人、料、机总费用；（6）计算清单项目的管理费和利润；（7）计算清单项目的综合单价。

14. 答案：B

【解析】本题的考核点是定额子目工程量的确定方法。

15. 答案：B

【解析】措施项目费计算方法中的参数法主要适用于施工过程中必须发生，但在投标时很难具体分项预测，又无法单独列出项目内容的措施项目。如夜间施工费、二次搬运费、冬雨季施工的计价均可以采用该方法。

16. 答案：B、C、D

【解析】（1）综合单价＝（人、料、机总费用＋管理费＋利润＋风险费用）/清单工程量

$$＝（3000000＋450000＋400000＋30000）/3000＝1293.33 元 /m^3$$

（2）投标总价＝分部分项工程费＋措施项目费＋其他项目费＋规费＋税金

$$＝3000 \times 0.129333＋60＋30＋10＝488.00 万元$$

（3）规费和税金属于不可竞争的费用，必须按照有关规定加价。

（4）措施项目中的安全文明施工费应按照国家或省级、行业主管部门的规定计算确定。

17. 答案：B

【解析】本题的考核点是投标报价的编制与审核。

18. 答案：A

【解析】本题的考核点是对招标控制价的投诉与处理。

19. 答案：A、C、E

【解析】工程量清单综合单价是指完成一个规定清单项目所需的人工费、材料和工程设备费、施工机具使用费和企业管理费、利润以及一定范围内的风险费用。

20. 答案：A

【解析】综合单价＝（人、料、机总费用＋管理费＋利润）/ 清单工程量

其中：人、料、机总费用＝50000＋10000＋40000＝100000 元

企业管理费＝100000×10%＝10000 元

利润＝（100000＋10000）×6%＝6600 元

故，综合单价＝（100000＋10000＋6600）/2000＝58.30（元 $/m^3$）

21. 答案：A、C、D、E

【解析】本题的考核点是投标报价的编制原则。

22. 答案：A

23. 答案：C

【解析】本题的考核点是招标控制价的相关规定。

24. 答案：B

1Z103070　计量与支付

1. 答案：C

【解析】因窝工引起的设备费索赔，当施工机械属于施工企业自有时，按照机械折旧费计算索赔费用。

2. 答案：B

【解析】本题的考核点是不可抗力造成合同价款调整的相关规定。

3. 答案：D

【解析】320×（1－5%）×（1－15%）＝258.4265 元

由于 265 元大于 258.4 元，所以该项目变更后的综合单价可不予调整。

4. 答案：B、D

5. 答案：B

【解析】综合单价＝（人、料、机总费用＋管理费＋利润）／清单工程量

$$= [（42000 + 15000 + 38000）×（1 + 14\%）]×（1 + 8\%）/2000$$

$$= 58.48 元 /m^3$$

6. 答案：D

【解析】第 5 个月应支付的款项 ＝ 220×80%－120/3 + 20 ＝ 156 万元

7. 答案：A

【解析】暂估材料或工程设备的单价确定后，在综合单价中只应取代原暂估单价，不应再在综合单价中涉及企业管理费或利润等其他费的变动。

8. 答案：C

【解析】工程变更引起施工方案改变并使措施项目发生变化时，承包人提出调整措施项目费的，应事先将拟实施的方案提交发包人确认，并应详细说明与原方案措施项目相比的变化情况。

9. 答案：D

【解析】工程发包时，招标人应当依据相关的工期定额合理计算工期，压缩的工期天数不得超过定额工期的 20%，将其量化。超过者，应在招标文件中明示增加赶工费用。

10. 答案：A

【解析】工程变更价款调整时，对工程量清单中没有适用也没有类似于变更工程项目的，应采用招投标时的基础资料和工程造价管理机构发布的信息价格，按成本加利润的原则由发承包双方协商新的综合单价。

11. 答案：D

12. 答案：C

【解析】因承包人原因导致工期延误的，计划进度日期后续工程的价格，应采用计划进度日期与实际进度日期两者的较低的一个作为现行价格指数。

13. 答案：C

【解析】（1）索赔人工费：5×200 ＝ 1000 元

（2）因窝工引起设备费索赔：5×500 + 2×300 ＝ 3100 元

共计索赔费用 4100 元（1000 + 3100）。

14. 答案：D

15. 答案：B

【解析】工程量偏差＝（1400－1000）/1000 ＝ 40%

工程量偏差超过招标清单工程量 15% 以上，故

该土方工程的价款＝1000×（1 + 15%）×30 ＋ [1400－1000×（1 + 15%）]×30×0.9

$$= 34500 + 6750 = 41250 元$$

16. 答案：D

17. 答案：A

【解析】缺陷责任期内，承包人认真履行合同约定的责任，到期后，承包人可向发包

人申请返还保证金。

18. 答案：A、B、C、D

19. 答案：C

20. 答案：C

【解析】除专用合同条款另有约定外，承包人应在缺陷责任期终止证书颁发后7天内，按专用合同条款约定的份数向发包人提交最终结清申请单，并提供相关证明材料。

21. 答案：D

【解析】本题的考核点是单价合同工程计量的程序。

22. 答案：C

23. 答案：D

【解析】鉴定项目的发包人对承包人材料采购价格高于合同约定不予认可的，应按以下规定进行鉴定：（1）材料采购前经发包人或其代表签批认可的，应按签批的材料价格进行鉴定；（2）材料采购前未报发包人或其代表认质认价的，应按合同约定的价格进行鉴定；（3）发包人认为承包人采购的原材料、零配件不符合质量要求，不予认价的，应按双方约定的价格进行鉴定，质量方面的争议应告知发包人另行申请质量鉴定。

24. 答案：A、B

【解析】（1）承包人应在知道或应当知道索赔事件发生后28天内，向监理人提交索赔意向通知书，说明发生索赔事件的事由。承包人逾期未发出索赔意向通知书的，丧失索赔的权利。（2）承包人应在发出索赔意向通知书后28天内，向监理人正式提交索赔报告。（3）索赔事件具有持续影响的，承包人应按合理时间间隔继续递交延续索赔通知，说明持续影响的实际情况和记录，列出累计的追加付款金额和（或）工期延长天数。（4）承包人接受索赔处理结果的，索赔款项在当期进度款中进行支付。（5）监理人应在收到索赔报告后14天内完成审查并报送发包人。

25. 答案：A

26. 答案：B、C

27. 答案：A

28. 答案：D

【解析】结算的工程价款 = 1.15倍的招标清单工程量 × 合同约定的综合单价

$$+ （实际完成工程量 - 1.15倍招标清单工程量）$$

$$× 调整后综合单价$$

$$= 3000 × (1 + 15\%) × 80 + [3600 - 3000 (1 + 15\%)] × 72$$

$$= 286800 元$$

29. 答案：A

1Z103080　国际工程投标报价

1. 答案：C

【解析】分项工程人、料、机费用常用的估价方法有定额估价法、作业估价法和匡算估价法等。当机械设备所占比重较大，适用均衡性较差，机械设备搁置时间过长而使其费用增大，而这种机械搁置而又无法在定额估价中给予恰当的考虑时，这时就应采用作业估价法进行计算更为合适。

2. 答案：D

【解析】在工程所在国当地采购的材料设备，其预算价格应为施工现场交货价格。通常按下式计算：预算价格＝市场价＋运输费＋采购保管损耗

3. 答案：C

【解析】当发现遗漏或相差较大时，投标人不能随便改动工程量，仍应按招标文件的要求填报自己的报价，但可另在投标函中适当予以说明。

4. 答案：D

【解析】工程量复核不仅是为了便于准确计算投标价格，更是今后在实施工程中测量每项工程量的依据，同时也是安排施工进度计划、选定施工方案的重要依据。

5. 答案：B、E

【解析】现场管理费包括：工作人员费、办公费、差旅交通费、文体宣教费、固定资产使用费、国外生活设施使用费、工具用具使用费、劳动保护费、检验试验费、其他费用。

6. 答案：A

【解析】本题的考核点是国际工程投标总报价组成中的暂定金额的概念。

7. 答案：A、D、E

【解析】标价的动态分析类似于项目投资的敏感性分析，主要考虑工期延误、物价和工资上涨以及其他可变因素（如汇率、贷款利率的变化、政策法规的变化等）的影响，通过对于各项价格构成因素的浮动幅度进行综合分析，从而为选定投标报价的浮动方向和浮动幅度提供一个科学的、符合客观实际的范围，并为盈亏分析提供量化依据，明确投标项目预期利润的受影响水平。

8. 答案：B

9. 答案：B

【解析】本题的考核点是国际工程投标报价技巧的运用。

报价可低一些的工程：（1）施工条件好的工程；（2）工作简单、工程量大而一般公司都可以做的工程；……（7）支付条件好的工程。

10. 答案：A

近年真题篇

2022年度全国一级建造师执业资格考试试卷

一、**单项选择题**（共60题，每题1分。每题的备选项中，只有1个最符合题意）

1. 企业年初借入一笔资金，年名义利率为6%，按季度复利计息，年末本利和为3184.09万元，则年初借款金额是（　　）万元。

A. 3003.86
B. 3000.00
C. 3018.03
D. 3185.03

2. 关于资金时间价值的说法，正确的是（　　）。

A. 资金的时间价值是资金随时间周转使用的结果
B. 资金的时间价值与资金数量无关
C. 资金的时间价值与资金周转的速度成反比
D. 利率是衡量资金时间价值的绝对尺度

3. 关于一次支付现值、终值、计息期数和折现率相互关系的说法，正确的是（　　）。

A. 现值一定，计息期数相同，折现率越高，终值越小
B. 现值一定，折现率相同，计息期数越少，终值越大
C. 终值一定，折现率相同，计息期数越多，现值越大
D. 终值一定，计息期数相同，折现率越高，现值越小

4. 关于偿债备付率的说法，正确的是（　　）。

A. 偿债备付率大于1，说明偿付债务本息的能力不足
B. 偿债备付率从付息资金来源的角度反映企业偿付债务利息的能力
C. 偿债备付率是还本付息的资金与当期应还本金额的比值
D. 偿债备付率应在借款偿还期内分年计算

5. 关于财务基准收益率的说法，正确的是（　　）。

A. 境外投资项目基准收益率的测定，可忽略国家风险因素
B. 财务基准收益率必须由政府投资主管部门统一确定
C. 财务基准收益率的确定应考虑资金成本、投资机会成本、通货膨胀和风险因素
D. 财务基准收益率是投资项目可能获得的最高盈利水平

6. 关于技术方案经济效果评价的说法，正确的是（　　）。

A. 经济效果评价应定性分析和定量分析相结合，以定性分析为主
B. 经济效果动态分析不能全面地反映技术方案整个计算期的经济效果
C. 融资前经济效果分析通常以静态分析为主，动态分析为辅
D. 方案实施前经济效果分析通常存在一定的不确定性和风险性

7. 关于技术方案敏感性分析的说法，正确的是（　　）。

A. 敏感性分析可以通过计算敏感度系数和临界点确定敏感因素

B. 不确定因素的临界点越低，该因素对技术方案的评价指标影响越小

C. 敏感度系数大于零，表示评价指标与不确定因素反方向变化

D. 敏感度系数的绝对值越大，表明评价指标对于不确定因素越不敏感

8. 某技术方案年设计生产能力为 3 万吨，产销量一致，销售价格和成本费用均不含增值税，单位产品售价为 300 元／吨，单位产品可变成本为 150 元／吨，单位产品税金及附加为 3 元／吨，年固定成本为 280 万元。用生产能力利用率表示的盈亏平衡点为（ ）。

A. 31.11%

B. 31.42%

C. 62.22%

D. 63.49%

9. 下列现金流量中，属于资本金现金流量表中现金流出的是（ ）。

A. 实分利润

B. 销项税额

C. 借款利息支付

D. 建设投资

10. 某公司 5 年前购置的一台设备，原价为 10 万元，因环保要求需更换。目前该设备的账面价值为 5 万元，市场价值为 4 万元，则设备更新决策时的沉没成本是（ ）万元。

A. 6

B. 5

C. 4

D. 1

11. 某施工企业以经营租赁方式租入一台设备，租赁保证金 2 万元，担保费 5 万元，年租金 10 万元。预计租赁期设备年运行成本 10 万元，其中原材料消耗 2 万元。则设备第一年的租赁费是（ ）万元。

A. 17

B. 19

C. 20

D. 27

12. 下列工程产品中，从设计方面宜优先作为价值工程研究对象的是（ ）。

A. 用户意见少且竞争力较强的工程产品

B. 成本较低或占总成本比重较小的工程产品

C. 工艺简单、原材料能耗较低、质量有一定保障的工程产品

D. 结构复杂、性能和技术指标较差的工程产品

13. 价值工程中产品功能与成本的关系图如下。关于图中两者关系的说法，正确的是（ ）。

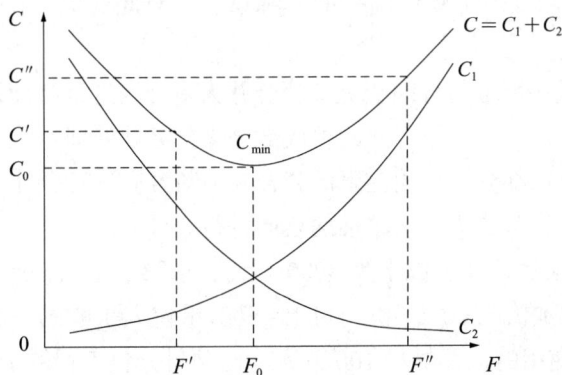

A. 随着产品功能水平 F 提高，生产成本 C_1 降低，使用及维护成本 C_2 增加

B. 在 F' 处，产品的功能较少，生产成本 C_1、使用及维护成本 C_2 较低，寿命周期成本较低

C. 在 F_0 处，产品满足必要的功能需求，生产成本 C_1、使用及维护成本 C_2 之和对应的寿命周期成本最低

D. 在 F'' 处，产品功能较多，生产成本 C_1、使用及维护成本 C_2 均较高，寿命周期成本较高

14. 下列新技术应用方案的技术经济效果分析内容中，属于技术适用性分析的是（　　）。

A. 提高生产自动化程度和减轻工人劳动强度的幅度

B. 发挥企业原有技术装备和方案所在地资源优势的程度

C. 对所生产产品质量性能和生产能力的保证强度

D. 降低环境不利影响和工人操作安全风险的幅度

15. 某企业 3 年前购置一台价值为 30 万元的设备，现在若以 20 万元卖出，卖出该设备需要发生维修成本 2 万元，发生销售费用 1 万元，缴纳税金 0.5 万元，则该设备的可变现净值为（　　）万元。

A. 16.5　　　　　　　　　　　　　　B. 18.5

C. 19.5　　　　　　　　　　　　　　D. 20.0

16. 工程成本核算时，要求为取得本期收入而发生的成本和费用应与本期实现的收入在同一时期内确认入账，不得提前或延后。该要求体现了成本核算的（　　）原则。

A. 谨慎　　　　　　　　　　　　　　B. 一贯性

C. 及时性　　　　　　　　　　　　　D. 配比

17. 某企业接受委托生产一台定制设备，约定售价 50 万元，生产完成后由客户自提。企业生产该设备的生产费用为 30 万元，应分摊的管理费用为 5 万元，财务费用 2 万元，代垫设备运输费用 4 万元，从财务会计角度，企业生产销售该设备的费用为（　　）万元。

A. 32　　　　　　　　　　　　　　　B. 35

C. 37　　　　　　　　　　　　　　　D. 41

18. 某销售合同履行过程中发生了合同变更，该变更增加了可明确区分的商品及合同价款，且新增合同价款反映了新增商品的单独售价，对此变更，在会计上的处理方式是（　　）。

A. 将原合同未履约部分与合同变更部分合并为新合同进行会计处理

B. 将该合同变更部分作为原合同的组成部分进行会计处理

C. 将原合同已履约部分与合同变更部分合并为新合同进行会计处理

D. 将该合同变更部分作为一份单独的合同进行会计处理

19. 某施工合同项目预计总成本为 3000 万元，至第 1 年末，承包人自行施工部分累计实际发生的合同成本为 1200 万元，合同约定由承包人采购的已进场待安装工程设备 200 万元，已进场待使用的工程材料 100 万元，已预付分包工程款 150 万元（分包工作量

尚未完成），则第 1 年末承包人的合同完工进度为（　　　）。

A. 40%
B. 45%
C. 48%
D. 55%

20. 核算企业一定时期应纳税所得额时，下列收入中，属于不征税收入的是（　　　）。

A. 提供专利使用权取得的收入
B. 转让财产收入
C. 接受捐赠取得的收入
D. 接受财政拨款取得的收入

21. 账户式资产负债表右侧列示的内容是（　　　）。

A. 资产和负债
B. 资产和所有者权益
C. 负债和所有者权益
D. 货币资金和所有者权益

22. 企业编制现金流量表时，短期投资视为现金等价物必须同时具备的条件是期限短、流动性强、易于转换为已知金额的现金以及（　　　）。

A. 价值变动风险小
B. 投资数额小
C. 预期收益高
D. 转换方式多

23. 某企业 2021 年末的流动资产构成为：货币资金 800 万元，存货 500 万元，交易性金融资产 300 万元，应收账款 450 万元，其他应收款 200 万元；流动负债为 1050 万元。该企业 2021 年末的速动比率是（　　　）。

A. 1.05
B. 1.24
C. 1.67
D. 2.14

24. 下列财务指标中，属于杜邦财务分析体系核心指标的是（　　　）。

A. 资本积累率
B. 销售净利率
C. 净资产收益率
D. 总资产周转率

25. 某企业为扩大投资规模，拟筹资 15000 万元，现有四个筹资方案，其中筹资方案甲的相关数据如下表，筹资方案乙、丙、丁的综合资金成本分别为 11.36%、10.71% 和 11.93%，则仅根据上述条件，为完成筹资，依据综合资金成本应选择的筹资方案是（　　　）。

筹资方式	原资本结构		筹资方案甲	
	筹资额（万元）	个别资金成本	筹资额（万元）	个别资金成本
长期借款	3000	7%	1000	7.5%
长期债券	3000	7.5%	4000	8%
优先股	2000	11%	3000	12%
普通股	7000	14%	7000	13%
合计	15000		15000	

A. 甲
B. 乙
C. 丙
D. 丁

26. 下列发行债券发生的资金成本中，属于资金占用费的是（　　　）。

A. 代理发行费
B. 债券利息

C. 印刷费   D. 公证费

27. 下列企业存货管理的损失中，属于储存成本的是（　　）。

A. 材料供应中断造成的停工损失   B. 存货破损和变质损失

C. 丧失销售机会的损失   D. 产成品缺货造成的延迟发货损失

28. 某企业现有四个现金持有量方案，相关数据如下表，其中机会成本为现金持有量的 8%。则最佳现金持有量方案是（　　）。

方案	甲	乙	丙	丁
现金持有量（元）	40000	50000	70000	80000
管理成本（元）	3000	3000	3000	3000
短缺成本（元）	4500	4000	2500	0

A. 甲   B. 乙

C. 丙   D. 丁

29. 某建设项目设备及工器具购置费为 1000 万元，建筑安装工程费为 2500 万元，工程建设其他费为 700 万元，基本预备费为 210 万元，价差预备费为 310 万元，建设期利息为 320 万元，则该项目的静态投资为（　　）万元。

A. 4200   B. 4410

C. 4720   D. 5040

30. 因执行国家或社会义务，按计时工资标准支付给从事建筑安装工程施工生产工人的工资，属于建筑安装工程人工费中的（　　）。

A. 奖金   B. 特殊情况下支付的工资

C. 津贴补贴   D. 加班加点工资

31. 某施工机械预算价格为 50 万元，假定全部形成固定资产原值，折旧年限为 10 年，年平均工作 225 个台班，残值率为 5%，按年限平均法计算，该机械台班折旧费为（　　）元。

A. 211   B. 222

C. 2110   D. 2220

32. 根据我国现行建筑安装工程费用项目组成的相关规定，施工企业按规定标准为职工缴纳的基本医疗保险费应计入建筑安装工程费用的（　　）。

A. 人工费   B. 措施项目费

C. 规费   D. 企业管理费

33. 根据《建设工程工程量清单计价规范》GB 50500—2013 编制某办公楼的最高投标限价，相关数据为：建筑分部分项工程费为 2400 万元（不含增值税进项税额），安装分部分项工程费为 1200 万元（不含增值税进项税额），装饰装修分部分项工程费为 900 万元（不含增值税进项税额），其中定额人工费占分部分项工程费的 15%。措施项目费以分部分项工程费为计费基础，其中安全文明施工费费率为 4%，其他措施项目费费率合计 1%。其他项目费合计 900 万元（不含增值税进项税额），规费费率为 14%，增值税税率为 9%。则该项目的最高投标限价合计为（　　）万元。

A. 4725.000   B. 5625.000

C. 5719.500   D. 6234.255

34. 编制建筑施工企业定额时，劳动力价格宜按（   ）计算确定。

A. 企业所在地社会平均工资   B. 企业所在地预算人工价格

C. 地区劳务市场价格   D. 地区最低工资标准

35. 施工企业编制人工定额时，应区分工人工作必须消耗的时间和损失时间，下列工人工作时间中，属于必须消耗时间的是（   ）。

A. 工人偶然违背劳动纪律造成的损失时间

B. 工人手工操作的辅助工作时间

C. 材料供应不及时造成的停工时间

D. 劳动组织不合理引起的停工时间

36. 某项目建设期为 2 年，共向银行借款 20000 万元，借款年有效利率为 6%。第 1 和第 2 年借款比例分别为 45% 和 55%。借款在各年内均衡使用，建设期内只计息不付息。则编制设计概算时该项目建设期利息总和为（   ）万元。

A. 600.0   B. 886.2

C. 1156.2   D. 1772.4

37. 某拟建砖混结构工程，结构特征与概算指标相比，仅外墙装饰面不同。概算指标中，外墙面为水泥砂浆抹面，单价为 8.75 元 $/m^2$，每平方米建筑面积消耗量为 $0.62m^2$；拟建工程外墙为贴釉面砖，单价为 41.50 元 $/m^2$，每平方米建筑面积消耗量为 $0.84m^2$。已知概算指标为 508 元 $/m^2$，则该拟建工程修正后的概算指标为（   ）元 $/m^2$。

A. 467.72   B. 502.58

C. 537.44   D. 542.86

38. 采用定额单价法编制施工图预算时，若分项工程的主要材料品种与定额单价中规定的不一致，正确的处理方法是（   ）。

A. 编制补充定额单价   B. 直接套用定额单价

C. 调量不换价   D. 按照实际使用材料价格换算定额单价

39. 采用定额单价法和实物量法编制施工图预算的主要区别是（   ）。

A. 计算工程量的方法不同

B. 计算人工费、材料费和施工机械使用费的方法不同

C. 计算企业管理费的方法不同

D. 计算其他税费的程序不同

40. 关于招标工程量清单中措施项目清单设置的说法，正确的是（   ）。

A. 可参考拟建工程的常规施工组织设计和施工技术方案

B. 需适应投标企业的资质等级、规模和采取的特殊施工方案

C. 需考虑拟建工程施工现场可能出现的零星工作

D. 不考虑设计文件中不足以写进施工方案但要通过技术措施才能实现的内容

41. 采用工程量清单计价时，招标人要求拟建工程的质量达到优良标准，该要求通常

应列在（　　　）中。

    A. 分部分项工程量清单   B. 工程量清单编制总说明

    C. 其他项目清单   D. 工程量清单编制依据

42. 工程量清单为投标人的投标竞争提供了一个平等和共同的基础，其理由在于（　　　）。

    A. 工程量清单列出的工程项目内容、数量和质量要求是投标人竞争的共同基础

    B. 投标人均应按工程量清单列出的项目不加修改地投标

    C. 投标人均按工程量清单中确定的计量规则计算工程量

    D. 工程量清单中的项目和综合单价是投标人平等竞争的基础和依据

43. 根据《建设工程工程量清单计价规范》GB 50500—2013，关于其他项目清单编制的说法，正确的是（　　　）。

    A. 暂估价应列出材料暂估价和工程设备暂估价，不考虑专业工程暂估价

    B. 暂列金额一般应尽可能列高，以避免在实际中超出该数量

    C. 其他项目清单中应列出总承包服务费

    D. 计日工应按照招标工程的复杂程度估算一个数量，该数量一般要比实际低

44. 采用工程量清单计价时，投标人综合单价的计算有以下工作：① 确定人、料、机单价；② 确定组合定额子目并计算各子目工程量；③ 测算人、料、机的数量；④ 计算清单项目的综合单价；⑤ 计算清单项目的管理费和利润；⑥ 计算清单项目的人、料、机总费用。正确的计算步骤是（　　　）。

    A. ②－③－①－⑥－⑤－④   B. ③－①－②－⑤－⑥－④

    C. ①－③－②－⑥－⑤－④   D. ②－①－③－④－⑥－⑤

45. 某工程项目的土方工程采用机械挖土方、人工运输和机械运输，招标工程量清单中的挖土方数量为 4000m³，投标人根据拟采用的施工方案计算的挖土方数量为 7500m³，余土外运。投标人估算的机械挖土方费用为 130000 元，人工运土费用为 30000 元，机械运土费用 50000 元，管理费取人、料、机费用之和的 15%，利润取人、料、机与管理费之和的 6%。根据《建设工程工程量清单计价规范》GB 50500—2013，不考虑其他因素，投标人报价时挖土方综合单价为（　　　）元 /m³。

    A. 34.13   B. 39.62

    C. 63.53   D. 64.00

46. 投标过程中，若投标人发现招标工程量清单项目特征描述与施工图纸不符，应以（　　　）为准进行报价。

    A. 投标人按规范修正后的项目特征

    B. 招标工程量清单的项目特征描述

    C. 投标人参照以往完成的实际施工的项目特征

    D. 招标文件中的施工图纸

47. 因突发新冠疫情，某施工单位接受政府有关部门委托，需在 15 天之内建设一座方舱医院，该项目合同计价方式宜采用（　　　）。

A. 固定总价合同 　　　　　　　　B. 固定单价合同

C. 可调单价合同 　　　　　　　　D. 成本加酬金合同

48. 根据《建设工程工程量清单计价规范》GB 50500—2013，下列措施项目费中，宜采用综合单价计价的是（　　　）。

A. 材料二次搬运费 　　　　　　　B. 已完工程及设备保护费

C. 安全文明施工费 　　　　　　　D. 混凝土模板及支架费

49. 根据《建设工程工程量清单计价规范》GB 50500—2013，投标报价时必须按国家或省级、行业有关权力部门规定的标准计算，不得作为竞争性费用的是（　　　）。

A. 暂列金额、规费、税金 　　　　B. 暂估价、规费、税金

C. 安全文明施工费、规费、税金　　D. 计日工、安全文明施工费、税金

50. 根据《建设工程施工合同（示范文本）》（GF—2017—0201），关于单价合同计量的说法，正确的是（　　　）。

A. 监理人应在收到承包人提交的工程量报告后 14 天内完成对承包人提交的工程量报表的审核并报送发包人

B. 监理人未在收到承包人提交的工程量报表后的 5 天内完成复核的，承包人提交的工程量报告中的工程量视为承包人实际完成的工程量

C. 承包人为保证施工质量超出施工图纸范围施工的工程量，监理人应该予以计量

D. 承包人未按监理人要求参加工程量复核或抽样复测的，监理人复核或修正的工程量视为承包人实际完成的工程量

51. 某工程施工合同约定采用价格调整公式调整合同价款。已知不调值部分占合同总价的比例为 20%，各可调部分的费用类型、占合同总价的比例和相关价格指数见下表。若结算当月已完成的合同工程量价款为 1000 万元，则需调整的价款差额为（　　　）万元。

	占合同总价的比例	基准日期价格指数	合同签订时价格指数	现行价格指数
人工	25%	110	115	120
钢筋	20%	108	112	125
水泥	15%	105	109	120
木材	10%	102	105	115
汽油	10%	110	120	130

A. 67.079 　　　　　　　　　　　B. 106.564

C. 1067.079 　　　　　　　　　　D. 1106.564

52. 工程实施过程中，发包人要求合同工程提前竣工的，根据《建设工程工程量清单计价规范》GB 50500—2013，其正确的做法是（　　　）。

A. 通过监理工程师下达变更指令要求承包人必须提前竣工，并支付由此增加的提前竣工费用

B. 征得承包人同意后，与承包人商定采取加快工程进度的措施，并承担承包人由此增加的提前竣工费用

C. 增加合同补充条款要求承包人采取加快工程进度措施，发包人不承担赶工费用

D. 发承包双方应签订补充合同约定提前竣工的赶工费用总额，并各承担 50% 的费用

53. 根据《建设工程施工合同（示范文本）》（GF—2017—0201），当合同履行期间出现工程变更时，该变更在已标价的工程量清单中无相同项目，但有类似项目的，其变更估价的原则是（　　）。

A. 参照类似项目的单价认定

B. 按照直接成本加适当利润的原则，由发包人确定变更单价

C. 按照合理成本加利润的原则，由承包人确定变更工作的单价

D. 按照合理成本加适当利润的原则，由监理人确定新的变更单价

54. 某建设工程施工过程中，由于发包人设计变更导致承包人暂停施工，致使承包人自有机械窝工 10 个台班，该机械的台班单价为 400 元 / 台班，台班折旧费为 300 元 / 台班；承包人的租赁机械窝工 10 个台班，台班租赁费用为 500 元，工作时每台班燃油动力费 100 元；人员窝工 20 个工作日，人工工资单价 300 元 / 工日，人工窝工补贴 100 元 / 工日。不考虑其他因素，则承包人可以索赔的费用为（　　）元。

A. 10000
B. 14000
C. 15000
D. 16000

55. 根据《建设工程施工合同（示范文本）》GF—2017—0201，关于预付款的说法，正确的是（　　）。

A. 预付款担保不宜采用银行保函和担保公司担保形式

B. 发包人在中期扣回预付款后，剩余的预付款担保金额可低于未被扣回的预付款金额

C. 在颁发工程接收证书前，提前解除合同的，尚未扣回的预付款应与合同价款一并结算

D. 发包人逾期支付预付款超过 7 天的，承包人有权暂停施工

56. 根据《建设工程施工合同（示范文本）》GF—2017—0201，关于工程保修期和保修责任的说法，正确的是（　　）。

A. 工程保修期从工程竣工验收合格之日起算

B. 单位工程中各分部分项工程的保修期必须相同

C. 保修期内，承包人应承担全部工程损坏的维修责任

D. 发包人未经竣工验收擅自使用工程的，保修期自使用之日起算

57. 根据《建设工程造价鉴定规范》GB/T 51262—2017，关于现场签证争议鉴定的说法，正确的是（　　）。

A. 现场签证只有用工数量没有人工单价的，其人工单价按照工作技术要求比照鉴定项目相应工程人工单价适当下浮计算

B. 现场签证只有材料和机械台班用量没有价格的，其材料和台班价格按照鉴定项目相应工程材料和台班价格计算

C. 现场签证既无数量，又无价格，只有工作事项的，鉴定人应以法律证据缺失作出

否定性鉴定

D. 现场签证只有总价款而无明细表述的，鉴定人应以法律证据缺失作出否定性鉴定

58. 某施工项目因新冠疫情停工两个月，承包人在停工期间发生如下费用和损失：按照发包人要求照管工程发生费用 5 万元，承包人施工机具损坏损失 2 万元，已经建成的永久工程损坏损失 3 万元，疫情过后发包人要求赶工增加的赶工费用 10 万元。根据《建设工程施工合同（示范文本）》，上述产生的费用和损失中，发包人应承担（　　）万元。

A. 5
B. 8
C. 18
D. 20

59. 国际工程投标中，投标人在投标截止日前发现招标工程量清单中某分项工程的工程量有计算错误，宜采取的做法是（　　）。

A. 按照原招标文件的工程量填报单价，可另在投标函中予以说明

B. 按照投标人自行修正的工程量填报单价，另在投标函中予以说明

C. 电话咨询招标人，根据招标人口头认可的工程量填报单价

D. 按照施工中可能发生的工程量填报单价，另在投标函中予以说明

60. 关于国际工程中暂定金额的说法，正确的是（　　）。

A. 计入合同总价，由承包商决定其用途

B. 不计入合同总价，由业主工程师决定其用途

C. 不计入合同总价，由项目设计方决定其用途

D. 计入合同总价，承包商根据业主工程师的指示使用

二、多项选择题（共 20 题，每题 2 分。每题的备选项中，有 2 个或 2 个以上符合题意，至少有 1 个错项。错选，本题不得分；少选，所选的每个选项得 0.5 分）

61. 对于经营性项目，通过财务报表分析，计算财务指标，进行经济效果评价的内容有（　　）。

A. 经济寿命分析
B. 盈利能力分析
C. 偿债能力分析
D. 经济费用效益分析
E. 财务生存能力分析

62. 下列成本费用中，属于技术方案现金流量表中经营成本的有（　　）。

A. 外购原材料费
B. 折旧费
C. 工资及福利费
D. 利息支出
E. 修理费

63. 关于设备磨损补偿方式的说法，正确的有（　　）。

A. 不可消除的有形磨损可通过大修理进行局部补偿

B. 可消除的有形磨损可通过大修理进行局部补偿

C. 可消除的有形磨损可通过更新进行完全补偿

D. 由于技术进步引起的无形磨损可通过现代化改装进行局部补偿

E. 对设备制造工艺改进导致原始设备相对贬值可通过设备更新进行完全补偿

64. 关于价值工程特点的说法，正确的有（　　）。

A. 价值工程的目标是以最低的使用成本使产品具备所必须具备的功能

B. 价值工程的产品分析是在研究产品结构和材质基础上分析其必备的功能

C. 价值工程的核心是对产品进行功能分析

D. 价值工程要求将功能转化为能够与成本直接相比的量化值

E. 价值工程是以集体智慧开展的有组织、有计划、有领导的管理活动

65. 某项目寿命期内有关数据见下表，基准收益率为 10%，关于项目经济效果评价的说法，正确的有（　　）。

	建设期		运营期				
年份	0	1	2	3	4	5	6
净现金流量（万元）		−5000	2000	2000	2000	2000	2000
净现金流量现值（万元）			1653	1503	1366	1242	1129

A. 自运营期起，项目静态投资回收期为 2.5 年

B. 项目投资现值为 −5000 万元

C. 项目累计净现金流量为 5000 万元

D. 项目经济效果评价的计算期为 7 年

E. 项目净现值为 2348 万元

66. 下列会计要素中，属于动态会计等式组成要素的有（　　）。

A. 所有者权益　　　　　　　　　B. 收入

C. 资产　　　　　　　　　　　　D. 利润

E. 费用

67. 将施工企业发生的成本作为合同履约成本确认为一项资产，需要同时满足的条件有（　　）。

A. 该成本预期能够收回

B. 该成本金额小于合同收入

C. 该成本与一份当前或预期取得的合同直接相关

D. 该成本增加了企业未来用于履行履约义务的资源

E. 该成本性质应为工程直接成本

68. 下列费用中，属于施工企业管理费的有（　　）。

A. 施工人员工资性津贴　　　　　B. 施工现场场地清理费

C. 职工集体福利费　　　　　　　D. 劳动保护费

E. 工程点交费

69. 建筑业企业取得的下列收入中，属于提供劳务收入的有（　　）。

A. 建造房屋取得的收入　　　　　B. 销售商品混凝土取得的收入

C. 提供机械作业取得的收入　　　D. 让渡无形资产使用权取得的收入

E. 提供设计业务取得的收入

70. 根据《标准施工招标文件》，下列导致承包人工期延误和费用增加的情形中，承

包人可以同时索赔工期、费用和利润的有（　　）。

A. 承包人遇到不利物质条件　　　　　B. 不可抗力

C. 发包人原因引起的暂停施工　　　　D. 延期提供施工场地

E. 发包人提供的材料和设备不符合合同要求

71. 下列财务分析指标中，属于反映企业短期偿债能力的有（　　）。

A. 流动比率　　　　　　　　　　　　B. 速动比率

C. 资本积累率　　　　　　　　　　　D. 权益乘数

E. 营业净利率

72. 项目融资的特点有（　　）。

A. 项目融资主要根据项目发起人的预期利润、抵押资产状况安排融资

B. 贷款人可以在贷款的某个特定阶段对项目借款人实行追索

C. 贷款人对投资者资信和项目资产外的其他资产的依赖程度高

D. 可以帮助投资者将贷款安排为一种非公司负债性融资

E. 可以将贷款的信用支持分配到与项目相关的各个方面，提高债务承受能力

73. 关于企业应收账款财务管理的说法，正确的有（　　）。

A. 应收账款是商业信用的直接产物，管理目标是增加利润

B. 延长信用期，会导致应收账款、收账费用和坏账损失减少

C. 当应收账款所增加的盈利大于所增加成本时，企业可实施赊销

D. 对于拖欠时间长的应收账款，企业应实施严密的监督

E. 可以通过编制账龄分析表监督应收账款的回收情况

74. 下列费用中，属于工程建设其他费用中联合试运转费的有（　　）。

A. 施工单位参加试运转人员的人工费

B. 试运转所需低值易耗品费用

C. 生产单位提前进厂参加设备调试的人员工资

D. 交付生产前发生的必要的工业炉烘炉费

E. 生产职工培训费

75. 关于施工定额的说法，正确的有（　　）。

A. 施工定额水平必须遵循平均先进的原则

B. 编制施工定额前应拟定编制方案，确定定额水平和步距等

C. 施工定额是施工企业进行成本管理的基础

D. 施工定额是编制施工预算，加强企业成本核算的基础

E. 施工定额的人工价格一般按照地区人力资源和社会保障部门所发布的最低工资标准确定

76. 下列公式中，属于采用概算指标法计算设备安装工程费的有（　　）。

A. 设备安装费＝设备购置费×设备安装费率

B. 设备安装费＝设备原价×设备安装费率

C. 设备安装费＝设备总吨数×每吨设备安装费

D. 设备安装费＝设备台数 × 每台设备安装费

E. 设备安装费＝建筑面积 × 单位建筑面积安装费

77. 根据《建设工程工程量清单计价规范》，下列费用中，属于措施项目综合单价组成的有（　　　）。

A. 人工费

B. 施工机械使用费

C. 企业管理费

D. 规费

E. 一定范围内的风险费用

78. 根据《建设工程工程量清单计价规范》GB 50500—2013，编制分部分项工程量清单时，应列入项目特征描述的有（　　　）。

A. 项目使用的材质

B. 项目的工程量

C. 项目的规格、型号

D. 项目的工艺特征

E. 项目的施工方法

79. 关于工程项目最高投标限价的说法，正确的有（　　　）。

A. 使用国有资金的工程项目招标时，招标人必须编制最高投标限价

B. 国有资金投资的工程项目其最高投标限价原则上不能超过批准的投资概算

C. 最高投标限价在开标现场公布，不能上浮或下调

D. 最高投标限价应由具有编制能力的招标人自行编制，不得委托第三方编制

E. 投标人的投标报价高于最高投标限价的，其投标应予否决

80. 根据《保障农民工工资支付条例》，关于农民工工资的说法，正确的有（　　　）。

A. 农民工工资应当以货币形式，通过银行转账或者现金支付给农民工本人

B. 用人单位应当按照工资支付周期编制书面工资支付台账，并至少保存 2 年

C. 工程建设项目违反国土空间规划、工程建设等法律法规，导致拖欠农民工工资的，由建设单位清偿

D. 建设单位应当向施工单位提供工程款支付担保，人工费用拨付周期不得超过 1 个月

E. 工程建设项目实行分包，分包单位拖欠农民工工资的，由施工总承包单位先行清偿，再依法进行追偿

参 考 答 案

一、单项选择题

1. B	2. A	3. D	4. D	5. C
6. D	7. A	8. D	9. C	10. D
11. A	12. D	13. C	14. B	15. A
16. D	17. C	18. D	19. A	20. D
21. C	22. A	23. C	24. C	25. C
26. B	27. B	28. D	29. B	30. B
31. A	32. C	33. D	34. C	35. B
36. C	37. C	38. D	39. B	40. A
41. B	42. A	43. C	44. A	45. D
46. B	47. D	48. D	49. C	50. D
51. B	52. B	53. A	54. A	55. C
56. A	57. B	58. C	59. A	60. D

二、多项选择题

61. B、C、E	62. A、C、E	63. B、C、D、E	64. C、D、E
65. A、C、E	66. B、D、E	67. A、C、D	68. C、D
69. C、E	70. C、D、E	71. A、B	72. B、D、E
73. A、C、D、E	74. A、B、D	75. A、B、C、D	76. B、C、D、E
77. A、B、C、E	78. A、C、D	79. A、B、E	80. A、C、D、E

2021年度全国一级建造师执业资格考试试卷

一、单项选择题（共60题，每题1分。每题的备选项中，只有1个最符合题意）

微信扫一扫
查看本年真题解析课

1. 下列经济效果评价指标中，属于动态指标的是（　　）。

A. 财务净现值 　　　　　　　　　B. 流动比率

C. 资本金净利润率 　　　　　　　D. 投资收益率

2. 甲、乙、丙和丁四个公司投资相同项目，收益方案如下表（单位：万元）。若社会平均收益率为10%，根据资金时间价值原理，其投资收益最大的是（　　）。

公司	第1年	第2年	第3年	合计
甲公司	200	500	300	1000
乙公司	200	400	400	1000
丙公司	300	500	200	1000
丁公司	300	400	300	1000

A. 甲公司 　　　　　　　　　　　B. 乙公司

C. 丙公司 　　　　　　　　　　　D. 丁公司

3. 某公司同一笔资金有如下四种借款方案，均在年末支付利息。则优选的借款方案是（　　）。

A. 年名义利率3.6%，按月计息 　　B. 年名义利率4.4%，按季度计息

C. 年名义利率5.0%，半年计息一次 　D. 年名义利率5.5%，一年计息一次

4. 某公司年初借入资金1000万元，期限3年，按年复利计息，年利率10%，到期一次还本付息。则第三年末应偿还的本利和为（　　）万元。

A. 1210 　　　　　　　　　　　　B. 1300

C. 1331 　　　　　　　　　　　　D. 1464

5. 某技术方案的净现金流量和财务净现值如下表。根据表中数据，关于该方案评价的说法，正确的是（　　）。

年份	1	2	3	4	5	6	7
净现金流量（万元）	−420	−470	200	250	250	250	250
财务净现值（折现率8%）	24.276万元						

A. 累计净现金流量小于零 　　　　B. 财务内部收益率可能小于8%

C. 静态投资回收期大于6年 　　　　D. 项目在经济上可行

6. 根据《建设工程工程量清单计价规范》GB 50500—2013，下列费用中，必须按照

国家或省级行业建设主管部门规定的标准计算，不得作为竞争性费用的是（　　）。

 A. 安全文明施工费和企业管理费 B. 规费和税金

 C. 规费和企业管理费 D. 措施项目费和规费

7. 筑路机在工作区末端调头所消耗的时间，属于施工机械工作时间中的（　　）。

 A. 有效工作时间 B. 多余工作时间

 C. 低负荷下的工作时间 D. 不可避免的无负荷工作时间

8. 对于建设工程，利用价值工程原理提高技术方案经济效果最佳的阶段是（　　）。

 A. 规划与设计阶段 B. 生产与销售阶段

 C. 使用与报废阶段 D. 生产与使用阶段

9. 根据《标准施工招标文件》，下列导致承包人成本增加的情形中，可以同时补偿承包人费用和利润的是（　　）。

 A. 发包人原因导致的工程缺陷和损失

 B. 发包人要求承包人提前交付材料和工程设备

 C. 异常恶劣的气候条件

 D. 施工过程中发现文物

10. 发包人为验证某结构构件的安全性，要求承包人对结构构件进行破坏性试验发生的费用属于（　　）。

 A. 固定资产使用费 B. 研究试验费

 C. 施工机具校验费 D. 检验试验费

11. 某施工项目有四个可选择的技术方案，其效果相同。方案一需要投资 240 万元，年生产成本为 64 万元；方案二需要投资 320 万元，年生产成本为 52 万元；方案三需要投资 360 万元，年生产成本为 45 万元；方案四需要投资 400 万元，年生产成本为 36 万元。不考虑税收因素，当基准投资收益率为 12% 时，运用折算费用法选择的方案应是（　　）。

 A. 方案一 B. 方案二

 C. 方案四 D. 方案三

12. 某施工企业的自卸汽车原价为 30 万元，确定的折旧年限为 5 年，净残值率 3%，预计总行驶里程为 8 万千米。2020 年行驶里程 2 万千米，按照行驶里程法，2020 年应计提折旧额为（　　）元。

 A. 58200 B. 60000

 C. 72750 D. 75000

13. 下列措施项目费中，宜采用参数法计价的是（　　）。

 A. 夜间施工增加费 B. 垂直运输费

 C. 混凝土模板及支架费 D. 室内空气污染测试费

14. 某技术方案现金流量如下表，若基准收益率为 8%，则该方案财务净现值为（　　）万元。

 A. −1300.00 B. −100.40

C. 126.91   D. -108.30

现金流量（万元）	第0年	第1年	第2年	第3年	第4年
现金流入	—	1000	6000	3000	6000
现金流出	3700	4000	2000	3000	2000

15. 某技术方案建设投资1000万元，流动资金100万元，全部为自有资金（资本金）。运营期正常年份的年利润总额为140万元，年所得税为35万元，则该方案的资本金净利润率是（　　）。

A. 10.50%   B. 9.55%

C. 12.73%   D. 14.00%

16. 关于财务内部收益率的说法，正确的是（　　）。

A. 其大小易受基准收益率等外部参数的影响

B. 考虑了技术方案在整个计算期内的经济状况

C. 任一技术方案的财务内部收益率均存在唯一解

D. 可直接用于互斥方案之间的比选

17. 具有下列特点的国际工程项目中，投标报价适宜采用低价策略的是（　　）。

A. 专业要求高且工期要求急的工程   B. 工作简单且支付条件好的工程

C. 竞争对手少且施工条件差的工程   D. 技术复杂且投资规模大的工程

18. 下列施工企业的费用中，在会计核算时应计入生产费用的是（　　）。

A. 企业质量管理部门办公费   B. 经营部门人员工资

C. 企业融资的财务费用   D. 项目部管理人员工资

19. 根据《建设工程施工合同（示范文本）》GF—2017—0201，预付款支付的至迟时间为（　　）。

A. 签署合同后的第15天

B. 开工通知载明的开工日期7天前

C. 承包人的材料、设备、人员进场7天前

D. 预付款担保提供后的第7天

20. 下列国际工程投标报价组成中，属于现场管理费的是（　　）。

A. 检验试验费   B. 工程辅助费

C. 临时设施工程费   D. 工程保险费

21. 有10项采用通用图纸施工的单位工程，上部结构和做法完全相同，但因地质条件差异其基础部分均有局部改变。审查这些工程上部结构的施工图预算时，宜采用的方法是（　　）。

A. 分组计算审查法   B. 标准预算审查法

C. 对比审查法   D. 重点审查法

22. 根据《建设工程施工合同（示范文本）》GF—2017—0201，关于工程保修期内修复费用的说法，正确的是（　　）。

A. 因第三方原因造成的工程损坏，可以委托承包人修复，发包人应承担修复费用，并支付承包人合理利润

B. 因承包人原因造成的工程缺陷，承包人应负责修复，并承担修复费用，但不承担因工程缺陷导致的人身伤害

C. 因发包人不当使用造成的工程损坏，承包人应负责修复，发包人应承担合理的修复费用，但不额外支付利润

D. 因不可抗力造成的工程损坏，承包人应负责修复，并承担相应的修复费用

23. 已知招标工程量清单中土方工程量为 2000m³，某投标人根据施工方案确定的土方工程量为 3800m³。根据测算，完成该土方工程的人工费为 50000 元，机械费为 40000 元，材料费为 10000 元。管理费按照人、料、机费用之和的 10% 计取，利润按人、料、机费用以及管理费之和的 6% 计取。其他因素均不考虑。则该土方工程的投标综合单价为（　　）元 /m³。

A. 58.30 　　　　　　　　　　B. 30.53

C. 30.68 　　　　　　　　　　D. 58.00

24. 下列施工中发生的与材料有关的费用，属于建筑安装工程费中材料费的是（　　）。

A. 对原材料进行一般鉴定、检查所发生的费用

B. 原材料在运输装卸过程中不可避免的损耗费

C. 施工机械场外运输所需的辅助材料费

D. 机械设备日常保养所需的材料费用

25. 下列财务报表中，属于按照收付实现制原则编报的是（　　）。

A. 资产负债表 　　　　　　　　B. 利润表

C. 现金流量表 　　　　　　　　D. 所有者权益变动表

26. 关于设备融资租赁的说法，正确的是（　　）。

A. 租赁期的设备租金总额低于直接购置设备的费用

B. 设备融资租赁的租期通常较长

C. 租赁容易导致承租人资产负债状况恶化

D. 租赁期间承租人可以将租用设备用于抵押贷款

27. 某单位工程由甲、乙、丙和丁 4 个分部工程组成，相关数据如下表。运用价值工程原理判断，应作为优先改进对象的是（　　）。

项目	甲	乙	丙	丁
现实成本（万元）	1100	2350	1220	1630
目标成本（万元）	1000	2000	1230	1500
功能价值	0.909	0.851	1.008	0.920

A. 乙 　　　　　　　　　　　　B. 甲

C. 丙 　　　　　　　　　　　　D. 丁

28. 某施工企业签订了总造价为 2000 万元的固定总价合同，工期为 2 年。经测算，

第 1 年完工进度为 60%，实际收到工程结算款 1000 万元；第 2 年工程全部完工。则按完工百分比法确认该企业第 2 年的收入为（　　）万元。

A. 800
B. 1000
C. 1200
D. 2000

29. 企业计算某一时期应纳税所得额时，下列固定资产中，不得计算折旧扣除的是（　　）。

A. 已足额提取折旧但仍继续使用的固定资产

B. 以经营租赁方式租出的固定资产

C. 以融资租赁方式租入的固定资产

D. 已建成未投入使用的房屋、建筑物

30. 某新建住宅的建筑面积为 4000m²，按概算指标和地区材料预算价格计算出一般土建工程单位造价为 1304 元 /m²（其中人、料、机费用为 900 元 /m²）。按照当地造价管理部门规定，企业管理费费率为 8%；规费以人、料、机和企业管理费之和为计算基础，规费费率为 15%；利润以人、料、机、企业管理费和规费之和为计算基础，利润率为 7%；增值税税率为 9%。由于土建工程与概算指标相比结构构件有部分变更，变更后每 100m² 土建工程的人、料、机费用比概算指标对应部分的费用增加 3000 元。则修正后的土建工程单位造价为（　　）元 /m²。

A. 1070
B. 1155
C. 1347
D. 1236

31. 根据《保障农民工工资支付条例》，关于农民工工资的说法，正确的是（　　）。

A. 农民工工资可以以部分实物或者有价证券的方式发放给农民工本人

B. 开设和使用农民工工资专用账户的有关资料应当由建设单位保存备查

C. 施工总承包单位应对分包单位所招用农民工的实名制管理和工资支付负直接责任

D. 施工总承包单位应按照规定存储工资保证金

32. 某企业上年初所有者权益总额为 5000 万元，年末所有者权益相对年初减少 200 万元。本年末所有者权益总额为 5500 万元，则该企业本年度的资本积累率为（　　）。

A. 10.00%
B. 10.42%
C. 14.00%
D. 14.58%

33. 企业为提高现金使用效率，利用已经开出了支票而银行还未将该款项划出这一时间段内的资金，此现金管理的方法属于（　　）的方法。

A. 使现金流量同步
B. 加速收款
C. 推迟应付账款
D. 使用现金浮游量

34. 监理工程师对承包人按照合同约定购买第三者责任险支付的保险费，宜采用的计量方法是（　　）。

A. 均摊法
B. 凭据法
C. 估价法
D. 图纸法

35. 根据《建设工程工程量清单计价规范》GB 50500—2013，下列投标报价计算公式中，正确的是（　　　）。

    A. 措施项目费＝∑（措施项目工程量 × 措施项目综合单价）

    B. 其他项目费＝暂列金额＋暂估价＋计日工＋总承包服务费＋规费

    C. 单位工程报价＝分部分项工程费＋措施项目费＋其他项目费

    D. 分部分项工程费＝∑（分部分项工程量 × 分部分项工程综合单价）

36. 下列建设项目总投资中，属于动态投资部分的是（　　　）。

    A. 预备费和铺底流动资金　　　　　　B. 价差预备费和建设期利息

    C. 工程建设其他费和铺底流动资金　　D. 建设期利息和铺底流动资金

37. 施工企业按规定标准发放的工作服、手套、防暑降温饮料等发生的费用，应计入建筑安装工程费中的（　　　）。

    A. 津贴补贴　　　　　　　　　　　　B. 特殊情况下支付的工资

    C. 劳动保护费　　　　　　　　　　　D. 劳动保险费

38. 根据《建设工程造价鉴定规范》GB/T 51262—2017，鉴定项目的发包人对承包人材料采购价格高于合同约定不予认可的，鉴定应遵循的原则是（　　　）。

    A. 材料采购前未报发包人或其代表认质认价的，应按材料实际采购价格进行鉴定

    B. 发包人认为承包人采购的原材料不符合质量要求，不予认价的，应在质量鉴定后
       再进行价格鉴定

    C. 材料采购前未报监理人签批的，应按当地材料市场平均价格进行鉴定

    D. 材料采购前经发包人或其代表签批认可的，应按签批的材料价格进行鉴定

39. 已知某投资方案财务内部收益率（FIRR）为10%，现选择 4 个影响因素分别进行单因素敏感性分析，计算结果如下：当产品价格上涨 10% 时，$FIRR = 11.0$；当原材料价格上涨 10% 时，$FIRR = 9.5\%$；当建设投资上涨 10% 时，$FIRR = 9.0\%$；当人民币汇率上涨 10% 时，$FIRR = 8.8\%$。根据上述条件判断，最敏感的因素是（　　　）。

    A. 建设投资　　　　　　　　　　　　B. 原材料价格

    C. 产品价格　　　　　　　　　　　　D. 人民币汇率

40. 某项目建设投资为 5000 万元，其中自有资金 4000 万元，借款 1000 万元，借款年利率为 5%。流动资金 1000 万元全部为借款，借款年利率为 4%。建设期计息不付息。编制资本金现金流量表时，建设期现金流出的金额是（　　　）万元。

    A. 2000　　　　　　　　　　　　　　B. 4090

    C. 4000　　　　　　　　　　　　　　D. 6000

41. 某企业获得的周转信贷额为 3000 万元，承诺费率为 0.5%，企业在借款年度内使用了 2000 万元，则企业该年度向银行支付的承诺费为（　　　）万元。

    A. 10　　　　　　　　　　　　　　　B. 15

    C. 5　　　　　　　　　　　　　　　　D. 25

42. 某企业 3 年前购买的设备原价为 20 万元，当前累计已提折旧 4 万元。现在市场上可以 18 万元价格卖出，卖出该设备需发生成本、税费共 1 万元，该设备现在的可变现净值为（　　　）万元。

A. 13   B. 16

C. 17   D. 20

43. 关于设备磨损补偿方式的说法，正确的是（　　）。

A. 设备的无形磨损可以通过修理进行补偿

B. 不可消除的有形磨损可以通过更新进行补偿

C. 设备的综合磨损只能通过更新进行补偿

D. 可消除的有形磨损只能通过现代化改装进行补偿

44. 某现浇混凝土结构施工采用的木模板，一次净用量为 200m²，现场制作安装不可避免的损耗率为 2%，可周转使用 5 次，每次补损率为 5%。该模板的周转使用量为（　　）m²。

A. 48.96   B. 48.00

C. 49.44   D. 51.00

45. 根据《建设工程工程量清单计价规范》GB 50500—2013，关于使用国有资金投资的工程项目招标控制价（最高投标限价）的说法，正确的是（　　）。

A. 招标控制价可以根据需要在开标时适当上调或者下浮

B. 招标控制价必须由工程造价咨询人编制，不得由招标人自行编制

C. 招标控制价是所有投标人的最高投标限价

D. 招标控制价性质与标底相同，必须保密

46. 施工定额的平均先进水平是指在正常的生产条件下（　　）的水平。

A. 个别班组可以接近   B. 多数班组经过努力可以达到

C. 少数班组经过努力可以达到   D. 多数施工班组可以接近

47. 为了说明企业财务状况的变动趋势并预测企业未来的发展前景，财务报表分析宜采用的方法是（　　）。

A. 因素分析法   B. 水平分析法

C. 比率分析法   D. 权重分析法

48. 施工企业单独对外提供机械作业服务取得的收入属于（　　）。

A. 施工合同收入   B. 让渡资产使用权收入

C. 销售商品收入   D. 提供劳务收入

49. 采用简易计税方法计算建筑业增值税应纳税额时，增值税征收率为（　　）。

A. 6%   B. 9%

C. 13%   D. 3%

50. 某施工企业在经营过程中，同时发行可转换债券和认股权证从资本市场直接筹集资金，该筹资方式属于（　　）。

A. 内源筹资   B. 权益筹资

C. 混合筹资   D. 债务筹资

51. 根据《建设工程工程量清单计价规范》GB 50500—2013，关于合同履行期间因招标工程量清单缺项导致新增分部分项清单项目的说法，正确的是（　　）。

A. 新增分部分项清单项目导致新增措施项目的，在承包人提交的新增措施项目实施方案被发包人批准后调整合同价款

B. 新增分部分项清单项目应按额外工作处理，由监理工程师提出，发包人批准

C. 新增分部分项清单项目的综合单价应由监理工程师提出，发包人批准

D. 新增分部分项清单项目的综合单价应由承包人提出，但相关措施项目费不能调整

52. 某土方工程招标文件中清单工程量为 3000m³，合同约定：土方工程综合单价为 80 元 /m³，当实际工程量增加 15% 以上时，增加部分的工程量综合单价调为 72 元 /m³。工程结束时实际完成并经发包人确认的土方工程量为 3600m³，则该土方工程价款为（　　）元。

A. 259200 B. 283200

C. 288000 D. 286800

53. 根据《建设工程工程量清单计价规范》GB 50500—2013，关于暂列金额的说法，正确的是（　　）。

A. 暂列金额应由投标人根据招标工程量清单列出的内容和要求估算

B. 暂列金额应包括在签约合同价中，属承包人所有

C. 暂列金额可用于施工过程中索赔、现场签证确认的费用支付

D. 暂列金额不能用于施工中发生的工程变更的费用支付

54. 设计概算是设计单位编制和确定建设工程项目从筹建至（　　）所需全部费用的文件。

A. 竣工结算 B. 项目报废

C. 竣工交付使用 D. 施工保修期满

55. 工程量清单作为清单计价的基础，主要用于建设工程的（　　）。

A. 决策阶段和设计阶段 B. 设计阶段和招投标阶段

C. 施工阶段和运营使用阶段 D. 招投标阶段和施工阶段

56. 根据《建设工程施工合同（示范文本）》GF—2017—2013，关于单价合同计量的说法，正确的是（　　）。

A. 监理人未在收到承包人提交的工程量报表后的 7 天内完成审核的，则该工程量视为承包人实际完成的工程量

B. 发包人可以在任何方便的时候计量，其计量结果有效

C. 承包人收到计量的通知后不派人参加，则发包人的计量结果无效

D. 承包人为保证施工质量超出施工图纸范围实施的工程量，应该予以计量

57. 由于发包人设计变更原因导致承包人未按期竣工，需对原约定竣工日期后继续施工的工程进行价格调整时，宜采用的价格指数是（　　）。

A. 原约定竣工日期与实际竣工日期的两个价格指数中较低的一个

B. 原约定竣工日期与实际竣工日期的两个价格指数的平均值

C. 原约定竣工日期与实际竣工日期的两个价格指数中较高的一个

D. 承包人与发包人协商新的价格指数

58. 编制其他项目清单时，关于计日工表中的材料和机械列项要求的说法，正确的是（   ）。

    A. 材料和机械应按规格、型号详细列项

    B. 材料和机械仅按实际使用数量列项

    C. 材料应按使用数量详细列项，机械应按类别粗略列项

    D. 材料应按供应厂商详细列项，机械应按型号粗略列项

59. 根据《建设工程工程量清单计价规范》，关于投标人投诉招标人不按规范编制招标控制价的说法，正确的是（   ）。

    A. 投诉书中应包括投诉依据及有关证明材料

    B. 书面投诉书只需加盖投标单位公章

    C. 投标人应向政府投资管理部门投诉

    D. 投诉人提出投诉的时间为招标控制价公布后的 10 天内

60. 根据《建设工程施工合同（示范文本）》GF—2017—0201，当合同履行期间出现工程变更时，该变更在已标价的工程量清单中无相同项目及类似项目单价参考的，其变更估价正确的方式是（   ）。

    A. 按照直接成本加管理费的原则，由合同当事人协商确定变更工作的单价

    B. 按照直接成本加适当利润的原则，由发包人确定变更单价

    C. 按照合理的成本加利润的原则，由合同当事人协商确定变更工作的单价

    D. 根据合理的成本加适当利润的原则，由监理人确定新的变更单价

二、多项选择题（共 20 题，每题 2 分。每题的备选项中，有 2 个或 2 个以上符合题意，至少有 1 个错项。错选，本题不得分；少选，所选的每个选项得 0.5 分）

61. 企业可以用于偿还贷款的资金来源有（   ）。

    A. 固定资产折旧费   B. 无形资产摊销费

    C. 其他资产摊销费   D. 应支付给股东的股利

    E. 企业的注册资本

62. 下列施工企业的各项支出中，在财务会计核算时应作为资本性支出的有（   ）。

    A. 新建办公楼支出   B. 购置大型设备支出

    C. 员工年终奖金支出   D. 公益性捐赠支出

    E. 对外长期投资支出

63. 销售商品或提供劳务取得的收入，对相关会计要素产生的影响可能有（   ）。

    A. 资产增加   B. 所有者权益减少，负债增加

    C. 资产减少，负债增加   D. 负债减少

    E. 所有者权益增加

64. 下列财务计划现金流量表的构成项中，属于投资活动净现金流量的有（   ）。

    A. 建设投资借款   B. 建设投资

    C. 维持运营投资   D. 偿还债务本金

    E. 流动资金

65. 下列设备磨损情形中，属于无形磨损的有（   ）。

A. 设备使用过程中产生的变形
B. 技术进步导致设备贬值
C. 设备闲置过程中遭受腐蚀
D. 制造工艺改进导致设备降价
E. 自然力作用使设备构件老化

66. 建设工程采用工程量清单招标模式时，关于投标报价的说法，正确的有（   ）。

A. 投标人应以施工方案、技术措施等作为投标报价计算的基本条件

B. 投标报价只能由投标人编制，不能委托造价咨询机构编制

C. 投标报价不得低于工程成本

D. 招标工程量清单的工程数量与施工图纸不完全一致时，应按照招标人提供的清单工程量填报投标价格

E. 投标报价应以招标文件中设定的发承包责任划分，作为设定投标报价费用项目和费用计算的基础

67. 关于利润表作用的说法，正确的有（   ）。

A. 通过利润表可以分析企业现金流量的发生及结余情况

B. 通过利润表可以分析判断企业损益变化的趋势

C. 通过利润表可以了解企业一定期间的收入实现和费用耗费情况

D. 通过利润表可以考核企业的经营成果以及利润计划的执行情况

E. 通过利润表可以分析企业资产负债的变动情况

68. 采用成本分析模式确定企业现金持有量时，需考虑的成本有（   ）。

A. 机会成本
B. 沉没成本
C. 短缺成本
D. 管理成本
E. 外部成本

69. 根据现行会计准则和税法，关于融资租赁的说法，正确的有（   ）。

A. 租赁期满时，租赁资产的所有权可以转移给承租人

B. 租赁期占资产可使用年限的大部分，通常等于或大于可使用年限的 75%

C. 融资租赁在税法上被认定为分期付款购买

D. 承租人产生的租赁费可作为当期费用扣除

E. 承租人有购买租赁资产的选择权，所订立的购买价格远低于行使选择权时租赁资产的公允价值

70. 根据《建设工程施工合同（示范文本）》GF—2017—0201，关于承包人索赔的说法，正确的有（   ）。

A. 承包人应在知道或应当知道索赔事件发生后 28 天内，向监理人递交索赔意向通知书

B. 具有持续影响的索赔事件，承包人应按合理时间间隔持续递交延续索赔通知

C. 承包人应在发出索赔意向通知书 28 天后，向监理人正式递交索赔报告

D. 监理人应在收到索赔报告后 28 天内完成审查并报送发包人

E. 承包人接受索赔处理结果的，索赔款项应在竣工结算时进行支付

71. 运用价值工程原理提高产品价值的途径有（　　）。

A. 通过采用新方案，既提高产品功能，又降低产品成本

B. 通过设计优化，在产品成本不变的前提下，提高产品功能

C. 在保证产品功能不变的前提下，通过组织管理措施降低产品成本

D. 适当增加产品成本，同时大幅度提高产品功能和适用性

E. 采用新材料保证产品功能不变的前提下，成本略有增加

72. 根据《建设工程施工合同（示范文本）》GF—2017—0201，下列因不可抗力事件导致的损失或增加的费用中，应由承包人承担的有（　　）。

A. 停工期间承包人按照发包人要求照管工程的费用

B. 承包人施工设备的损坏

C. 承包人的人员伤亡和财产损失

D. 因工程损坏造成的第三方人员伤亡和财产损失

E. 合同工程本身的损坏

73. 下列会计要素中，属于静态会计要素的有（　　）。

A. 收入　　　　　　　　　　　　B. 费用

C. 资产　　　　　　　　　　　　D. 负债

E. 所有者权益

74. 编制人工定额时，工人必需消耗的工作时间包括（　　）。

A. 休息时间　　　　　　　　　　B. 多余和偶然工作时间

C. 施工本身造成的停工时间　　　D. 辅助工作时间

E. 准备与结束工作时间

75. 分部分项工程项目清单中项目特征描述通常包括（　　）。

A. 项目的管理模式

B. 项目的材质、规格

C. 项目的组织方式

D. 项目的工艺特征

E. 可能对项目施工方法产生影响的特征

76. 《建设工程工程量清单计价规范》GB 50500—2013 中分部分项工程的综合单价除包括人、料、机费用外，还包括（　　）。

A. 利润　　　　　　　　　　　　B. 规费

C. 一定范围内的风险费用　　　　D. 税金

E. 管理费

77. 关于设备安装工程概算审查内容的说法，正确的有（　　）。

A. 审查编制依据的合法性、时效性以及适用范围

B. 审查设备采购流程及运输方式是否合理合规

C. 审查采用预算单价计算安装费时的单价是否合适、工程量计算是否符合规则要求

D. 审查采用概算指标计算安装费时的指标是否合理、计算结果是否达到精度要求

E. 审查需计算安装费的设备数量及种类是否符合设计要求

78. 下列财务分析指标中，属于企业长期偿债能力指标的有（　　）。

A. 产权比率
B. 资产负债率
C. 速动比率
D. 权益乘数
E. 总资产周转率

79. 下列条件中，属于线性盈亏平衡分析模型假设条件的有（　　）。

A. 生产量等于销售量

B. 产销量和单位可变成本保持不变

C. 产量超过一定规模时，固定成本线性增加

D. 生产多种产品的，可以换算为单一产品计算

E. 产销量和销售单价不变

80. 关于联合试运转费的说法，正确的有（　　）。

A. 联合试运转费包括在试运转中暴露出来的因施工原因发生的处理费用

B. 不发生试运转或试运转收入大于费用支出的工程，不列联合试运转费

C. 当联合试运转收入小于试运转支出时，联合试运转费＝联合试运转费用支出－联合试运转收入

D. 联合试运转费包括单台设备的调试费用

E. 联合试运转支出包括施工单位参加试运转的人工费、专家指导费

参 考 答 案

一、单项选择题

1. A	2. C	3. A	4. C	5. D
6. B	7. D	8. A	9. A	10. B
11. C	12. C	13. A	14. D	15. B
16. B	17. B	18. D	19. B	20. A
21. B	22. A	23. A	24. B	25. C
26. B	27. A	28. A	29. A	30. C
31. D	32. D	33. D	34. B	35. D
36. B	37. C	38. D	39. D	40. C
41. C	42. C	43. B	44. A	45. C
46. B	47. B	48. D	49. D	50. C
51. A	52. D	53. C	54. C	55. D
56. A	57. C	58. A	59. A	60. C

二、多项选择题

61. A、B、C	62. A、B、E	63. A、D、E	64. B、C、E
65. B、D	66. A、C、D、E	67. B、C、D	68. A、C、D
69. A、B、C、E	70. A、B	71. A、B、C、D	72. B、C
73. C、D、E	74. A、D、E	75. B、D、E	76. A、C、E
77. A、C、D、E	78. A、B、D	79. A、D	80. B、C、E

模拟预测篇

全国一级建造师执业资格考试《建设工程经济》
模拟预测试卷一

一、单项选择题（共 60 题，每题 1 分。每题的备选项中，只有 1 个最符合题意）

1. 对于等额系列现金流量，当计息周期与资金收付周期不一致时，应采用（　　）计算资金等值。

A. 计息周期利率
B. 资金收付期实际利率
C. 计息周期名义利率
D. 资金收付期名义利率

2. 在考虑资金时间价值的时候，（　　）情况下，两笔资金不可能等值。

A. 金额相等，发生在不同时点
B. 金额相等，发生在相同时点
C. 金额不等，发生在不同时点
D. 金额不等，但分别发生在期初和期末

3. 某企业年初向银行借款 200 万元，年利率 3%，银行规定每半年计息一次，若企业向银行所借的本金和利息均在第 3 年末一次向银行支付，则支付额为（　　）万元。

A. 218.67
B. 259.43
C. 218.55
D. 218.00

4. 某公司拟投资一个项目，希望在 4 年内收回全部贷款本金与利息，预计项目从第 1 年开始每年年末能获得盈利 60 万元，若基准收益率为 6%，则项目总投资的现值应控制在（　　）万元以下。已知：$(P/A, 6\%, 4) = 3.4650$，$(F/A, 6\%, 4) = 8.3880$，$(F/A, 6\%, 8) = 6.3980$

A. 262.48
B. 207.9
C. 75.75
D. 240

5. 已知某项目的净现金流量如下表。若 $i_c = 8\%$，则该项目的财务净现值为（　　）万元。

年份	1	2	3	4	5	6
净现金流量（万元）	−4200	−2700	1500	2500	2500	2500

A. 109.62
B. 108.00
C. 101.71
D. 93.38

6. 某技术方案投资现金流量的资料如下表示，用该技术方案的静态投资回收期为（　　）年。

计算期（年）	0	1	2	3	4	5	6	7	8
现金流入（万元）	—	—	—	800	1200	1200	1200	1200	1200
现金流出（万元）	—	600	900	500	700	700	700	700	700

A. 5.0   B. 5.2

C. 5.4   D. 6.0

7. 根据《企业会计准则》，若企业在资产负债表日建造合同结果不能够可靠估计，且已经发生的劳务成本预计不能得到补偿，则收入确认的方式是（   ）。

A. 按照已经发生的劳务成本确认收入   B. 按合同金额确认收入

C. 按合同完工百分比确认收入   D. 不确认合同收入

8. 对于一个特定的投资方案，若基准收益率变大，则（   ）。

A. 财务净现值与财务内部收益率均变大

B. 静态投资回收期不变

C. 财务净现值变小，财务内部收益率变大

D. 财务净现值变大，财务内部收益率变小

9. 投资收益率是一个静态财务评价指标，尤其适用于（   ）的工程建设方案选择和投资经济效果评价。

A. 投资经济效果比较明确   B. 工艺简单而生产情况变化不大

C. 政府投资项目   D. 先开工后进行可行性研究

10. 某生产性建设项目年设计生产能力为 20 万吨，年固定成本为 1000 万元，产品每吨销售价格为 2000 元，每吨可变成本为 1600 元，税金及附加为 200 元 / 吨。则用生产能力利用率表示的盈亏平衡点为（   ）。

A. 26.3%   B. 25%

C. 40%   D. 54.23%

11. 在进行单因素敏感性分析时，如果主要分析投资大小对方案资金回收能力的影响，一般选用（   ）为分析指标。

A. 静态投资回收期   B. $FNPV$

C. $FIRR$ D. 总投资收益率

12. 财务计划现金流量表反映项目计算期各年的投资、融资及经营活动的现金流入和流出，用于计算累计盈余资金，分析项目的（   ）。

A. 盈利能力   B. 偿债能力

C. 资本金收益率   D. 财务生存能力

13. 在资本金现金流量表中，下列项目中属于现金流出的是（   ）。

A. 流动资金   B. 实分利润

C. 所得税   D. 债券

14. 企业所使用的设备在使用一段时间后会发生运行故障，经修理后又可继续使用，这种修理属于（   ）。

A. 有形磨损的局部补偿   B. 有形磨损的完全补偿

C. 无形磨损的局部补偿   D. 无形磨损的完全补偿

15. 对于承租人来说，设备租赁与设备购买相比，不足之处主要在于（   ）。

A. 长年支付租金，形成长期负债   B. 不能获得良好的技术服务

C. 不能享受税费上的利益　　　　　D. 容易受利率波动的冲击

16. 某施工企业拟从租赁公司租入一台施工机械设备，设备价格为 50 万元，租期 5 年，每年年末支付租金，折现率为 10%，附加率为 3%，则用附加率法计算该施工企业每年应支付的租金为（　　）万元。

　　A. 13.19　　　　　　　　　　　　B. 16.50

　　C. 18.86　　　　　　　　　　　　D. 15.54

17. 在建设项目中，采用价值工程提高建设项目经济效果的关键环节为（　　）。

　　A. 施工阶段　　　　　　　　　　　B. 实施阶段

　　C. 使用阶段　　　　　　　　　　　D. 规划与设计阶段

18. 经过对产品部件的价值分析，使每个部件的价值系数尽可能趋近于 1，下列选项中不能确定为改进对象的是（　　）。

　　A. F/C 值较高的功能　　　　　　　B. $\Delta C=(C-F)$ 值大的功能

　　C. 复杂的功能　　　　　　　　　　D. 问题多的功能

19. 某施工企业欲引进施工工艺，预计年工程产量为 10000m³。甲工艺的年固定成本为 300 万元，单位工程量变动成本为 0.8 元；乙工艺的年固定成本为 600 万元，单位工程量变动成本为 0.4 元，则（　　）。

　　A. 应该引进甲工艺　　　　　　　　B. 应该引进乙工艺

　　C. 甲乙工艺经济效益相同　　　　　D. 无法判断

20. 企业的流动资产包括存货、库存现金、应收账款和（　　）等。

　　A. 短期借款　　　　　　　　　　　B. 预收账款

　　C. 应付账款　　　　　　　　　　　D. 预付账款

21. 施工企业于 2019 年 12 月 10 日中标了一个项目，且于 2019 年 12 月 26 日与发包人签订了承发包合同。承包人于 2019 年 12 月 30 日收到发包人预付的工程款和备料款 300 万元，该工程于 2020 年 1 月 1 日开工，并于 2020 年 11 月 25 日竣工。则承包人预收的 300 万元工程款和备料款应当确认为（　　）的收入。

　　A. 2019 年 12 月　　　　　　　　B. 2019 年全年

　　C. 2020 年　　　　　　　　　　　D. 2020 年 1 月

22. 某城市电视塔初步设计的功能是发射电视和广播信号，每年需数百万的运行维护费用。后改进设计，利用塔的高度，在塔上增加综合利用机房，可为气象、环保、交通、通信等部门服务，还增加了观景厅和旋转餐厅，虽然增加了工程造价，但功能大增。从价值工程角度分析，这样做是提高价值的（　　）途径。

　　A. 节约型　　　　　　　　　　　　B. 投资型

　　C. 牺牲型　　　　　　　　　　　　D. 双向型

23. 关于会计核算的基本假设，下列说法错误的是（　　）。

　　A. 会计主体与法律主体是完全对应的关系

　　B. 业务收支以人民币以外的货币为主的单位，也可以选定其中一种货币作为记账本位币，但是编报的财务会计报告应当折算为人民币

C. 持续经营与会计分期确立了会计核算的时间长度

D. 货币计量则为会计核算提供了必要的手段

24. 某施工企业 2019 年度建造合同收入为 2000 万元，营业成本为 1000 万元，税金及附加为 300 万元，管理费用为 200 万元，财务费用为 100 万元，其他业务收入为 200 万元，投资收益为 150 万元，营业外收入为 100 万元，营业外支出为 80 万元，则企业当年营业利润为（　　　）万元。

A. 500   B. 520

C. 750   D. 670

25. 某施工企业在 2020 年度同时进行甲、乙、丙、丁 4 个单项工程的施工生产，并按各单项工程分别核算成本。本年度甲、乙、丙、丁实际发生的直接费用分别为 500000 元、800000 元、1000000 元、1200000 元，本年度共发生相关间接费用 300000 元，则乙单项工程本年度应分摊的间接费用为（　　　）元。

A. 98000.56   B. 68571.43

C. 40000.00   D. 35900.50

26. 企业的无形资产也有一定的使用期限，它的价值总会终结或消失，因此，企业应将入账的无形资产在一定年限内摊销，其摊销金额计入（　　　）。

A. 管理费用   B. 无形资产

C. 预付账款   D. 待摊费用

27. 在固定资产折旧方法中，固定资产使用前期提取较多折旧，而在使用后期提取较少折旧的一种方法是（　　　）。

A. 平均年限法   B. 生产总量法

C. 直线法   D. 年数总和法

28. 在现金流量表中，下列经济活动产生的现金中，不属于筹资活动产生的现金流量是（　　　）。

A. 处置子公司收到的现金净额   B. 取得借款收到的现金

C. 分配股利支付的现金   D. 偿还债务支付的现金

29. 按照企业会计制度的规定，不能列入工程成本的支出是（　　　）。

A. 生产所耗用的人工费

B. 生产所耗用的材料费

C. 企业下属的施工单位为组织和管理施工生产活动所发生的费用

D. 处置固定资产的净损失

30. 施工企业的主营业务收入是指（　　　）。

A. 建造合同收入   B. 固定资产出租收入

C. 劳务销售收入   D. 产品销售收入

31. 某施工企业 2018 年度的营业利润为 3154000 元，营业外收入为 31000 元，营业外支出为 86000 元，所得税为 300000 元，则该企业 2018 年度的利润总额为（　　　）元。

A. 3154000   B. 3099000

C. 3399000   D. 3454000

32. 按照费用构成要素划分的建筑安装工程费用项目组成，职工的劳动保险费应计入（　　）。

    A. 规费   B. 企业管理费

    C. 措施费   D. 人工费

33. 按照《企业会计准则》，应当计入财务费用的项目是（　　）。

    A. 审计费   B. 发行股票所支付的手续费

    C. 发行债券所支付的手续费   D. 企业财务人员的工资

34. 编制资产负债表时，企业在资产负债表日之前违反了长期借款协议，导致贷款人可随时要求清偿的负债，应当归类为（　　）。

    A. 长期借款   B. 流动负债

    C. 长期待摊费用   D. 预计负债

35. 某建筑业企业承担了一项总造价为 5000 万元的建造合同，建设期 3 年。第一年，实际发生合同成本 1200 万元，年末预计完成合同尚需发生成本 3100 万元；第 2 年发生合同成本 800 万元，年末预计为完成合同尚需发生成本 2100 万元，则第 2 年年末该工程完工进度约为（　　）。

    A. 24%   B. 49%

    C. 40%   D. 55%

36. 某企业年初资产总额为 5000 万元，年末资产总额为 5400 万元，当年总收入为 9000 万元，其中主营业务收入为 8320 万元，则该企业一年中总资产周转率为（　　）次。

    A. 1.80   B. 1.73

    C. 1.60   D. 1.54

37. 根据《建设工程施工合同（示范文本）》（GF—2017—0201），因不可抗力事件导致的损害及其费用增加，应由承包人承担的是（　　）。

    A. 工程本身的损害   B. 承包人的施工机械损坏

    C. 发包方现场的人员伤亡   D. 工程所需的修复费用

38. 在编制单位设备安装工程设计概算时，当初步设计有详细设备清单时，编制设备及安装工程概算宜采用的编制方法是（　　）。

    A. 扩大单价法   B. 概算指标法

    C. 预算单价法   D. 类似工程预算法

39. 某项目进口一批生产设备，FOB 价为 650 万元，CIF 价为 830 万元，银行财务费率为 0.5%，外贸手续费率为 1.5%，关税税率为 20%，增值税税率为 17%，该批设备无消费税，则该批设备的抵岸价为（　　）万元。

    A. 1181.02   B. 998.32

    C. 1001.02   D. 1178.10

40. 下列组成建设工程项目总概算的费用中，属于工程费用的是（　　）。

    A. 勘察设计费用   B. 建设期利息

C. 联合试运转费　　　　　　　　　　　　D. 辅助生产项目的设备购置费

41. 根据我国增值税条例，从国外进口的设备，其增值税按照（　　）依税率直接计算应纳税额。

A. 离岸价　　　　　　　　　　　　　　　B. 组成计税价格

C. 到岸价　　　　　　　　　　　　　　　D. 交货价

42. 按照费用构成要素划分，下列各项中不应归入建筑安装工程费用中的人工费的是（　　）。

A. 生产工人停工学习期间的工资　　　　　B. 生产工人劳动保护费

C. 节约奖和劳动竞赛奖　　　　　　　　　D. 计时工资或计件工资

43. 办公及生活家具购置费属于（　　）。

A. 设备购置费　　　　　　　　　　　　　B. 工器具及生产家具购置费

C. 与项目建设有关的其他费用　　　　　　D. 与未来企业生产经营有关的其他费用

44. 某建设项目建设期为3年，在建设期第一年贷款100万元，第二年贷款200万元，第三年贷款100万元，贷款利率为10%，则用复利法计息时建设期第二年的贷款利息应为（　　）万元。

A. 50　　　　　　　　　　　　　　　　　B. 20.5

C. 25.5　　　　　　　　　　　　　　　　D. 11

45. 企业现金管理的目标是（　　）。

A. 尽可能提高企业资产的流动性

B. 尽可能降低机会成本

C. 在资产流动性和盈利能力之间做出抉择，以获取最大的长期利益

D. 尽可能满足交易性需要、预防性需要和投机性需要

46. 根据《建设工程工程量清单计价规范》GB 50500—2013，关于工程计量的说法，正确的是（　　）。

A. 发包人应在收到承包人已完成工程量报告后14天核实

B. 总价合同的工程量必须以原始的施工图纸为依据计量

C. 所有工程内容必须按月计量

D. 单价合同的工程量必须以承包人完成合同工程应予计量的工程量确定

47. 按《建设工程工程量清单计价规范》GB 50500—2013规定，分部分项工程量清单的项目编码以五级编码设置，其中第四级编码表示（　　）。

A. 工程分类顺序码　　　　　　　　　　　B. 分项工程项目顺序码

C. 专业工程顺序码　　　　　　　　　　　D. 工程量清单顺序码

48. 工程量清单漏项或非承包人原因的工程变更，造成增加新的工程量清单项目，其对应的综合单价的确定应参考工程变更价款的确定原则。其中，因窝工引起的设备费索赔，当施工机械属于施工企业自有时，按照（　　）计算索赔费用。

A. 窝工费　　　　　　　　　　　　　　　B. 计日工费

C. 机械折旧费　　　　　　　　　　　　　D. 约定的金额

49. 某土方工程招标文件中清单工程量为 3000m³，合同约定：土方工程综合单价为 80 元 /m³，当实际工程量减少 15% 以上时，工程量综合单价调为 85 元 /m³。工程结束时实际完成并经发包人确认的土方工程量为 2400m³，则该土方工程价款为（　　）元。

    A. 259200　　　　　　　　　　B. 204000

    C. 240000　　　　　　　　　　D. 286800

50. 概算指标是概算定额的扩大与合并，它是以（　　）为对象编制的。

    A. 工序　　　　　　　　　　　B. 分部分项工程

    C. 扩大的分部分项工程　　　　D. 整个建筑物或构筑物

51. 把过去施工生产中的同类工程或同类产品的工时消耗的统计资料，与当前生产技术和施工组织条件的变化因素结合起来，求出人工定额水平的方法是（　　）。

    A. 技术测定法　　　　　　　　B. 统计分析法

    C. 比较类推法　　　　　　　　D. 经验估计法

52. 在工程量清单计价中，措施项目中的夜间施工费适合采用（　　）计价。

    A. 综合单价法　　　　　　　　B. 参数法

    C. 分包法　　　　　　　　　　D. 概算定额法

53. 在招投标过程中，若出现招标文件中分部分项工程量清单特征描述与设计图纸不符，投标人应（　　）。

    A. 以设计图纸的项目特征描述为准，确定投标报价的综合单价

    B. 以分部分项工程量清单的项目特征描述为准，确定投标报价的综合单价

    C. 提请招标人对分部分项工程量清单进行修改

    D. 以设计图纸的项目特征描述为准，并以书面方式向招标人说明

54. 根据《建设工程工程量清单计价规范》GB 50500—2013，工程量清单计价的某分部分项工程综合单价为 650 元 /m³，其中暂估材料单价 400 元，管理费率 5%，利润率 6%。工程实施后，暂估材料的单价确定为 420 元。结算时该分部分项工程综合单价为（　　）元 /m³。

    A. 650.00　　　　　　　　　　B. 670.00

    C. 690.00　　　　　　　　　　D. 660.18

55. 某工程在施工过程中，因不可抗力造成损失。承包人及时向监理机构提出了索赔申请，并附有关证明材料，要求补偿的经济损失包括：（1）在建工程损失 28 万元；（2）承包人受伤人员医药费及补偿金 4.5 万元；（3）施工机具损坏损失 16 万元；（4）施工机具闲置、施工人员窝工损失 5.2 万元；（5）工程清理、修复费用 3.5 万元。监理机构应批准的补偿金额为（　　）万元。

    A. 57.2　　　　　　　　　　　B. 52.7

    C. 36.7　　　　　　　　　　　D. 31.5

56. 在国际工程项目中的暂定工程量，如果是只有暂定工程的一笔固定总金额，将来这笔金额做什么用，由业主确定。这种情况下，承包商的报价策略是（　　）。

    A. 投标报价可适当提高

B. 投标报价应适当降低

C. 按招标文件要求将规定的暂定款列入总报价即可

D. 采用不平衡报价法

57. 按照国务院第724号《保障农民工工资支付条例》规定，下列说法正确的是（   ）。

A. 农民工工资可以实物或有价证券方式支付

B. 遇节假日或者休息日的，应当在法定节假日或者休息日后的第一个工作日支付

C. 施工总承包单位对分包单位所招用农民工的实名制管理和工资支付负直接责任

D. 施工总承包单位应当按照有关规定开设农民工工资专用账户

58. 关于工程质量保证金的说法，正确的是（   ）。

A. 合同约定缺陷责任期终止后，发包人应按照合同中最终结清的相关规定，将剩余的质量保证金返还给承包人

B. 在合同约定的缺陷责任期终止后，发包人退还剩余质量保证金，承包人不再承担质量保修责任

C. 承包人未按照合同约定履行工程缺陷修复义务的，发包人有权从质量保证金中扣除用于各种缺陷修复的支出

D. 最终结清时，如果承包人被预留的质量保证金不足以抵减发包人工程缺陷修复费用的，发包人应承担不足部分

59. 根据《标准施工招标文件》，承包人可同时索赔工期和费用、不能索赔利润的情形有（   ）。

A. 法律变化引起价格调整　　　　　　　　B. 承包人遇到不利物质条件

C. 承包人遇到异常恶劣的气候条件　　　　D. 发包人向承包人要求提前交付工程设备

60. 根据《建设工程施工合同（示范文本）》（GF—2017—0210），已标价工程量清单或预算书中无相同项目及类似项目单价的，对变更单价正确方法是（   ）。

A. 由承包人提出并报发包人确认

B. 由发包人确定

C. 按照合理的成本与利润构成的原则，由合同当事人协商确定变更工作的单价

D. 按建设主管部门规定的单价计价

二、多项选择题（共20题，每题2分。每题的备选项中，有2个或2个以上符合题意，至少有1个错项。错选，本题不得分；少选，所选的每个选项得0.5分）

61. 下列关于资金时间价值的表述中正确的是（   ）。

A. 资金时间价值是资金随时间变化而产生的增值，因而它是由时间创造的

B. 资金投入生产经营才能产生增值，因而其时间价值是在生产经营中产生的

C. 在实际应用中，一般都采用间断复利计算方法来计算资金时间价值

D. 资金作为生产要素，在任何情况下都能产生时间价值

E. 在单位时间的资金增值率一定的条件下，资金使用时间越长，则其时间价值就越大

62. 根据《建设工程工程量清单计价规范》GB 50500—2013，因工程变更引起措施项目发生变化导致措施项目费调整，在措施项目拟实施方案得到发承包双方确认后，措施项目费调整的正确做法有（　　　）。

A. 对采用总价计算的措施项目费，按实际发生变化的措施项目并考虑承包人报价浮动因素进行调整

B. 除非措施项目费变动超过一定幅度，一般采用总价计算的措施项目费不能进行调整

C. 采用单价计算的措施项目费，应按实际发生变化的措施项目和已标价工程量清单项目确定单价

D. 安全文明施工费应按实际发生的措施项目计算，并考虑承包人报价浮动因素进行调整

E. 安全文明施工费应按实际发生变化的措施项目调整，不得浮动

63. 下列费用中，应计入建设工程项目投资中"生产准备费"的有（　　　）。

A. 生产职工培训费

B. 购买原材料、能源的费用

C. 办公家具购置费

D. 联合试运转费

E. 提前进厂人员的工资、福利等费用

64. 根据《建设工程工程量清单计价规范》GB 50500—2013，关于单价项目中风险及其费用的说法，正确的有（　　　）。

A. 对于招标文件中要求投标人承担的风险，投标人应在综合单价中给予考虑

B. 投标人在综合单价中考虑风险费时通常以风险费率的形式进行计算

C. 对于风险范围和风险费用的计算方法应在专用合同条款中做出约定

D. 招标文件中没有提到的风险，投标人在综合单价中不予考虑

E. 施工中出现的风险内容及其范围在招标文件规定的范围内时，综合单价不得变动

65. 经营成本与融资方案无关。因此在完成建设投资和营业收入估算后，就可以估算经营成本，为项目融资前分析提供数据。在估算时，不应计入经营成本的项目是（　　　）。

A. 修理费　　　　　　　　　　B. 折旧费

C. 燃料及动力费　　　　　　　D. 摊销费

E. 利息支出

66. 根据《建设工程工程量清单计价规范》GB 50500—2013，关于最高投标限价的说法，正确的有（　　　）。

A. 国有资金投资的建设工程招标，必须编制最高投标限价

B. 国有资金投资的建设工程招标，最高投标限价应控制在已批准的投资概算内

C. 最高投标限价应在招标文件中公布，不得变动

D. 投标人的投标报价若高于最高投标限价，其投标应被拒绝

E. 最高投标限价只能由具有编制能力的招标人自行编制

67. 某企业欲引进生产线，已知甲生产线需投资 500 万元，单位产品可变成本为 0.9 元；引进乙生产线需投资 700 万元，单位产品可变成本为 0.5 元，则对两条生产线经济效果比较，下列说法正确的是（　　）。

　　A. 产量为 500 万件时，选择甲、乙生产线均可

　　B. 产量为 400 万件时，应选择乙生产线

　　C. 产量为 400 万件时，应选择甲生产线

　　D. 产量为 600 万件时，应选择甲生产线

　　E. 产量为 600 万件时，应选择乙生产线

68. 企业发展能力的指标主要有（　　）。

　　A. 资产负债率　　　　　　　　　B. 资本积累率

　　C. 存货周转率　　　　　　　　　D. 流动比率

　　E. 营业增长率

69. 企业作为筹资主体时，内源筹资资金的来源有（　　）。

　　A. 债券筹资　　　　　　　　　　B. 留存收益

　　C. 优先股筹资　　　　　　　　　D. 普通股筹资

　　E. 应收账款

70. 下列各项中属于现金流量表中现金的有（　　）。

　　A. 库存现金　　　　　　　　　　B. 定期存款

　　C. 3 个月内到期的国库券投资　　　D. 其他货币资金

　　E. 能够随时用于支付的银行存款

71. 关于国产设备原价的说法，正确的有（　　）。

　　A. 国产标准设备的原价一般是指出厂价

　　B. 由设备成套公司供应的国产标准设备，原价为订货合同价

　　C. 国产标准设备在计算原价时，一般按带有备件的出厂价计算

　　D. 非标准国产设备原价的计算方法应简便，并使估算价接近实际出厂价

　　E. 非标准国产设备原价中应包含运杂费

72. 关于建设项目场地准备及临时设施费的说法，正确的有（　　）。

　　A. 场地准备及临时设施费包括建设场地的大型土石方工程费

　　B. 场地准备及临时设施费包括建设单位临时设施费和施工单位临时设施费

　　C. 扩建项目的场地准备及临时设施费一般只计拆除清理费

　　D. 新建项目的场地准备及临时设施费可根据实际工程量估算

　　E. 场地准备及临时设施费属于建筑安装工程费用

73. 与项目建设有关的工程建设其他费用包括下列（　　）。

　　A. 建设单位管理费　　　　　　　B. 勘察设计费

　　C. 联合试运转费　　　　　　　　D. 办公和生活家具购置费

　　E. 技术引进费

74. 采用 FOB 交货方式，进口设备抵岸价的构成包括（　　）。

A. 货价与国外运费　　　　　　　　B. 国外运输保险费

C. 进口设备检验鉴定费　　　　　　D. 关税与增值税

E. 银行与外贸手续费

75. 按照费用构成要素划分，下列各项中应属于建筑安装工程费用中的企业管理费的项目是（　　　）。

A. 劳动保护费　　　　　　　　　　B. 职工福利费

C. 劳动保险费　　　　　　　　　　D. 增值税

E. 法律顾问费

76. 根据《建设工程造价鉴定规范》GB/T 51262—2017，关于计量争议鉴定的说法，正确的有（　　　）。

A. 在鉴定项目图纸完备，当事人对计量依据存在争议，合同专用条款没有明确约定且无国家标准的，鉴定人应以相关工程行业标准或地方标准规定计量

B. 当事人一方对另一方的计量结果提出异议但未提供具体证据的，鉴定人应按原计量结果进行鉴定

C. 当事人签订的总价合同对工程计量没有约定的，鉴定人应对整个工程的工程量进行鉴定

D. 当事人一方对另一方的计量结果提出异议又提出具体证据的，鉴定人应复核并依据复核结果进行鉴定

E. 合同当事人签订的总价合同对工程计量有约定的，鉴定人应按约定进行鉴定

77. 编制人工定额时，属于工人工作必需消耗的时间有（　　　）。

A. 多余和偶然工作时间　　　　　　B. 不可避免的中断时间

C. 辅助工作时间　　　　　　　　　D. 准备与结束工作时间

E. 施工本身造成的停工时间

78. 根据《建设工程工程量清单计价规范》GB 50500—2013，关于招标工程量清单中项目特征的说法，正确的有（　　　）。

A. 项目特征是确定一个清单项目综合单价的重要依据

B. 项目特征主要涉及项目的自身特征，不涉及项目的工艺特征

C. 项目特征是区分清单项目的重要依据

D. 项目特征决定了工程实体的实质内容，直接决定工程实体的自身价值

E. 仅有分部分项工程量清单项目需要进行项目特征描述

79. 根据《建设工程工程量清单计价规范》GB 50500—2013，编制措施项目清单时，措施项目设置的依据有（　　　）。

A. 投标企业的资质等级与规模　　　B. 拟建工程的常规施工组织设计

C. 拟建工程的常规施工技术方案　　D. 实施中因变更可能产生的零星工作

E. 招标文件中需要通过一定技术措施才能实现的要求

80. 根据《建设工程工程量清单计价规范》GB 50500—2013，关于投标人投标报价编制的说法，正确的有（　　　）。

A. 投标报价应以投标人的企业定额为依据
B. 投标报价应根据投标人的投标战略确定，必要的时候可以低于成本
C. 投标中若发现清单中的项目特征与设计图纸不符，应以项目特征为准
D. 招标文件中要求投标人承担的风险费用，投标人应在综合单价中予以考虑
E. 投标人可以根据项目的复杂程度调整招标人清单中的暂列金额的大小

参 考 答 案

一、单项选择题

1. B	2. A	3. A	4. B	5. C	6. C	7. D	8. B	9. B	10. B
11. C	12. D	13. C	14. A	15. A	16. B	17. D	18. A	19. A	20. D
21. C	22. B	23. A	24. C	25. B	26. A	27. D	28. A	29. D	30. A
31. B	32. B	33. C	34. B	35. B	36. C	37. B	38. C	39. A	40. D
41. B	42. B	43. D	44. B	45. C	46. D	47. B	48. C	49. B	50. C
51. B	52. B	53. B	54. B	55. D	56. C	57. D	58. A	59. B	60. C

二、多项选择题

61. B、C、E	62. A、C、E	63. A、E	64. A、B、C、E
65. B、D、E	66. A、B、C、D	67. A、C、E	68. B、E
69. B、E	70. A、C、D、E	71. A、B、C、D	72. C、D
73. A、B、E	74. A、B、D、E	75. A、B、C、E	76. A、B、D、E
77. B、C、D	78. A、C、D	79. B、C、E	80. A、C、D

全国一级建造师执业资格考试《建设工程经济》模拟预测试卷二

学习遇上问题?
扫码在线答疑

一、单项选择题（共 60 题，每题 1 分。每题的备选项中，只有 1 个最符合题意）

1. 在社会平均利润率不变的情况下，利率高低取决于（   ）。

A. 通货膨胀率的高低
B. 金融市场上借贷资本的供求情况
C. 投资人的意愿
D. 政府的要求

2. 下列关于名义利率和有效利率说法中，正确的是（   ）。

A. 当计息周期等于一年时，名义利率和有效利率是一致的

B. 当计息周期小于一年时，名义利率和有效利率是一致的

C. 当计息周期小于一年时，名义利率大于有效利率

D. 当计息周期等于一年时，名义利率小于有效利率

3. 某施工企业每年年末存入银行 200 万元，用于 5 年后的技术改造。已知银行存款年利率为 4%，按年复利计息，则到第 5 年末可用于技术改造的资金总额为（   ）万元。

A. 1083.26
B. 1000.75
C. 1123.25
D. 1056.00

4. 某企业从金融机构借款 1000 万元，月利率 1%，按月复利计息，每季度付息一次，则该企业一年需向金融机构支付利息（   ）万元。

A. 120.00
B. 121.20
C. 125.50
D. 126.80

5. 技术方案经济效果评价是对（   ）进行分析论证。

A. 技术方案的国民经济效益费用
B. 方案技术合理性
C. 方案的财务可行性和经济合理性
D. 技术方案的融资前景

6. 在技术方案经济效果评价中，对于非经营性项目，财务分析应主要分析项目的（   ）。

A. 盈利能力
B. 偿债能力
C. 资本金净利率
D. 财务生存能力

7. 某项目建设投资为 5000 万元，建设期贷款利息为 550 万元，全部流动资金为 450 万元，项目投产期年息税前利润为 900 万元，达到设计生产能力的正常年份年息税前利润为 1200 万元，则该项目的总投资收益率为（   ）。

A. 24.00%
B. 20.00%
C. 17.50%
D. 15.00%

8. 某项目估计建设投资为 1000 万元，建设期贷款利息为 200 万元，全部流动资金为 200 万元，建设当年即投产并达到设计生产能力，各年净收益均为 250 万元。则该项目的静态投资回收期为（　　）年。

A. 5

B. 4.44

C. 4.5

D. 5.6

9. 关于财务净现值指标，下列说法错误的是（　　）。

A. $FNPV < 0$，该项目一定是亏损的

B. 一般用于独立方案的评价

C. $FNPV$ 不能真正反映项目投资中单位投资的使用效率

D. 对于独立方案，应用 $FIRR$ 评价与应用 $FNPV$ 评价其结论是一致的

10. 某建设项目的现金流量为常规现金流量，当基准收益率为 7% 时，其财务净现值为 500 万元。若基准收益率变为 9% 时，该建设项目的财务净现值将（　　）。

A. 大于 500 万元

B. 仍然等于 500 万元

C. 小于 500 万元

D. 无法确定

11. 关于财务内部收益率的说法，正确的是（　　）。

A. 财务内部收益率大于基准收益率时，技术方案在经济上可以接受

B. 财务内部收益率是一个现实确定的基准折现率

C. 财务内部收益率受项目外部参数的影响较大

D. 独立方案用财务内部收益率评价与财务净现值评价，结论通常不一样

12. 某商品住宅开发项目，市场预测售价为 6000 元 /m^2，变动成本为 2000 元 /m^2，固定成本为 1000 万元，销售税金及附加为 200 元 /m^2。若要使预期利润为 5000 万元，则此项目应开发约（　　）m^2 商品住宅。

A. 26320

B. 15790

C. 40000

D. 54230

13. 在敏感性分析中，下列因素中是分析指标 $FNPV$ 最敏感的因素是（　　）。

A. 产品价格下降 30%，使 $FNPV = 0$

B. 经营成本上升 50%，使 $FNPV = 0$

C. 寿命缩短 80%，使 $FNPV = 0$

D. 投资增加 120%，使 $FNPV = 0$

14. 在技术方案投资中的流动资金系指运营期内长期占用并周转的营运资金，其估算基础是（　　）。

A. 营业收入、建设投资和建设期贷款利息

B. 投资风险、资金成本和基准收益率

C. 营业收入、经营成本和商业信用

D. 营业收入、税金和投资

15. 某设备 5 年前的原始成本为 100000 元，5 年共计折旧 60000 元，目前的市场价值为 26000 元，如果现在进行设备更新决策，则该设备发生的沉没成本和更新决策时价值的说法，正确的是（　　）。

A. 沉没成本为 14000 元，更新决策时价值应为 40000 元

B. 沉没成本为 26000 元，更新决策时价值应为 30000 元

C. 沉没成本为 60000 元，更新决策时价值应为 40000 元

D. 沉没成本为 14000 元，更新决策时价值应为 26000 元

16. 设备的现代化改造是以（   ）为主要目的。

A. 恢复设备生产能力

B. 增加设备生产功能和效率

C. 补偿设备价值损耗

D. 补偿设备使用价值

17. 关于设备技术寿命的说法，正确的有（   ）。

A. 设备的技术寿命是指设备年平均维修费用最低对应的使用年限

B. 设备的技术寿命主要由设备的无形磨损决定

C. 设备的技术寿命一般长于设备的自然寿命

D. 科学技术进步越快，设备的技术寿命越长

18. 关于价值工程中功能的价值系数说法，正确的是（   ）。

A. 价值系数越大越好

B. 价值系数大于 1 表示评价对象存在多余功能

C. 价值系数等于 1 表示评价对象的价值为最佳

D. 价值系数小于 1 表示现实成本较低，而功能要求较高

19. 某施工项目现有两个对比工艺方案，方案 1 是过去曾经应用过的，方案 2 是新方案，两个方案均不需要增加投资。方案 1 的固定费用为 60 万元，单位产量的可变费用为 300 元；方案 2 的固定费用为 80 万元，单位产量的可变费用为 250 元，则两个方案的临界产量（产量平衡点）为（   ）产量单位。

A. 3000

B. 4000

C. 5000

D. 6000

20. 某企业 2018 年 12 月 26 日与保险公司签订一份保险合同，为其主要设备投保意外损失保险，保险合同有效期为：2019 年 1 月 1 日至 2019 年 12 月 31 日。合同签订当日向保险公司支付保险费 12000 元。按照权责发生制，对该笔保险费用的会计核算正确的是（   ）。

A. 全部确认为 2018 年的费用

B. 确认为 2019 年每个月分摊 1000 元费用

C. 全部确认为 2019 年 1 月份的费用

D. 全部确认为 2019 年 12 月份的费用

21. 关于会计主体假设，下列说法错误的是（   ）。

A. 是指会计工作为之服务的特定单位

B. 会计主体与法律主体是同一概念

C. 规定了会计核算的范围

D. 法律主体往往是会计主体

22. 由于期间费用的发生仅与当期实现的收入相关，因而应当直接计入（   ）。

A. 工程成本

B. 当期收入

C. 当期损益

D. 生产费用

23. 间接费用是施工企业下属施工单位或生产单位为组织和管理施工生产活动所发生的费用，对于水电安装工程来说，间接费用应当按照（   ）的百分比在各单项工程间分配。

A. 材料费用

B. 人工费

C. 施工机械使用费   D. 工程成本

24. 某施工企业在某月支付了某职工因工受伤就医路费 4000 元，按照《企业会计准则》，该项费用应当计入（   ）。

     A. 直接费用   B. 间接费用

     C. 其他直接费   D. 管理费用

25. 某企业固定资产评估增值 2000 万元，该增值部分应计入企业的（   ）。

     A. 资本公积   B. 实收资本

     C. 盈余公积   D. 未分配利润

26. 按照会计准则规定，固定资产的原价扣除其预计净残值，再扣除已计提固定资产减值准备累计金额后的余额是固定资产的（   ）。

     A. 年折旧额   B. 净值

     C. 应计折旧额   D. 折余价值

27. 某施工企业的第一业务部 9 月份发生的间接费总额为 50 万元，该部门当月在建的两个施工项目的规模、直接费用及间接费用定额如下表。若间接费采用间接费用定额加权分配，则乙项目 9 月份应分摊的间接费用为（   ）万元。

项目编号	甲	乙
项目规模（万 m²）	2	3
直接费用（万元）	600	900
间接费用定额（基数：直接费用）	4%	6%

     A. 34.62   B. 30.00

     C. 31.36   D. 29.12

28. 某公司将一项非专利技术转让给 N 公司，双方以 M 资产评估公司评估价格 600 万元确认为交易价格，该价格属于会计要素计量属性的（   ）。

     A. 历史成本   B. 可变现净值

     C. 现值   D. 公允价值

29. 对于合同结果不能可靠地估计，合同成本能够确认回收的施工合同，其合同收入应按照（   ）确认。

     A. 合同初始收入   B. 实际合同成本＋合理利润

     C. 已经发生的全部成本   D. 得到确认能够收回的实际合同成本

30. 某建筑业企业与某业主签订了一项总造价为 5000 万元的固定总造价合同，合同约定工期为 3 年。第 1 年年末完工进度为 30%，第 2 年年末完工进度为 80%，第 1 年和第 2 年业主分别与该建筑业企业结算工程进度款 1000 万元和 2000 万元，则该建筑业企业第 2 年应确认的合同收入为（   ）万元。

     A. 2000   B. 4000

     C. 2500   D. 3000

31. 按照《公司法》，公司税后利润进行分配的第一步是（   ）。

A. 提取法定公积金 B. 增加公司注册资本

C. 弥补以前年度亏损 D. 扩大公司生产经营

32. 根据《建设工程工程量清单计价规范》GB 50500—2013，施工过程中发生的计日工，应按照（ ）计价。

A. 已标价工程量清单中的计日工单价

B. 计日工发生时承包人提出的综合单价

C. 计日工发生当月市场人工工资单价

D. 计日工发生当月造价管理部门发布的人工指导价

33. 某企业 5 月份甲种材料的实际费用与计划费用的有关资料如下表，材料费用的三个影响变量按照产品产量、单位产品材料消耗量、材料单价顺序排序。用因素分析法计算单位产品材料消耗量对材料费用差异产生的影响为（ ）元。

项目	单位	计划值	实际值	差异＝实际值－计划值
产品产量	件	100	120	20
单位产品材料消耗量	kg/件	10	11	1
材料单价	元/kg	100	90	−10
材料费用	元	100000	118800	18800

A. 2000 B. 12000

C. 18000 D. 10000

34. 某施工企业于某年 6 月完成一项为期 5 个月的建造合同，工程完工时共发生人工费 50 万元，材料费 460 万元，机械使用费 70 万元，应负担的间接费用 40 万元，5 个月中施工企业管理人员的工资费用为 80 万元，则应计入该工程成本的费用为（ ）万元。

A. 580 B. 510

C. 620 D. 550

35. 某施工企业从银行取得一笔长期借款 5000 万元，手续费率 0.2%，年利率 5%，期限 3 年，每年结息一次，到期一次还本，企业所得税率为 25%，则这笔借款的资金成本率为（ ）。

A. 5% B. 4.12%

C. 3.76% D. 5.12%

36. 利润表是反映企业在一定会计期间的经营成果的会计报表，其编制依据是（ ）。

A. 资产＝负债＋所有者权益 B. 收入和费用

C. 利润＝收入－费用 D. 会计要素

37. 按照《建设工程工程量清单计价规范》GB 50500—2013 规定，投标报价中的企业管理费费率应当（ ）。

A. 按照国家定额标准确定

B. 按照行业建设主管部门规定标准确定

C. 由投标人根据本企业近年的企业管理费核算数据自行测定

D. 按照招标文件规定标准确定

38. 银行在向企业发放贷款时，先从本金中扣除利息部分，到期时借款企业再偿还全部本金的一种计息方法是（   ）。

A. 贴现法

B. 收款法

C. 利随本清法

D. 补偿性余额法

39. 按照《建设工程工程量清单计价规范》GB 50500—2013 规定，一般情况下，编制最高投标限价采用的材料价格应是（   ）。

A. 按照招标人的要求确定的价格

B. 工程造价管理机构通过工程造价信息发布的材料单价

C. 完全按照市场价格水平确定

D. 以市场价格为基础，在参考未来市场价格波动因素来确定

40. 建设投资可以分为静态投资和动态投资部分，下列项目属于动态投资的是（   ）。

A. 建筑安装工程费

B. 设备工器具购置费

C. 基本预备费

D. 涨价预备费

41. 某进口设备到岸价为 5600 万元人民币，进口关税税率为 21%，货物进口增值税税率为 13%，该设备无进口消费税，则该设备进口应缴纳的增值税为（   ）万元。

A. 952.00

B. 1151.92

C. 880.88

D. 2752.08

42. 根据《建设工程施工合同（示范文本）》（GF—2017—0201），下列可能引起合同解除的事件中，属于承包人违约的情形是（   ）。

A. 因发包人所在国发生动乱导致合同无法履行连续超过 100 天

B. 因罕见暴雨导致合同无法履行连续超过了 20 天

C. 承包人未按进度计划及时完成合同约定工作，造成工期延误

D. 因发包人原因未能在计划开工日期前 7 天下达开工通知

43. 某项目进口设备，其离岸价为 1000 万元人民币，国外运费率为 10%，国外运输保险费率为 14.5%，银行财务费为 4.25 万元，外贸手续费为 18.9 万元，关税税率为 20%，增值税税率为 13%，无消费税，则该设备的到岸价为（   ）万元。

A. 747.19

B. 1259.5

C. 1291.27

D. 1045

44. 生产单位提前进厂参加施工、设备安装、调试等人员的工资、工资性补贴、劳动保护费等应计入（   ）。

A. 联合试运转费

B. 生产准备费

C. 基本预备费

D. 建设单位管理费

45. 按照费用构成要素划分，下列各项中属于建筑安装工程费中规费的是（   ）。

A. 医疗保险费

B. 财产保险费

C. 劳动保护费   D. 劳动保险费

46. 在施工过程中，承包人完成发包人提出的施工图纸以外的零星项目或工作所需的费用是指（　　）。

    A. 暂列金额   B. 措施费

    C. 暂估价   D. 计日工

47. 按照《建设工程工程量清单计价规范》GB 50500—2013 规定，除另有说明外，所有清单项目的工程量（　　）。

    A. 均以清单列明工程量为准

    B. 按照清单计算公式计算确定

    C. 以实体工程量为准，并以完成后的净值来计算

    D. 由发承包双方友好协商确定

48. 在编制企业定额时，一般情况下，人工价格按（　　）计算确定。

    A. 施工定额   B. 地区劳务市场价格

    C. 企业平均工资水平   D. 当地平均工资水平

49. 根据《建设工程工程量清单计价规范》GB 50500—2013，招标工程量清单中挖土方工程量为 20000m³。定额子目工程量为 35000m³，挖土方定额人工费 7 元 /m³，材料费 1 元 /m³，机械使用费 2 元 /m³，管理费取人、料、机费用之和的 14%，利润率取人、料、机费用与管理费之和的 8%。不考虑其他因素，该挖土方工程的综合单价为（　　）元 /m³。

    A. 21.55   B. 21.35

    C. 12.31   D. 11.40

50. 在初步设计阶段计算编制设计概算或技术设计阶段编制修正概算，确定建设工程项目投资额的依据是（　　）。

    A. 施工定额   B. 概算定额

    C. 概算指标   D. 投资估算指标

51. 把过去施工生产中的同类工程或同类产品的工时消耗的统计资料，与当前生产技术和施工组织条件的变化因素结合起来，求出人工定额水平的方法是（　　）。

    A. 技术测定法   B. 统计分析法

    C. 比较类推法   D. 经验估计法

52. 在编制措施项目清单时，适用于使用参数法计算的措施项目是（　　）。

    A. 夜间施工费   B. 脚手架搭拆费

    C. 大型机械进出场及安拆费   D. 生活家具购置费

53. 投标人编制分部分项工程综合单价的主要工作有：① 计算清单项目的管理费和利润；② 测算人、料、机消耗量；③ 确定组合定额子目并计算各子目工程量；④ 确定人、料、机单价。正确的顺序是（　　）。

    A. ③①②④   B. ②①③④

    C. ③②④①   D. ③②①④

54. 根据《建设工程工程量清单计价规范》GB 50500—2013，关于提前竣工的说法，

正确的是（　　　）。

    A. 招标人压缩的工期天数不得超过定额工期的 30%

    B. 工程实施过程中，发包人要求合同工程提前竣工，可以不征求承包人意见，直接发出赶工指令

    C. 赶工费用包括人工费、材料费、机械费的增加以及合理利润和合理补偿

    D. 发承包双方约定提前竣工每日历天应补偿额度，与结算款一并支付

55. 非生产性建设项目总投资包括（　　　）。

    A. 建设投资和流动资金　　　　　　　　B. 固定资产投资和流动资金

    C. 建设投资和固定资产投资　　　　　　D. 建设投资和建设期利息

56. 工程量清单计价模式下，关于分部分项工程量和定额子目工程量的说法，错误的是（　　　）。

    A. 清单工程量是按施工图图示尺寸和工程量清单计算规则计算得到的工程净量

    B. 清单工程量是承包人履行合同义务中应予完成的实际施工的工程量

    C. 定额子目工程量应严格按照与所采用的定额相对应的工程量计算规则计算

    D. 一个清单项目只对应一个定额子目时，清单工程量和定额工程量也可能不同

57. 国际工程报价中，按照不同工程项目的不同特点、类别、施工条件等来选择报价策略时，报价可高一些的是（　　　）。

    A. 工作简单、工程量大的项目　　　　　B. 竞争对手多的工程项目

    C. 支付条件不理想的工程　　　　　　　D. 支付条件好的工程

58. 根据《建设工程工程量清单计价规范》GB 50500—2013，关于投标人投诉招标人不按规范编制最高投标限价的说法，正确的是（　　　）。

    A. 投诉期为最高投标限价公布后的 15 天内

    B. 投标人应向政府投资管理部门投诉

    C. 投诉书应明确投诉人的相关请求及主张

    D. 投诉时，应当提交只加盖投标单位公章的书面投诉书

59. 根据《建设工程工程量清单计价规范》GB 50500—2013，某工程项目的钢筋由发包人在施工合同签订后与承包人一起招标采购。编制招标工程量清单时，招标人将 HR335 钢筋暂估价定为 4200 元 / 吨，已知市场平均价格为 3650 元 / 吨。若甲投标人自行采购，其采购单价低于市场平均价格，则甲投标人在投标报价时 HR335 钢筋应采用的单价是（　　　）。

    A. 甲投标人自行采购价格　　　　　　　B. 4200 元 / 吨

    C. 3650 元 / 吨　　　　　　　　　　　　D. 预计招标采购价格

60. 某建设工程施工过程中，由发包人供应的材料没有及时到货，导致承包人的工人窝工 5 个工日，每个工日单价为 200 元；承包人租赁的一台挖土机窝工 5 个台班，台班租赁费为 500 元；承包人自有的一台自卸汽车窝工 2 个台班，该自卸汽车折旧费每台班 300 元，工作时燃油动力费每台班 80 元。则承包人可以索赔的费用是（　　　）元。

    A. 2500　　　　　　　　　　　　　　　B. 3500

C. 4100   D. 4260

二、多项选择题（共20题，每题2分。每题的备选项中，有2个或2个以上符合题意，至少有1个错项。错选，本题不得分；少选，所选的每个选项得0.5分）

61. 下述名义利率与实际利率的说法中正确的是（　　）。

A. 在计息期为一年时，名义利率等于实际利率

B. 实际利率真实地反映了资金的时间价值

C. 名义利率真实地反映了资金的时间价值

D. 名义利率相同时，周期越短，与实际利率差值越大

E. 名义利率越小，周期越短，与实际利率差值越大

62. 根据国家财税制度，企业可用于偿还建设投资借款的资金来源有（　　）。

A. 应付职工薪酬   B. 未分配利润

C. 按政策减免的税金   D. 固定资产折旧

E. 无形资产摊销

63. 静态财务评价指标的最大特点是计算简便，主要用于（　　）。

A. 未来收益基本确定的方案评价   B. 对方案进行粗略评价

C. 政府已确定的技术方案   D. 对短期投资方案进行评价

E. 对于逐年收益大致相等的方案评价

64. 如果因不可抗力导致合同解除，关于发包人应承担费用的说法正确的是（　　）。

A. 应向承包人支付合同解除之日前已完成的工程但尚未支付的合同价款

B. 已实施或部分实施的措施项目应付价款

C. 向承包人支付合同约定的违约金

D. 向承包人支付承包人为工程合理订购且已交付的材料和工程设备货款

E. 支付承包人撤离现场所发生的员工遣送费。

65. 关于技术方案现金流量表，下列表述正确的有（　　）。

A. 投资现金流量表将项目总投资作为计算基础，分析项目的财务生存能力

B. 资本金现金流量表把借款本金偿还和利息支付作为现金流出

C. 财务计划现金流量表用以考察项目的盈利能力

D. 财务计划现金流量表用以计算累计盈余资金

E. 投资各方现金流量表以投资者的出资额作为计算基础

66. 施工企业拟投标一个单独招标的分部分项工程项目，清单工程量为10000m³。企业经测算，完成该分部分项工程施工直接消耗的人、料、机费用为200万元（不含增值税进项税额）。估计管理费为16万元，风险费用2万元，利润30万元。为完成该分部分项工程的措施项目费估计为24万元（其中安全文明施工费18万元）（不含增值税进项税额）。估计全部规费20万元，税金9万元。不考虑其他因素，关于该分部分项工程的说法，正确的有（　　）。

A. 全费用综合单价为292元/m³

B. 工料单价为200元/m³

C. 按现行清单计价规范综合单价为 248 元 /m³

D. 按现行清单计价规范，规费、税金合计应按 29 万元报价

E. 按现行清单计价规范，措施项目费报价不能低于 24 万元

67. 关于权责发生制原则，下列说法正确的有（　　　）。

A. 以款项实际支付的时间确认费用

B. 以款项实际收到时间确认收入

C. 凡是当期已经实现的收入，不论款项是否收到，都应当作为当期的收入

D. 凡是当期已经发生的或应当负担的费用，不论款项是否支付，都应当作为当期费用

E. 企业的会计核算应当以权责发生制为基础

68. 影响固定资产折旧的因素有（　　　）。

A. 折旧计算方法　　　　　　　　B. 固定资产原价

C. 累计减值准备　　　　　　　　D. 预计净残值

E. 固定资产使用寿命和折旧年限

69. 按照《企业会计准则》，应当计入间接费用的有（　　　）。

A. 项目经理部管理人员工资及福利费　　B. 工程定位复测费

C. 工程保修费　　　　　　　　D. 排污费

E. 场地清理费

70. 根据《建设工程工程量清单计价规范》GB 50500—2013，关于单价合同工程计量的说法，正确的有（　　　）。

A. 承包人应于每月 25 日向监理人报送上月 20 日至当月 19 日已完成的工程量报告，并附具进度付款申请单、已完成工程量报表和有关资料

B. 工程量按承包人在履行合同义务过程中实际完成应予计量的工程量确定

C. 监理人应在收到承包人提交的工程量报告后 7 天内完成对承包人提交的工程量报表的审核并报送发包人，以确定当月实际完成的工程量

D. 对工程变更引起工程量的增减变化，应据实调整，正确计量

E. 监理人对工程量有异议的，有权要求承包人进行共同复核或抽样复测。但承包人有权不参加复核或抽样复测。

71. 按照费用构成要素划分，下列属于施工机械使用费的有（　　　）。

A. 折旧费　　　　　　　　　　　B. 采购及保管费

C. 检修费　　　　　　　　　　　D. 维护费

E. 安拆费及场外运费

72. 固定资产投资可以分为静态投资和动态投资部分，下列属于静态投资的有（　　　）。

A. 建设期利息　　　　　　　　　B. 涨价预备费

C. 建筑安装工程费　　　　　　　D. 基本预备费

E. 工程建设其他费

73. 按照造价形成划分，下列各项中属于措施项目费的有（　　）。

A. 夜间施工增加费　　　　　　　　　B. 文明施工费

C. 冬雨季施工费　　　　　　　　　　D. 总承包服务费

E. 劳动保险费

74. 某建筑企业与甲公司签订了一项总造价为 2000 万元的造价合同，建设期为 2 年。第 1 年实际发生工程成本 800 万元，双方均履行了合同规定义务，但在第 1 年末由于建筑企业对该项工程的完工进度无法可靠的估计，所以与甲公司只办理了工程款结算 600 万元，随后甲公司陷入经济危机而面临破产清算，导致其余款可能无法收回。则关于该合同收入与费用确认的说法正确的有（　　）。

A. 合同收入确认方法应采用完工百分比法

B. 2000 万元可确认为合同收入

C. 600 万元确认为当年的收入

D. 800 万元应确认为当年费用

E. 2000 万元可确认为合同费用

75. 施工机械使用费包括（　　）。

A. 安拆费及场外运费　　　　　　　　B. 安全施工费

C. 机上司机的人工费　　　　　　　　D. 车船使用税

E. 仪器仪表使用费

76. 按照造价形成划分，建筑安装工程费中的其他项目费包括（　　）。

A. 暂估价　　　　　　　　　　　　　B. 待摊费

C. 暂列金额　　　　　　　　　　　　D. 总承包服务费

E. 计日工

77. 概算定额是以扩大的分部分项工程为对象编制的，其作用主要有（　　）。

A. 是编制扩大初步设计的依据　　　　B. 用于施工管理

C. 确定建设项目投资额的依据　　　　D. 是编制概算指标的基础

E. 是编制施工定额的基础

78. 按照我国有关法律法规规定，可以向施工单位收取的保证金包括（　　）。

A. 投标保证金　　　　　　　　　　　B. 环保保证金

C. 农民工工资保证金　　　　　　　　D. 分包保证金

E. 工程质量保证金

79. 关于联合试运转费的说法，正确的有（　　）。

A. 联合试运转费包括在试运转中暴露出来的因施工原因发生的处理费用

B. 不发生试运转或试运转收入大于费用支出的工程，不列联合试运转费

C. 当联合试运转收入小于试运转支出时，联合试运转费＝联合试运转费用支出－联合试运转收入

D. 联合试运转费包括单台设备的调试费用

E. 联合试运转支出包括施工单位参加试运转的人工费、专家指导费

80. 根据《标准施工招标文件》，承包人可同时索赔工期、费用和利润的情形有（　　）。

A. 发包人原因引起暂停施工　　　B. 提供图纸延误

C. 施工过程发现文物　　　　　　D. 不可抗力

E. 发包人要求承包人提前竣工

参 考 答 案

一、单项选择题

1. B   2. A   3. A   4. B   5. C   6. D   7. B   8. D   9. A   10. C

11. A   12. B   13. A   14. C   15. D   16. B   17. B   18. C   19. B   20. B

21. B   22. C   23. B   24. D   25. B   26. C   27. A   28. D   29. D   30. C

31. C   32. A   33. B   34. C   35. C   36. C   37. C   38. A   39. B   40. D

41. C   42. C   43. B   44. B   45. A   46. D   47. C   48. B   49. A   50. B

51. A   52. A   53. C   54. D   55. D   56. B   57. C   58. C   59. B   60. C

二、多项选择题

61. A、B、D   62. B、C、D、E   63. B、D、E   64. A、B、D、E

65. B、D、E   66. B、C、D   67. C、D、E   68. B、D、E

69. A、C、D   70. A、B、C、D   71. A、C、D、E   72. C、D、E

73. A、B、C   74. C、D   75. A、C、D   76. C、D、E

77. C、D   78. A、C、E   79. B、C、E   80. A、B